中国禅宗典籍丛刊 第二辑

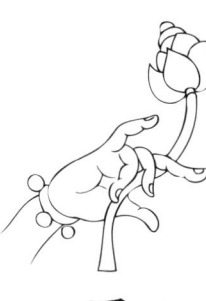

景德传灯录 上

主编 杨曾文 黄夏年
〔北宋〕释道原 撰
冯国栋 点校

中州古籍出版社
·郑州·

图书在版编目（CIP）数据

中国禅宗典籍丛刊．第二辑／杨曾文，黄夏年主编．
郑州：中州古籍出版社，2025.5. -- ISBN 978-7-5738-1986-4

Ⅰ．B946.5-55

中国国家版本馆CIP数据核字第20251V6X93号

出 版 人	许绍山
选题策划	刘　晓
统　　筹	高雪薇
责任编辑	刘　晓　高雪薇　高　媛
	高林如　何慧婷
责任校对	唐志辉　苏晓园　吕　玲
	刘丽佳　岳秀霞　牛冰岩
装帧设计	曾晶晶

出 版 社	中州古籍出版社
地　　址	河南自贸试验区郑州片区（郑东）祥盛街27号6层
	邮编：450016　电话：0371-65788693
发行单位	河南省新华书店发行集团有限公司
承印单位	河南印之星印务有限公司
开　　本	890 mm×1240 mm　1/32
印　　张	146.25
字　　数	3568千字
版　　次	2025年5月第1版
印　　次	2025年5月第1次印刷
定　　价	850.00元（全十一册）

本书如有印装质量问题，请联系出版社调换。

出版说明

《中国禅宗典籍丛刊》(第二辑)是一套关于中国禅宗系列的文献选编,收录了中国禅宗方面的重要史书、语录和清规等文献,邀请国内著名的学者,依据好的版本做了校勘、分段和标点。该丛刊自 2001 年首次出版以来,已陆续出版 20 余种书,对于读者阅读研究产生了广泛的影响。

此次精装出版的《中国禅宗典籍丛刊》(第二辑)选取了《景德传灯录》《僧宝正续传 南宋元明禅林僧宝传》《从容庵录》《佛果击节录》《锦江禅灯》《楚山绍琦禅师语录》《菩提达摩、慧可、僧璨禅法录》《一贯别传》《续传灯录》9 种著作。部分作者对其点校图书进行了修订,统一封面版式设计,力求美观大方。因每本书略有差异,部分书依据情况在编排上保留原貌。

该丛刊的出版是在主编杨曾文教授、黄夏年教授以及 10 位专家学者的大力协助下共同完成的,谨在此表示感谢。限于编者的水平,书中一定尚存讹误,敬请读者批评指正。

中州古籍出版社

2025 年 5 月

总　序

在中国传统文化中，儒学、佛教和道教鼎足而立，是联通一体的三个组成部分。它们在长期彼此比较和交流、互鉴中又相互吸收，共同丰富和发展了中华民族的传统文化。

佛教本是从古印度传来的外来宗教。然而它在中国这块辽阔丰饶的具有悠久历史文化的国土上传播，经过了漫长岁月的中国化历程，已经与中国传统文化和宗教习俗密切结合，演变成中华民族的主要宗教之一。隋唐时期具有民族特色的佛教宗派的相继创立，标志着佛教中国化历程初期阶段的基本结束，此后进入作为"中国的佛教"的持续充实和发展时期。在这些佛教宗派中，天台宗、华严宗和禅宗是最富有民族特色的宗派。在它们的蕴含深刻哲学思辨内容的教义理论中，有说色与空、色与心和体与用等相互关系的宇宙存在论，有论善恶、净染的心性论，有讲出世不离世间的修行解脱论，有用以沟通色空、色心和体用的"不二"的方法论……这些在中国历史文化，特别是在哲学思想领域都产生过极为深远的影响。研究中国历史文化，研究中国哲学思想都离不开对佛教的考察和研究，这早已成为人们的共识。

禅宗虽奉北魏时期来华的印度僧菩提达摩为初祖，但从历史真实情况考察，实际创立者应是被后世禅宗奉为四祖、五祖的道信（580~651）和弘忍（602~675）。在弘忍去世之后，他的门下形成以神秀（约606~706）及其弟子普寂（651~739）为代表的北宗，以惠能（638~713）及其弟子神会（668或686~760）、行思（？~740）、怀让（677~744）为代表的南宗。在唐代"安史之乱"（755~763）后，北宗逐渐衰微以至湮灭无闻，而南宗则迅速传遍大江南北，日益昌盛，并在唐末五代形成禅门五宗——临济宗、沩仰宗、曹洞宗、云门宗、法眼宗。进入宋代，临济宗又分成杨岐、黄龙二派。两宋是禅宗发展史上的鼎盛时期，它一跃而成为中国佛教宗派中的主流派，在当时社会的各个阶层和文化思想领域都有很大的影响。此后，中国儒、释、道三教日益会通融合，佛教内部各宗也互相融通，禅宗与净土念佛信仰的结合最为密切，以至形成"念佛禅"。

禅宗虽标榜"以心传心，不立文字"，但从实际情况来看，它的文字著述最多，形式也多种多样，其中禅法语录最多。记录惠能言行的语录有《六祖坛经》，记录神会言行的语录有《菩提达摩南宗定是非论》等，此后怀让、马祖、怀海、希运以及禅门五宗的创始人义玄、灵祐和慧寂、良价和本寂、文偃、文益和历代各宗的著名禅师几乎都有语录行世。语录有别集，有合集。在语录集子中既有禅师在开堂、上堂、小参、普说等各种场合的说法记录，也有师徒间的问答；有对前人公案的评说——拈古，也有评述这些公案的偈颂——颂古；有代前人回答质询的代语，也有在前人答语之外另作答语的别语；还有书信、法语、序跋、碑铭、题赞、札记、遗表等。在语录中，有贴近当时民众的通俗白话，有含意清丽玄远的诗偈；在语录外，有卷帙浩繁的史传，包括记录宗派传承的灯史、以记事为主的传记、按编年记述的通史。此外，还有论议、杂著、清规等。这些数量庞大的禅宗文献，无疑是我国宝贵的文化遗产。

我国在20世纪70年代末实行改革开放政策以后，随着社会科学界对宗教研究的深入展开，在对佛教文献的研究和整理、出版方面也取得很大的成绩，为从事佛教研究的人员和社会上广大读者提供了不少经过校订注释的有价值的佛教参考资料。然而在大量佛教文献面前，为了让研究者和读者使用方便，有必要按类别选择其中最重要的文献进行研究和整理，分阶段地将原典作精细校勘、标点和注释出版。

现在奉献在诸位面前的"中国禅宗典籍丛刊"，是一套中国禅宗系列的文献选编，收录了中国禅宗的部分重要史书、语录和清规等文献，皆请学者依据较好的版本进行精审校勘、分段和标点，并且一律改用通行的简化字。这套丛书所收文献还在逐年增加，相信一定会给从事佛教禅宗研究和中国哲学、文史研究的学者和广大读者带来不少方便。我们深知此项工作并非轻而易举，希望边工作边改进，谨望读者不吝赐教，经常给我们提出改进意见，以便把这一工作做得更好，能为建设中华民族现代文明作出应有的贡献。

杨曾文
1998年2月9日初稿
2023年6月5日修改

前　言

　　禅宗虽号称"不立文字"，然而在发展过程中却积累有大量的文献。禅宗文献约其性质，概有四类：即语录、灯史、公案集、清规。其中灯史作为记录禅宗祖师世系、开悟机缘与上堂说法之著作，对禅宗思想与历史的研究皆有不可替代之价值。灯史之作虽然数量甚多，然就其影响而言，无疑首推《景德传灯录》。

　　《景德传灯录》为北宋真宗朝吴僧道原所作之禅宗灯史。其书集录自过去七佛，及历代禅宗诸祖五十二世，一千七百零一人之传灯法系。此书编成之后，道原诣阙奉进，真宗命杨亿等人加以刊定，并敕准编入大藏流通，故《景德传灯录》在后世流行极广，对教界文坛俱有甚深之影响。禅师常言之"一千七百则公案"即指此书而言；而在文人诗歌中，"读《传灯》"几成参禅之同义语，后世续作、抄集、阅读、刊刻《景德传灯录》者代不乏人。《景德传灯录》不仅为中土僧侣、士人所参究阅读，且对东亚禅宗影响深远。《景德传灯录》成书后不久，即由入宋巡礼僧携归日本，其后多次翻印重刊，甚至出现了多种训注本与传抄本。在韩国，此书更受前所未有之重视，高丽恭愍王时代，曹溪宗龙谷觉云曾于宫中讲授此书。近世以来，禅学西渐，《景德传灯录》也被译成多种语言，其中仅英语即有多个节译本与全译本。由此足见此书流行之广、影响之巨。

一、《景德传灯录》之作者

《景德传灯录》为宋元明影响甚大、流行极广的禅宗灯录，然其作者道原之生平资料却非常缺乏，以致吾人对道原禅师之生平行历所知甚少。现仅能据僧传方志中的零星材料，对禅师之生平做一考察，以见其行事之大略。

宋仁宗天圣七年（1029），李遵勖撰作《天圣广灯录》，其书卷二十七"台州天台山德韶国师法嗣"中有"苏州承天永安道原禅师"。其文云：

> 上堂，有僧问："如何是佛？"师曰："咄，者旃陀罗。"进云："学人初机，乞师方便。"师云："汝问什么？"学云："问佛。"师云："咄，者旃陀罗。"又僧问："如何是佛法道理？"师云："与蛇画足，为鼠穿逾。"进云："还报国恩也无？"师云："不唯负国，兼乃谤吾。"又僧问："如何是祖师西来意？"师云："问者如牛毛。"进云："请师答牛毛之问。"师云："师子咬人不逐块。"进云："怎么即学人造次也？"师云："一等学问，罕有阇梨。"问："莲花未出水时如何？"师云："馨香菡萏。"进云："出水后如何？"师云："绝消息。"问："如何是学人自己？"师云："十字街头寻不见，乐桥亭下问船翁。"进云："怎么即一切皆是也？"师云：

"演若之狂未是狂。"问:"承古有言,向上一路,千圣不传,如何是向上一路?"师云:"盘山太无端。"进云:"未审千圣还垂慈也无?"师云:"也与盘山不较多。"①

因这则材料所载皆为禅师上堂说法对机之言句,于其生平几无叙及,由此仅知此"道原"为天台德韶弟子,然僧人重名者甚多,故无法断言此"道原"即是创作《景德传灯录》之"道原"。后契嵩作《传法正宗记》在天台德韶法嗣中也列有道原之名,然也不曾言其作《景德传灯录》。直至宋末普济集《五灯会元》方于其书目录"天台韶国师法嗣"永安道原禅师下注曰:"进《景德传灯录》。"② 将作为天台德韶法嗣之道原与《景德传灯录》联系起来。

日本学者椎名宏雄于朱长文《吴郡图经续记》中发现一则记载道原生平之资料③,非常重要,故不避繁赘,具录如下,并结合其他文献做一分析:

> 承天寺,在长洲县西北二里。故传是梁时陆僧瓒故宅,因睹祥云重重所覆,请舍宅为重云寺。中误书为重玄,遂名之。钱氏时又加缮葺,殿阁崇丽,前列怪石。寺中有别院五:曰永安、曰净土,禅院也;曰宝幢、曰龙华、曰圆通,教院也。所谓宝幢者,旧曰药师院。昔有钱唐僧道赞者作紫檀香百宝幢,覆以殿宇,翰林晁承旨与当时诸公凡二十三人为之赞云。又有圣姑庙,盖梁时陆氏之女。吴人于此祈子,

---

① 李遵勗:《天圣广灯录》卷二十七,《卍续藏》第135册,第873页。
② 普济:《五灯会元》目录,中华书局,1997年,第33页。
③ [日]椎名宏雄:《宋元版禅籍の研究》,大东出版社,1994年,第175页。

颇有验……

永安禅院,在承天寺垣中,旧号弥勒院。初,太宗朝以藏经镂板本,有余杭道原禅师者,诣阙借板印造。景德中又以太宗御制四帙及新译经一十四帙并赐之。道原既归,藏于此院。大中祥符八年,又编修《景德传灯录》以进,敕赐今额,每岁度一僧,至今为禅院①。

综观以上资料,道原之生平,可得而言之者,有如下数端:

1. 吴郡有承天寺,在长洲县西北二里。梁时为重云寺、重玄寺。寺中有五院,规制甚大。又据范成大《吴郡志》:"能仁禅寺在长洲县西北二里,即梁重玄寺,入国朝为承天寺,庭列怪石。……宣和中,禁寺观桥梁名字以天、圣、皇、王等为名,改今额。"②所载与此相合,又知此寺宣和后,改为能仁禅寺。

2. 承天寺共有五院,其中永安、净土为禅院,永安禅院中确有一位道原禅师曾编撰《景德传灯录》。吴郡即是苏州,则《天圣广灯录》中之"苏州承天永安道原禅师"确与《景德传灯录》作者道原为一人。宋龚明之《中吴纪闻》载:"永安禅院僧道元,纂佛祖讫近世名僧禅语为《传灯录》三十卷以献。"③虽"道元"与"道原"略有不同,然也足可佐证撰作《景德传灯录》者确为永安禅院之道原。如此可知,撰写《景德传灯录》之道原确为天台德韶之弟子。

3. 文中又云"有余杭道原禅师者",由此可知,道原虽住苏

---

① 朱长文:《吴郡图经续记》卷中,《宋元方志丛刊》第1册,中华书局,1990年,第655页。
② 范成大:《吴郡志》卷三十一,《宋元方志丛刊》第1册,第930页。
③ 龚明之撰、孙菊园点校:《中吴纪闻》卷二,上海古籍出版社,1986年,第30页。

州承天寺永安禅院，然其生地籍贯实在余杭（今属杭州）。

4. 道原曾上京摹印大藏经。太平兴国八年（983），《开宝藏》雕成运至京师，藏于印经院。据杨亿《婺州开元寺新建大藏经楼记》，婺州开元寺僧人文靖也曾于至道初年，入京摹印大藏①。以此推断，当时来京印藏的各地僧人不寡，道原即是其中之一。又杨亿《佛祖同参集序》云："东吴道原禅师者，乃觉场之龙象，实人天之眼目。慨然以为祖师法裔，颇论次之未详；草堂遗编，亦嗣续之孔《易》。乃驻锡辇毂，依止王臣，购求亡逸，载离寒暑。"② 可知道原曾入京，一为印藏，二为修撰《佛祖同参集》搜求资料，而道原之结识杨亿或即在此时。

5. 文中又云"景德中又以太宗御制四帙及新译经一十四帙并赐之"，"编修《景德传灯录》以进，敕赐今额，每岁度一僧"，则可知道原上进《景德传灯录》，真宗为示表彰，一则以太宗御制四帙及新译经一十四帙赐之，二则赐以"承天寺"额，并许承天寺每岁度一僧。佛国惟白《大藏经纲目指要录》"景德传灯录"解题亦云："《景德传灯录》三十卷，东吴僧道原集录上进，真宗皇帝敕翰林学士杨亿作序，入藏流通。赐逐年圣节度僧一名，今苏州承天寺永安院恩泽是也。"③ 也言及赐圣节度僧事，足可与此条资料相印证。另雷庵正受《嘉泰普灯录·上皇帝书》云："臣伏睹景德之初，宣慈禅师道原所进《传灯录》，真宗皇帝有旨，

---

① 杨亿：《婺州开元寺新建大藏经楼记》，《武夷新集》卷六，《文渊阁四库全书》第1086册，第420页。
② 杨亿：《佛祖同参集序》，《武夷新集》卷七，《文渊阁四库全书》第1086册，第437页。
③ 惟白：《大藏经纲目指要录》卷八，《昭和法宝总目录》第2册，第768页。

命翰林杨亿撰序以赐。"① 宋初三朝，对上进著述之僧人多赐师号以示褒奖，故可推测正受序文中所言之"宣慈"或应为道原之师号，而此师号之得，或也与其上进《景德传灯录》有关。

综上所述，可对道原禅师之生平做一概述：道原禅师，余杭人。得法于天台德韶，为法眼文益徒孙，住苏州承天寺永安禅院。曾入京摹印大藏经，又撰成《景德传灯录》上进，真宗为示褒奖，赐太宗著述与新译经，并赐承天寺额，许承天寺永安院每年圣节剃度一僧。因进呈《景德传灯录》，道原或曾获赐"宣慈"师号。

二、《景德传灯录》之资料来源

《景德传灯录》成书之前，记载佛法传承及禅宗世谱者，其书已不少，如《付法藏因缘传》《楞伽师资记》《传法宝纪》《历代法宝记》《宝林传》《圣胄集》《续宝林传》《祖堂集》等。而禅宗天竺二十八祖，东土六祖之传法世系也已通过禅宗史书得以确立。道原在此基础之上，广求史料，集成《景德传灯录》。概而言之，《景德传灯录》所据之史料约有四种：一则为祖图；二则为各家别录；三则为前此的灯录之作，如《宝林传》《圣胄集》等；四则为史传碑铭。

1. 祖图

杨亿《刊修景德传灯录序》云："有东吴僧道原者，冥心禅悦，索隐空宗，披弈世之祖图，采诸方之语录。次序其源派，错

---

① 正受：《嘉泰普灯录》卷首，《卍续藏》第137册，第3页。

综其词句。由七佛以至大法眼之嗣，凡五十二世，一千七百一人，成三十卷，目之曰《景德传灯录》。"由此可知，道原作《景德传灯录》曾参用历代之祖图。然时代久远，典籍散佚，祖图之实物已不多见，幸有传世书籍之零星记载，尚可窥祖图之一斑。

对于祖图，唐代以后，屡有人提及。据《景德传灯录》卷三《僧璨章》载，初唐有河南尹李常，曾收得僧璨大师之舍利。天宝五载，李常于其家斋僧，因问佛祖历代传法事云："尝见祖图，或引五十余祖，至于支派差殊，宗族不定。或但有空名者，以何为验？"足见初唐时已有祖图之作。及至宋代，有颁祖图以行天下之事，契嵩《传法正宗定祖图叙》："原夫菩提达磨，实佛氏之教之二十八祖也。与乎大迦叶，乃释迦文如来直下之相承者也。传之中国，年世积远，谱谍差缪。而学者寡识，不能推详其本真，纷然异论，古今颇尔。某平生以此为大患。适考其是非，正其宗祖，其书垂出。会颁祖师传法授衣之图，布诸天下。"① 后历代佛史引祖图为资料者，也复不少。志磐《佛祖统纪》载："师号牧庵，得法于象田卿和上。其家为四明卢氏，于志磐为高伯祖，历位雍熙、云门、雪窦、护圣，名列祖图。"② 元觉岸《释氏稽古略》也分别引及《径山旧祖图》与《宗派祖图》③。

由后世之记载，祖图之形制，可得而言之者，略有二端：

第一，祖图必有描绘师资相承的图像。契嵩《上皇帝书》云："臣不自知量……编成其书，垂十余万言，命曰《传法正宗

---

① 契嵩：《传法正宗定祖图叙》，《镡津文集》卷十一，《大正藏》第52册，第703页。
② 志磐：《佛祖统纪》卷四十六，《大正藏》第49册，第422页。
③ 分别见：觉岸《释氏稽古略》卷三"鹅湖大义"条与卷四"夔州卧龙破庵禅师"条。

记》。其排布状画佛祖相承之像,则曰《传法正宗定祖图》。其推会祖宗之本末者,则曰《传法正宗论》,总十有二卷。又以吴缣绘画其所谓定祖图者一面。"① 由此可见,契嵩所上之《定祖图》不仅有记载师资相承之文字,且用吴缣绘成图像。契嵩之言,稍显笼统,似不足见祖图之具体情形,而明胡应麟之记载或可弥补此不足。胡氏《题李龙眠二十七祖图歌》云:"丹青国手吴道玄,眼空万古当开元。沿流晚季六法尽,中兴十指传龙眠。何人携此卷,佛祖遍罗列。马鸣众大士,历历具颠末。袈裟挂膝右肩袒,妙相人天俨对越。二十七祖仅九帧,十八应真徒耳闻。"② 李龙眠即北宋著名画家李公麟,二十七祖即自摩诃迦叶至般若多罗的西天二十七代祖师。胡氏所题之画今虽已不可得见,然由此诗,也可想见宋时祖图之情形。

第二,祖图兼有记载祖师行历之文字。祖图于图、像之外,当也记载祖师之生平行历。契嵩《传法正宗记》云:"契嵩少闻耆宿云:'尝见古祖图,引梁宝唱《续法记》所载,达磨至梁,当普通元年九月也。'"③ 据契嵩之言,则老宿所见之祖图,引宝唱《续法记》以说明达磨入梁之时间,足证此图有记载初祖达磨生平之文字。元觉岸《释氏稽古略》卷三"元和二年"条记信州鹅湖大义禅师生平云:"《径山旧祖图》曰:'大义瀅禅师,姓吴氏。'"④ 觉岸所引《径山旧祖图》同样也记有大义禅师俗家姓氏。另唐靖迈曾作《古今译经图纪》,记叙后汉至唐佛经翻译家

---

① 契嵩《传法正宗记》卷首,《大正藏》第51册,第715页。
② 胡应麟《少室山房集》卷二十八,《文渊阁四库全书》第1290册,第173页。
③ 契嵩《传法正宗记》卷五,《大正藏》第51册,第744页。
④ 觉岸《释氏稽古略》卷三,《大正藏》第49册,第831页。

的生平与译经,据智升《续古今译经图纪》云,靖迈之书原为配合大慈恩寺译经院厅堂中的图画所作①。此种配图所作的行事记录,正可为祖图形制做一佐证。

现既知祖图之形制,道原编撰《景德传灯录》时对祖图之利用,则可推知一二。祖图中的师资关系,可为《景德传灯录》谱录之编写提供借鉴;而其中记录禅师生平行历之文字,则可为道原撰写祖师的生平所采用。

2. 各家别录

禅宗不立文字,然特重师资之密授。为传灯继焰,禅宗在抛弃教典的同时,又制造出新的经典,即语录。钱大昕《十驾斋养新录》卷一十八云"释之语录始于唐","达摩西来,自称教外别传,直指心印,数传以后,其徒日众,而语录兴焉,支离鄙俚之言,奉为鸿宝"。②盖禅门不重对经义之理解,而重对学人进行随机接引,故丛林中禅师与弟子之对话,便具有举足轻重之地位。学人将其记录下来,以便参究,便成为语录。《景德传灯录》卷十一"香严智闲章"载:沩山灵祐要智闲"未出胞胎,未辨东西时,本分事试道一句",智闲"遂归堂,遍检所集诸方语句,无一言可将酬对"。卷十九"云门文偃章",云门批评学人"待和尚口动,便问禅问道,向上向下,如何如何,大卷抄了,塞在皮袋里卜度"。说明当时学人抄集师家之语非常普遍。

语录、别录记载祖师之言教,为禅门之重要文献,故后世著

---

① 智升:《续古今译经序》云:"《译经图纪》者,本起于大慈恩寺翻经院之堂也。此堂图画古今传译缁素,首自迦叶摩腾,终于大唐三藏,迈公因撰题于壁。"《大正藏》第55册,第367页。
② 钱大昕:《十驾斋养新录》卷十八,江苏古籍出版社,2000年,第382页。

书多有取用,如赞宁著《宋高僧传》就曾参用多家之别录①。道原编集《景德传灯录》所用之别录虽不可一一考见,然通过其本文之记载,仍可寻得轨迹:

> 其诸歌偈,皆触事而作,三百余首流行,见乎别录。(卷二十六"婺州齐云山遇臻禅师")

> 一日,有村媪来作礼。师曰:"汝疾归去,救取数千物命。"媪匆忙至舍,乃见儿妇提竹器拾田螺归。媪接取,放诸水滨。师之异迹颇多,存诸别录。(卷十七"台州瑞岩师彦禅师")

> 师三处开法语要,随门人编录,今但梗概而已。(卷十八"杭州龙册寺顺德大师道怤")

以上所举数例,足可见《景德传灯录》中之文从别录中抄出者不少。

3.《宝林传》与《圣胄集》

《景德传灯录》编成之前,已有多种灯史流行。道原著书是否采用其他灯史,颇不易论②。对于《宝林传》与《圣胄集》,《景德传灯录》则明言曾采其资料。卷二"第二十四祖师子章",道原、杨亿原注云:"事具《圣胄集》及《宝林传》。"卷三"菩提达磨章",原注亦云:"事具《宝林传》及《圣胄集》。"

---

① 宋·赞宁:《宋高僧传》卷十一"唐赵州东院从谂传"云:"凡所举扬,天下传之,号赵州法道。《语录》大行,为世所贵也。"卷十三"梁抚州疏山光仁传"亦云"语详别录"。
② 《景德传灯录》卷十九"南岳般舟道场宝闻大师惟劲"章云:"师于梁开平中,撰《续宝林传》四卷,纪贞元之后禅门继踵之源流也。"对《续宝林传》应有所取资,然此书久佚,不可覆核。

《宝林传》虽错讹甚多①,然此书对后世影响甚大,《景德传灯录》之前三卷多有从此书中抄出者。《宝林传》以章、品之形式组织,而每品之前必以"尔时"二字引起,语言颇多夸张,情节多重神奇变异,如三祖降火龙、四祖化三尸。虽名为传记,实具经体余义,故道原对此多所改变,今检核二书,略述其差异。

（1）减损

《宝林传》中有记载甚详,而《景德传灯录》节录抄出者。如"释迦牟尼传",《宝林传》引《普曜经》"指天指地"与出家事,皆与《景德传灯录》合。唯其记佛之言教,几乎全抄《四十二章经》,《景德传灯录》则将此部分尽皆删除。

《宝林传》类于佛经之反复宣说,故相同之事,于其师之章已述,在弟子章再加叙及,不厌其烦。如慧可断臂求法事,《达摩行教游汉土章布六叶品》与《可大师章断臂求法品》皆详加记述。再如僧璨求安心法,已于《可大师章》叙讫,而《僧璨大师章却归示化品》又予以详载。而《景德传灯录》则用互见法,于其师章叙及之事,弟子章仅云"事见某某章"或"某某章具之矣"颇为简约合度。

（2）改写

如《宝林传》卷二《第四祖优波毱多章化三尸品第八》记优波毱多将人、狗、蛇三尸化为华鬘戴于波旬项上,波旬欲去之而不能,便求梵王为其解免,梵王说偈云:

若因地倒,还因地起。若无其地,终无所履。

---

① 参见陈垣:《中国佛教史籍概论》"宝林传"章,中华书局,1997年,第106~110页。

而《景德传灯录》卷一"优波毱多"章则为：

> 若因地倒，还因地起。离地求起，终无其理。

二偈前两句相同，而后两句则不同，显然已经改写。

除以上所举三种重要资料之外，道原编撰《景德传灯录》尚参考各种传记与碑铭。如卷五"慧能章"云："今于诸家传记中略录十人，谓之旁出。"此为依传记所撰者。卷五"匾檐山晓了禅师章"："匾檐山晓了禅师者，传记不载，唯北宗门人忽雷澄撰塔碑盛行于世。略曰……"可知此章即依塔碑改写。卷四"神秀章"言及张说与卢鸿所作神秀之碑诔，卷五"慧能章"亦言及韶州刺史韦据所撰之碑，道原既知这些碑铭，作传时也当有取资。

三、《景德传灯录》之刻印与版本

《景德传灯录》在宋、元、明、清各代皆有刻印，版本众多，版本之间的变化也较为复杂，兹综述如次：

1. 初刻本之面貌

《景德传灯录》修订完成之后，即奉敕编入《开宝藏》。然此初刻已无印本传世，故仅能从当时后世书目之著录推测其形制与面貌。最早著录《景德传灯录》之书目为赵安仁、杨亿所编《大中祥符法宝录》，此录约成于大中祥符八年（1015），所载之《景德传灯录》或即是初刻本，以故，可据此推测初刻之面貌。现具录如下：

> 《景德传灯录》一部三十卷，目录三卷
> 第一卷　第二卷

已上二卷述毗婆尸佛至释迦牟尼佛为七佛。圣师释迦牟尼将入涅槃始以法眼付嘱摩诃迦叶，故迦叶为天竺第一祖。如是次第传法至第二十七祖般若多罗。又第三祖商那和修旁出末田底迦一人，第二十四祖师子尊者旁出达磨达等二十二人，合前是为五十祖师。

第三卷　第四卷

已上二卷述第二十八祖菩提达磨远从观机授道至于此土，得慧可大师，乃传心印，故达磨为此土第一祖焉。次第传法至第五祖弘忍大师。由达磨至弘忍，其间旁出尊宿二百一十六人。一十七人不出世，不录，一百九十九人见录。

第五卷

已上一卷述第六祖慧能大师法嗣弟子四十三人，内一十人旁出，二十四人不出世，一十九人见录。

第六卷至第十三卷

已上八卷述第六祖弟子南岳怀让禅师九世相承及曹溪别出二世，其间次第法嗣五百一十三人，二百七十八人不出世，一（按：疑当作"二"）百三十五人见录。

第十四卷至第二十卷

已上七卷述第六祖弟子吉州清原山行思禅师一世至六世相承三百七十九人，一百一十六人不出世，二百六十三人见录。

第二十一卷至第二十六卷

已上六卷述行思禅师七世至十一世相承五百四十六人，一百三十二人不出世，四百一十四人见录。

第二十七卷至第三十卷

已上四卷编次禅门散圣及诸方广语、歌诗赞颂。或举事照理，或接物随机。启迪初心，流传来裔，乃禅者之香饭，法乐之正性也，故以其文，集而录之①。

据是录所载，可知以下几点：第一，《景德传灯录》之初刻本为三十三卷，其中正文三十卷，目录三卷。《天圣释教总录》亦云："《景德传灯录》一部三十三卷。上十一卷一帙，'约'字号；中十一卷一帙，'法'字号；下十一卷一帙，'韩'字号。"②考《金藏》广胜寺本，正文三十卷之外，另有上帙目录、中帙目录、下帙目录，也为三十三卷，正与此录所载之本相符。《金藏》据《开宝藏》所刻，且其中多有翻刻《开宝藏》者③，故二本最为接近。《金藏》本之三十三卷正反映了《开宝藏》本之面貌，而他本多仅具正文三十卷而无此三卷目录。第二，此本卷一、卷二记七佛与西天二十七祖，卷三、卷四为中土五祖及其旁出。卷五为六祖慧能及其嗣法弟子，卷七至卷十三记南岳一派之传承，卷十四至卷二十六记青原一派之传承，卷二十七至卷三十记禅门散圣、诸方广语、歌诗赞颂。总体内容与后出之本差别不大。

2. 历代之刻印

《景德传灯录》成书之后，宋、元、明、清各代继有刻印。概而论之，其刻印形式有二，一为单刻，一为藏经刻本。宋代曾多次刻印《景德传灯录》，其中洪州、福州、两浙皆有单刻本，

---

① 赵安仁、杨亿：《大中祥符法宝录》卷二十，《中华大藏经》第73册，中华书局，1994年，第522~523页。
② 惟净：《天圣释教总录》下卷，《中华大藏经》第72册，1994年，第946页。
③ 吕澂先生《金刻藏经》云："《金藏》基本上可说是整个宋刻蜀版的翻刻（连同绝大多部分的著述在内），所以它和蜀版的关系最深。"《吕澂佛学论著选集》卷三，齐鲁书社，1986年，第1446页。

现存宋代单刻本有十一行本、十三行本与十五行本。而藏经系统之刻本则有崇宁万寿大藏本与毗卢大藏本。现存元代单刻《景德传灯录》有三种：一为延祐三年（1316）希渭所刻之本，日本贞和四年（1348）有覆刻，对日本影响甚大，《卍正藏》与《大正藏》皆依此本刊刻。二为至正二十五年（1365）释宝生刻本，盖依希渭本翻刻者。三为古建香山圆智居士之抄刊本。藏经系之本则有《碛砂藏》与《普宁藏》本。明清两代，凡六次刻藏，即《洪武南藏》《永乐南藏》《永乐北藏》《武林藏》《嘉兴藏》《龙藏》。《武林藏》是否还有传本，尚在疑似之间[①]，是否收录《景德传灯录》，不得而知。其余五藏皆收有《景德传灯录》。与宋元两代相比，明清《景德传灯录》之单刻不多。今日所能见到者，惟有明万历间新安汪士贤刻本。何以如此？盖因明代以后，《五灯会元》之地位渐次提高。明《嘉兴藏》、清《龙藏》收入《五灯会元》，扩大了此书之影响。而清修《四库全书》子部释家也收入《五灯会元》，而不收《景德传灯录》。《五灯会元》之前半部与《景德传灯录》多同，《五灯会元》在教内学界流传渐广，《景德传灯录》遂不复重要，故而刻印日少。

3. 版本系统

《景德传灯录》之版本约可分为四个系统：一为以《金藏》广胜寺本为代表的《开宝藏》本系统。《金藏本》共三十三卷，保留有上、中、下三帙目录，与《大中祥符法宝录》所记初刻本

[①] 吕澂先生《佛典泛论》认为此藏尚有另本传世。童玮先生《二十二种大藏经通检·汉文大藏经简述》认为1982年所发现的十七册大藏经残本即为《武林藏》，而李际宁先生《佛经版本》则认为此十七册为《碛砂藏》本，而非《武林藏》本。

最为接近。二为东禅寺系统，此系统以东禅寺本为代表，南方系统藏经本，如《碛砂藏》，明代《南藏》《北藏》，清《龙藏》皆属此系统，民国八年（1919）天宁寺刻本也属此一系统。此系统对《开宝藏》系统修改甚多，不仅有字句之差异，且对诸多章节进行修改，修改之依据主要为临济宗下流传的文献资料，可以说此系统是经临济宗改造的《景德传灯录》版本。另外，此系统又有一子系统，即《万僧问答景德传灯全录》，元代有古建香山圆智居士刊本，明代则有汪士贤刻本。三为元延祐本系统，此系统以延祐三年刊本为代表，此本虽以《开宝藏》系为基础，然也对《开宝藏》系多有校改，文字差异所在多有，而章次内容也多有不同，并于书前撰作"西来年表"。属于此系统者有日本贞和四年覆刻本、元至正二十五年释宝生刻本，日本《缩刷藏》《大正藏》本。四为高丽本系统，此系也以《开宝藏》系为底本，校改增删也复不少。此系统最为显著之特征乃在于增加僧人传记三十余篇，而诸多高僧之传记多杂糅众本，并参考《五灯会元》进行重新编写，与上举各系差异甚大。

（1）《金藏》广胜寺本

此本千字文编号为"禅""主""云"三号，三十三卷，即目录三卷，正文三十卷。现存上帙目录、下帙目录、卷一至卷三、卷五至卷十、卷十二至卷十三、卷十五至卷二十、卷二十二、卷二十四、卷二十五、卷二十七至卷三十。卷子装，每版二十一行，每行十八字。版心下记纸数、千字文编号，如：

传灯录第三卷　第三张　禅字号

此本之特点有二：第一，具有上、中、下三帙目录，每十卷为一帙,每帙前有目录一篇,具载此十卷之内容。而每卷前又有卷前目录。第二,此本之杨亿序题作《刊修景德传灯录序》,无杨亿题名及职衔,后世诸本皆作《景德传灯录序》而无"刊修"二字。杨亿之序确为述其刊修之经过与原则,故有"刊修"二字更为切题。

(2)东禅寺本与南方藏经系统本

东禅寺本《景德传灯录》收入"振、缨、世"三函中。每版六半页,每半页六行,行十七字,为南方藏经系统的典型行款。此本除卷二十七外,每卷卷首皆有题记曰:"福州东禅寺等觉院住持慧空大师冲真于元丰三年庚申岁谨募众缘,开大藏经印板一副。祝今上皇帝圣寿无穷,国泰民安,法轮常转。"卷二十七则作"元丰五年"。从题记可知,此本之绝大部分刻于元丰三年(1080),仅卷二十七刻于元丰五年。此为现存《景德传灯录》版本中最早者。

东禅寺本之特点,主要体现于以下方面:第一,第三十卷末附有"魏府华严长老示众"。第六卷"洪州百丈山怀海禅师"则载:"与西堂智藏、南泉普愿禅师同号入室,时三大士为角立焉。一夕,三士随侍马祖玩月次,祖曰:'正恁么时如何?'西堂云:'正好供养。'师云:'正好修行。'南泉拂袖便去。祖云:'经入藏,禅归海,唯有普愿独超物外。'"与《金藏》本所载"二大士为角立"不同。第二,第十卷"镇州普化章",记有普化对临济义玄之评价:"河阳新附子,木塔老人禅。临济小厮儿,却具一只眼。"《金藏》本与《四部丛刊》本皆作"只具一只眼",说明普化对临济的禅法并不认同,而东禅寺本则作"却具一只眼",将"只"改为"却",显然对临济之修为极为推崇。从此本附录

《魏府华严长老示众》，对南泉普愿之肯定及对临济之推崇，可知此本与北方临济宗有甚深之关系。

据日本学者西口芳男的调查，日本上醍醐寺、高野山所藏东禅寺本《景德传灯录》卷二十五、二十六末皆有题记曰："勘经赐紫潜洞伯修住文殊沙门绍登。"① 可知，勘定东禅寺本之人为绍登。绍登，《建中靖国续灯录》有传："福州圣泉寺绍登禅师，本郡古田县临水人也，俗姓陈。……十岁辞亲出家，往礼潭州开福寺玞长老为师，精通《法华》，试经应度。受具之后，瓶锡游方，造于谓芳禅师法席。一见针水相投，筌蹄顿忘。"② 由此可知绍登为谓芳法嗣，其传承为首山省念——叶县归省——浮山法远——玉泉谓芳——绍登。绍登与撰作《天圣广灯录》的李遵勖同属首山省念一系，李遵勖为绍登前辈（见下图）。职是之故，东禅寺本之修改极有可能是绍登据《天圣广灯录》对南岳，特别是对临济一系僧人传记进行了修改。

首山省念 ┌ 谷隐蕴聪—李遵勖
　　　　 └ 叶县归省—浮山法远—玉泉谓芳—绍登

东禅寺本对后世的影响极大，《碛砂藏》本以下的南方藏经本皆以东禅寺本为祖本，诸本之间递为相承，与《金藏》本、《四部丛刊》本颇有不同。如卷五"南岳怀让章"，记马祖每日坐禅，怀让欲度之，故取砖在庵前石头上磨。马祖非常奇怪，向怀让询问。《金藏》本、《四部丛刊》本皆作"师作什么"，而东禅

---

① ［日本］西口芳男：《福州东禅寺版〈景德传灯录〉について》，《禅文化研究所纪要》第15卷，1988年，第421页。
② 惟白：《建中靖国续灯录》卷十四，《卍续藏》第136册，第219页。

寺本、《碛砂藏》本、《南藏》本、《清藏》本皆作"磨砖作么"。此种例子尚多，兹不赘举。

（3）元延祐刻本系统

此本为湖州道场山护圣禅院僧人希渭募缘刊刻。此本前有《重刊〈景德传灯录〉状》详细记述刊刻之经过。其文云：

> 湖州路道场山护圣万岁禅寺耆旧僧希渭，系庆元路昌国州人氏，俗姓董。自幼投礼本路在城观音禅寺绝照和尚为师，训到法名。投礼慈溪县开寿普光禅寺龙源和尚，剃发为僧，仍礼五台律寺雪涯和尚受具戒。挟策西游，放包灵隐，后值先师龙源和尚，迁住兹山。随师参请，迨今有年。每念师恩未由报效，伏睹从上佛祖《景德传灯录》三十卷，七佛至法眼之嗣，凡五十二世，景德至延祐丙辰，凡三百一十七年，旧板销朽无存，后学慕之罔及，为此发心重刊。忽得本路天圣禅寺松庐和尚所藏庐山稳庵古册，最为善本，良惬素志。遂于丙辰年正月初十日，将衣钵估唱，得统金一万二千余缗。是日命工刊行于世，流通祖道。此录总计三十六万七千九百一十七字，至当年腊月一日毕工。随即印舍三百部于两浙安众名山，方丈、蒙堂、众寮各一部，以便湖海办道禅衲参究。集兹善利，用报四恩，并资三有者。

由此段文字可知，第一，此次刊刻募缘之人为希渭。希渭，俗姓董氏，在本路出家，于五台山受戒，曾住灵隐寺，后随其师龙源和尚至道场山。"龙源和尚"，即龙源介清。介清（1239～1301），号龙源，福州长溪人，俗姓王氏，年十五受戒，得法于育王寂窗有照。后出世四明寿国寺，迁湖州万寿道场。有《龙源介清禅师语录》一卷。赵孟頫所撰塔铭言："道场山龙源禅师既寂之五年，为乙巳七月。其记室怀珠哀次遗事，偕其徒希渭来，求铭心源之塔。"① 可证希渭确为介清之高足。则其师承关系如下：

杨岐方会——白云守端——五祖法演——圆悟克勤——虎丘绍隆——应庵昙华——密庵咸杰——枯禅自镜——寂窗有照——龙源介清——希渭

由此可知，希渭为临济宗杨岐派僧人。另外，元笑隐大䜣《道场寺云峰阁诗序》云："雪道场耆宿渭公，尝任寺之东职，以廉俭闻。始寺不竞，能损己以纾公，公以是裕益，捐资示其党以不私。于是辟方丈作巨阁以居其主。阁成而吴越之耆师硕德，与湖海胜流咸为歌诗，颂以落之，而征序于予。……又罄己资以刊《传灯录》十卷（按：疑脱"三"字），施诸名山。"② 由此文可知：希渭于道场寺居东序上首，曾为其寺建造大阁，阁成之后，多有人以歌诗咏之。希渭确曾舍己资刻印《景德传灯录》，并施诸名山，与《重刊状》所记相符。

第二，状文言："遂于丙辰年正月初十日，将衣钵估唱，得统金一万二千余缗。是日命工刊行于世，流通祖道。……至当年腊月一日毕工。"丙辰为元仁宗延祐三年，可知此本开雕于元延祐二年正月，丁当年腊月事竣，历时一年。

此本与藏经本系统差别甚大，卷前有杨亿序、西来年表、希渭《重刊状》。三十卷末有杨亿与李维书、绍兴壬子（1132）长乐郑昂跋、天童宏智疏、绍兴四年（1134）刘斐后序。延祐本对

---

① 《龙源介清禅师语录》，《卍续藏经》第121册，第480页。
② 大䜣：《蒲室集》卷七，《文渊阁四库全书》第1204册，第564页。

原本误字也有修订，如卷三"弘忍章"，《金藏》本、东禅寺本："第三十二祖弘忍大师者，蕲州黄梅人也。……咸亨中有一居士，姓卢名慧能，自蕲州来参谒。"慧能为新州人，故应"自新州来参谒"，然《金藏》本、东禅寺本涉上"蕲州黄梅人"而误，延祐本则改为"新州"。同时，延祐本对原本文字也时有整饰，如卷十五"德山宣鉴章"《金藏》本："龙潭谓诸徒曰：'可中有一个汉，眼如剑，口似血盆，一棒打不回头。'""眼如剑，口似血盆"不对仗，东禅寺本、《碛砂藏》本改作"眼如利剑"，延祐本则改为"牙如剑树"。

延祐本对部分章节之内容与次序进行了修订与调整。如洪州百丈山惟政禅师，《金藏》本、东禅寺本、《四部丛刊》本、《碛砂藏》本皆在卷六中，为马祖法嗣。延祐本将其改在卷九，为百丈怀海法嗣。并考云："此传旧在第六卷马祖法嗣中，大珠和尚之次。今以机缘推之，即移入此卷百丈海禅师法嗣中，作百丈涅槃和尚机缘也。按唐柳公权书、武翊黄所撰《涅槃和尚碑》云：'师讳法正，以其善讲《涅槃经》，故以涅槃为称。'今师本章中有云：'汝与我开田，吾为汝说大义。'则知其为涅槃和尚明矣。又称南泉为师伯，则知其嗣百丈海公亦明矣。虽然惟政、法正二名不同，盖传写之讹耳。又觉范《林间录》亦谓旧本之误，及观《正宗记》则有惟政、法正之名。然百丈第代可数，明教但见其名不同，不能辨而俱存之。今当以碑为正也。而又《卿公事苑》乃云：百丈涅槃和尚是沩山嗣子而海公之孙。此尤大谬也，不足取矣。"考辨百丈惟政即涅槃法正，为百丈怀海法嗣。又如卷十二魏府大觉，《金藏》本、东禅寺本、《四部丛刊》本皆作黄檗希运法嗣，而此本则将其改属临济义玄法嗣。

延祐本另一重要特征便是于卷首列"西来年表"一帖。对于此年表，前人多认为乃宋人所撰。如陈垣先生虽指出此表所据为《传法正宗记》《册府元龟》等后于道原、杨亿之史料，非道原原本之旧，然却将其视为宋人所作①。究其原因，乃是《四部丛刊》三编所景瞿氏铁琴铜琴楼藏本，卷首即有此年表。而张元济先生又认定瞿氏之本皆为宋本。既然瞿氏之本为宋人所刊，则其本中之西来年表当也为宋人所撰。然日本学者椎名宏雄、铃木哲雄经仔细之比对考证，证明《四部丛刊》所景瞿氏之本实由五本合成，为宋元混合本，其中杨亿序与西来年表正为延祐三年以后所刊②。由此，则可证明西来年表实为延祐本所增设，或即为希渭所作。

此系统在日本影响很大，贞和四年（1348）、宽永十七年（1640）皆有覆刻，《卍正藏》与《大正藏》皆以此为底本。另清宣统年间，贵池刘世珩曾将元延祐本影印行世。

（4）高丽本系统

此系统以高丽恭愍王二十二年（明洪武五年，1372）龙谷觉云所刊之本为代表，原本或已佚，日本驹泽大学图书馆有万历刻本，据此本所附李穑序文，大致可知此本刊刻之情形。李氏序曰：

> 上之廿有一年春正月，判曹溪宗事臣觉云上言："《传灯录》，禅学之指南也。板本毁于兵，手钞甚艰。况今专务默坐，冀万一成功，窃恐谈理者又废，斯道益以晦。乞重刊广

---

① 陈垣：《中国佛教史籍概论》，中华书局，1997年，第108页。
② ［日本］椎名宏雄、铃木哲雄：《宋、元版〈景德传灯录〉の书志的考察》，《禅研究所纪要》4、5卷合订本，1975年，第278页。

布,以惠学者。"上曰:"可。"于是广明寺住持景貎、开天寺住持克文、崛山寺住持惠湜、伏岩寺住持坦宜干其事,皆上命也。……云尝在禁中,谈此录者满一岁。上深器其能,赐八字法号,禅教都总摄,为曹溪都大禅师,入居内院。故能上体圣心,刻梓宣布,其所以惠来者,广心学,其功可胜道哉!……青龙壬子三月初吉,起复文忠保节同德赞化臣崇禄大夫政堂文学集贤殿大学士知春秋馆事兼判太常寺事成均大司成提点司天监事臣李穑奉教谨序。

李穑(1328~1396),字颖叔,号牧隐,曾于至正九年(1349)入元学习理学,至正十二年回国,为高丽朝著名朱子学者。文中所言"上之廿有一年",即高丽恭愍王即位之二十一年,恭愍王即位于1351年,二十一年即为1371年。"青龙壬子"为1372年。由此可知,此本之刻倡于1371年而成于次年。主持此本刊刻者为龙谷觉云,觉云为曹溪宗太古普愚之再传弟子。由序文可知,觉云曾于禁中讲《景德传灯录》一年,故有刊刻之议。而助觉云刊刻者有广明寺住持景貎、开天寺住持克文、崛山寺住持惠湜、伏岩寺住持坦宜诸人。

龙谷觉云曾于禁中讲《景德传灯录》一年,对此书非常熟悉,故此本对《景德传灯录》文本进行了较大改造。椎名宏雄、西口芳男的研究表明,此本在原本基础之上,增加嵩山峻极、苏溪和尚、定山神英、元康和尚、三角法遇、吕洞宾等三十人之传记,而所据史料主要为普济《五灯会元》①。

除增加传主人数之外,高丽本对许多传主之生平言句也有甚大之改动。如卷六"百丈怀海章",其变化如下表:

	卷六:百丈怀海
《金藏》本	属大寂阐化南康,乃倾心依附。与西堂智藏禅师同号入室,时二大士为角立焉。一夕,二士随侍马祖玩月次,祖曰:"正恁么时如何?"西堂云:"正好供养。"师云:"正好修行。"祖云:"经入藏,禅归海。"
东禅寺本	属大寂阐化南康,乃倾心依附。与西堂智藏、南泉普愿禅师同号入室,时三大士为角立焉。一夕,三士随侍马祖玩月次,祖曰:"正恁么时如何?"西堂云:"正好供养。"师云:"正好修行。"南泉拂袖便去。祖云:"经入藏,禅归海,唯有普愿独超物外。"
高丽本	属大寂阐化南康,乃倾心依附。与西堂智藏、南泉普愿同号入室,时三大士为角立焉。师侍马祖行次,见一群野鸭飞过。祖曰:"是甚么?"师云:"野鸭子。"祖云:"甚处去也?"师云:"飞过去也。"祖遂把师鼻扭,负痛失声。祖云:"又道飞过去也。"师于言下有省。
《五灯会元》	属大寂阐化江西,乃倾心依附。与西堂智藏、南泉普愿同号入室,时三大士为角立焉。师侍马祖行次,见一群野鸭飞过。祖曰:"是甚么?"师曰:"野鸭子。"祖曰:"甚处去也?"师曰:"飞过去也。"祖遂把师鼻扭,负痛失声。祖曰:"又道飞过去也。"师于言下有省。(卷三)

从上对比,可以看出,《金藏》本作"二大士",东禅寺本作"三大士",虽然内容有别,二本皆有玩月公案。而高丽本则删去

---

① [日本]椎名宏雄:《朝鲜版〈景德传灯录〉について》,《驹沢大学仏教学部论集》第7卷,1976年。[日本]西口芳男:《高丽本〈景德传灯录〉について》,《印度学仏教学研究》,第32卷第2期,1984年。

玩月公案，增加野鸭子公案，而此公案正为《五灯会元》卷三所载。然高丽本又非全据《五灯元会》，如"阐化南康"一句显然与《金藏》本、东禅寺本同，而与《五灯会元》"阐化江西"不同。

从以上所考，可以看出，《景德传灯录》主要有四个系统，而以《金藏》本为代表的《开宝藏》系统最为原始，故此次整理以《金藏》广胜寺本为底本。底本阙者，则以东禅寺本补。同时，以东禅寺本、《四部丛刊》本、延祐本系统之《大正藏》本为校本。

点校凡例

一、校勘之旨约有三端:一者存古本,二者求全本,三者定确本。《景德传灯录》之版本约可分为四个系统:一为以《金藏》广胜寺本为代表的《开宝藏》系统,二为以东禅寺本为代表的南方藏经系统,三为元延祐三年(1316)希渭刻本,四为高丽刻本系统。《开宝藏》系统多存古貌,而延祐本多有变化,今者兼取二者,既存古本,复求全本。

二、校勘以《金藏》广胜寺本(简称"《金藏》本")为底本,以其与初刊之面貌最为接近也。《金藏》本所缺卷四、卷十一、卷十四、卷二十一、卷二十三、卷二十六诸卷则以东禅寺本为底本。

三、以《四部丛刊》所景瞿氏铁琴铜剑楼藏本(简称"丛刊本")、元延祐系统之《大正藏》本(简称"大正本")为对校本。

四、东禅寺本为藏经系统中最古者,又为藏经南本系统之代表;而明清两代藏经系统之《景德传灯录》皆由《碛砂藏》本而来。故以东禅寺本(简称"东寺本")、《碛砂藏》本(简称

"碛砂本")为参校本。

五、除以上版本外,对于重要之异文,兼参明《南藏》本(简称"南藏本")、《径山藏》本(简称"径山本")。

六、底本显误者,据校本改正,并出校说明。

七、底本、校本虽有差异,而两皆可通者,不改底本,于校记中录出异文。

八、底本不误,校本误者,也于校记中说明,以见诸本传承沿递。

九、凡异体字、俗别字不影响文意者,改为通行字。与专名有关者,悉依底本。避讳字统改不出校。

目 录

刊修《景德传灯录》序 …………………………………… 1
景德传灯录卷第一 ………………………………………… 1
景德传灯录卷第二 ………………………………………… 21
景德传灯录卷第三 ………………………………………… 39
景德传灯录卷第四 ………………………………………… 61
景德传灯录卷第五 ………………………………………… 93
景德传灯录卷第六 ………………………………………… 125
景德传灯录卷第七 ………………………………………… 147
景德传灯录卷第八 ………………………………………… 166
景德传灯录卷第九 ………………………………………… 193
景德传灯录卷第十 ………………………………………… 224
景德传灯录卷第十一 ……………………………………… 252
景德传灯录卷第十二 ……………………………………… 282
景德传灯录卷第十三 ……………………………………… 322
景德传灯录卷第十四 ……………………………………… 350

景德传灯录卷第十五 ………………………… 381
景德传灯录卷第十六 ………………………… 412
景德传灯录卷第十七 ………………………… 444
景德传灯录卷第十八 ………………………… 479
景德传灯录卷第十九 ………………………… 511
景德传灯录卷第二十 ………………………… 539
景德传灯录卷第二十一 ……………………… 577
景德传灯录卷第二十二 ……………………… 611
景德传灯录卷第二十三 ……………………… 641
景德传灯录卷第二十四 ……………………… 680
景德传灯录卷第二十五 ……………………… 716
景德传灯录卷第二十六 ……………………… 755
景德传灯录卷第二十七 ……………………… 796
景德传灯录卷第二十八 ……………………… 826
景德传灯录卷第二十九 ……………………… 862
景德传灯录卷第三十 ………………………… 888

附录一 古旧版本附录 ………………………… 913
附录二 古旧版本序跋 ………………………… 980
附录三 作者道原生平资料 …………………… 987
附录四 历代书目著录 ………………………… 991

刊修《景德传灯录》序①

昔释迦文以受然灯之凤记,当贤劫之次补。降神演化四十九年,开权实顿渐之门,垂半满偏圆之教。随机悟理,爰有三乘之差;接物利生,乃度无边之众。其悲济广大矣,其轨式备具矣。而双林入灭,独顾于饮光;屈昫相传②,首从于达磨。不立文字,直指心源;不践阶梯,径登佛地。逮五叶而始盛,分千灯而益繁。达宝所者盖多,转法轮者非一。盖大雄付嘱之旨,正眼流通之道,教外别行,不可思议者也。

圣宋启运,人灵幽赞。太祖以神武戡乱,而崇净刹,辟度门。太宗以钦明御辩,而述秘诠,畅真谛。皇上睿文继志,而序圣教,绎宗风。焕云章于义天,振金声于觉苑。莲藏之言密契,竺乾之绪克昌。殖众善者滋多,传了义者间出。圆顿之化,流于区域。

---

① 此下,丛刊本、大正本有"翰林学士朝散大夫行左司谏知制诰同修国史判史馆事柱国南阳郡开国侯食邑一千一百户赐紫金鱼袋臣杨亿撰"。
② "昫",大正本作"昫"。

有东吴僧道原者,冥心禅悦,索隐空宗。披弈世之祖图,采诸方之语录。次序其源派,错综其词句①。由七佛以至大法眼之嗣,凡五十二世,一千七百一人,成三十卷,目之曰《景德传灯录》。诣阙奉进,冀于流布。皇上为佛法之外护,嘉释子之勤业,载怀重慎,思致悠久②。乃诏翰林学士左司谏知制诰臣杨亿、兵部员外郎知制诰臣李维、太常丞臣王曙等,同加刊削,俾之裁定。臣等昧三学之旨,迷五性之方,乏临川翻译之能,懵毗邪语默之要。恭承严命,不敢牢让,窃用探索,匪遑宁居。考其论撰之意,盖以真空为本。将以述曩圣入道之因,标昔人契理之说。机缘交激,若挂于箭锋;智藏发光,旁资于鞭影。诱导后学,敷畅玄猷。而捃摭之来,征引所出,糟粕多在,油素可寻。

其有大士示徒,以一音而开演;含灵耸听,乃千圣之证明。属概举之是资,取少分而斯可。若乃别加润色,失其指归,既非华竺之殊言,颇近错雕之伤宝。如此之类,悉仍其旧。况又事资纪实,必由于善叙;言以行远,非可以无文。其有标录事缘,缕详轨迹,或词条之纷纠,或言筌之猥俗,并从刊削,俾之纶贯。至有儒臣居士之问答,爵位姓氏之著明,校岁历以愆殊,约史籍而差谬,咸用删去,以资传信。自非启投针之玄趣,驰激电之迅机,开示妙明之真心,祖述苦空之深理,即何以契传灯之喻,施刮膜之功?若乃但述感应之征符,专叙参游之辙迹,此已标于僧史,亦奚取于禅诠?聊存世系之名,庶纪师承之自。然而旧录所载,或掇粗而遗精;别集具存,当寻文而补阙。率加采撷,爰从

---

① "词",丛刊本、大正本作"辞"。
② "悠",丛刊本作"远"。

附益。逮于序论之作,或非古德之文,间厕编联,徒增楦酿①,亦用简别,多所屏去。汔兹周岁,方遂终篇。

臣等性识愧于冥烦,学问惭于涉猎,天机素浅,文力无余。妙道在人,虽刿心而斯久;玄言绝俗,固墙面以居多。滥膺推择之私,靡著发挥之效。已克终于绅绎,将仰奉于清闲。莫副宸襟,空尘睿览。谨上。

---

① "楦酿",大正本下注:"'楦酿'二字出唐《张燕公文集》,谓冗长也。"

景德传灯录卷第一

七佛　天竺祖师

七佛①

　　毗婆尸佛

　　尸弃佛

　　毗舍浮佛

　　拘留孙佛

　　拘那含牟尼佛

　　迦叶佛

　　释迦牟尼佛

天竺一十五祖内一祖旁出②

　　第一祖摩诃迦叶

　　第二祖阿难

　　第三祖商那和修旁出末田底迦③

　　第四祖优波毱多

---

① "七佛"，东寺本、碛砂本无。
② "旁出"下丛刊本、碛砂本有"无录"二字。
③ 丛刊本、大正本、碛砂本"旁出末田底迦"在"第二祖阿难"下。

第五祖提多迦

第六祖弥遮迦

第七祖婆须蜜

第八祖佛陀难提

第九祖伏驮蜜多

第十祖胁尊者

第十一祖富那夜奢

第十二祖马鸣大士

第十三祖迦毗摩罗

第十四祖龙树大士

叙七佛

古佛应世，绵历无穷，不可以周知而悉数也，故近谭贤劫有千如来，暨于释迦，但纪七佛。案《长阿含经》云："七佛精进力，放光灭暗冥。各各坐诸树①，于中成正觉。"又曼殊室利为七佛祖师。金华善慧大士，登松山顶行道，感七佛引前，维摩接后。今之撰述，断自七佛而下。

毗婆尸佛 过去庄严劫第九百九十八尊

偈曰："身从无相中受生，犹如幻出诸形象②。幻人心识本来无，罪福皆空无所住。"

《长阿含经》云："人寿八万岁时，此佛出世。"种刹利，姓

---

① "诸树"，东寺本、碛砂本作"树下"。
② "形象"，东寺本、碛砂本作"形像"。

拘利若。父槃头，母槃头婆提，居般头婆提城①。坐波波罗树下，说法三会，度人三十四万八千人。神足二：一名骞荼，二名提舍。侍者无忧，子方膺。

尸弃佛庄严劫第九百九十九尊

偈曰："起诸善法本是幻，造诸恶业亦是幻。身如聚沫心如风，幻出无根无实性。"

《长阿含经》云："人寿七万岁时，此佛出世。"种刹利，姓拘利若。父明相，母光耀，居光相城。坐分陀利树下②，说法三会，度人二十五万。神足二：一名阿毗浮，二名婆婆。侍者忍行，子无量。

毗舍浮佛庄严劫第一千尊

偈曰："假借四大以为身，心本无生因境有。前境若无心亦无，罪福如幻起亦灭。"

《长阿含经》云："人寿六万岁时，此佛出世。"种刹利，姓拘利若。父善灯，母称戒，居无喻城。坐婆罗树下，说法二会，度人一十三万。神足二：一扶游，二郁多摩。侍者寂灭，子妙觉。

拘留孙佛见在贤劫第一尊

偈曰："见身无实是佛身，了心如幻是佛幻。了得身心本性

---

① "般"，大正本作"槃"，径山本作"盘"。
② "分"，东寺本、碛砂本、径山本作"芬"。

空,斯人与佛何殊别?"

《长阿含经》云:"人寿四万岁时,此佛出世。"种婆罗门,姓迦叶。父礼得,母善枝,居安和城。坐尸利沙树下,说法一会,度人四万。神足二:一萨尼,二毗楼。侍者善觉,子上胜。

拘那含牟尼佛贤劫第二尊

偈曰:"佛不见身知是佛,若实有知别无佛。智者能知罪性空,坦然不怖于生死。"

《长阿含经》云:"人寿三万岁时,此佛出世。"种婆罗门,姓迦叶。父大德,母善胜,居清净城。坐乌暂婆罗门树下,说法一会,度人三万。神足二:一舒槃那,二郁多楼。侍者安和,子导师①。

迦叶佛贤劫第三尊

偈曰:"一切众生性清净,从本无生无可灭。即此身心是幻生,幻化之中无罪福。"

《长阿含经》云:"人寿二万岁时,此佛出世。"种婆罗门,姓迦叶。父梵德,母财主,居波罗奈城。坐尼拘律树下,说法一会,度人二万。神足二:一提舍,二婆罗婆。侍者善友,子集军。

释迦牟尼佛贤劫第四尊

姓刹利,父净饭天,母大清净妙。位登补处,生兜率天上,

---

① "导师",丛刊本、大正本作"道师"。

名曰胜善天人,亦名护明大士。度诸天众,说补处行,亦于十方界中现身说法。《普耀经》云:"佛初生刹利王家,放大智光明,照十方世界。地涌金莲华,自然捧双足。东西及南北,各行于七步。分手指天地,作师子吼声:'上下及四维,无能尊我者。'"即周昭王二十四年甲寅岁四月八日也。

至四十二年二月八日,年十九,欲求出家。而自念言:"当复何遇?"即于四门游观,见四等事,心有悲喜,而作思惟:此老病死,终可厌离。于是夜子时,有一天人,名曰净居,于窗牖中叉手白太子言:"出家时至,可去矣。"太子闻已,心生欢喜,即逾城而去,于檀特山中修道。始于阿蓝迦蓝处,三年学不用处定。知非便舍。复至郁头蓝弗处,三年学非非想定。知非亦舍。又至象头山,同诸外道,日食麻麦,经于六年。故经云:"以无心意无授行,而悉摧伏诸外道。先历试邪法,示诸方便,发诸异见,令至菩提。"故《普集经》云:"菩萨于二月八日明星出时成佛,号天人师,时年三十矣。"即穆王三年癸未岁也。

既而于鹿野苑中,为憍陈如等五人转四谛法轮而论道果,说法住世四十九年。后告弟子摩诃迦叶:"吾以清净法眼,涅槃妙心,实相无相,微妙正法,将付于汝,汝当护持。"并敕阿难副贰传化,无令断绝。而说偈言:"法本法无法,无法法亦法。今付无法时,法法何曾法?"尔时世尊说此偈已,复告迦叶:"吾将金缕僧伽梨衣传付于汝,转授补处,至慈氏佛出世,勿令朽坏。"迦叶闻偈,头面礼足曰:"善哉,善哉!我当依敕,恭顺佛故。"

尔时世尊至拘尸那城,告诸大众:"吾今背痛,欲入涅槃。"即往熙连河侧娑罗双树下,右胁累足,泊然宴寂。复从棺起,为母说法。特示双足化婆耆,并说无常偈曰:"诸行无常,是生灭法。生灭灭已,寂灭为乐。"时诸弟子即以香薪竞荼毗之,烬后,金棺如故。尔时,大众即于佛前以偈赞曰:"凡俗诸猛炽,何能致火爇?请尊三昧火,阇维金色身。"尔时,金棺从坐而举,高七多罗树,往反空中,化火三昧,须臾灰生,得舍利八斛四斗。即穆王五十二年壬申岁二月十五日也。自世尊灭后一千一十七年,教至中夏,即后汉永平十年戊辰岁也。

第一祖摩诃迦叶,摩竭陀国人也,姓婆罗门。父饮泽,母香志。昔为锻金师,善明金性,使其柔伏。《付法传》云:"尝于久远劫中,毗婆尸佛入涅槃后,四众起塔,塔中像面上金色有少缺坏。时有贫女,将金珠往金师所,请饰佛面。既而因共发愿,愿我二人为无姻夫妻。由是因缘,九十一劫,身皆金色。后生梵天。天寿尽,生中天摩竭陀国婆罗门家,名曰迦叶波,此云饮光胜尊,盖以金色为号也。繇是志求出家,冀度诸有。"佛言:"善来比丘。"须发自除,袈裟著体。常于众中,称叹第一。复言:"吾以清净法眼,将付于汝,汝可流布,无令断绝。"《涅槃经》云:尔时世尊欲涅槃时,迦叶不在众会。①佛告诸大弟子:"迦叶来时,可令宣扬正法眼藏。"尔时迦叶在耆阇崛山宾钵罗窟睹胜光明,即入三昧,以净天眼,观见世尊于熙连河侧入般涅槃。乃

---

① 丛刊本、大正本此处有小字注文:"嵩禅师《正宗记》评曰:昔涅槃会之初,如来告诸比丘曰:汝等不应作如是语。我今所有无上正法,悉已付嘱摩诃迦叶。是迦叶者,当为汝等作大依止。然正宗者,圣人密相传授,不可必知其处与时也。以经酌之,则《法华》先而《涅槃》后也。方说《法华》,迦叶预焉,及《涅槃》而不在其会。吾谓付法之时,其在二经之间耳。或谓灵山拈花,又曰付法于多子塔前。然此未见所出,吾虽稍取,亦不敢果以为审也。"

告其徒曰:"如来涅槃也,何其驶哉!"即至双树间,悲恋号泣,佛于金棺内现双足。尔时,迦叶告诸比丘:"佛已荼毗,金刚舍利非我等事,我等宜当结集法眼,无令断绝。"乃说偈曰:"如来弟子,且莫涅槃。得神通者,当赴结集。"于是得神通者,悉集王舍耆阇崛山宾钵罗窟。

时阿难为漏未尽,不得入会。后证阿罗汉果,由是得入。迦叶乃白众言:"此阿难比丘多闻总持,有大智慧。常随如来,梵行清净,所闻佛法,如水传器,无有遗余。佛所赞叹,聪敏第一。宜可请彼集修多罗藏。"大众默然。迦叶告阿难曰:"汝今宜宣法眼。"阿难闻语信受,观察众心,而宣偈言:"比丘诸眷属,离佛不庄严。犹如虚空中,众星之无月。"说是偈已,礼众僧足,升法坐而说是言:"如是我闻,一时佛住某处说某经教①,乃至人天等作礼奉行。"时迦叶问诸比丘:"阿难所言,不错谬乎?"皆曰:"不异世尊所说。"

迦叶乃告阿难言:"我今年不久留,今将正法付嘱于汝,汝善守护。听吾偈言:'法法本来法,无法无非法。何于一法中,有法有不法?'"说偈已,乃持僧伽梨衣入鸡足山俟慈氏下生②。即周孝王五年丙辰岁也③。

第二祖阿难,王舍城人也,姓刹帝利④,父斛饭王,实佛之

---

① "住",碛砂本作"在"。
② "俟",碛砂本作"候"。
③ 丛刊本、大正本此下有小注:"'五年',当作'四年'。自此至第十三祖迦毗摩罗,年数错误,今皆依《史记》年表中六甲改正。"
④ "刹帝利",原作"刹利帝",据义改。

从弟也。梵语阿难陀,此云庆喜,亦云欢喜。如来成道夜生,因为之名。多闻博达,智慧无碍,世尊以为总持第一,尝所赞叹。加以宿世有大功德,受持法藏,如水传器,佛乃命为侍者。

后阿阇世王白言:"仁者,如来、迦叶尊胜二师皆已涅槃,而我多故,悉不能睹。仁者般涅槃时,愿垂告别。"阿难许之。后自念言:"我身危脆,犹如聚沫。况复衰老,岂堪长久?"又念:"阿阇世王与吾有约。"乃诣王宫告之曰:"吾欲入涅槃,来辞耳。"门者曰:"王寝,不可以闻。"阿难曰:"俟王觉时,当为我说。"时阿阇世王梦中见一宝盖,七宝严饰,千万亿众围绕瞻仰。俄而风雨暴至,吹折其柄,珍宝璎珞,悉坠于地。心甚惊异。既寤,门者具白上事。王闻语已,失声号恸,哀感天地。即至毗舍离城,见阿难在恒河中流,跏趺而坐。王乃作礼而说偈言:"稽首三界尊,弃我而至此。暂凭悲愿力,且莫般涅槃。"时毗舍离王亦在河侧,复说偈言:"尊者一何速,而归寂灭场。愿住须臾间,而受于供养。"尔时,阿难见二国王咸来劝请,乃说偈言:"二王善严住,勿为苦悲恋。涅槃当我静①,而无诸有故。"阿难复念:"我若偏向一国而般涅槃,诸国争竞,无有是处,应以平等度诸有情。"遂于常河中流将入寂灭,是时山河大地六种震动。

雪山中有五百仙人,睹兹瑞应,飞空而至。礼阿难足,胡跪白言:"我于长老,当证佛法,愿垂大慈,度脱我等。"阿难默然受请。即变殑伽河悉为金地,为其仙众说诸大法。阿难复念:

---

① "静",丛刊本、大正本作"净",下有注文:"旧本作'静',此依《宝林传》《正宗记》易此一字。"

"先所度脱弟子应当来集。"须臾五百罗汉从空而下,为诸仙人出家受具。其仙众中有二罗汉:一名商那和修,二名末田底迦。阿难知是法器,乃告之曰:"昔如来以大法眼付大迦叶,迦叶入定而付于我。我今将灭,用传于汝。汝受吾教,当听偈言:本来付有法,付了言无法。各各须自悟,悟了无无法。"阿难付法眼藏竟,踊身虚空,作十八变。入风奋迅三昧,分身四分:一分奉忉利天,一分奉娑竭罗龙宫,一分奉毗舍离龙王①,一分奉阿阇世王。各造宝塔而供养之。乃厉王十二年癸巳岁也②。

第三祖商那和修者③,摩突罗国人也,亦名舍那婆斯,姓毗舍多。父林胜,母憍奢邪④,在胎六年而生。梵云商诺迦,此云自然服,即西域九枝秀草名也。若罗汉圣人降生,则此草生于净洁之地。和修生时,瑞草斯应。昔如来行化至摩突罗国,见一青林,枝叶茂盛。语阿难曰:"此林地名优留茶⑤,吾灭度后一百年,有比丘商那和修于此地转妙法轮。"后百岁果诞和修,出家证道,受庆喜尊者法眼⑥,化导有情。及止此林,降二火龙,归顺佛教。龙因施其地,以建梵宫。

尊者化缘既久,思付正法,寻于吒利国得优波毱多以为给

---

① "毗舍离龙王",丛刊本、大正本作"毗舍离王",注云:"旧本作'毗舍离龙王',今依《宝林传》《正宗记》除'龙'字。"
② 丛刊本、大正本下注云:"当作十年。"
③ 丛刊本、大正本下注云:"《正宗记》云:'梵语商诺迦,此云自然服,以生时身自有衣也。'洪觉范《志林》云:'谓僧伽梨衣与云岩同也。'而《传灯》曰:'自然服即西域九枝秀草名。'未详。"
④ "邪",东寺本、碛砂本作"耶"。
⑤ "优留茶",碛砂本作"优留荼"。
⑥ "受",原作"授",据丛刊本、东寺本改。

侍。因问毱多曰："汝年几邪？"答曰："我年十七。"师曰："汝身十七，性十七耶？"答曰："师发已白，为发白耶，心白耶？"师曰："我但发白，非心白耳。"毱多曰："我身十七，非性十七也。"和修知是法器，后三载，遂为落发受具。乃告曰："昔如来以无上法眼藏，付嘱迦叶，展转相授，而至于我。我今付汝，勿令断绝。汝受吾教，听吾偈言：非法亦非心①，无心亦无法。说是心法时，是法非心法。"说偈已，即隐于罽宾国南象白山中。

后于三昧中见弟子毱多有五百徒众，常多懈慢。尊者乃往彼，现龙奋迅三昧以调伏之。而说偈曰：通达非彼此，至圣无长短。汝除轻慢意，疾得阿罗汉。五百比丘闻偈已，依教奉行，皆获无漏。尊者乃作十八变②，火光三昧，用焚其身。毱多收舍利，葬于梵迦罗山。五百比丘人持一幡，迎导至彼，建塔供养。乃宣王二十三年乙未岁也③。

第四祖优波毱多者，吒利国人也，亦名优波崛多，又名邬波毱多。姓首陀，父善意。十七出家，二十证果。随方行化，至摩突罗国，得度者甚众。由是魔宫震动，波旬愁怖，遂竭其魔力，以害正法。尊者即入三昧，观其所由。波旬复伺便，密持璎络縻之于颈。及尊者出定，乃取人、狗、蛇三尸，化为花鬘，夷言慰

---

① "非法亦非心"，原作"非法亦非法"，据丛刊本、东寺本、碛砂本改。丛刊本、大正本下有注云："旧本作'非法亦非法'，今依《宝林传》《正宗记》改作'非法亦非心'也。"
② "十八变"，东寺本、碛砂本作"十八变化"。
③ 丛刊本、大正本下注："当作二十二年。"据《史记·十二诸侯年表》，二十二年确为"乙未"，二十三年当为"丙申"。

谕波旬曰①："汝与我璎珞，甚是珍妙，吾有花鬘②，以相酬奉。"波旬大喜，引颈受之。即变为三种臭尸，虫蛆坏烂。波旬厌恶，大生忧恼，尽己神力，不能移动。乃升六欲天告诸天主③，又诣梵王求其解免。彼各告言："十力弟子所作神变，我辈凡陋，何能去之？"波旬曰："然则奈何？"梵王曰："汝可归心尊者，即能除断。"乃为说偈，令其回向曰："若因地倒，还因地起。离地求起，终无其理。"波旬受教已，即下天宫，礼尊者足，哀露忏悔。毱多曰④："汝自今去，于如来正法更不作娆害否⑤？"波旬曰："我誓回向佛道，永断不善。"毱多曰："若然者，汝可口自唱言：归依三宝。"魔王合掌三唱，花鬘悉除。乃欢喜踊跃，作礼尊者而说偈曰："稽首三昧尊，十力圣弟子。我今愿回向，勿令有劣弱。"

尊者在世化导，证果最多。每度一人，以一筹置于石室。其室纵十八肘，广十二肘，充满其间。最后有一长者子，名曰香众，来礼尊者，志求出家。尊者问曰："汝身出家，心出家？"答曰："我来出家，非为身心。"尊者曰："不为身心，复谁出家？"答曰："夫出家者，无我我故。无我我故，即心不生灭。心不生灭，即是常道。诸佛亦常，心无形相，其体亦然。"尊者曰："汝当大悟，心自通达，宜依佛法僧，绍隆圣种。"即为剃度，受具足戒。仍告之曰："汝父尝梦金日而生汝，可名提多迦。"复谓

---

① "奕"，东寺本、碛砂本作"软"。
② "有"，碛砂本作"以"。
③ "天主"，大正本作"天王"。
④ "毱多"下，丛刊本、大正本有"告"字。
⑤ "更不作娆害否"，东寺本、碛砂本作"更作娆害否"。

曰：" 如来以大法眼藏，次第传授，以至于我。今复付汝，听吾偈言：心自本来心，本心非有法。有法有本心，非心非本法。"付法已，乃踊身虚空，呈十八变。然复本坐，跏趺而逝。多迦以室内筹，用焚其躯，收舍利建塔供养。即平王三十一年庚子岁也①。

第五祖提多迦者，摩伽陀国人也。初生之时，父梦金日自屋而出，照耀天地。前有大山，诸宝严饰，山顶泉涌，滂沱四流。后遇毱多尊者，为解之曰："宝山者，吾身也；泉涌者，法无尽也。日从屋出者，汝今入道之相也；照耀天地者，汝智慧超越也。"尊者本名香众，师因易今名焉。梵云提多迦，此云通真量也。多迦闻师说已，欢喜踊跃，而唱偈言："巍巍七宝山，常出智慧泉。涌为真法味②，能度诸有缘。"毱多尊者亦说偈曰："我法传于汝，当现大智慧。金日从屋出，照耀于天地。"提多迦闻师妙偈，设礼奉持。

后至中印度，彼国有八千大仙，弥遮迦为首。闻尊者至，率众瞻礼，谓尊者曰："昔与师同生梵天，我遇阿私陀仙人，授我仙法；师逢十力弟子，修习禅那。自此报分殊途③，已经六劫。"尊者曰："支离累劫，诚哉不虚，今可舍邪归正，以入佛乘。"弥遮迦曰："昔阿私陀仙人授我记云：'汝却后六劫，当遇同学，获无漏果。'今也相遇，非宿缘邪！愿师慈悲，令我解脱。"尊者即

---

① 丛刊本、大正本下注云："当作三十年。"按：据《史记·十二诸侯年表》，三十年确为"庚子"，三十一年当为"辛丑"。
② "涌"，丛刊本、东寺本、碛砂本皆作"回"。
③ "途"，丛刊本、大正本作"涂"。

度出家，命圣授戒。余仙众始生我慢，尊者示大神通，于是俱发菩提心，一时出家。乃告弥遮迦曰："昔如来以大法眼藏密付迦叶，展转相授，而至于我。我今付汝，当护念之。"乃说偈曰："通达本法心，无法无非法。悟了同未悟，无心亦无法。"说偈已，踊身虚空，作十八变，火光三昧，自焚其躯。弥遮迦与八千比丘同收舍利，于班茶山中起塔供养。即庄王七年己丑岁也①。

第六祖弥遮迦者，中印度人也。既传法已，游化至北天竺国，见雉堞之上有金色祥云，叹曰："斯道人气也，必有大士为吾法嗣。"乃入城。于阛阓间有一人手持酒器，逆而问曰："师何方而来，欲往何所？"师曰："从自心来，欲往无处。"曰："识我手中物否？"师曰："此是触器而负净者。"曰："师还识我否？"师曰："我即不识，识即非我。"又谓曰："汝试自称名氏，吾当后示本因。"彼人说偈而答："我从无量劫，至于生此国。本姓颇罗堕，名字婆须蜜。"师曰："我师提多迦说：世尊昔游北印度，语阿难言：此国中吾灭后三百年，有一圣人，姓颇罗堕，名婆须蜜，而于禅祖，当获第七。世尊记汝，汝应出家。"彼乃置器礼师，侧立而言曰："我思往劫尝作檀那，献一如来宝坐。彼佛记我云：汝于贤劫释迦法中宣传至教。今符师说，愿加度脱。"师即与披剃，复圆戒相。乃告之曰："正法眼藏，今付于汝，勿令断绝。"乃说偈曰："无心无可得，说得不名法。若了心非心，始解心心法。"师说偈已，入师子奋迅三昧，踊身虚空，高七多罗

---

① 丛刊本、大正本下注："当作五年。"按：据《史记·十二诸侯年表》，"己丑"确为五年，七年为"辛卯"。

树。却复本坐,化火自焚。婆须蜜收灵骨,贮七宝函,建浮图,置于上级。即襄王十七年甲申岁也①。

第七祖婆须蜜者,北天竺国人也,姓颇罗堕。常服净衣,执酒器,游行里闬。或吟或啸,人谓之狂。及遇弥遮迦尊者,宣如来往志,自省前缘②,投器出家。授法行化,至迦摩罗国,广兴佛事。于法坐前,忽有一智者,自称:"我名佛陀难提,今与师论义。"师曰:"仁者,论即不义,义即不论;若拟论义,终非义论。"难提知师义胜,心即钦伏,曰:"我愿求道,沾甘露味。"尊者遂与剃度,而授具戒。复告之曰:"如来正法眼藏,我今付汝,汝当护持。"乃说偈曰:"心同虚空界,示等虚空法。证得虚空时,无是无非法。"尊者即入慈心三昧。时梵王、帝释及诸天众俱来作礼,而说偈言:"贤劫众圣祖,而当第七位。尊者哀念我,请为宣佛地。"尊者从三昧起,示众云:"我所得法,而非有故。若识佛地,离有无故。"说此语已,还入三昧,示涅槃相。难提即于本坐起七宝塔,以葬全身。即定王十九年辛未岁也③。

第八祖佛陀难提者,迦摩罗国人也,姓瞿昙氏。顶有肉髻,辩捷无碍。初遇婆须蜜尊者,出家受教。既而领徒行化,至提伽国城毗舍罗家,见舍上有白光上腾,谓其徒曰:"此家当有圣人。

---

① 丛刊本、大正本下注:"当作十五年。"按:据《史记·十二诸侯年表》,"甲申"确为十五年,十七年为"丙戌"。
② "省",丛刊本、大正本作"惺"。
③ 丛刊本、大正本下注:"当作十七年。"按:据《史记·十二诸侯年表》,"辛未"确为十七年,十九年为"癸酉"。

口无言说，真大乘器；不行四衢，知触秽耳。"言讫，长者出致礼，问何所须。尊者曰："我求侍者。"曰："我有一子，名伏驮蜜多，年已五十，口未曾言，足未曾履。"尊者曰："如汝所说，真吾弟子。"尊者见之，遽起礼拜，而说偈曰："父母非我亲，谁是最亲者？诸佛非我道，谁为最道者？"尊者以偈答曰："汝言与心亲，父母非可比。汝行与道合，诸佛心即是。外求有相佛，与汝不相似。欲识汝本心，非合亦非离。"伏驮蜜多闻师妙偈，便行七步。师曰："此子昔曾值佛，悲愿广大。虑父母爱情难舍，故不言不履耳。"时长者遂舍令出家。尊者寻授具戒，复告之曰："我今以如来正法眼藏付嘱于汝，勿令断绝。"乃说偈曰："虚空无内外，心法亦如此。若了虚空故，是达真如理。"伏驮蜜多承师付嘱，以偈赞曰："我师禅祖中，当得为第八。法化众无量，悉获阿罗汉。"尔时尊者佛陀难提即现神变，却复本坐，俨然寂灭。众兴宝塔，葬其全身。即景王十二年丙寅岁也①。

第九祖伏驮蜜多者，提伽国人，姓毗舍罗。既受佛陀难提付嘱，后至中印度行化。时有长者香盖，携一子而来瞻礼尊者曰："此子处胎六十岁，因号难生。复尝会一仙者，谓此儿非凡，当为法器。今遇尊者，可令出家。"尊者即与落发授戒，羯磨之际，祥光烛坐，仍感舍利三七粒现前②。自此精进忘疲。既而师告之

---

① 丛刊本、大正本下注："当作十年。"按：据《史记·十二诸侯年表》，"丙寅"确为十年，十二年为"戊辰"。
② "三七"，丛刊本作"三十"、大正本作"三十"，下注"一作七"。《宝林传》卷三作"三七"，应以"三七"为正。

曰①:"如来大法眼藏,今付于汝,汝护念之。"乃说偈曰:"真理本无名,因名显真理。受得真实法,非真亦非伪。"尊者付法已,即入灭尽三昧而般涅槃。众以香油、旃檀阇维真体,收舍利,建塔于那烂陀寺。即敬王三十五年甲寅岁也②。

第十祖胁尊者,中印度人也,本名难生。初尊者将诞,父梦一白象,背有宝坐③,坐上安一明珠,从门而入,光照四众。既觉,遂生。后值伏驮尊者,执侍左右,未尝睡眠,谓其胁不至席,遂号胁尊者焉。初至华氏国,憩一树下,右手指地而告众曰:"此地变金色,当有圣人入会。"言讫即变金色。时有长者子富那夜奢,合掌前立。尊者问:"汝从何来?"夜奢曰:"我心非往。"尊者曰:"汝何处住?"曰:"我心非止。"尊者曰:"汝不定耶?"曰:"诸佛亦然。"尊者曰:"汝非诸佛。"曰:"诸佛亦非。"尊者因说偈曰:"此地变金色,预知于圣至。当坐菩提树,觉华而成已。"夜奢复说偈曰:"师坐金色地,常说真实义。回光而照我,令入三摩谛。"尊者知其意,即度出家,复具戒品。乃告之曰:"如来大法眼藏,今付于汝,汝护念之。"乃说偈言:"真体自然真,因真说有理。领得真真法,无行亦无止。"尊者付法已,即现神变而入涅槃,化火自焚。四众各以衣裓古得切。盛舍

---

① "之",东寺本、碛砂本无。
② 丛刊本、大正本下注:"当作三十三年。"按:据《史记·十二诸侯年表》,"甲寅"确为三十三年,三十五年为"丙辰"。
③ "坐",东寺本、碛砂本作"座"。

利,随处兴塔而供养之。即贞王二十二年己亥岁也①。

第十一祖富那夜奢者,华氏国人也。姓瞿昙氏,父宝身。既得法于胁尊者,寻诣波罗奈国,有马鸣大士迎而作礼,因问曰:"我欲识佛,何者即是?"师曰:"汝欲识佛,不识者是。"曰:"佛既不识,焉知是乎?"师曰:"既不识佛,焉知不是?"曰:"此是锯义。"师曰:"彼是木义。"复问:"锯义者何?"曰:"与师平出。"又问:"木义者何?"师曰:"汝被我解。"马鸣豁然省悟②,稽首归依,遂求剃度。师谓众曰:"此大士者,昔为毗舍离国王。其国有一类人,如马裸露,王运神力,分身为蚕,彼乃得衣。王后复生中印度,马人感恋悲鸣,因号马鸣焉。如来记云:吾灭度后六百年,当有贤者马鸣,于波罗奈国摧伏异道,度人无量,继吾传化。今正是时。"即告之曰:"如来大法眼藏今付于汝。"即说偈曰:"迷悟如隐显,明暗不相离。今付隐显法,非一亦非二。"尊者付法已,即现神变,湛然圆寂。众兴宝塔,以閟全身。即安王十四年戊戌岁也③。

第十二祖马鸣大士者,波罗奈国人也,亦名功胜,以有作无作诸功德最为殊胜,故名焉。既受法于夜奢尊者,后于华氏国转妙法轮。忽有老人坐前仆地,师谓众曰:"此非庸流,当有异

---

① 丛刊本、大正本下注:"当作二十七年。"按:据《史记·六国年表》,"己亥"确为二十七年,二十二年为"甲午"。
② "省",丛刊本、大正本作"惺"。
③ 丛刊本、大正本下注:"当作十九年。"按:据《史记·六国年表》,"戊戌"确为十九年,十四年为"癸巳"。

相。"言讫不见。俄从地踊出一金色人,复化为女子,右手指师,而说偈曰:"稽首长老尊,当受如来记。今于此地上,宣通第一义。"说偈已,瞥然不见。师曰:"将有魔来,与吾校力。"有顷,风雨暴至,天地晦冥。师曰:"魔之来信矣,吾当除之。"即指空中,现一大金龙,奋发威神,震动山岳。师俨然于坐,魔事随灭。经七日,有一小虫,大若蟭螟,潜形坐下。师以手取之示众曰:"斯乃魔之所变,盗听吾法耳。"乃放之令去,魔不能动。师告之曰:"汝但归依三宝,即得神通。"遂复本形,作礼忏悔。师问曰:"汝名谁邪?眷属多少?"曰:"我名迦毗摩罗,有三千眷属。"师曰:"汝尽神力,变化若何?"曰:"我化巨海,极为小事。"师曰:"汝化性海得否?"曰:"何谓性海,我未尝知。"师即为说性海云:"山河大地,皆依建立;三昧六神通①,由兹发现。"迦毗摩罗闻言,遂发信心,与徒众三千俱求剃度。师乃召五百罗汉与授具戒。复告之曰:"如来大法眼藏,今当付汝,汝听偈言:隐显即本法,明暗元不二。今付悟了法,非取亦非离。"付法已,即入龙奋迅三昧,挺身空中,如日轮相,然后示灭。四众以真体藏之龙龛。即显王三十七年甲午岁也②。

第十三祖迦毗摩罗者,华氏国人也。初为外道,有徒三千,通诸异论。后于马鸣尊者得法,领徒至西印度。彼有太子,名云自在,仰尊者名,请于宫中供养。尊者曰:"如来有教:沙门不

---

① "六神通",丛刊本、大正本作"六通",且注云:"旧云'六神通',依《正宗记》除'神'字。"
② 丛刊本、大正本下注:"当作四十二年。"据《史记·六国年表》"甲午"确为四十二年,三十七年为"己丑"。

得亲近国王、大臣、权势之家。"太子曰:"今我国城之北,有大山焉,山中有一石窟,师可禅寂于此否?"尊者曰:"诺。"即入彼山。行数里,逢一大蟒。尊者直进不顾,遂盘绕师身,师因与受三归依,蟒听讫而去。尊者将至石窟,复有一老人,素服而出,合掌问讯。尊者曰:"汝何所止?"答曰:"我昔尝为比丘,多乐寂静,有初学比丘数来请益,而我烦于应答,起嗔恨想。命终堕为蟒身,住是窟中,今已千载。适遇尊者,获闻戒法,故来谢耳。"尊者问曰:"此山更有何人居止?"曰:"北去十里有大树,荫覆五百大龙。其树王名龙树,常为龙众说法,我亦听受耳。"

尊者遂与徒众诣彼,龙树出迎尊者曰:"深山孤寂,龙蟒所居,大德至尊,何柱神足①?"师曰:"吾非至尊,来访贤者。"龙树默念曰:"此师得决定性,明道眼否?是大圣,继真乘否?"师曰:"汝虽心语,吾已意知,但办出家,何虑吾之不圣。"龙树闻已悔谢,尊者即与度脱,及五百龙众,俱授具戒。复告龙树曰:"今以如来大法眼藏,付嘱于汝,谛听偈言:'非隐非显法,说是真实际。悟此隐显法,非愚亦非智。'"付法已,即现神变,化火焚身。龙树收五色舍利,建塔瘗之。即赧王四十一年壬辰岁也②。

第十四祖龙树尊者,西天竺国人也,亦名龙胜。始于毗罗尊

---

① "柱",东寺本作"往",碛砂本作"屈"。
② 丛刊本、大正本注:"当作四十六年。"按:据《史记·六国年表》,"壬辰"确为四十六年,四十一年为"丁亥"。

者得法，后至南印度。彼国之人多信福业，闻尊者为说妙法，递相谓曰："人有福业，世间第一，徒言佛性，谁能睹之？"尊者曰："汝欲见佛性，先须除我慢。"彼人曰："佛性大小？"尊者曰："非大非小，非广非狭，无福无报，不死不生。"彼闻理胜，悉回初心。尊者复于坐上现自在身，如满月轮。一切众唯闻法音，不睹师相。彼众中有长者子，名迦那提婆，谓众曰："识此相否？"众曰："目所未睹，安能辨识？"提婆曰："此是尊者现佛性体相，以示我等。何以知之？盖以无相三昧，形如满月，佛性之义，廓然虚明。"言讫，轮相即隐，复居本坐，而说偈言："身现圆月相，以表诸佛体。说法无其形，用辨非声色。"彼众闻偈，顿悟无生，咸愿出家，以求解脱。尊者即为剃发，命诸圣授具。

其国先有外道五千余人，作大幻术，众皆宗仰。尊者悉为化之，令归三宝。复造《大智度论》《中论》《十二门论》，垂之于世。后告上首弟子迦那提婆曰："如来大法眼藏，今当付汝，听吾偈言：为明隐显法，方说解脱理。于法心不证，无嗔亦无喜。"付法讫，入月轮三昧，广现神变。复就本座，凝然禅寂。迦那提婆与诸四众，共建宝塔以葬焉。即秦始皇三十五年己丑岁也。

景德传灯录卷第二

天竺三十五祖内二十二祖旁出,一十三祖见录

第十五祖迦那提婆

第十六祖罗睺罗多

第十七祖僧伽难提

第十八祖伽邪舍多

第十九祖鸠摩罗多

第二十祖阇夜多

第二十一祖婆修盘头

第二十二祖摩拏罗

第二十三祖鹤勒那

第二十四祖师子尊者

  旁出达磨达一祖

  达磨达出二祖:一因陀罗,二瞿罗忌利婆

  因陀罗出四祖:一达磨尸利帝,二那伽难提,三破楼求多罗,四波罗婆提

  瞿罗忌利婆出二祖:一波罗跋摩,二僧伽罗叉

达磨尸利帝出二祖：一摩帝隶披罗①，二诃利跋茂

破楼求多罗出三祖：一和修盘头，二达摩诃帝，三旃陀罗多

婆罗跋摩出三祖：一勒那多罗，二盘头多罗，三婆罗婆多

僧伽罗叉出五祖：一毗舍也多罗，二毗楼罗多摩，三毗栗刍多罗，四优波膻驮，五婆难提多

共二十二祖，无语句，不录

第二十五祖婆舍斯多

第二十六祖不如蜜多

第二十七祖般若多罗

第十五祖迦那提婆者，南天竺国人也，姓毗舍罗。初求福业，兼乐辩论。后谒龙树大士，将及门，龙树知是智人，先遣侍者以满钵水置于坐前。尊者睹之，即以一针投之而进②。欣然契会。龙树即为说法，不起于坐，见月轮相，唯闻其声，不见其形。尊者语众曰："今此瑞者，师现佛性，表说法非声色也。"

尊者既得法，后至毗罗国。彼有长者，曰梵摩净德。一日，园树生木耳如菌③，味甚美，唯长者与第二子罗睺罗多取而食之，取已随长，尽而复生。自余亲属，皆不能见。时尊者知其宿因，遂至其家。长者问其故，尊者曰："汝家昔曾供养一比丘，然此比丘道眼未明④，以虚沾信施，故报为木菌。惟汝与子⑤，精诚供

---

① "披"，东寺本作"拔"。
② "投之而进"，东寺本、碛砂本作"投而进之"。
③ "木耳"，丛刊本、东寺本、碛砂本作"大耳"。"菌"，丛刊本误作"茵"。
④ "然此比丘"，东寺本无此四字。
⑤ 丛刊本、大正本下有小注："《正宗》云：与次子。"

养，得以享之，余即否矣。"又问长者年多少，答曰："七十有九。"尊者乃说偈曰："入道不通理，覆身还信施。汝年八十一，此树不生耳。"长者闻偈，弥加叹伏。且曰："弟子衰老，不能事师，愿舍次子，随师出家。"尊者曰："昔如来记此子，当第二五百年为大教主。今之相遇，盖符宿因。"即与剃发①，执侍。

至巴连弗城，闻诸外道欲障佛法，计之既久。尊者乃执长幡，入彼众中，彼问尊者曰："汝何不前？"尊者曰："汝何不后？"又曰："汝似贱人。"尊者曰："汝似良人。"又曰："汝解何法？"尊者曰："汝百不解。"又曰："我欲得佛。"尊者曰："我酌然得佛。"又曰："汝不合得。"尊者曰："元道我得，汝实不得。"又曰："汝既不得，云何言得？"尊者曰："汝有我故，所以不得；我无我我，故自当得。"② 彼词既屈③，乃问师曰："汝名何等？"尊者曰："我名迦那提婆。"彼既夙闻师名，乃悔过致谢。时众中犹互兴问难，尊者析以无碍之辩，由是归伏。乃告上足罗睺罗多而付法眼，偈曰："本对传法人，为说解脱理。于法实无证，无终亦无始。"尊者说偈已，入奋迅定，身放八光而归寂灭。学众兴塔而供养之。即前汉文帝十九年庚辰岁也。

第十六祖罗睺罗多者，迦毗罗国人也。行化至室罗筏城，有河名曰金水，其味殊美，中流复现五佛影。尊者告众曰："此河之源，凡五百里，有圣者僧伽难提居于彼处。佛志：'一千年后，

---

① "与"，东寺本、碛砂本无。
② "我无我我，故自当得"，东寺本、碛砂本作："我无我故，我自当得。"
③ "词"，丛刊本作"辞"。

当绍圣位。'"语已,领诸学众溯流而上。至彼,见僧伽难提安坐入定。尊者与众伺之,经三七日,方从定起。尊者问曰:"汝身定邪,心定邪?"曰:"身心俱定。"尊者曰:"身心俱定,何有出入?"曰:"虽有出入,不失定相。如金在井,金体常寂。"尊者曰:"若金在井,若金出井,金无动静,何物出入?"曰:"言金动静,何物出入?许金出入,金非动静。"尊者曰:"若金在井,出者何金?若金出井,在者何物?"曰:"金若出井,在者非金;金若在井,出者非物。"尊者曰:"此义不然。"曰:"彼理非著。"尊者曰:"此义当堕。"曰:"彼义不成。"尊者曰:"彼义不成,我义成矣。"曰:"我义虽成,法非我故。"尊者曰:"我义已成,我无我故。"曰:"我无我故,复成何义?"尊者曰:"我无我故,故成汝义。"曰:"仁者师于何圣,得是无我?"尊者曰:"我师迦那提婆证是无我。"曰:"稽首提婆师,而出于仁者。仁者无我故,我欲师仁者。"尊者曰:"我已无我故,汝须见我我。汝若师我故,知我非我我。"难提心意豁然,即求度脱。尊者曰:"汝心自在,非我所系。"语已,即以右手擎金钵,举至梵宫,取彼香饭,将斋大众,而大众忽生厌恶之心。尊者曰:"非我之咎,汝等自业。"即命僧伽难提分坐同食,众复讶之。尊者曰:"汝不得食,皆由此故。当知与吾分坐者,即过去婆罗树王如来也,愍物降迹。汝辈亦庄严劫中已至三果,而未证无漏者也。"众曰:"我师神力,斯可信矣。彼云过去佛者,即窃疑焉。"僧伽难提知众生慢,乃曰:"世尊在日,世界平正,无有丘陵、江河、沟洫。水悉甘美,草木滋茂,国土丰盈,无八苦,行十善。自双树示灭八百余年,世界丘墟,树木枯悴,人无至信,正念轻微,不信真如,唯爱神力。"言讫,以右手渐展入地,至金刚轮际取甘露水,以琉璃器持至会所。大众见之,即时钦慕,悔过作礼。于是尊者命僧伽难提而付法眼,偈曰:"于法实无证,不取亦不离。法非有无相,内外云何起?"尊者付法已,安坐归寂,四众建塔。此当前汉武帝二十八年戊辰岁也。

第十七祖僧伽难提者,室罗阀城宝庄严王之子也。生而能言,常赞佛事。七岁即厌世乐,以偈告其父母曰:"稽首大慈父,和南骨血母。我今欲出家,幸愿哀愍故。"父母固止之,遂终日不食,乃许其在家出家,号僧伽难提。复命沙门禅利多为之师,积十九载,未尝退倦①。尊者每自念言:身居王宫,胡为出家?一夕,天光下属,见一路坦平,不觉徐行,约十里许,至大岩前,有石窟焉,乃燕寂于中。父既失子,即摈禅利多出国访寻其子,不知所在。

经十年,尊者得法受记已,行化至摩提国。忽有凉风袭众,身心悦适非常,而不知其然。尊者曰:"此道德之风也。当有圣者出世,嗣续祖灯乎?"言讫,以神力摄诸大众,游历山谷。食顷,至一峰下,谓众曰:"此峰顶有紫云如盖,圣人居此矣。"即与大众徘徊久之。见山舍一童子持圆鉴,直造尊者前。尊者问:"汝几岁邪?"曰:"百岁。"尊者曰:"汝年尚幼,何言百岁?"曰:"我不会理,正百岁耳。"尊者曰:"汝善机邪?"曰:"佛言:若人生百岁,不会诸佛机。未若生一日,而得决了之。"师

---

① "未尝",碛砂本作"未曾"。

曰:"汝手中者,当何所表?"童曰①:"诸佛大圆鉴,内外无瑕翳。两人同得见,心眼皆相似。"彼父母闻子语,即舍令出家。尊者携至本处②,受具戒讫,名伽邪舍多。

他时闻风吹殿铜铃声,尊者问师曰:"铃鸣邪,风鸣邪?"师曰:"非风非铃,我心鸣耳。"尊者曰:"心复谁乎?"师曰:"俱寂静故。"尊者曰:"善哉!善哉!继吾道者,非子而谁?"即付法偈曰:"心地本无生,因地从缘起。缘种不相妨,华果亦复尔。"尊者付法已,右手攀树而化。大众议曰:"尊者树下归寂,其垂荫后裔乎?"将奉全身于高原建塔,众力不能举,即就树下起塔。当前汉昭帝十三年丁未岁也。

第十八祖伽邪舍多者,摩提国人也。姓郁头蓝,父天盖,母方圣。尝梦大神持鉴,因而有娠,凡七日而诞。肌体莹如琉璃,未尝洗沐,自然香洁。幼好闲静,语非常童。持鉴出游,遇难提尊者得度。

领徒至大月氏国,见一婆罗门舍有异气。尊者将入彼舍,舍主鸠摩罗多问曰:"是何徒众?"曰:"是佛弟子。"彼闻佛号,心神竦然,即时闭户。尊者良久自扣其门,罗多曰:"此舍无人。"尊者曰:"答无者谁?"罗多闻语,知是异人,遽开关延接。尊者曰:"昔世尊记曰:吾灭后一千年,有大士出现于月氏国,绍隆玄化。今汝值吾,应斯嘉运。"于是鸠摩罗多发宿命智,投诚出家。受具讫,付法,偈曰:"有种有心地,因缘能发萌。于缘不

---

① "童",丛刊本作"童子"。
② "至"下,丛刊本有"彼"字。

相碍,当生生不生。"尊者付法已,踊身虚空,现十八种神变,化火光三昧,自焚其身,众以舍利起塔。当前汉成帝二十年戊申岁也。

第十九祖鸠摩罗多者, 大月氏国婆罗门之子也。昔为自在天人欲界第六天,见菩萨璎珞,忽起爱心,堕生忉利欲界第二天。闻憍尸迦说《般若波罗蜜多》,以法胜故,升于梵天;色界。以根利故,善说法要,诸天尊为导师。以继祖时至,遂降月氏。

后至中天竺国,有大士名阇夜多,问曰:"我家父母素信三宝,而尝萦疾瘵,凡所营作,皆不如意。而我邻家久为旃陀罗行,而身常勇健,所作和合。彼何幸,而我何辜?"尊者曰:"何足疑乎?且善恶之报有三时焉,凡人但见仁夭暴寿①,逆吉义凶,便谓亡因果,虚罪福。殊不知影响相随,毫厘靡忒,纵经百千万劫,亦不磨灭。"时阇夜多闻是语已,顿释所疑。尊者曰:"汝虽已信三业,而未明业从惑生,惑因识有,识依不觉,不觉依心。心本清净,无生灭,无造作,无报应,无胜负,寂寂然,灵灵然。汝若入此法门,可与诸佛同矣。一切善、恶,有为、无为,皆如梦幻。"阇夜多承言领旨,即发宿慧,恳求出家。既受具,尊者告曰:"吾今寂灭时至,汝当绍行化迹。"乃付法眼,偈曰:"性上本无生,为对求人说。于法既无得,何怀决不决。"师曰:"此是妙音如来见性清净之句,汝宜传布后学。"言讫,即于坐上以指爪劈面,如红莲开,出大光明,照耀四众,而入寂灭。阇夜

---

① "但见",东寺本、碛砂本作"恒见"。

多起塔。当新室十四年壬午岁也。

第二十祖阇夜多者，北天竺国人也。智慧渊冲，化导无量，后至罗阅城敷扬顿教。彼有学众，唯尚辩论。为之首者，名婆修盘头此云遍行，常一食不卧，六时礼佛，清净无欲，为众所归。尊者将欲度之，先问彼众曰："此遍行头陀能修梵行，可得佛道乎？"众曰："我师精进，何故不可？"尊者曰："汝师与道远矣。设苦行历于尘劫，皆虚妄之本也。"众曰："尊者蕴何德行，而讥我师？"尊者曰："我不求道，亦不颠倒；我不礼佛，亦不轻慢；我不长坐，亦不懈怠；我不一食，亦不杂食；我不知足，亦不贪欲。心无所希，名之曰道。"时遍行闻已，发无漏智，欢喜赞叹。尊者又语彼众曰："会吾语否？吾所以然者，为其求道心切，夫弦急即断，故吾不赞。令其住安乐地，入诸佛智。"复告遍行曰："吾适对众抑挫仁者，得无恼于衷乎？"曰："我忆念七劫前，生常安乐国，师于智者月净，记我非久当证斯陀含果。时有大光明菩萨出世，我以老故，策杖礼谒。师叱我曰：'重子轻父，一何鄙哉？'时我自谓无过，请师示之。师曰：'汝礼大光明菩萨，以杖倚壁画佛面。'以此过慢，遂失二果。我责躬悔过以来①，闻诸恶言如风如响，况今获饮无上甘露，而反生热恼邪？惟愿大慈以妙道垂诲。"尊曰②："汝久植众德，当继吾宗，听吾偈曰：'言下合无生，同于法界性。若能如是解，通达事理竟。'"尊者付法已，不起于坐，奄然归寂。阇维收舍利建塔。当后汉明帝十七

---

① "以"，东寺本作"已"。
② "尊"，丛刊本、大正本作"尊者"。

年甲戌岁也。

第二十一祖婆修盘头者,罗阅城人也。姓毗舍佉,父光盖,母严一。家富而无子,父母祷于佛塔而求嗣焉。一夕,母梦吞明暗二珠,觉而有孕。经七日,有一罗汉名贤众,至其家。光盖设礼,贤众端坐受之。严一出拜,贤众避席云:"回礼法身大士。"光盖罔测其由,遂取一宝珠,跪献贤众,试其真伪。贤众即受之,殊无逊谢。光盖不能忍,问曰:"我是丈夫,致礼不顾;我妻何德,尊者避之?"贤众曰:"我受礼纳珠,贵福汝耳。汝妇怀圣子,生当为世灯慧日,故吾避之,非重女人也。"贤众又曰:"汝妇当生二子,一名婆修盘头,则吾所尊者也。二名刍尼此云野鹊子,昔如来在雪山修道,刍尼巢于顶上。佛既成道,刍尼受报,为那提国王。佛记云:'汝至第二五百年,生罗阅城毗舍佉家,与圣同胞。'今无爽矣。"后一月,果产二子。

尊者婆修盘头,年至十五,礼光度罗汉出家,感毗婆诃菩萨与之授戒。行化至那提国,彼王名常自在。有二子,一名摩诃罗,次名摩拏罗。王问尊者曰:"罗阅城土风与此何异①?"尊者曰:"彼土曾三佛出世,今王国有二师化导。"曰:"二师者谁?"尊者曰:"佛记:第二五百年,有一神力大士出家继圣,即王之次子摩拏罗②,是其一也;吾虽德薄,敢当其一。"王曰:"诚如尊者所言,当舍此子作沙门。"尊者曰:"善哉,大王!能遵佛旨。"即与受具付法,偈曰:"泡幻同无碍,如何不了悟。达法在

---

① "何异",丛刊本、大正本作"同异",下注:"旧本作'何'。"
② "拏",丛刊本误作"絮"。

其中，非今亦非古。"尊者付法已，踊身高半由旬，屹然而住。四众仰瞻，虔请复坐，跏趺而逝。荼毗，得舍利建塔。当后汉殇帝十二年丁巳岁也①。

第二十二祖摩挐罗者，那提国常自在王之子也。年三十，遇婆修祖师出家。传法至西印度，彼国王名得度，即瞿昙种族，归依佛乘，勤行精进。一日，于行道处现一小塔，欲取供养，众莫能举。王即大会梵行、禅观、咒术等三众，欲问所疑。时尊者亦赴此会，是三众皆莫能辩。尊者即为王广说塔之所因阿育王造塔，此不繁录，"今之出现，王福力之所致也"。王闻是说，乃曰："至圣难逢，世乐非久。"即传位太子，投祖出家，七日而证四果。尊者深加慰诲曰："汝居此国，善自度人。今异域有大法器，吾当化令得度。"曰："师应迹十方，动念当至，宁劳往邪？"尊者曰："然。"于是焚香，遥语月氏国鹤勒那比丘曰："汝在彼国，教导鹤众，道果将证，宜自知之。"时鹤勒那为彼国王宝印说修多罗偈，忽睹异香成穗。王曰："是何祥也？"曰："此是西印度传佛心印祖师摩挐罗将至，先降信香耳。"曰："此师神力何如？"答曰："此师远承佛记，当于此土广宣玄化。"时王与鹤勒那俱遥作礼。尊者知已，即辞得度比丘，往月氏国，受王与鹤勒那供养。

后鹤勒那问尊者曰："我止林间，已经九白，印度以一年为一白。有弟子龙子者，幼而聪慧，我于三世推穷，莫知其本。"尊者曰：

---

① 丛刊本、大正本下有注："当作安帝十一年，盖殇帝在位止一年耳。"

"此子于第五劫中,生妙喜国婆罗门家。曾以旃檀施于佛宇,作槌撞钟,受报聪敏①,为众钦仰。"又问:"我有何缘而感鹤众?"尊者曰:"汝第四劫中尝为比丘,当赴会龙宫,汝诸弟子咸欲随从。汝观五百众中,无有一人堪任妙供。时诸子曰:'师常说法,于食等者,于法亦等。今既不然,何圣之有?'汝即令赴会。自汝舍生趣生,转化诸国,其五百弟子以福微德薄,生于羽族。今感汝之惠,故为鹤众相随。"鹤勒那闻语曰:"以何方便,令彼解脱?"尊者曰:"我有无上法宝,汝当听受,化未来际。"而说偈曰:"心随万境转,转处实能幽。随流认得性,无喜复无忧。"时鹤众闻偈,飞鸣而去。尊者跏趺,寂然奄化。鹤勒那与宝印王起塔。当后汉桓帝十九年乙巳岁也。

第二十三祖鹤勒那者,"勒那"梵语,"鹤"即华言。以尊者出世,常感群鹤恋慕,故名②。月氏国人也。姓婆罗门,父千胜,母金光。以无子故,祷于七佛金幢,即梦须弥山顶一神童,持金环云:"我来也。"觉而有孕。年七岁,游行聚落,睹民间淫祀,乃入庙叱之曰:"汝妄兴祸福,幻惑于人,岁费牲牢,伤害斯甚。"言讫,庙貌忽然而坏。由是乡党谓之圣子。年二十二出家,三十遇摩拏罗尊者付法眼藏。

行化至中印度,彼国王名无畏海,崇信佛道。尊者为说正法次,王忽见二人绯、素服,拜尊者。王问曰:"此何人也?"师曰:"此是日月天子,吾昔曾为说法,故来礼耳。"良久不见,唯

---

① "报",原作"执",据丛刊本、东寺本改。
② "群",丛刊本误作"君子"。

闻异香。王曰："日月国土，总有多少？"尊者曰："千释迦佛所化世界，各有百亿迷卢日月，我若广说，即不能尽。"王闻忻然。时尊者演无上道，度有缘众。以上足龙子早夭，有兄师子，博通强记，事婆罗门。厥师既逝，弟复云亡，乃归依于尊者，而问曰："我欲求道，当何用心？"尊者曰："汝欲求道，无所用心。"曰："既无用心，谁作佛事？"尊者曰："汝若有用，即非功德；汝若无作，即是佛事。经云：'我所作功德，而无我所故。'"师子闻是言已，即入佛慧。

时尊者忽指东北问云："是何气象？"师子曰："我见气如白虹，贯乎天地，复有黑气五道，横亘其中。"尊者曰："其兆云何？"曰："莫可知矣。"尊者曰："吾灭后五十年，北天竺国当有难起，婴在汝身。吾将灭矣，今以法眼付嘱于汝，善自护持。"乃说偈曰："认得心性时，可说不思议。了了无可得，得时不说知。"师子比丘闻偈欣惬，然未晓将罹何难①，尊者乃密示之。言讫，现十八变而归寂②。阇维毕，分舍利各欲兴塔。尊者复现空中，而说偈曰："一法一切法，一切一法摄。吾身非有无，何分一切塔。"大众闻偈，遂不复分，就驮都之场而建塔焉。即后汉献帝二十年己丑岁也。

第二十四祖师子比丘者，中印度人也，姓婆罗门。得法游方，至罽宾国。有波利迦者，本习禅观，故有禅定、知见、执

---

① "罹"，丛刊本误作"罗"。
② "十八变"，丛刊本误作"十变变"。

相、舍相、不语之五众①。尊者诘而化之,四众皆默然心服。唯禅定师达磨达者,闻四众被责,愤悱而来。尊者曰:"仁者习定,何当来此?既至于此,胡云习定?"曰:"我虽来此,心亦不乱,定随人习,岂在处所?"尊者曰:"仁者既来,其习亦至,既无处所,岂在人习?"曰:"定习人故,非人习定,我虽来此,其定常习。"尊者曰:"人非习定,定习人故,当自来时,其定谁习?"彼曰:"如净明珠,内外无翳,定若通达,必当如此。"师曰:"定若通达,一似明珠,今见仁者,非珠之徒。"彼曰:"其珠明彻,内外悉定,我心不乱,犹若此净。"师曰:"其珠无内外,仁者何能定?秽物非动摇,此定不是净。"达磨达蒙尊者开悟,心地朗然。尊者既摄五众,名闻遐迩。

方求法嗣,遇一长者引其子问尊者曰:"此子名斯多,当生便拳左手,今既长矣,而终未能舒。愿尊者示其宿因。"尊者睹之,即以手接曰:"可还我珠。"童子遽开手奉珠,众皆惊异。尊者曰:"吾前报为僧,有童子名婆舍。吾尝赴西海斋受嚫珠,付之。今还吾珠,理固然矣。"长者遂舍其子出家,尊者即与受具,以前缘故,名婆舍斯多。尊者即谓之曰:"吾师密有悬记,罹难非久。如来正法眼藏,今转付汝,汝应保护,普润来际。"偈曰:"正说知见时,知见俱是心。当心即知见,知见即于今。"尊者说偈已,以僧伽梨衣密付斯多,俾之他国,随机演化。斯多受教,直抵南天。

尊者以难不可以苟免②,独留罽宾。时本国有外道二人,一

---

① "舍相不语",丛刊本误作"舍不相语"。
② "不可以",丛刊本作"不可"。

名摩目多，二名都落遮，学诸幻法，欲共谋乱。乃盗为释子形象①，潜入王宫。且曰："不成，即罪归佛子。"妖既自作，祸亦旋踵。事既败，王果怒曰："吾素归心三宝，何乃构害一至于斯？"即命破毁伽蓝，祛除释众。又自秉剑至尊者所，问曰："师得蕴空否？"尊者曰："已得蕴空。"曰："离生死否？"尊者曰："已离生死。"曰："既离生死，可施我头。"尊者曰："身非我有，何吝于头②？"王即挥刃断尊者首，涌白乳高数尺。王之右臂，旋亦堕地，七日而终。太子光首叹曰："我父何故③，自取其祸？"时有象白山仙人者，深明因果，即为光首广宣宿因，解其疑网事具《圣胄集》及《宝林传》。遂以师子尊者报体而建塔焉。当魏齐王二十年己卯岁也④。师子尊者付婆舍斯多心法、信衣为正嗣，外傍出达磨达四世二十二师。

第二十五祖婆舍斯多者，罽宾国人也。姓婆罗门，父寂行，母常安乐。初，母梦得神剑，因而有孕。既诞，拳左手，遇师子尊者，显发宿因，密受心印。后适南天，至中印度，彼国王名迦胜，设礼供养。时有外道，号无我尊，先为王礼重，嫉祖之至，欲与论义，幸而胜之，以固其事。乃于王前谓祖曰："我解默论⑤，不假言说。"祖曰："孰知胜负？"曰："不争胜负，但取其

---

① "象"，东寺本作"像"。
② "吝"，丛刊本作"怯"。
③ "何"，丛刊本误作"可"。
④ 丛刊本、大正本下注："当作'高贵乡公六年'，盖齐王芳立十五年而废矣。《正宗记》云：《宝林传》误作己卯，当是齐王芳丁卯岁也。然则乃是八年也。"
⑤ "默论"，丛刊本误作"点论"。

义。"祖曰:"汝以何为义?"曰:"无心为义。"祖曰:"汝既无心,安得义乎?"曰:"我说无心,当名非义。"祖曰:"汝说无心,当名非义。我说非心,当义非名。"曰:"当义非名,谁能辨义?"祖曰:"汝名非义,此名何名?"曰:"为辨非义,是名无名。"祖曰:"名既非名,义亦非义,辨者是谁?当辨何物?"如是往返五十九翻,外道杜口信伏。于时,祖忽然面北合掌长吁曰:"我师师子尊者今日遇难,斯可伤焉。"即辞王南迈,达于南天,潜隐山谷。

时彼国王名天德,迎请供养。王有二子,一凶暴而色力充盛,一和柔而长婴疾苦①。祖乃为陈因果,王即顿释所疑。又有咒术师忌祖之道,乃潜置毒药于饮食中,祖知而食之,彼返受祸,遂投祖出家,祖即与受具。后六十载,太子德胜即位②,复信外道,致难于祖。太子不如蜜多以进谏被囚。王遽问祖曰:"予国素绝妖讹,师所传者当是何宗?"祖曰:"王国昔来实无邪法,我所得者即是佛宗。"王曰:"佛灭已千二百载,师从谁得邪?"祖曰:"饮光大士亲受佛印,展转至二十四世师子尊者,我从彼得。"王曰:"予闻师子比丘不能免于刑戮③,何能传法后人?"祖曰:"我师难未起时,密授我信衣、法偈,以显师承。"王曰:"其衣何在?"祖即于囊中出衣示王,王命焚之,五色相鲜,薪尽如故。王即追悔致礼,师子真嗣既明,乃赦太子。

太子遂求出家,祖问太子曰:"汝欲出家,当为何事?"曰:

---

① "和柔",碛砂本作"柔和"。
② "德胜",原作"得胜",据丛刊本及下文"德胜王创浮图而秘之"句改。
③ "刑",丛刊本误作"刎"。

"我若出家，不为其事①。"祖曰："不为何事？"曰："不为俗事。"祖曰："当为何事？"曰："当为佛事。"祖曰："太子智慧天至，必诸圣降迹。"即许出家。六年侍奉，后于王宫受具。羯磨之际，大地震动，颇多灵异。祖乃命之曰："吾已衰朽，安可久留？汝当善护正法眼藏，普济群有。听吾偈曰：'圣人说知见，当境无是非。我今悟真性，无道亦无理。'"不如蜜多闻偈，再启祖曰："法衣宜可传授？"祖曰："此衣为难故，假以证明，汝身无难，何假其衣？化被十方，人自信向。"不如蜜多闻语，作礼而退。祖现于神变，化三昧火自焚，平地舍利，可高一尺。德胜王创浮图而秘之。当东晋明帝太宁三年乙酉岁也。

第二十六祖不如蜜多者，南印度德胜王之太子也。既受度得法，至东印度。彼王名坚固，奉外道师长爪梵志。暨尊者将至，王与梵志同睹白气贯于上下。王曰："斯何瑞也？"梵志预知尊者入境，恐王迁善，乃曰："此是魔来之兆耳，何瑞之有？"即鸠诸徒众议曰："不如蜜多将入都城，谁能挫之？"弟子曰："我等各有咒术，可以动天地，入水火，何患哉？"尊者至，先见宫墙有黑气，乃曰："小难耳。"直诣王所。王曰："师来何为？"尊者曰："将度众生。"曰："以何法度？"尊者曰："各以其类度之。"时梵志闻言，不胜其怒，即以幻法化大山于尊者顶上。尊者指之，忽在彼众头上。梵志等怖惧投尊者，尊者愍其愚惑，再指之，化山随灭。乃为王演说法要，俾趣真乘。又谓王曰："此国

---

① "其事"，东寺本、碛砂本作"别事"。

当有圣人而继于我。"

是时有婆罗门子，年二十许，幼失父母，不知名氏。或自言璎珞，故人谓之"璎珞童子"。游行闾里，丐求度日，若常不轻之类。人问："汝何行急?"即答云："汝何行慢?"或问何姓，乃云："与汝同姓。"莫知其故。后王与尊者同车而出，见璎珞童子稽首于前。尊者曰："汝忆往事否?"曰："我念远劫中，与师同居。师演摩诃般若，我转甚深修多罗。今日之事，盖契昔因。"尊者又谓王曰："此童子非他，即大势至菩萨是也。此圣之后，复出二人：一人化南印度，一人缘在震旦，四五年内却返此方。"遂以昔因，故名般若多罗。付法眼藏，偈曰："真性心地藏，无头亦无尾。应缘而化物，方便呼为智。"尊者付法已①，即辞王曰："吾化缘已终，当归寂灭，愿王于最上乘无忘外护。"即还本坐，跏趺而逝，化火自焚。王收舍利，塔而瘗之②。当东晋孝武帝太元十三年戊子岁也。

第二十七祖般若多罗者，东印度人也。既得法已，行化至南印度。彼王名香至，崇奉佛乘③，尊重供养，度越伦等，又施无价宝珠。时王有三子，其季开士也。尊者欲试其所得，乃以所施珠问三王子曰："此珠圆明，有能及此否?"第一子月净多罗、第二子功德多罗皆曰："此珠七宝中尊，固无逾也，非尊者道力，孰能受之?"第三子菩提多罗曰④："此是世宝，未足为上，于诸

---

① "尊者"下，丛刊本衍一"曰"字。
② "瘗"下，东寺本、碛砂本注音曰："于例反。"
③ "崇"下，丛刊本衍一"佛"字。
④ "菩提"，原作"菩萨"，据丛刊本、东寺本改。

宝中，法宝为上。此是世光，未足为上，于诸光中，智光为上。此是世明，未足为上，于诸明中，心明为上。此珠光明，不能自照，要假智光，光辩于此①。既辩此已，即知是珠，既知是珠，即明其宝。若明其宝，宝不自宝；若辩其珠，珠不自珠。珠不自珠者，要假智珠而辩世珠；宝不自宝者，要假智宝以明法宝。然则师有其道，其宝即现，众生有道，心宝亦然。"尊者叹其辩慧，乃复问曰："于诸物中，何物无相？"曰："于诸物中，不起无相。"又问："于诸物中，何物最高？"曰："于诸物中，人我最高。"又问："于诸物中，何物最大？"曰："于诸物中，法性最大。"尊者知是法嗣，以时尚未至，且默而混之。

及香至王厌世，众皆号绝，唯第三子菩提多罗于柩前入定②，经七日而出，乃求出家。既受具戒，尊者告曰："如来以正法眼付大迦叶，如是展转，乃至于我。我今嘱汝，听吾偈曰：'心地生诸种，因事复生理。果满菩提圆，华开世界起。'"尊者付法已，即于坐上起立，舒左右手，各放光明二十七道，五色光耀。又踊身虚空，高七多罗树，化火自焚，空中舍利如雨，收以建塔。当宋孝武帝大明元年丁酉岁③。

---

① "辩"，丛刊本作"辨"。下同。
② "第"，原作"弟"，据东寺本、丛刊本改。
③ 丛刊本、大正本下有"也"。并有注："《正宗记》云：'宋孝武之世也。'又注云：'以达磨六十七年算之，当在宋孝武建元元年甲午也。'"

景德传灯录卷第三

中华五祖并旁出尊宿共二十五人
  第二十八祖菩提达磨旁出三人：一道育禅师、二道副禅师、三尼
        总持　已上三人无机缘语句，
        不录
  第二十九祖慧可大师旁出七世共一十七人[①]，三人见录
    僧那禅师
    向居士
    相州慧满禅师
      岘山神定禅师
      宝月禅师
      华闲居士
      大士化公
      和公
      廖居士
    华闲居士复出一人昙邃
      昙邃复出三人：一延陵慧简、二彭城慧瑳、三定林寺

[①] "七世"，碛砂本、南藏本等作"六世"。

慧纲

慧纲复出一人六合大觉

大觉出高邮昙影

昙影出泰山明练

明练出扬州静泰 已上一十四人无机缘语句，不录

第三十祖僧璨大师

第三十一祖道信大师旁出七十六人，见第四卷

第三十二祖弘忍大师旁出一百七人，见第五卷

第二十八祖菩提达磨者，南天竺国香至王第三子也，姓刹帝利①，本名菩提多罗。后遇二十七祖般若多罗至本国，受王供养，知师密迹，因试令与二兄辨所施宝珠，发明心要。既而尊者谓曰："汝于诸法，已得通量，夫达磨者，通大之义也，宜名达磨。"因改号菩提达磨。师乃告尊者曰："我既得法，当往何国而作佛事？愿垂开示。"尊者曰："汝虽得法，未可远游，且止南天②。待吾灭后六十七载，当往震旦，设大法药，直接上根。慎勿速行，衰于日下。"师又曰："彼有大士，堪为法器否？千载之下，有留难否？"尊者曰："汝所化之方，获菩提者不可胜数。吾灭后六十余年，彼国有难。水中文布，自善降之。汝至时，南方勿住，彼唯好有为功业，不见佛理。汝纵到彼，亦不可久留。听吾偈曰：'路行跨水复逢羊，独自凄凄暗度江。日下可怜双象马，二株嫩桂久昌昌。'"复演八偈，皆预谶佛教隆替事具《宝林传》及

---

① "刹帝利"，原作"刹利帝"，据丛刊本改。
② "南天"，东寺本、碛砂本作"南天竺"。

《圣胄集》。师恭禀教义，服勤左右垂四十年，未尝废阙。逮尊者顺世，遂演化本国。

时有二师，一名佛大先，一名佛大胜多，本与师同学佛陀跋陀小乘禅观。佛大先既遇般若多罗尊者，舍小趣大，与师并化，时号"二甘露门"矣。而佛大胜多更分途而为六宗：第一有相宗，第二无相宗，第三定慧宗，第四戒行宗，第五无得宗，第六寂静宗。各封己解，别展化源，聚落峥嵘，徒众甚盛。大师喟然而叹曰："彼之一师，已陷牛迹，况复支离繁盛而分六宗？我若不除，永缠邪见。"言已，微现神力，至第一有相宗所，问曰："一切诸法，何名实相？"彼众中有一尊长萨婆罗答曰："于诸相中，不互诸相，是名实相。"师曰："一切诸相，而不互者。若明实相①，当何定邪？"彼曰："于诸相中，实无有定。若定诸相，何名为实？"师曰："诸相不定，便名实相。汝今不定，当何得之？"彼曰："我言不定，不说诸相。当说诸相，其义亦然。"师曰："汝言不定，当为实相。定不定故，即非实相。"彼曰②："定既不定，即非实相。知我非故，不定不变。"师曰："汝今不变，何名实相？已变已往，其义亦然。"彼曰："不变当在，在不在故。故变实相，以定其义。"师曰："实相不变，变即非实。于有无中，何名实相？"萨婆罗心知圣师悬解潜达，即以手指虚空曰："此是世间有相，亦能空故，当我此身得似否？"师曰："若解实相，即见非相。若了非相，其色亦然。当于色中，不失色体。于非相中，不碍有故。若能是解，此名实相。"彼众闻已，

---

① "明"，丛刊本、大正本作"名"。
② "彼曰"，丛刊本作"彼曰彼"，衍一"彼"。

心意朗然，钦礼信受。

师又瞥然匿迹，至第二无相宗所，问曰："汝言无相，当何证之？"彼众中有智者波罗提答曰："我明无相，心不现故。"师曰："汝心不现，当何明之？"彼曰："我明无相，心不取舍。当于明时，亦无当者。"师曰："于诸有无，心不取舍。又无当者，诸明无故。"彼曰："入佛三昧，尚无所得。何况无相，而欲知之？"师曰："相既不知，谁云有无？尚无所得，何名三昧？"彼曰："我说不证，证无所证。非三昧故，我说三昧。"师曰："非三昧者，何当名之？汝既不证，非证何证？"波罗提闻师辩析，即悟本心，礼谢于师，忏悔往谬。师记曰："汝当得果，不久证之。此国有魔，非久降之。"言已，忽然不现。

至第三定慧宗所，问曰："汝学定慧①，为一为二？"彼众中有婆兰陀者答曰："我此定慧，非一非二。"师曰："既非一二，何名定慧？"彼曰："在定非定，处慧非慧。一即非一，二亦不二。"师曰："当一不一，当二不二。既非定慧，约何定慧？"彼曰："不一不二，定慧能知。非定非慧，亦复然矣。"师曰："慧非定故，然何知哉？不一不二，谁定谁慧？"婆兰陀闻之，疑心冰释。

至第四戒行宗所，问曰："何者名戒，云何名行？当此戒行，为一为二？"彼众中有一贤者答曰："一二二一，皆彼所生。依教无染，此名戒行。"师曰："汝言依教，即是有染。一二俱破，何言依教？此二违背，不及于行。内外非明，何名为戒？"彼曰：

---

① "汝学定慧"，丛刊本作"汝学慧定慧"，衍一"慧"。

"我有内外,彼已知竟①。既得通达,便是戒行。若说违背,俱是俱非。言及清净,即戒即行。"师曰:"俱是俱非,何言清净?既得通故,何谈内外?"贤者闻之,即自惭服。

至第五无得宗所,问曰:"汝云无得,无得何得?既无所得,亦无得得?"彼众中有宝静者答曰②:"我说无得,非无得得。当说得得,无得是得。"师曰:"得既不得,得亦非得。既云得得,得得何得?"彼曰:"见得非得,非得是得。若见不得,名为得得。"师曰:"得既非得,得得无得。既无所得,当何得得?"宝静闻之,顿除疑网。

至第六寂静宗所,问曰:"何名寂静?于此法中,谁静谁寂?"彼有尊者答曰:"此心不动,是名为寂。于法无染,名之为静。"师曰:"本心不寂,要假寂静。本来寂故,何用寂静?"彼曰:"诸法本空,以空空故。于彼空空,故名寂静。"师曰:"空空已空,诸法亦尔。寂静无相,何静何寂?"彼尊者闻师指诲,豁然开悟。既而六众咸誓归依,由是化被南天,声驰五印,远近学者,靡然向风。经六十余载,度无量众。

后值异见王轻毁三宝,每云:"我之祖宗皆信佛道,陷于邪见,寿年不永,运祚亦促。且我身是佛,何更外求?善恶报应,皆因多智之者妄构其说。"至于国内耆旧为前王所奉者,悉从废黜。师知已,叹彼德薄,当何救之③。又念无相宗中二首领,其

---

① 丛刊本、大正本下有小注:"浙本'己'字作'已',依《广灯》也;邵本作'无'字,依《宝林》也;洪旧本作'已'字;《正宗记》作'以'字。未详孰是。""已",东寺本作"巳"。
② "宝静",碛砂本作"宝净",下同。
③ "救之",碛砂本误作"求之"。

一波罗提者，与王有缘，将证其果；其二宗胜者，非不博辩，而无宿因。时六宗徒众亦各念言："佛法有难，师何自安？"师遥知众意，即弹指应之。六众闻之云："此是我师达磨信响，我等宜须速行，以副慈命。"言已，至师所，礼拜问讯。师曰："今一叶翳虚，孰能剪拂？"宗胜曰："我虽浅薄，敢惮其行！"师曰："汝虽辩慧，而道力未全。"宗胜自念："我师恐我见王作大佛事，名誉显达，映夺尊威。纵彼福慧为王，我是沙门，受佛教旨，岂难敌也？"言讫潜去，至王所，广说法要及世界苦乐、人天善恶等事。王与之往返征诘，无不诣理。王曰："汝今所解，其法何在？"宗胜曰："如王治化，当合其道，王所有道何在？"王曰："我所有道，将除邪法。汝所有法，将伏何人？"师不起于坐，悬知宗胜义堕，遽告波罗提曰："宗胜不禀吾教，潜化于王，须臾即屈，汝可速救。"波罗提恭禀师旨云："愿假神力。"言已，云生足下。至王前，默然而住。

时王正问宗胜，忽见波罗提乘云而至，愕然忘其问答，曰："乘空之者，是正是邪？"答曰："我非邪正，而来正邪。王心若正，我无邪正。"王虽惊异，而骄慢方炽，即摈宗胜令出。波罗提曰："王既有道，何摈沙门？我虽无解，愿王致问。"王怒而问曰："何者是佛？"答曰："见性是佛。"王曰："师见性否？"答曰："我见佛性。"王曰："性在何处？"答曰："性在作用。"王曰："是何作用，我今不见？"答曰："今见作用，王自不见。"王曰："于我有否？"答曰："王若作用，无有不是。王若不用，体亦难见①。"王曰:"若当用时,几处出现?"答曰:"若出现时②,当有其八。"王曰:"其八出现,当为我说。"波罗提即说偈曰:"在胎为身,处世名人。在眼曰见,在耳曰闻。在鼻辨香,在口谈论。在手执捉,在足运奔。遍现俱该沙界③,收摄在一微尘。识者知是佛性,不识唤作精魂。"王闻偈已,心即开悟。乃悔谢前非,咨询法要,朝夕忘倦,迄于九旬。

时宗胜既被斥逐,退藏深山。念曰:"我今百岁,八十为非。二十年来,方归佛道。性虽愚昧,行绝瑕疵。不能御难,生何如死?"言讫,即自投崖。俄有一神人以手捧承,置于岩石之上,安然无损。宗胜曰:"我忝沙门,当与正法为主,不能抑绝王非,是以捐身自责,何神佑助,一至于斯?愿垂一语,以保余年。"于是神人乃说偈曰:"师寿于百岁,八十而造非。为近至尊故,熏修而入道。虽具少智慧,而多有彼我。所见诸贤等,未尝生珍敬。二十年功德,其心未恬静。聪明轻慢故,而获至于此。得王不敬者,当感果如是。自今不疏怠,不久成奇智。诸圣悉存心,如来亦复尔。"宗胜闻偈欣然,即于岩间宴坐。

时异见王复问波罗提曰④:"仁者智辩,当师何人?"答曰:"我所出家,即娑罗寺乌沙婆三藏为授业师。其出世师者,即大王叔菩提达磨是也。"王闻师名,惊骇久之,曰:"鄙薄忝嗣王位,而趣邪背正,忘我尊叔。"遽敕近臣特加迎请。师即随使而至,为王忏悔往非。王闻规诫,泣谢于师。又诏宗胜归国,大臣

---

① "亦",径山本作"自"。
② "出现",原作"出世",据丛刊本、东寺本、碛砂本改。
③ "该",丛刊本误作"谈"。
④ "复问",南藏本作"后问"。

奏曰："宗胜被谪投崖，今已亡矣。"王告师曰："宗胜之死，皆自于吾，如何大慈，令免斯罪？"师曰："宗胜今在岩间宴息，但遣使召，当即至矣。"王即遣使入山，果见宗胜端居禅寂。宗胜蒙召，乃曰："深愧王意，贫道誓处岩泉。且王国贤德如林，达磨是王之叔，六众所师，波罗提法中龙象。愿王崇仰二圣，以福皇基。"使者复命未至，师谓王曰："知取得宗胜否？"王曰："未知。"师曰："一请未至，再命必来。"良久使还，果如师语。师遂辞王曰："当善修德，不久疾作。吾且去矣。"经七日，王乃得疾，国医诊治，有加无瘳。贵戚近臣忆师前记，急发使告师曰："王疾殆至弥留，愿叔慈悲，远来轸救①。"师即至王所，慰问其疾。时宗胜再承王召，即别岩间。波罗提久受王恩，亦来问疾。波罗提曰："当何施为，令王免苦？"师即令太子为王宥罪施恩，崇奉僧宝。复为王忏悔云："愿罪消灭。"如是者三，王疾有间。

师心念震旦缘熟，行化时至。乃先辞祖塔，次别同学。然至王所，慰而勉之曰："当勤修白业，护持三宝。吾去非晚，一九即回。"王闻师言，涕泪交集曰："此国何罪，彼土何祥？叔既有缘，非吾所止，唯愿不忘父母之国，事毕早回。"王即具大舟，实以众宝，躬率臣寮，送至海壖。师泛重溟，凡三周寒暑，达于南海，实梁普通八年丁未岁九月二十一日也。广州刺史萧昂具主

---

① "轸"，南藏本作"诊"。

礼迎接，表闻武帝。帝览奏，遣使赍诏迎请。十月一日至金陵①。帝问曰："朕即位已来，造寺、写经、度僧不可胜纪，有何功德？"师曰："并无功德。"帝曰："何以无功德？"师曰："此但人天小果，有漏之因，如影随形，虽有非实。"帝曰："如何是真功德？"答曰："净智妙圆，体自空寂，如是功德，不以世求。"帝又问："如何是圣谛第一义？"师曰："廓然无圣。"帝曰："对朕者谁？"师曰："不识。"帝不领悟，师知机不契，是月十九日潜回江北②，十一月二十三日届于洛阳，当后魏孝明太和十年也③。寓止于嵩山少林寺，面壁而坐，终日默然，人莫之测，谓之"壁观婆罗门"。

时有僧神光者，旷达之士也。久居伊洛，博览群书，善谈玄理。每叹曰："孔老之教，礼术风规；《庄》《易》之书，未尽妙理。近闻达磨大士住止少林，至人不遥，当造玄境。"乃往彼，晨夕参承。师常端坐面墙，莫闻诲励。光自惟曰："昔人求道，敲骨取髓，刺血济饥，布发掩泥④，投崖饲虎。古尚若此，我又何人？"其年十二月九日夜，天大雨雪。光坚立不动，迟明，积

---

① 丛刊本、大正本下注云："嵩禅师以梁僧宝唱《续法记》为据作《正宗记》言：达磨以梁武普通元年庚子岁至此土，其年乃后魏明帝正光元年也。若如此，则与后入灭、启圹等年皆相合。若据此称普通八年丁未岁九月二十一日至南海，十月一日至金陵，则甚误也。盖普通八年三月已改为大通元年，则九月不应尚称普通八年也。南海者，今广州也，去金陵数千里。刺史奏闻而武帝诏迎，岂可十日之间便至金陵耶？又按《南史》萧昂本传，不言昂为广州刺史。但《王茂传》末有广州长史萧昂，然不知何年在任。今止可云（丛刊本作'今可止云'）：达于南海，实梁普通元年，广州刺史具主礼迎接，表闻武帝。帝览奏，遣使赍诏迎请，十月一日至金陵。"
② 丛刊本、大正本下注曰："《广灯》'回'作'过'字。"
③ 丛刊本、大正本下注云："当云：后魏孝明正光元年也。若据太和十年，乃后魏文帝时，是年即南齐武帝永明四年丙寅岁也。"
④ "淹泥"，径山本作"掩泥"。

雪过膝。师悯而问曰:"汝久立雪中,当求何事?"光悲泪曰:"惟愿和尚慈悲,开甘露门,广度群品。"师曰:"诸佛无上妙道,旷劫精勤,难行能行,非忍而忍。岂以小德小智,轻心慢心,欲冀真乘,徒劳勤苦。"光闻师诲励,潜取利刀,自断左臂,置于师前。师知是法器,乃曰:"诸佛最初求道,为法忘形;汝今断臂吾前,求亦可在。"师遂因与易名曰"慧可"。光曰:"诸佛法印,可得闻乎?"师曰:"诸佛法印,匪从人得。"光曰:"我心未宁,乞师与安。"师曰:"将心来,与汝安。"曰:"觅心了不可得。"师曰:"我与汝安心竟。"

后孝明帝闻师异迹,遣使赍诏征,前后三至,师不下少林,帝弥加钦尚。就赐摩衲袈裟二领①、金钵、银水瓶、缯帛等,师牢让三返,帝意弥坚,师乃受之。自尔缁白之众倍加信向。迄九年,已欲西返天竺,乃命门人曰:"时将至矣,汝等盍各言所得乎?"时门人道副对曰:"如我所见,不执文字,不离文字,而为道用。"师曰:"汝得吾皮。"尼总持曰:"我今所解,如庆喜见阿閦佛国,一见更不再见。"师曰:"汝得吾肉。"道育曰:"四大本空,五阴非有,而我见处,无一法可得。"师曰:"汝得吾骨。"最后慧可礼拜后,依位而立,师曰:"汝得吾髓。"乃顾慧可而告之曰:"昔如来以正法眼付迦叶大士,展转嘱累,而至于我。我今付汝,汝当护持。并授汝袈裟以为法信,各有所表,宜可知矣。"可曰:"请师指陈。"师曰:"内传法印,以契证心;外付袈裟,以定宗旨。后代浇薄,疑虑竞生,云吾西天之人,言汝此方

---

① "摩",丛刊本、大正本作"磨"。

之子，凭何得法，以何证之？汝今受此衣法①，却后难生，但出此衣并吾法偈，用以表明，其化无碍。至吾灭后二百年，衣止不传，法周沙界。明道者多，行道者少；说理者多，通理者少。潜符密证，千万有余，汝当阐扬，勿轻未悟。一念回机，便同本得。听吾偈曰：'吾本来兹土，传教救迷情②。一花开五叶，结果自然成。'"师又曰："吾有《楞伽经》四卷，亦用付汝③。即是如来心地要门，令诸众生开示悟入。吾自到此，凡五度中毒。我常自出而试之，置石石裂。缘吾本离南印，来此东土，见赤县神州有大乘气象，遂逾海越漠为法求人。际会未谐，如愚若讷。今得汝传授，吾意已终。"《别记》云：师初居少林寺九年，为二祖说法，只教曰：外息诸缘，内心无喘，心如墙壁④，可以入道。慧可种种说心性，理道未契⑤，师只遮其非，不为说无念心体。慧可曰："我已息诸缘。"师曰："莫不成断灭去否？"可曰："不成断灭。"师曰："何以验之，云不断灭？"可曰："了了常知故，言之不可及。"师曰："此是诸佛所传心体，更勿疑也。"

言已，乃与徒众往禹门千圣寺，止三日。有期城太守扬衒之早慕佛乘，问师曰⑥："西天五印，师承为祖，其道如何？"师曰："明佛心宗，行解相应，名之曰祖。"又问："此外如何？"师曰：

---

① "受"，原作"授"，据丛刊本、大正本改。
② "教"，丛刊本、径山本、大正本作"法"。
③ 丛刊本、大正本下有注文："此盖依《宝林传》之说也。按宣律师《续高僧传·可大师传》云：初达磨以《楞伽经》授可曰：'我观汉地，唯有此经，仁者依行，自得度世。'若如传所言，则二祖未得法时，达磨授《楞伽》使观之耳。今《传灯》乃于付法传衣之后言：'师又曰：吾有《楞伽经》四卷，亦用付汝。'则恐误也。兼言'吾有'，则似世间未有也。此但可依马祖所言云：'又引《楞伽》经文，以印众生心地。'则于理无害耳。"
④ 丛刊本作"如墙壁"，脱一"心"。
⑤ 丛刊本作"慧可种种说心理道性未契"。
⑥ "问"，丛刊本误作"门"。

"须明他心,知其今古。不厌有无,于法无取。不贤不愚,无迷无悟。若能是解,故称为祖。"又曰:"弟子归心三宝亦有年矣,而智慧昏蒙,尚迷真理。适听师言,罔知攸措,愿师慈悲,开示宗旨。"师知恳到,即说偈曰:"亦不睹恶而生嫌,亦不观善而勤措。亦不舍智而近愚,亦不抛迷而就悟。达大道兮过量,通佛心兮出度。不与凡圣同躔,超然名之曰祖。"衒之闻偈,悲喜交并曰:"愿师久住世间①,化导群有。"师曰:"吾即逝矣,不可久留。根性万差,多逢患难。"衒之曰:"未审何人?弟子为师除得。"师曰:"吾以传佛秘密,利益迷途,害彼自安,必无此理。"衒之曰:"师若不言,何表通变观照之力?"师不获已,乃为谶曰:"江槎分玉浪,管炬开金锁。五口相共行,九十无彼我。"衒之闻语,莫究其端,默记于怀,礼辞而去。师之所谶,虽当时不测,而后皆符验。

时魏氏奉释,禅俊如林,光统律师、流支三藏者,乃僧中之鸾凤也。睹师演道,斥相指心,每与师论议,是非蜂起②。师遐振玄风,普施法雨,而偏局之量,自不堪任,竞起害心,数加毒药。至第六度,以化缘已毕,传法得人,遂不复救之,端居而逝。即后魏孝明帝太和十九年丙辰岁十月五日也③。其年十二月二十八日葬熊耳山,起塔于定林寺。

---

① "久",丛刊本误作"父"。
② "蜂",丛刊本、大正本作"锋"。
③ 丛刊本、大正本下注云:"依《续法记》,则十月五日,乃孝庄帝永安元年,即梁大通二年戊申岁。其年即明帝武泰元年也,二月明帝崩,四月庄帝即位,改元建义。至九月,又改永安也。后云'汝主已厌世',谓是岁明帝崩也。据《传灯》云丙辰岁,即东魏文帝大统二年,西魏静帝天平三年,梁大同二年,与厌世之说全乖也。又太和十九年,乃后魏文帝时,即南齐明帝建武二年乙亥岁,殊相辽邈耳。"

后三岁，魏宋云奉使西域回，遇师于葱岭。见手携只履，翩翩独逝。云问："师何往？"师曰："西天去。"又谓云曰："汝主已厌世。"云闻之茫然。别师东迈，暨复命，即明帝已登遐矣。迨孝庄即位①，云具奏其事。帝令启圹，惟空棺，一只革履存焉②。举朝为之惊叹，奉诏取遗履，于少林寺供养。至唐开元十五年丁卯岁，为信道者窃在五台华严寺。今不知所在。

初梁武遇师，因缘未契，及闻化行魏邦，遂欲自撰师碑而未暇也。后闻宋云事，乃成之。代宗谥"圆觉大师"，塔曰"空观"。师自魏丙辰岁告寂，迄皇宋景德元年甲辰，得四百六十七年矣③。

第二十九祖慧可大师者，武牢人也，姓姬氏。父寂，未有子时，尝自念言："我家崇善，岂无令子？"祷之既久，一夕感异光照室，其母因而怀妊。及长，遂以照室之瑞，名之曰"光"。自幼志气不群，博涉《诗》《书》，尤精玄理，而不事家产，好游山水。后览佛书，超然自得，即抵洛阳龙门香山，依宝静禅师出家，受具于永穆寺。浮游讲肆，遍学大小乘义。年三十二，却返

---

① "迨"，丛刊本、大正本作"而"。
② 丛刊本、大正本注曰："若依《续法记》，则后三岁，乃庄帝永安三年庚戌岁，当梁武中大通二年也。其年十二月，庄帝方崩，奉使回时，帝尚在耳。若据《传灯》，则后三岁乃己未岁，即西魏文帝大统五年，东魏静帝兴和元年，当梁武大同五年也。如此，则岂复有孝庄帝耶？又称宋云遇师于葱岭，尤误也。宋云使西域回时，已在魏明帝正光元年中矣。然则遇师于葱岭者，盖是魏末别遣使往西域回耳。但云云：'后三岁，魏使有自西域回者，遇师于葱岭。见手携只履，翩翩独逝。问：师何往？曰：西天去。又谓使曰：汝主已厌世。使闻之茫然，别师东迈。暨复命，即明帝已登遐矣。而孝庄即位，奉使具奏其事。帝令启圹，唯空棺，一只革履存焉。'"
③ 丛刊本、大正本下注："当云：'自魏至庚子岁告寂，迄皇宋景德元年甲辰，得四百七十五年矣。'凡此年代之差，皆由《宝林传》错误，而杨文公不复考究耳。"

香山,终日宴坐,又经八载。于寂默中倏见一神人,谓曰:"将欲受果,何滞此邪?大道匪遥,汝其南矣。"光知神助,因改名"神光"。翊日,觉头痛如刺,其师欲治之,空中有声曰:"此乃换骨,非常痛也。"光遂以见神事白于师。师视其顶骨,即如五峰秀出矣,乃曰:"汝相吉祥,当有所证。神令汝南者,斯则少林达磨大士必汝之师也。"光受教,造于少室。其得法、传衣事迹,《达磨章》具之矣。

自少林托化西归,大师继阐玄风,博求法嗣。至北齐天平二年①,有一居士,年逾四十,不言名氏,聿来设礼而问师曰:"弟子身缠风恙,请和尚忏罪。"师曰:"将罪来与汝忏。"居士良久云:"觅罪不可得。"师曰:"我与汝忏罪竟,宜依佛、法、僧住。"曰:"今见和尚,已知是僧,未审何名佛、法?"师曰:"是心是佛,是心是法。法、佛无二,僧宝亦然。"曰:"今日始知罪性不在内,不在外,不在中间,如其心然,佛法无二也。"大师深器之,即为剃发,云:"是吾宝也,宜名僧璨。"其年三月十八日于光福寺受具,自兹疾渐愈。执侍经二载,大师乃告曰:"菩提达磨远自竺乾②,以正法眼藏密付于吾。吾今授汝,并达磨信衣,汝当守护,无令断绝。听吾偈曰:本来缘有地,因地种华生。本来无有种,华亦不曾生。"大师付衣法已,又曰:"汝受吾教,宜处深山,未可行化,当有国难。"璨曰:"师既预知,愿垂示诲。"师曰:"非吾知也,斯乃达磨传般若多罗悬记云'心中虽

---

① 丛刊本、大正本下注:"当作'天保二年',乃辛未岁也。天平,东魏年号,二年,乙卯也。"
② "菩提达磨"原作"达磨菩提",丛刊本、大正本作"菩提达磨",并注云:"旧本云'达磨菩提'。"径山本作"菩提达磨"。

吉外头凶'是也，吾校年代，正在于汝①。当谛思前言，勿罹世难。然吾亦有宿累，今要酬之。善去善行，俟时传付。"

大师付嘱已，即于邺都随宜说法，一音演畅，四众归依。如是积三十四载，遂韬光混迹，变易仪相。或入诸酒肆，或过于屠门，或习街谈，或随厮役。人问之曰："师是道人，何故如是？"师曰："我自调心，何关汝事？"又于筦城县匡救寺三门下谈无上道，听者林会。时有辩和法师者②，于寺中讲《涅槃经》，学徒闻师阐法，稍稍引去。辩和不胜其愤，兴谤于邑宰翟仲侃。仲侃惑其邪说③，加师以非法。师怡然委顺，识真者谓之偿债。时年一百七岁，即隋文帝开皇十三年癸丑岁三月十六日也。皓月供奉问长沙岑和尚："古德云：'了即业障本来空，未了应须偿宿债。'只如师子尊者、二祖大师，为什么得偿债去？"长沙云："大德不识本来空。"彼云："如何是本来空？"长沙云："业障是。"又问："如何是业障？"长沙云："本来空是。"彼无语。长沙便示一偈云："假有元非有，假灭亦非无。涅槃偿债义，一性更无殊。"后葬于磁州滏阳县东北七十里。唐德宗谥大祖禅师。自师之化，至皇宋景德元年甲辰，得四百一十三年④。

僧那禅师，姓马氏。少而神俊，通究坟典。年二十一，讲《礼》《易》于东海，听者如市。暨南徂相部，学众随至。会二祖说法，与同志十人投祖出家。自尔手不执笔⑤，永捐世典，唯一

---

① "汝"，碛砂本、大正本作"兹"。
② "辩"，丛刊本作"辨"。
③ "惑其邪说"，丛刊本作"感惑其邪说"。
④ 丛刊本、大正本下注："当作一十二年。"
⑤ "尔"，原作"迩"，据丛刊本、大正本改。

衣、一钵、一坐、一食,奉头陀行。既久侍于祖,后谓门人慧满曰:"祖师心印,非专苦行,但助道耳。若契本心,发随意真光之用,则苦行如握土成金。若唯务苦行,而不明本心,为憎爱所缚,则苦行如黑月夜履于险道。汝欲明本心者,当审谛推察,遇色遇声未起觉观时,心何所之?是无邪,是有邪?既不堕有无处所,则心珠独朗,常照世间,而无一尘许间隔,未尝有一刹那顷断续之相。故我初祖兼付《楞伽经》四卷,谓我师二祖曰:'吾观震旦,唯有此经,可以印心,仁者依行,自得度世。'又二祖凡说法竟,乃曰:'此经四世之后变成名相,深可悲哉!'我今付汝,宜善护持,非人慎勿传之。"付嘱已,师乃游方,莫知其终。

向居士,幽栖林野,木食涧饮。北齐天保初,闻二祖盛化,乃致书通好曰:"影由形起,响逐声来。弄影劳形,不识形为影本;扬声止响,不知声是响根。除烦恼而趣涅槃,喻去形而觅影;离众生而求佛果,喻默声而寻响。故知迷悟一途,愚智非别。无名作名,因其名则是非生矣;无理作理,因其理则争论起矣。幻化非真,谁是谁非?虚妄无实,何空何有?将知得无所得,失无所失。未及造谒,聊申此意,伏望答之。"① 二祖大师命笔回示曰:"备观来意皆如实,真幽之理竟不殊。本迷摩尼谓瓦砾,豁然自觉是真珠。无明智慧等无异,当知万法即皆如。愍此二见之徒辈,申辞措笔作斯书。观身与佛不差别,何须更觅彼无

---

① 丛刊本、大正本下注:"'弄影'当作'弃影',唯恐当时笔误耳。盖第三十卷镇国大师《答皇太子问心要》云:'若求真去妄,犹弃影劳形;若体妄即真,似处阴休影。'此用《庄子》之说。劳形,谓走而避影也。"

余？"① 居士捧披祖偈，乃伸礼觐，密承印记。

相州隆化寺慧满禅师，荥阳人也，姓张氏。始于本寺遇僧那禅师开示，志存俭约，唯畜二针，冬则乞补，夏乃舍之。自言：一生心无怯怖，身无蚤虱，睡而不梦。常行乞食，住无再宿。所至伽蓝，则破柴制履。贞观十六年，于洛阳会善寺侧，宿古墓中，遇大雪。旦入寺，见昙旷法师。旷怪所从来，师曰："法有来邪？"旷遣寻来处，四边雪积五尺许。旷曰："不可测也。"寻闻有括录事，诸僧逃隐。师持钵周行聚落，无所滞碍，随得随散，索尔虚闲。有请宿斋者，师曰："天下无僧，方受斯请也。"又尝示人曰："诸佛说心，令知心相是虚妄。今乃重加心相，深违佛意，又增论议，殊乖大理。"故常赍《楞伽经》四卷，以为心要。如说而行，盖遵历世之遗付也。后于陶冶中无疾坐化，寿七十许。

第三十祖僧璨大师者，不知何许人也。初以白衣谒二祖，既受度传法，隐于舒州之皖公山。属后周武帝破灭佛法，师往来太湖县司空山。居无常处，积十余载，时人无能知者。至隋开皇十二年壬子岁，有沙弥道信，年始十四。来礼师曰："愿和尚慈悲，乞与解脱法门。"师曰："谁缚汝？"曰："无人缚。"师曰："何更求解脱乎？"信于言下大悟，服劳九载，后于吉州受戒，侍奉尤谨。师屡试以玄微，知其缘熟，乃付衣法，偈曰："华种虽因

---

① "彼无余"，丛刊本作"彼无有之余"，衍"有之"。

地,从地种华生。若无人下种,华地尽无生。"师又曰:"昔可大师付吾法后,往邺都行化三十年方终。今吾得汝,何滞此乎?"即适罗浮山,优游二载,却旋旧址。逾月,士民奔趋,大设檀供。师为四众广宣心要讫,于法会大树下合掌立终。即隋炀帝大业二年丙寅十月十五日也。唐玄宗谥鉴智禅师,觉寂之塔。至皇宋景德元年甲辰①,凡四百载矣。

初,唐河南尹李常素仰祖风,深得玄旨。天宝乙酉岁,遇荷泽神会,问曰:"三祖大师葬在何处?或闻入罗浮不回,或说终于山谷,未知孰是?"会曰:"璨大师自罗浮归山谷,得月余方示灭,今舒州见有三祖墓。"常未之信也。会谪为舒州别驾②,因询问山谷寺众僧曰:"闻寺后有三祖墓,是否?"时上坐慧观对曰:"有之。"常欣然与寮佐同往瞻礼,又启圹,取真仪阇维之,得五色舍利三百粒。以百粒出己俸建塔焉;百粒寄荷泽神会,以征前言;百粒随身。后于洛中私第设斋以庆之,时有西域三藏犍那等在会中。常问三藏:"天竺禅门祖师多少?"犍那答曰:"自迦叶至般若多罗,有二十七祖。若叙师子尊者傍出达磨达四世二十二人,总有四十九祖。若从七佛至此璨大师,不括横枝,凡三十七世。"常又问会中耆德曰:"尝见祖图,或引五十余祖。至于支派差殊,宗族不定,或但有空名者,以何为验?"时有智本禅师者,六祖门人也。答曰:"斯乃后魏初佛法沦替,有沙门昙曜,于纷纭中以素绢单录得诸祖名字,或忘失次第。藏衣领中,隐于岩穴。经三十五载,至文成帝即位,法门中兴。昙曜名行俱崇,遂

---

① 丛刊本、大正本"甲辰"下有"岁"。
② "会",东寺本、碛砂本作"常"。

为僧统。乃集诸沙门，重议结集，目为《付法藏传》，其间小有差互，即昙曜抄录时怖惧所致。又经一十三年，帝令国子博士黄元真与北天竺三藏佛陀扇多、吉弗烟等，重究梵文，甄别宗旨，次叙师承，得无纰谬也。"

第三十一祖道信大师者，姓司马氏，世居河内，后徙于蕲州之广济县。师生而超异，幼慕空宗，诸解脱门宛如宿习。既嗣祖风，摄心无寐，胁不至席者仅六十年。隋大业十三载，领徒众抵吉州，值群盗围城，七旬不解，万众惶怖。师愍之，教令念摩诃般若。时贼众望雉堞间若有神兵，乃相谓曰："城内必有异人，不可攻矣。"稍稍引去。唐武德甲申岁，师却返蕲春，住破头山，学侣云臻。

一日往黄梅县，路逢一小儿，骨相奇秀，异乎常童。师问曰："子何姓？"答曰："姓即有，不是常姓。"① 师曰："是何姓？"答曰："是佛性。"师曰："汝无性邪？"② 答曰："性空故。"师默识其法器，即俾侍者至其家，于父母所乞令出家。父母以宿缘故，殊无难色，遂舍为弟子③，以至付法传衣，偈曰："华种有生性，因地华生生。大缘与信合④，当生生不生。"遂以学徒委之。

一日告众曰："吾武德中游庐山，登绝顶，望破头山，见紫

---

① "姓即有，不是常姓"，碛砂本作"性即有，不是常性"。
② "汝无性"，径山本作"汝无姓"。
③ 丛刊本、大正本下有："名曰弘忍。"并注曰："旧本无'名曰弘忍'四字，今此添入。若不言名，以至付法传衣者，是何人耶？兼后有'忍曰'二字，亦自不明耳。"
④ "大缘与信合"，丛刊本作"大缘有与信合"，衍"有"。

云如盖，下有白气，横分六道。汝等会否?"众皆默然。忍曰："莫是和尚他后横出一枝佛法否?"师曰："善。"

后贞观癸卯岁，太宗向师道味，欲瞻风彩，诏赴京师。上表逊谢，前后三返，竟以疾辞。第四度命使曰："如果不起，即取首来。"使至山谕旨，师乃引颈就刃，神色俨然。使异之，回以状闻。帝弥加叹慕，就赐珍缯以遂其志。迄高宗永徽辛亥岁闰九月四日，忽垂诚门人曰："一切诸法，悉皆解脱，汝等各自护念，流化未来。"言讫安坐而逝，寿七十有二，塔于本山。明年四月八日，塔户无故自开，仪相如生。尔后门人不敢复闭。代宗谥大医禅师、慈云之塔。自圆寂至皇宋景德元年甲辰，凡三百五十六载①。

第三十二祖弘忍大师者，蕲州黄梅人也，姓周氏。生而岐嶷。童游时，逢一智者，叹曰："此子阙七种相不逮如来。"后遇信大师得法，嗣化于破头山。咸亨中，有一居士，姓卢名慧能，自新州来参谒②。师问曰："汝自何来?"曰："岭南。"师曰："欲须何事?"曰："唯求作佛。"师曰："岭南人无佛性，若为得佛?"曰："人即有南北，佛性岂然?"师知是异人，乃诃曰："著槽厂去。"能礼足而退，便入碓坊，服劳于杵臼之间，昼夜不息。

经八月，师知付授时至，遂告众曰："正法难解，不可徒记吾言，持为己任。汝等各自随意述一偈，若语意冥符，则衣法皆

---

① 丛刊本、大正本下注："当云：三百五十四载。"
② "新"，原作"蕲"，据丛刊本改。丛刊本、大正本注云："旧本误作'蕲'字。"南藏本、径山本、大正本作"新州"。

付。"时会下七百余僧，上坐神秀者，学通内外，众所宗仰。咸共推称云："若非尊秀，畴敢当之？"神秀窃聆众誉，不复思惟，乃于廊壁书一偈云："身是菩提树，心如明镜台。时时勤拂拭，莫遣有尘埃。"师因经行，忽见此偈，知是神秀所述，乃赞叹曰："后代依此修行，亦得胜果。"其壁本欲令处士卢珍绘楞伽变相，及见题偈在壁，遂止不画，各令诵念。能在碓坊，忽聆诵偈，乃问同学："是何章句？"同学曰："汝不知和尚求法嗣①，令各述心偈。此则秀上座所述，和尚深加叹赏，必将付法传衣也。"能曰："其偈云何？"同学为诵，能良久曰："美则美矣，了则未了。"同学诃曰："庸流何知，勿发狂言！"能曰："子不信邪？愿以一偈和之。"同学不答，相视而笑。能至夜，密告一童子，引至廊下，能自秉烛，令童子于秀偈之侧写一偈云："菩提本非树，心镜亦非台。本来无一物，何假拂尘埃？"大师后见此偈云："此是谁作？亦未见性。"众闻师语，遂不之顾。

追夜，乃潜令人自碓坊召能行者入室。告曰："诸佛出世，为一大事，故随机小大而引导之，遂有十地、三乘、顿渐等旨以为教门。然以无上微妙、秘密圆明、真实正法眼藏付于上首大迦叶尊者，展转传授二十八世，至达磨，届于此土，得可大师承袭，以至于吾。今以法宝及所传袈裟用付于汝，善自保护，无令断绝。听吾偈曰：'有情来下种，因地果还生。无情既无种，无性亦无生。'"能居士跪受衣法，启曰："法则既授，衣付何人？"师曰："昔达磨初至，人未知信，故传衣以明得法。今信心已熟，

---

① "汝不知"，丛刊本误作"不汝知"。

衣乃争端，止于汝身，不复传也。且当远隐，俟时行化，所谓授衣之人命如悬丝也。"能曰："当隐何所？"师曰："逢怀即止，遇会且藏。"能礼足已，捧衣而出，是夜南迈，大众莫知。

忍大师自此不复上堂，凡三日，大众疑怪致问，祖曰："吾道行矣，何更询之？"复问："衣法谁得邪？"师曰："能者得。"于是众议卢行者名能，寻访既失，悬知彼得，即共奔逐。忍大师既付衣法，复经四载，至上元二年①，忽告众曰："吾今事毕，时可行矣。"即入室安坐而逝，寿七十有四，建塔于黄梅之东山。代宗皇帝谥大满禅师、法雨之塔。自大师灭度至皇宋景德元年甲辰，凡三百三十年。

---

① "上元二年"，丛刊本、大正本作"上元二年乙亥岁"，下注曰："乃唐高宗时也，至肃宗时复有上元年号，其二年岁在辛丑也。"

景德传灯录卷第四

第三十一祖道信大师法嗣共一百八十三人内七十六人旁出

金陵牛头山六世祖宗见录

  第一世法融禅师

  第二世智岩禅师

  第三世慧方禅师

  第四世法持禅师

  第五世智威禅师

  第六世慧忠禅师

前六世祖宗法嗣共八十人①

法融禅师下三世旁出一十二人一人见录

  金陵钟山昙璀禅师

    荆州大素禅师、幽栖月空禅师、白马道演禅师、新安定庄禅师、彭城智瑳禅师、广州道树禅师、湖州智爽禅师、新州杜默禅师、上元智诚禅师

  智诚禅师复出一人：定真禅师②

---

① "八十"，南藏本、大正本作"七十"。
② 丛刊本、碛砂本作："智诚复出一人：定真禅师。"大正本作"定真禅师（智诚禅师出）"。

定真禅师复出一人：如度禅师① 已上一十一人无机缘语句，不录

智岩禅师下旁出

东都镜潭禅师、襄州志长禅师、湖州义真禅师、益州端伏禅师、龙光龟仁禅师、襄阳辩才禅师、汉南法俊禅师、西川敏古禅师 已上八人无机缘语句，不录

法持禅师下旁出

牛头山玄素禅师、天柱弘仁禅师 已上二人无机缘语句，不录

智威禅师下三世旁出一十二人② 六人见录

宣州安国寺玄挺大师③

润州鹤林玄素禅师

舒州天柱山崇慧禅师

杭州径山道钦禅师④

杭州鸟窠道林禅师旁出一人⑤

杭州招贤寺会通禅师　灵岩宝观禅师⑥

前玄素复出二人：金华山昙益禅师、吴门圆镜禅师

前径山国一禅师复出三人：一木渚山悟禅师、二青阳广敷禅师、三杭州巾子山崇慧禅师 已上六人无机缘语句，不录⑦

慧忠禅师下两世旁出三十六人二人见录⑧

天台山佛窟岩惟则禅师 旁出天台云居

---

① 丛刊本、碛砂本作："定真复出一人：如度禅师。"大正本作"如度禅师（定真禅师出）"。
② "三世"，大正本作"四世"。
③ 大正本下注："智威禅师出三人。"
④ 大正本下注："玄素禅师出。"
⑤ 大正本下注："道钦禅师出。"
⑥ 大正本下注："智威禅师出。"
⑦ 大正本下注："已上旧本，世次不明，今各依本章添注法嗣，共成四世也。"
⑧ 大正本无"二人见录"，注："除天台云居智及润州栖霞源二人外，余皆忠禅师出。"

天台山云居智禅师

牛头山道性禅师、江宁智灯禅师、解县怀信禅师、鹤林全禅师、北山怀古禅师、明州观宗禅师、牛头山大智禅师、白马善道禅师、牛头山智真禅师、牛头山谭顗禅师、牛头山云韬禅师、牛头山凝禅师、牛头山法梁禅师、江宁行应禅师、牛头山惠良禅师、兴善道融禅师、蒋山照明禅师、牛头山法灯禅师、牛头山定空禅师、牛头山慧涉禅师、幽栖道遇禅师、牛头山凝空禅师、蒋山道初禅师、幽栖藏禅师、牛头山灵晖禅师、幽栖道颖禅师、牛头山巨英禅师、释山法常禅师、龙门凝寂禅师、庄严远禅师、襄州道坚禅师、尼明悟、居士殷净

前慧涉复出一人：润州栖霞寺清源禅师　已上三十四人无机缘语句，不录

第三十二祖弘忍大师五世旁出一百七人

第一世一十三人三人见录

北宗神秀禅师

嵩岳慧安国师

袁州蒙山道明禅师

杨州奉法寺昙光禅师、随州禅恺禅师、金州法持禅师、资州智诜禅师①、舒州法照禅师、越州义方禅师、枝江道俊禅师、常州玄賾禅师、越州僧达禅师、白松山刘主簿　已上一十人无机缘语句，不录

第二世三十七人

北宗神秀禅师法嗣一十九人五人见录

五台山巨方禅师

---

① "诜"，原作"侁"，据下文改。

河中府中条山智封禅师

兖州降魔藏禅师

寿州道树禅师

淮南都梁山全植禅师

荆州辞朗禅师、嵩山普寂禅师、大佛山香育禅师、西京义福禅师、忽雷澄禅师、东京日禅师、太原遍净禅师、南岳元观禅师、汝南杜禅师、嵩山敬禅师、京兆小福禅师、晋州霍山观禅师、润州茅山崇珪禅师、安陆怀空禅师 已上一十四人无机缘语句,不录

前嵩岳慧安国师法嗣[①]一十八人三人见录

洛京福先寺仁俭禅师[②]

嵩岳破灶堕和尚

嵩岳元珪禅师

常山坦然禅师、邺都圆寂禅师、西京道亮禅师

道亮复出五人：一杨州大总管李孝逸、二工部尚书张锡、三国子祭酒崔融、四秘书监贺知章、五睦州刺史康诜

前随州禅慥禅师复出一人[③]：正寿禅师

前蒙山道明禅师复出三人：一洪州崇寂禅师、二江西瑰禅师、三抚州神贞禅师

前资州智诜禅师复出一人：资州处寂禅师

前幺畂禅师复出二人：一义兴神斐禅师、二湖州畅禅师 已上一十五人无机缘语句,不录

第三世四十九人

---

① "国师"下大正本有"等"。
② 大正本下注："慧安国师出六人。"
③ "禅慥",原作"神慥",据上文改。

前荆州辞朗禅师法嗣

紫金玄宗禅师、明州大梅山车禅师、砖界慎徽禅师 已上三人无机缘语句，不录

前嵩山普寂禅师法嗣① 四十六人一人见录

终南山惟政禅师

广福慧空禅师、常越禅师、襄州夹石山思禅师、明瓒禅师、敬爱寺真禅师、兖州守贤禅师、定州石藏禅师、南岳澄心禅师、南岳日照禅师、洛京同德寺斡禅师、苏州真亮禅师、瓦棺寺璿禅师、弋阳法融禅师、广陵演禅师、陕州慧空禅师、洛京真亮禅师、泽州亘月禅师、亳州昙真禅师、都梁山崇演禅师、京兆章敬寺澄禅师、嵩阳寺一行禅师、京兆山北寺融禅师、曹州定陶丁居士②

前西京义福禅师复出八人：一大雄猛禅师、二西京大震动禅师、三神斐禅师、四西京大悲光禅师、五西京大隐禅师、六定境禅师、七道播禅师、八玄证禅师

前降魔藏禅师复出三人：一西京寂满禅师、二西京定庄禅师、三南岳慧隐禅师

前南岳元观禅师复出一人：神照禅师

前小福禅师复出三人：一京兆蓝田深寂禅师、二太白山日没云禅师、三东白山法超禅师

前霍山观禅师复出一人：岘山幽禅师

前资州处寂禅师复出四人：一益州无相禅师、二益州长松山马禅师、三超禅师、四梓州晓了禅师

前义兴斐禅师复出二人：一西京智游禅师、二东都智深禅师

已上四十五人无机缘语句，不录

---

① "禅师"下大正本有"等"。
② "曹州"，原作"晋州"，据大正本改。

第四世七人

前兴善惟政禅师法嗣

衡州定心禅师、敬爱寺志真禅师 已上二人无机缘语句，不录

前益州无相禅师法嗣①五人一人见录

益州保唐寺无住禅师

荆州明月山融禅师、汉州云顶山王头陀、益州净众寺神会禅师

前砖界慎徽禅师复出一人：武诚禅师 已上四人无机缘语句，不录

第五世一人

前敬爱寺志真禅师法嗣

嵩山照禅师 无机缘语句，不录

第三十一祖道信大师下旁出法嗣

金陵牛头山六世祖宗

第一世法融禅师者，润州延陵人也，姓韦氏。年十九，学通经史。寻阅大部《般若》，晓达真空。忽一日，叹曰："儒道世典，非究竟法；般若正观，出世舟航。"遂隐茅山，投师落发。后入牛头山幽栖寺北岩之石室，有百鸟衔华之异。

唐贞观中，四祖遥观气象，知彼山有奇异之人，乃躬自寻访。问寺僧："此间有道人否？"曰："出家儿那个不是道人？"祖曰："阿那个是道人？"僧无对。别僧云："此去山中十里来②，有一懒融，见人不起，亦不合掌。莫是道人？"祖遂入山，见师

---

① 大正本"禅师"下有"等"。
② "来"，大正本作"许"。

端坐自若，曾无所顾。祖问曰："在此作什么？"师曰："观心。"祖曰："观是何人，心是何物？"师无对，便起作礼。师曰："大德高栖何所？"祖曰："贫道不决所止，或东或西。"师曰："还识道信禅师否？"曰："何以问他？"师曰："向德滋久，冀一礼谒。"曰："道信禅师，贫道是也。"师曰："因何降此？"祖曰："特来相访。莫更有宴息之处否？"师指后面云："别有小庵。"遂引祖至庵所，绕庵唯见虎狼之类。祖乃举两手作怖势，师曰："犹有这个在？"祖曰："适来见什么？"师无语①。少选，祖却于师宴坐石上书一"佛"字，师睹之竦然。祖曰："犹有这个在？"师未晓，乃稽首请说真要。

祖曰："夫百千法门，同归方寸；河沙妙德，总在心源。一切戒门、定门、慧门，神通变化，悉自具足，不离汝心。一切烦恼业障，本来空寂，一切因果，皆如梦幻。无三界可出，无菩提可求。人与非人，性相平等，大道虚旷，绝思绝虑。如是之法，汝今已得，更无阙少，与佛何殊？更无别法。汝但任心自在，莫作观行，亦莫澄心，莫起贪嗔，莫怀愁虑。荡荡无碍，任意纵横，不作诸善，不作诸恶，行住坐卧，触目遇缘，总是佛之妙用。快乐无忧，故名为佛。"师曰："心既具足，何者是佛，何者是心？"祖曰："非心不问佛，问佛非不心。"师曰："既不许作观行，于境起时，如何对治？"②祖曰："境缘无好丑，好丑起于心。心若不强名，妄情从何起？妄情既不起，真心任遍知。汝但随心自在，无复对治，即名常住法身，无有变异。吾受璨大师顿教法

---

① "无语"，碛砂本、大正本作"无对"。
② "如何对治"，丛刊本、大正本作"心如何对治"。

门，今付于汝，汝今谛受吾言，只住此山，向后当有五人达者，绍汝玄化。"圭峰判为泯绝无寄宗，引破相教而印之。有僧问南泉："牛头未见四祖时，为什么鸟兽衔华来供养？"南泉云："只为步步踏佛阶梯。"洞山云："如掌观珠，意不暂舍。"僧云："见后为什么不来？"南泉云："直饶不来，犹校王老师一线道。"① 洞山云："通身去也。"又一尊宿答前两问，皆云："贼不打贫儿家。"僧问一老宿："牛头未见四祖时如何？"云："如条贯叶。"僧云："见后如何？"云："秋夜纷纷。"又僧问吴越永明潜禅师："牛头未见四祖时如何？"潜云："牛头。"僧云："见后如何？"潜云："牛头。"诸方多举唱②，不可备录。祖付法讫，遂返双峰山终老。师自尔法席大盛。

唐永徽中，徒众乏粮，师往丹阳缘化。去山八十里，躬负米一石八斗，朝往暮还，供僧三百，二时不阙。三年，邑宰萧元善请于建初寺讲《大般若经》，听者云集，至《灭静品》，地为之震动。讲罢归山。

博陵王问师曰："境缘色发时，不言缘色起，云何得知缘，乃欲息其起？"师答曰："境色初发时，色境二性空。本无知缘者，心量与知同。照本发非发，尔时起自息。抱暗生觉缘，心时缘不逐。至如未生前，色心非养育。从空本无念，想受言念生。起法未曾起，岂用佛教令？"问曰："闭目不见色，境虑乃便多。色既不关心，境从何处发？"师曰："闭目不见色，内心动虑多。幻识假成用，起名终不过。知色不关心，心亦不关人。随行有相转，鸟去空中真。"

问曰："境发无处所，缘觉了知生。境谢觉还转，觉乃变为

---

① "校"，大正本作"较"。
② "多举唱"，大正本作"举唱甚多"。

境。若以心曳心，还为觉所觉。从之随随去，不离生灭际。"师曰："色心前后中，实无缘起境。一念自凝忘，谁能计动静？此知自无知，知知缘不会。当自检本形，何须求域外？前境不变谢，后念不来今。求月执玄影，讨迹逐飞禽。欲知心本性，还如视梦里。譬之六月冰，处处皆相似。避空终不脱，求空复不成。借问镜中像，心从何处生？"问曰："恰恰用心时，若为安隐好？"师曰："恰恰用心时，恰恰无心用。曲谭名相劳，直说无繁重。无心恰恰用，常用恰恰无。今说无心处，不与有心殊。"

问曰："智者引妙言，与心相会当。言与心路别，合则万倍乖。"师曰："方便说妙言，破病大乘道。非关本性谭，还从空化造。无念为真常，终当绝心路。离念性不动，生灭无乖误。谷响既有声，镜像能回顾。"问曰："行者体境有，因觉知境亡。前觉及后觉，并境有三心。"师曰："境用非体觉，觉罢不应思。因觉知境亡，觉时境不起。前觉及后觉，并境有三迟。"

问曰："住定俱不转，将为正三昧，诸业不能牵，不知细无明，徐徐蹑其后。"师曰："复闻别有人，虚执起心量。三中事不成，不转还虚妄。心为正受缚，为之净业障。心尘万分一，不了说无明。细细习因起，徐徐名相生。风来波浪转，欲静水还平。更欲前途说，恐畏后心惊。无念大兽吼，性空下霜雹。星散秽草摧，纵横飞鸟落。五道定纷纶，四魔不前却？既如猛火燎，还如利剑斫。"

问曰："赖觉知万法，万法本来然，若假照用心，只得照用心，不应心里事。"师曰："赖觉知万法，万法终无赖。若假照用心，应不在心外。"问曰："随随无简择，明心不现前，复虑心暗昧，在心用功行，智障复难除。"师曰："有此不可有，寻此不可寻。无简即真择，得暗出明心。虑者心冥昧，存心托功行。何论智障难，至佛方为病。"

问曰："折中消息间，实亦难安帖①。自非用行人，此难终难见。"师曰："折中欲消息，消息非难易。先观心处心，次推智中智。第三照推者，第四通无记，第五解脱名，第六等真伪，第七知法本，第八慈无为，第九遍空阴，第十云雨被。最尽彼无觉，无明生本智。镜像现三业，幻人化四衢。不住空边尽，当照有中无。不出空有内，未将空有俱。号之名折中，折中非言说。安帖无处安，用行何能决？"

问曰："别有一种人，善解空无相。口言定乱一，复道有中无。同证用常寂，知觉寂常用。用心会真理，复言用无用②。智慧方便多，言辞与理合。如如理自如，不由识心会。既知心会非，心心复相泯。如是难知法，永劫不能知。同此用心人，法所不能化。"师曰："别有证空者，还如前偈论。行空守寂灭，识见暂时翻。会真是心量，终知未了原。又说息心用，多智疑相似。良由性不明，求空且劳己。永劫住幽识，抱相都不知。放光便动地，于彼欲何为？"问曰："前件看心者，复有罗縠难。"师曰："看心有罗縠，幻心何待看？况无幻心者，从容下口难。"

问曰："久有大基业，心路差互间。得觉微细障，即达于真际。自非善巧师，无能决此理。仰惟我大师，当为开要门。引导用心者，不令失正道。"师曰："法性本基业，梦境成差互。实相

---

① "帖"，大正本作"帖"。
② "复"，丛刊本、大正本作"后"。

微细身，色心常不悟。忽逢混沌士，哀怨愍群生。托疑广设问，抱理内常明。生死幽径彻，毁誉心不惊。野老显分答，法相愧来仪。蒙发群生药，还如色性为。"

显庆元年，邑宰萧元善请出山住建初，师辞不获免，遂命入室上首智岩付嘱法印，令以次传授。将下山，谓众曰："吾不复践此山矣。"时鸟兽哀号，逾月不止。庵前有四大桐树，仲夏之月忽自凋落。明年丁巳闰正月二十三日终于建初，寿六十四，腊四十一。二十七日窆于鸡笼山，会送者万余人。其牛头山旧居金源、虎跑泉、锡杖泉、金龟等池，宴坐石室，今悉存焉。

第二世智岩禅师者，曲阿人也，姓华氏。弱冠，智勇过人，身长七尺六寸。隋大业中为郎将，常以弓挂一滤水囊随行，所至汲用。累从大将征讨，频立战功。唐武德中，年四十，遂乞出家。入舒州皖公山，从宝月禅师为弟子。后一日宴坐，睹异僧身长丈余，神姿爽拔，词气清朗，谓师曰："卿八十生出家，宜加精进。"言讫不见。尝在谷中入定，山水瀑涨，师怡然不动，其水自退。有猎者遇之，因改过修善。复有昔同从军者二人，闻师隐遁，乃共入山寻之。既见，因谓师曰："郎将狂邪，何为住此？"答曰："我狂欲醒，君狂正发。夫嗜色淫声，贪荣冒宠，流转生死，何由自出？"二人感悟，叹息而去。

师贞观十七年归建业，入牛头山谒融禅师发明大事。禅师谓师曰："吾受信大师真诀，所得都亡。设有一法胜过涅槃，吾说亦如梦幻。夫一尘飞而翳天，一芥堕而覆地，汝今已过此见，吾复何云？山门化导，当付之于汝。"师禀命为第二世。后以正法付方禅师①，住白马、栖②玄两寺，又迁住石头城。于仪凤二年正月十日示灭，颜色不变，屈伸如生。室有异香，经旬不歇。遗言水葬，寿七十有八，腊三十有九。

第三世慧方禅师者，润州延陵人也，姓濮氏③。投开善寺出家，及进具，洞明经论。后入牛头山，谒岩禅师咨询秘要。岩观其根器堪任正法，遂示以心印，师豁然领悟。于是不出林薮仅逾十年，四方学者云集。师一旦谓众曰："吾欲他行，随机利物，汝宜自安也。"乃以正法付法持禅师，遂归茅山。数载，将欲灭度，见有五百许人，髻发后垂，状如菩萨，各持幡华云"请法师讲"。又感山神现大蟒身至庭前，如将泣别。师谓侍者洪道曰："吾去矣，汝为吾报诸门人。"及门人奔至，师已入灭，时唐天册元年八月一日。山林变白，溪涧绝流七日。道俗悲慕，声动山谷。寿六十有七，腊四十。

第四世法持禅师者，润州江宁人也，姓张氏。幼岁出家，年三十游黄梅忍大师坐下，闻法心开。后复遇方禅师为之印可，乃继迹山门，作牛头宗祖。及黄梅谢世，谓弟子玄赜曰："后传吾法者，可有十人，金陵法持是其一也。"后以法眼付智威禅师。于唐长安二年九月五日，终于金陵延祚寺无常院。遗嘱令露骸松下，饲诸鸟兽。迎出日，空中有神幡从西而来，绕山数匝。所居

---

① "后以"，原作"以后"，据丛刊本、大正本改。
② "栖"，原作"搂"，《佛祖纲目》"知岩禅师"节有文"知岩，以正法付慧之，住白马、栖玄两寺"，据改。
③ "濮"，丛刊本作"仆"，疑误。

故院竹林变白，七日而止。寿六十有八，腊四十一。

第五世智威禅师者，江宁人也，姓陈氏，住迎青山。始丱岁，忽一日家中失之，莫知所往。及父母寻访，乃知已依天宝寺统法师出家矣。年二十受具。后闻法持禅师出世，乃往礼谒，传受正法焉。

自尔江左学徒皆奔走门下。其中有慧忠者目为法器，师尝有偈示曰："莫系念，念成生死河。轮回六趣海，无见出长波。"慧忠偈答曰："念想由来幻，性自无终始。若得此中意，长波当自止。"师又示偈曰："余本性虚无，缘妄生人我。如何息妄情，还归空处坐？"慧忠偈答曰："虚无是实体，人我何所存？妄情不须息，即泛般若船。"师知其了悟，乃付以山门，遂随缘化导。于唐开元十七年二月十八日，终于延祚寺。将示灭，谓弟子云："将尸林中，施诸鸟兽。"寿七十有七。

第六世慧忠禅师者，润州上元人也，姓王氏。年二十三，受业于庄严寺。其后闻威禅师出世，乃往谒之。威才见曰："山主来也！"师感悟微旨，遂给侍左右。后辞，诣诸方巡礼。威于具戒院见凌霄藤遇夏萎悴①，人欲伐之，因谓之曰："勿剪。慧忠还时，此藤更生。"及师回，果如其言。即以山门付嘱讫，出居延祚寺。

师平生一衲不易②，器用唯一铛。尝有供僧谷两廪，盗者窥

---

① "萎"，丛刊本、大正本作"委"。
② "衲"，原作"纳"，据大正本改，下同。

伺,虎为守之。县令张逊者,至山顶谒,问师:"有何徒弟?"师曰:"有三五人。"逊曰:"如何得见?"师敲禅床,有三虎哮吼而出,逊惊怖而退。后众请入城,居庄严旧寺。师欲于殿东别创法堂,先有古木,群鹊巢其上,工人将伐之。师谓鹊曰:"此地建堂,汝等何不速去?"言讫,群鹊乃迁巢他树。初筑基,有二神人定其四角,复潜资夜役,遂不日而就。繇是四方学徒云集座下矣。得法者有三十四人,各住一方,转化多众。师尝有《安心偈》示众曰:"人法双净,善恶两忘。直心真实①,菩提道场。"唐大历三年,石室前挂铠树、挂衣藤忽盛夏枯死。四年六月十五日,集僧布萨讫,命侍者净发浴身。至夜,有瑞云覆其精舍,空中复闻天乐之声。诘旦,怡然坐化。时风雨暴作,震折林木,复有白虹贯于岩壑。五年春,荼毗获舍利不可胜计。寿八十七。

前法融禅师下三世旁出法嗣

金陵钟山昙璀七每反**禅师者**②,吴郡人也,姓顾氏。初谒牛头融大师,大师目而奇之,乃告之曰:"色声为无生之鸩毒,受想是至人之坑阱。子知之乎?"师默而审之,大悟玄旨。寻晦迹钟山,多历年所,茅庵瓦缶以终老焉。唐天授三年二月六日,恬然入定,七日而灭,寿六十二。

前智威禅师下三世旁出法嗣

宣州安国寺玄挺禅师者,不知何许人也。尝一日,有长安讲

---

① "直心",大正本作"真心"。
② 音释丛刊本、大正本无,下同。

《华严经》僧来，问五祖云："真性缘起，其义云何？"祖默然。时师侍立次，乃谓曰："大德，正兴一念问时，是真性中缘起。"其僧言下大悟。又或问："南宗自何而立？"师曰："心宗非南北。"

润州鹤林玄素禅师者，润州延陵人也，姓马氏。唐如意年中，受业于江宁长寿寺。晚参智威禅师，遂悟真宗，后居京口鹤林寺。尝一日，有屠者礼谒，愿就所居办供，师欣然而往，众皆讶之。师曰："佛性平等，贤愚一致，但可度者，吾即度之，复何差别之有？"或有僧问："如何是西来意？"师曰："会即不会，疑即不疑。"师又曰："不会不疑底，不疑不会底。"又有僧扣门，师问："是什么人？"曰："是僧。"师曰："非但是僧，佛来亦不著。"曰："佛来为什么不著？"师曰："无汝止泊处。"天宝十一年十一月十一日中夜，无疾而灭，寿八十五。建塔于黄鹤山，敕谥大津禅师①、大和宝航之塔。

舒州天柱山崇慧禅师者，彭州人也，姓陈氏。唐乾元初，往舒州天柱山创寺，永泰元年，敕赐号天柱寺。

僧问："如何是天柱境？"师曰："主簿山高难见日，玉镜峰前易晓人。"问："达磨未来此土时，还有佛法也无？"师曰："未来时且置，即今事作么生？"曰："某甲不会，乞师指示。"师曰："万古长空，一朝风月。"良久，又曰："阇黎会么？自己分上作

---

① "津"，碛砂本作"律"。

么生？干他达磨来与未来作么？他家来，大似卖卜汉相似，见汝不会，为汝锥破卦文，才生吉凶，在汝分上，一切自看。"僧问："如何是解卜底人？"师曰："汝才出门时，便不中也。"问："如何是天柱家风？"师曰："时有白云来闭户，更无风月四山流。"问："亡僧迁化，向什么处去也？"师曰："灊岳峰高长积翠，舒江明月色光晖。"问："如何是大通智胜佛？"师曰："旷大劫来未曾拥滞，不是大通智胜佛是什么？"曰："为什么佛法不现前？"师曰："只为汝不会，所以成不现前。汝若会去，亦无佛道可成。"问："如何是道？"师曰："白云覆青嶂，蜂鸟步庭华。"问："从上诸圣有何言说？"师曰："汝今见吾有何言说？"问："宗门中请师举唱。"师曰："石牛长吼真空外，木马嘶时月隐山。"问："如何是和尚利人处？"师曰："一雨普滋，千山秀色。"问："如何是天柱山中人？"师曰："独步千峰顶，优游九曲泉。"问："如何是西来意？"师曰："白猿抱子来青嶂，蜂蝶衔华绿蕊间。"

师居山演道，凡二十二载。大历十四年七月二十二日归寂，起塔于寺北。真身见在。

杭州径山道钦禅师者，① 苏州昆山人也，姓朱氏。初服膺儒教，年二十八，玄素禅师遇之，因谓之曰："观子神气温粹，真法宝也。"师感悟，因求为弟子。素躬与落发，乃戒之曰："汝乘流而行，逢径即止。"② 师遂南行抵临安，见东北一山，因访于樵

---

① 此章前，大正本有"前润州鹤林寺玄素禅师法嗣"。
② "即"，大正本作"则"。

子,曰:"此径山也。"乃驻锡焉。

有僧问:"如何是道?"师云:"山上有鲤鱼,水底有蓬尘。"马祖令人送书到,书中作一圆相,师发缄,于圆相中作一画,却封回。忠国师闻,乃云:"钦师犹被马师惑。"僧问:"如何是祖师西来意?"师曰:"汝问不当。"曰:"如何得当?"师曰:"待吾灭后,即向汝说。"马祖令门人智藏来问:"十二时中,以何为境?"师曰:"待汝回去时有信。"藏曰:"如今便回去。"师曰:"传语却须问取曹溪。"

唐大历三年,代宗诏至阙下,亲加瞻礼。一日,师在内庭,见帝起立,帝曰:"师何以起?"师曰:"檀越何得向四威仪中见贫道?"帝悦,谓忠国师曰:"欲锡钦师一名。"忠欣然奉诏,乃赐号"国一"焉。后辞归本山,于贞元八年十二月示疾,说法而逝,寿七十有九,敕谥曰大觉禅师。

杭州鸟窠道林禅师,① 本郡富阳人也,姓潘氏。母朱氏梦日光入口,因而有娠。及诞,异香满室,遂名香光焉。九岁出家,二十一于荆州果愿寺受戒。后诣长安西明寺复礼法师,学《华严经》《起信论》。复礼示以《真妄颂》,俾修禅那。师问曰:"初云何观,云何用心?"复礼久而无言,师三礼而退。属唐代宗诏径山国一禅师至阙,师乃谒之,遂得正法。

及南归,先是孤山永福寺有辟支佛塔,时道俗共为法会,师振锡而入。有灵隐寺韬光法师问曰:"此之法会,何以作声?"师

---

① 此章前,大正本有"前杭州径山道钦禅师法嗣"。

曰："无声，谁知是会？"后见秦望山有长松，枝叶繁茂，盘屈如盖，遂栖止其上，故时人谓之"鸟窠禅师"。复有鹊巢于其侧，自然驯狎，人亦目为"鹊巢和尚"。有侍者会通，忽一日欲辞去，师问曰："汝何所往？"对曰："会通为法出家，不蒙和尚垂慈诲①，今往诸方学佛法去。"师曰："若是佛法，吾此间亦有少许。"曰："如何是和尚佛法？"师于身上拈起布毛吹之，会通遂领悟玄旨。

元和中，白居易出守兹郡，因入山礼谒。乃问师曰："禅师住处甚危险。"师曰："太守危险尤甚。"曰："弟子位镇江山，何险之有？"师曰："薪火相交，识性不停，得非险乎？"又问："如何是佛法大意？"师曰："诸恶莫作，众善奉行。"白曰："三岁孩儿也解恁么道。"师曰："三岁孩儿虽道得，八十老人行不得。"白遂作礼。师于长庆四年二月十日告侍者曰："吾今报尽。"言讫坐亡，寿八十有四，腊六十三。有云师名圆修者，恐是谥号。

前杭州鸟窠道林禅师法嗣

杭州招贤寺会通禅师，本郡人也，姓吴氏，本名元卿。形相端严，幼而聪敏，唐德宗时为六宫使，王族咸美之。春时，见昭阳宫华卉敷荣，玩而久之，倏闻空中有声曰："虚幻之相，开谢不停，能坏善根，仁者安可嗜之？"师省，念稚齿崇善，极生厌患。帝一日游宫，问曰："卿何不乐？"对曰："臣幼不食荤膻，志愿从释。"曰："朕视卿若昆仲，但富贵欲出于人表者不违卿，

---

① "不蒙和尚垂慈诲"，丛刊本、大正本作"以和尚不垂慈诲"。

唯出家不可。"既浃旬，帝睹其容悴，诏王宾相之，奏曰："此人当绍隆三宝。"帝谓师曰："如卿愿，任选日远近奏来。"师荷德致谢。

寻得乡信，言母患，乞归宁省。帝厚其所赐，敕有司津遣。师至家，未几，会韬光法师，勉之谒鸟窠，为檀越，与结庵创寺……寺成，启曰："弟子七岁蔬食，十一受五戒，今年二十有二，为出家故休官，愿和尚授与僧相。"曰："今时为僧，鲜有精苦者，行多浮滥。"师曰："本净非琢磨，元明不随照。"曰："汝若了净智妙圆，体自空寂，即真出家，何假外相？汝当为在家菩萨，戒施俱修，如谢灵运之俦也。"师曰："然理虽如此，于事何益？傥垂摄受，则誓遵师教。"如是三请，皆不诺。时韬光坚白鸟窠曰："宫使未尝娶，亦不畜侍女，禅师若不拯接，谁其度之？"鸟窠即与披剃具戒。师常卯斋，昼夜精进，诵大乘经，而习安般三昧。寻固辞游方，鸟窠以布毛示之，悟旨，时谓布毛侍者。鸟窠章叙讫。暨鸟窠归寂，垂二十载，武宗废其寺，师与众僧礼辞灵塔而迈，莫知其终。

前慧忠禅师两世旁出法嗣

天台山佛窟岩惟则禅师者，京兆人也，姓长孙氏。初谒牛头忠禅师，大悟玄旨，后隐于天台瀑布之西岩。唐元和中，法席渐盛，始自目其岩为"佛窟"焉。一日，示众云："天地无物也，我无物也，然未尝无物。斯则圣人如影，百年如梦，孰为生死哉？至人以是独照，能为万物之主。吾知之矣，汝等知之乎？"有僧问："如何是那罗延箭？"师云："中的也。"忽一日，告门人曰:"汝当自勉,吾何言哉?"后二日夜,安坐示灭,寿八十,腊五十有八。

前天台山佛窟岩惟则和尚法嗣①

天台山云居智禅师,尝有华严院僧继宗问:"见性成佛,其义云何?"师曰:"清净之性,本来湛然,无有动摇,不属有无、净秽、长短、取舍,体自翛然。如是明见,乃名见性。性即佛,佛即性,故云见性成佛。"曰:"性既清净,不属有无,因何有见?"师曰:"见无所见。"曰:"无所见,因何更有见?"师曰:"见处亦无。"曰:"如是见时,是谁之见?"师曰:"无有能见者。"曰:"究竟其理如何?"师曰:"汝知否:妄计为有,即有能所,乃得名迷。随见生解,便堕生死。明见之人即不然,终日见未尝见,求见处体相不可得,能所俱绝,名为见性。"曰:"此性遍一切处否?"师曰:"无处不遍。"曰:"凡夫具否?"师曰:"上言无处不遍,岂凡夫而不具乎?"曰:"因何诸佛菩萨不被生死所拘,而凡夫独萦此苦?何曾得遍?"师曰:"凡夫于清净性中计有能所,即堕生死;诸佛大士善知清净性中不属有无,即能所不立。"曰:"若如是说,即有了、不了人。"师曰:"了尚不可得,岂有能了人乎?"曰:"至理如何?"师曰:"我以要言之,汝即应念:'清净性中无有凡圣,亦无了人、不了人。'凡之与圣,二俱是名,若随名生解,即堕生死;若知假名不实,即无有当名者。"又曰:"此是极究竟处。若云'我能了,彼不能了'即是大

---

① "和尚",径山本作"禅师"。

病；见有净秽凡圣，亦是大病；作无凡圣解，又属拨无因果；见有清净性可栖止，亦大病；作不栖止解，亦大病。然清净性中虽无动摇，具不坏方便应用，及兴慈运悲。如是兴运之处，即全清净之性①，可谓见性成佛矣。"继宗踊跃，礼谢而退。

第三十二祖忍大师第一世旁出法嗣第一世

北宗神秀禅师者，耶舍三藏志云②："艮地生玄旨，通尊媚亦尊。比肩三九族，足下一毛分。"开封尉氏人也，姓李氏。少亲儒业，博综多闻。俄舍爱出家，寻师访道。至蕲州双峰东山寺，遇五祖忍师以坐禅为务，乃叹伏曰："此真吾师也。"誓心苦节，以樵汲自役而求其道。忍默识之，深加器重，谓之曰："吾度人多矣，至于悟解，无及汝者。"忍既示灭，秀遂住江陵当阳山。

唐武后闻之，召至都下，于内道场供养，特加钦礼，命于旧山置度门寺以旌其德。时王公士庶，皆望尘拜伏。暨中宗即位，尤加礼重。大臣张说尝问法要，执弟子之礼。师有偈示众曰："一切佛法，自心本有。将心外求，舍父逃走。"神龙二年，于东都天宫寺入灭，赐谥大通禅师。羽仪法物，送殡于龙门，帝送至桥，王公士庶皆至葬所，张说及征士卢鸿一各为碑诔。门人普寂、义福等，并为朝野所重。

嵩岳慧安国师，耶舍三藏志云："九女出人伦，八女绝婚姻③。朽床添

---

① "全"，碛砂本作"生"。
② "三"，原作"之"，据南藏本、径山本、大正本改。
③ "八"，碛砂本作"三"。

六脚，心祖众中尊。"荆州支江人也①，姓卫氏。隋文帝开皇十七年，括天下私度僧尼，勘师云：本无名。遂遁于山谷。大业中，大发丁夫开通济渠，饥殍被表反。相枕，师乞食以救之，获济者甚众。炀帝征师，不赴，潜入太和山。暨帝幸江都，海内扰攘，乃杖锡登衡岳寺，行头陀行。唐贞观中至黄梅，谒忍祖，遂得心要。

麟德元年，游终南山石壁，因止焉。高宗尝召，师不奉诏。遍历名迹，至嵩少云："是吾终焉之地也。"自尔禅者辐凑。有坦然、怀让二人来参，问曰："如何是祖师西来意？"师曰："何不问自己意？"曰："如何是自己意？"师曰："当观密作用。"曰："如何是密作用？"师以目开合示之。然言下知归，更不他适；让机缘不逗，辞往曹溪。

武后征至辇下，待以师礼，与神秀禅师同加钦重。后尝问师甲子，对曰："不记。"帝曰②："何不记耶？"师曰："生死之身，其若循环，环无起尽，焉用记为？况此心流注，中间无间，见沤起灭者，乃妄想耳。从初识至动相灭时，亦只如此，何年月而可记乎？"后闻，稽颡信受。寻以神龙二年，中宗赐紫袈裟，度弟子二七人，仍延入禁中供养。三年，又赐摩衲一副。师辞嵩岳，是年三月三日，嘱门人曰："吾死已，将尸向林中，待野火焚之。"俄尔万回公来见师，猖狂握手言论，傍侍倾耳，都不体会。至八日，闭户偃身而寂，春秋一百二十八。隋开皇二年壬寅生，唐景龙三年己酉灭，时称老安国师。门人遵旨，舁置林间，果野火自然，阇维，得舍利八十粒。内五粒色红紫，留于宫中。至先天二年，门

---

① "支"，大正本作"枝"。
② "帝"，大正本作"后"。

人建浮图。

袁州蒙山道明禅师者，鄱阳人，陈宣帝之裔孙也。国亡，落于民间，以其王孙，尝受署，因有将军之号。少于永昌寺出家，慕道颇切。往依五祖法会，极意研寻，初无解悟。及闻五祖密付衣法与卢行者，即率同意数十人蹑迹追逐。至大庾岭，师最先见，余辈未及。卢行者见师奔至，即掷衣钵于磐石曰："此衣表信，可力争耶？任君将去。"师遂举之，如山不动，踟蹰悚栗，乃曰："我来求法，非为衣也，愿行者开示于我。"祖曰："不思善，不思恶，正怎么时，阿那个是明上坐本来面目？"师当下大悟，遍体汗流，泣礼数拜，问曰："上来密语密意外，还更别有意旨否？"祖曰："我今与汝说者，即非密也。汝若返照自己面目，密却在汝边。"师曰："某甲虽在黄梅随众，实未省自己面目，今蒙指授入处，如人饮水，冷暖自知。今行者即是某甲师也。"祖曰："汝若如是，则是吾与汝同师黄梅，善自护持。"师又问："某甲向后，宜往何所？"祖曰："逢袁可止，遇蒙即居。"

师礼谢，遽回至岭下，谓众人曰："向陟崔嵬远望，杳无踪迹，当别道寻之。"皆以为然。师既回，遂独往庐山布水台，经三载，后始往袁州蒙山，大唱玄化。初名慧明，以避师上字，故名道明。弟子等尽遣过岭南，参礼六祖。

前北宗神秀禅师法嗣第二世

五台山巨方禅师，安陆人也，姓曹氏。幼禀业于明福院朗禅师，初讲经论，后参禅会。及造北宗，秀师问曰："白云散处如何?"师曰:"不昧。"秀又问:"到此间后如何?"师曰:"正见一枝生五叶。"秀默许之。入室侍对,庶几无爽。寻至上党寒岭居焉,数岁之间,众盈千数。后于五台山阐化,涉二十余载,入灭,年八十一。以唐开元十五年九月三日,奉全身入塔。

河中府中条山智封禅师,姓吴氏。初习《唯识论》,滞于名相,为知识所诘,乃发愤罢讲游行。登武当山,见秀禅师,疑心顿释,思养圣胎,乃辞去,居于蒲津安峰山,不下十年,木食涧饮。属州牧卫文升请归城内,建新安国院居之,缁素归依,憧憧不绝。使君问曰:"某今日后如何?"师曰:"日从蒙氾出,照树全无影。"使君初不能谕,拱揖而退。少选开晓,释然自得。师来往中条山二十余年,得其道者不可胜纪。灭后,门人于州城北建塔焉。

兖州降魔藏禅师,赵郡人也,姓王氏。父为亳掾,师七岁出家。时属野多妖鬼,魅惑于人。师孤形制伏,曾无少畏,故得降魔名焉。即依广福院明赞禅师出家,服勤受法。后遇北宗盛化,便誓抠衣。秀师问曰:"汝名降魔,此无山精木怪,汝翻作魔耶?"师曰:"有佛有魔。"秀曰:"汝若是魔,必住不思议境界。"师曰:"是佛亦空,何境界之有?"秀悬记之曰:"汝与少皞之墟有缘。"师寻入泰山,数稔,学者云集。一日告门人曰:"吾今老朽,物极有归。"言讫而逝,寿九十一。

寿州道树禅师,唐州人也,姓闻氏。幼探经籍,年将五十,因遇高僧诱谕,遂誓出家,礼本部明月山慧文为师。师耻乎年长,求法淹迟,励志游方,无所不至。后归东洛,遇秀禅师,言下知微,晚成法器。乃卜寿州三峰山,结茅而居。常有野人服色素朴,言谭诡异,于言笑外化作佛形及菩萨、罗汉、天仙等形,或放神光,或呈声响。师之学徒睹之,皆不能测。如此涉十年,后寂无形影。师告众曰:"野人作多色伎俩,眩惑于人,只消老僧不见不闻,伊伎俩有穷,吾不见不闻无尽。"唐宝历元年,示疾而终,寿九十二。明年正月迁塔①。

淮南都梁山全植禅师,光州人也,姓芮氏。初结庵居止,太守卫文卿命本州长寿寺开法聚徒。文卿问曰:"将来佛法隆替若何?"师曰:"真实之物,无古无今,亦无轨躅;有为之法,四相迁流,法当埋厄。君侯可见。"师年九十三而终,唐会昌四年甲子九月七日入塔。

前嵩岳慧安国师法嗣

洛京福先寺仁俭禅师,自嵩山罢问,放旷郊廛,时谓之腾腾和尚。唐天册万岁中,天后诏入殿前。仰视天后,良久曰:"会么?"后曰:"不会。"师曰:"老僧持不语戒。"言讫而出。翌日,进短歌一十九首,天后览而嘉之,厚加赐赉,师皆不受。又令写歌辞,传布天下。其辞并敷演真理,以警时俗,唯《了元歌》一首,盛行于世。

---

① "迁",大正本作"建"。

嵩岳破灶堕和尚，不称名氏，言行叵测，隐居嵩岳。山坞有庙甚灵，殿中唯安一灶，远近祭祠不辍，烹杀物命甚多。师一日领侍僧入庙，以杖敲灶三下云："咄！此灶只是泥瓦合成，圣从何来，灵从何起？恁么烹宰物命？"又打三下，灶乃倾破堕落。安国师号为破灶堕。须臾，有一人青衣峨冠，忽然设拜师前。师曰："是什么人？"云："我本此庙灶神，久受业报。今日蒙师说无生法，得脱此处，生在天中，特来致谢。"师曰："是汝本有之性，非吾强言。"神再礼而没。少选，侍僧等问师云："某等诸人，久在和尚左右，未蒙师苦口直为某等。灶神得什么径旨，便得生天？"师曰："我只向伊道：本是泥瓦合成，别也无道理为伊。"侍僧等立而无言，师曰："会么？"主事云："不会。"师曰："本有之性，为什么不会？"侍僧等乃礼拜，师曰："堕也，堕也！破也，破也！"后有义丰禅师举白安国师，国师叹曰："此子会尽物我一如，可谓如朗月处空，无不见者。难遘伊语脉。"丰禅师乃低头叉手而问云："未审什么人遘他语脉？"国师曰："不知者。"

又僧问："物物无形时如何？"师曰："礼即唯汝非我，不礼即唯我非汝。"其僧乃礼谢，师曰："本有之物，物非物也。所以道：心能转物，即同如来。"又僧问："如何是修善行人？"师曰："捻枪带甲。"云："如何是作恶行人？"师曰："修禅入定。"僧云："某甲浅机，请师直指。"师曰："汝问我恶，恶不从善；汝问我善，善不从恶。"良久又曰："会么？"僧云："会。"① 师曰："恶人无善念，善人无恶心。所以道：善恶如浮云，俱无起灭

---

① "会"，大正本作"不会"。

处。"其僧从言下大悟。

有僧从牛头处来，师乃曰："来何人法会？"① 僧近前叉手，绕师一匝而出。师曰："牛头会下，不可有此人。"僧乃回师上边，叉手而立。师云："果然，果然。"僧却问云："应物不由他时如何？"师曰："争得不由他？"僧云："恁么即顺正归源去也？"② 师曰："归源何顺？"僧云："若非和尚，几错招愆。"师曰："犹是未见四祖时道理也，见后通将来。"僧却绕师一匝而出，师曰："顺正之道，今古如然。"僧作礼。又僧侍立久，师乃曰："祖祖佛佛只说如人本性本心，别无道理，会取，会取。"僧礼谢，师乃以拂子打之曰："一处如是，千处亦然。"僧乃叉手近前，应喏一声。师曰："更不信，更不信。"僧问："如何是大阐提人？"师曰："尊重礼拜。"又问："如何是大精进人？"师曰："毁辱嗔恚。"其后莫知所终。

嵩岳元珪禅师，伊阙人也，姓李氏。幼岁出家，唐永淳二年受具戒，隶闲居寺，习毗尼无懈③。后谒安国师，印以真宗，顿悟玄旨，遂卜庐于岳之庞坞。一日，有异人者，峨冠袴褶而至，从者极多，轻步舒徐，称谒大师。师睹其形貌奇伟非常，乃谕之曰："善来仁者，胡为而至？"彼曰："师宁识我耶？"师曰："吾观佛与众生等，吾一目之，岂分别耶？"彼曰："我此岳神也，能生死于人，师安得一目我哉？"师曰："吾本不生，汝焉能死？吾

---

① "来"，大正本作"来自"。
② "源"，丛刊本、大正本作"原"。
③ "懈"，碛砂本、大正本作"解"。

视身与空等，视吾与汝等，汝能坏空与汝乎？苟能坏空及坏汝，吾则不生不灭也，汝尚不能如是，又焉能生死吾耶？"

神稽首曰："我亦聪明正直于余神，讵知师有广大之智辩乎？愿授以正戒，令我度世。"师曰："汝既乞戒，即既戒也。所以者何？戒外无戒，又何戒哉？"神曰："此理也，我闻茫昧，止求师戒我身，为门弟子。"师即为张坐，秉炉正几曰："付汝五戒，若能奉持，即应曰能，不能即曰否。"神曰："谨受教。"师曰："汝能不淫乎？"曰："亦娶也。"师曰："非谓此也，谓无罗欲也。"曰："能。"师曰："汝能不盗乎？"曰："何乏我也，焉有盗取哉？"师曰："非谓此也，谓飨而福淫，不供而祸善也。"曰："能。"师曰："汝能不杀乎？"曰："实司其柄，焉曰不杀？"师曰："非谓此也，谓有滥误疑混也。"曰："能。"师曰："汝能不妄乎？"曰："我正直，焉能有妄乎？"师曰："非谓此也，谓先后不合天心也。"曰："能。"师曰："汝不遭酒败乎？"曰："能。"师曰："如上是为佛戒也。"又言："以有心奉持，而无心拘执。以有心为物，而无心想身。能如是，则先天地生不为精，后天地死不为老，终日变化而不为动，毕尽寂默而不为休。悟此，则虽娶非妻也，虽飨非取也，虽柄非权也，虽作非故也，虽醉非惛也。若能无心于万物，则罗欲不为淫，福淫祸善不为盗，滥误疑混不为杀，先后违天不为妄，惛荒颠倒不为醉，是谓无心也。无心则无戒，无戒则无心。无佛无众生，无汝及无我。无汝孰为戒哉？"

神曰："我神通亚佛。"师曰："汝神通十句，五能五不能；佛则十句，七能三不能。"神悚然避席，跪启曰："可得闻乎？"

师曰:"汝能戾上帝,东天行而西七曜乎?"曰:"不能。"师曰:"汝能夺地祇,融五岳而结四海乎?"曰:"不能。"师曰:"是谓五不能也。佛能空一切相,成万法智,而不能即灭定业。佛能知群有性,穷亿劫事,而不能化导无缘。佛能度无量有情,而不能尽众生界。是谓三不能也。定业亦不牢久,无缘亦谓一期,众生界本无增减,亘无一人能主有法①。有法无主,是谓无法;无法无主,是谓无心。如我解,佛亦无神通也,但能以无心通达一切法尔。"

神曰:"我诚浅昧,未闻空义,师所授戒,我当奉行。今愿报慈德,效我所能。"师曰:"吾观身无物,观法无常,块然更有何欲?"神曰:"师必命我为世间事,展我小神功。使已发心、初发心、未发心、不信心、必信心五等人目我神踪,知有佛有神,有能有不能,有自然有非自然者。"师曰:"无为是,无为是。"神曰:"佛亦使神护法,师宁隳叛佛耶?愿随意垂诲。"师不得已而言曰:"东岩寺之障,莽然无树,北岫有之,而皆非屏拥②。汝能移北树于东岭乎?"神曰:"已闻命矣。然昏夜间必有喧动,愿师无骇。"即作礼辞去。师门送而且观之,见仪卫逶迤,如王者之状。岚霭烟霞,纷纶间错,幢幡环佩,凌空隐没焉。其夕,果有暴风吼雷,奔云震电,栋宇摇荡,宿鸟声喧。师谓众曰:"无怖,无怖,神与我契矣。"诘旦和霁,则北岩松栝尽移东岭,森然行植。师谓其徒曰:"吾没后,无令外知。若为口实,人将妖我。"以开元四年丙辰岁,嘱门人曰:"吾始居寺东岭,吾灭,汝

---

① "亘",碛砂本作"且",大正本作"更"。
② "皆",原作"背",据大正本改。大正本下注:"旧本作'背'字。"

必寘吾骸于彼。"言讫,若委蜕焉,春秋七十三,门人建塔焉。

前嵩山普寂禅师法嗣 第三世

终南山惟政禅师,平原人也,姓周氏。受业于本州延和寺诠澄法师,得法于嵩山普寂禅师。既决了真诠,即入太一山中,学者盈室。唐大和中,文宗嗜蛤蜊,沿海官吏,先时递进,人亦劳止。一日,御馔中有擘不张者,帝以其异,即焚香祷之。俄变为菩萨形,梵相具足,即贮以金粟檀香合,覆以美锦,赐兴善寺,令众僧瞻礼。因问群臣:"斯何祥也?"或言太一山有惟政禅师,深明佛法,博闻强识。帝即令召至,问其事,师曰:"臣闻物无虚应,此乃启陛下之信心耳。故契经云:应以此身得度者,即现此身而为说法。"帝曰:"菩萨身已现,且未闻说法。"师曰:"陛下睹此,为常非常邪?信非信邪?"帝曰:"希奇之事,朕深信焉。"师曰:"陛下已闻说法了。"时皇情悦豫,得未曾有。诏天下寺院各立观音像,以答殊休,因留师于内道场。累辞入山,复诏令住圣寿寺。至武宗即位,师忽入终南山隐居。人问其故,师曰:"吾避仇矣。"后终于山舍,年八十七。阇维,收舍利四十九粒,以会昌三年九月四日入塔。

益州无相禅师法嗣 第四世

益州保唐寺无住禅师,初得法于无相大师,乃居南阳白崖山,专务宴寂。经累岁,学者渐至,勤请不已,自此垂诲。虽广演言教,而唯以无念为宗。唐相国杜鸿渐出抚坤维,闻师名,思一瞻礼。大历元年九月,遣使到山延请。时节度使崔宁亦命诸寺僧徒远出迎引，十月一日至空慧寺。时杜公与戎帅召三学硕德俱会寺中。致礼讫，公问曰："顷闻师尝驻锡于此，而后何往耶？"曰："无住性好疏野，多泊山间，自贺兰、五台，周游胜境。闻先师居贵封大慈寺说最上乘，遂远来抠衣，忝预函丈。后栖迟白崖，已逾多载。今幸相公见召，敢不从命。"

公曰："弟子闻金和尚①说无忆、无念、莫妄三句法门，是否？"曰："然。"公曰："此三句是一是三？"曰："无忆名戒，无念名定，莫妄名慧。一心不生，具戒定慧，非一非三也。"公曰："后句'妄'字，莫是从'心'之'忘'乎？"曰："从'女'者是也。"公曰："有据否？"曰："《法句经》云：若起精进心，是妄非精进。若能心不妄，精进无有涯。"公闻，疑情荡焉。又问："师还以三句示人否？"曰："对初心学人，还令息念，澄停识浪，水清影现。悟无念体②，寂灭现前，无念亦不立也。"

于时庭树鸦鸣，公问："师闻否？"曰："闻。"鸦去已，又问："师闻否？"曰："闻。"公曰："鸦去无声，云何言闻？"师乃普告大众："佛世难值，正法难闻，各各谛听：闻无有闻，非关闻性，本来不生，何曾有灭？有声之时，是声尘自生；无声之时，是声尘自灭。而此闻性，不随声生，不随声灭。悟此闻性，则免声尘之所转。当知闻无生灭，闻无去来。"公与僚属大众稽首。

又问："何名第一义？第一义者从何次第得入？"师曰："第一义者，无有次第，亦无出入。世谛一切有，第一义即无。诸法

---

① "金和尚"，原作"今和尚"，据丛刊本、大正本改。
② "无念体"，大正本作"无体念"。

无性性，说名第一义。佛言：有法名俗谛，无性第一义。"公曰："如师开示，实不可思议。"公又曰："弟子性识微浅，昔因公暇，撰得《起信论》章疏两卷，可得称佛法否？"师曰："夫造章疏，皆用识心思量分别，有为有作，起心动念，然可造成。据《论》文云：当知一切法，从本以来，离言说相，离名字相，离心缘相，毕竟平等，无有变异。唯有一心，故名真如。今相公著言说相、著名字相、著心缘相，既著种种相，云何是佛法？"公起作礼曰："弟子亦曾问诸供奉大德，皆赞弟子不可思议。当知彼等但徇人情，师今从理解说，合心地法，实是真理，不可思议。"

公又问："云何不生，云何不灭？如何得解脱？"师曰："见境心不起名不生，不生即不灭。既无生灭，即不被前尘所缚，当处解脱。不生名无念，无念即无灭，无念即无缚，无念即无脱。举要而言：识心即离念，见性即解脱。离'识心见性'外，更有法门证无上菩提[1]者，无有是处。"公曰："何名识心见性？"师曰："一切学道人，随念流浪，盖为不识真心。真心者，念生亦不顺生，念灭亦不依寂。不来不去，不定不乱，不取不舍，不沈不浮。无为无相，活泼泼，平常自在。此心体毕竟不可得，无可知觉，触目皆如，无非见性也。"公与大众作礼称赞，踊跃而去。无住禅师后居保唐寺而终[2]。

---

[1] "菩提"，原作"苦提"。据《五灯会元》卷二《益州保唐寺无住禅师》改。
[2] "无住禅师"四字，大正本无。

景德传灯录卷第五

第三十三祖慧能大师

第三十三祖慧能大师法嗣四十三人一十九人见录，一十人旁出

  西印度崛多三藏

  韶州法海禅师

  吉州志诚禅师

  匾担山晓了禅师

  河北智隍禅师

  洪州法达禅师

  寿州智通禅师

  江西志彻禅师

  信州智常禅师

  广州志道禅师

  广州法性寺印宗和尚

  吉州清原山行思禅师①

  南岳怀让禅师

---

① "清原"，径山本、大正本作"青原"，下同，不再出校。

温州永嘉玄觉禅师

司空山本净禅师

婺州玄策禅师

曹溪令韬禅师①

西京光宅寺慧忠禅师

西京荷泽寺神会禅师

韶州祗陀禅师、抚州净安禅师、嵩山寻禅师、罗浮山定真禅师、南岳坚固禅师、制空山道进禅师、善快禅师、韶山缘素禅师、宗一禅师、会稽秦望山善现禅师、南岳梵行禅师、并州自在禅师、西京咸空禅师、峡山泰祥禅师、光州法净禅师、清凉山辩才禅师、广州吴头陀、道英禅师、智本禅师、广州清苑法真禅师、玄楷禅师、昙璀禅师、韶州刺史韦据、义兴孙菩萨 已上二十四人无机缘语句,不录

第三十三祖慧能大师者,俗姓卢氏,其先范阳人。父行瑫,武德中左宦于南海之新州,遂占籍焉。三岁丧父,其母守志鞠养。及长,家尤贫窭,师樵采以给。一日,负薪至市中,闻客读《金刚经》,悚然问其客曰:"此何法也,得于何人?"客曰:"此名《金刚经》,得于黄梅忍大师。"师遽告其母以为法寻师之意,直抵韶州,遇高行士刘志略,结为父友。尼无尽藏者,即志略之姑也,常读《涅槃经》,师暂听之,即为解说其义。尼遂执卷问字,师曰:"字即不识,义即请问。"尼曰:"字尚不识,曷能会义?"师曰:"诸佛妙理,非关文字。"尼惊异之,告乡里耆艾云:

---

① "令韬",原作"令瑫",据正文、碛砂本、大正本改。

"能是有道之人，宜请供养。"于是居人竞来瞻礼。近有宝林古寺旧地，众议营缉，俾师居之。四众雾集，俄成宝坊。

师一日忽自念曰："我求大法，岂可中道而止？"明日遂行，至昌乐县西山石室间，遇智远禅师，师遂请益，远曰："观子神姿爽拔，殆非常人。吾闻西域菩提达磨传心印于黄梅，汝当往彼参决。"师辞去，直造黄梅之东禅，即唐咸亨二年也。忍大师一见，默而识之，后传衣法，令隐于怀集、四会之间。

至仪凤元年丙子正月八日，届南海，遇印宗法师于法性寺讲《涅槃经》。师寓止廊庑间，暮夜，风飐刹幡。闻二僧对论，一云幡动，一云风动。往复酬答，曾未契理①。师曰："可容俗流辄预高论否？直以风幡非动，动自心耳。"印宗窃聆此语，竦然异之。翊日，邀师入室，征风幡之义，师具以理告。印宗不觉起立云："行者定非常人，师为是谁？"师更无所隐，直叙得法因由，于是印宗执弟子之礼，请受禅要。乃告四众曰："印宗具足凡夫，今遇肉身菩萨。"即指坐下卢居士云："即此是也。"因请出所传信衣，悉令瞻礼。至正月十五日，会诸名德为之剃发，二月八日，就法性寺智光律师受满分戒。其戒坛，即宋朝求那跋陀三藏之所置也。三藏记云："后当有肉身菩萨在此坛受戒。"又梁末真谛三藏于坛之侧手植二菩提树，谓众曰："却后一百二十年，有大开士于此树下演无上乘，度无量众。"师具戒已，于此树下开东山法门，宛如宿契。明年二月八日，忽谓众曰："吾不愿此居，要归旧隐。"时印宗与缁白千余人，送师归宝林寺。韶州刺史韦据

---

① "曾未"，东寺本、碛砂本、大正本作"未曾"。

请于大梵寺转妙法轮,并受无相心地戒,门人纪录,目为《坛经》,盛行于世。然返曹溪雨大法雨,学者不下千数。

中宗神龙元年,降诏云:"朕请安、秀二师宫中供养,万机之暇,每究一乘。二师并推让云:南方有能禅师,密受忍大师衣法,可就彼问。今遣内侍薛简驰诏迎请,愿师慈念,速赴上京。"师上表辞疾,愿终林麓。薛简曰:"京城禅德皆云:欲得会道,必须坐禅习定,若不因禅定而得解脱者①,未之有也。未审师所说法如何?"师曰:"道由心悟,岂在坐也?经云:若见如来若坐若卧,是行邪道。何故?无所从来,亦无所去。若无生灭,是如来清净禅;诸法空寂,是如来清净坐。究竟无证,岂况坐耶?"简曰:"弟子之回,主上必问,愿和尚慈悲,指示心要。"师曰:"道无明暗,明暗是代谢之义,明明无尽,亦是有尽。"简曰:"明喻智慧,暗况烦恼,修道之人傥不以智慧照破烦恼,无始生死,凭何出离?"师曰:"若以智慧照烦恼者,此是二乘小儿羊鹿等机,上智大根,悉不如是。"简曰:"如何是大乘见解?"师曰:"明与无明,其性无二。无二之性,即是实性。实性者,处凡愚而不减,在贤圣而不增,住烦恼而不乱,居禅定而不寂。不断不常,不来不去,不在中间及其内外,不生不灭,性相如如,常住不迁,名之曰道。"简曰:"师说不生不灭,何异外道?"师曰:"外道所说不生不灭者,将灭止生,以生显灭,灭犹不灭,生说无生。我说不生不灭者,本自无生,今亦无灭。所以不同外道。汝若欲知心要,但一切善恶都莫思量,自然得入清净心体,湛然

---

① "而得",东寺本、碛砂本、径山本作"得而"。

常寂，妙用恒沙。"简蒙指教，豁然大悟。礼辞归阙，表奏师语。有诏谢师，并赐摩衲袈裟、绢五百匹、宝钵一口。十二月十九日，敕改古宝林为中兴寺。三年十一月十八日，又敕韶州刺史重加崇饰，赐额为法泉寺，师新州旧居为国恩寺。

一日，师谓众曰："诸善知识，汝等各各净心，听吾说法。汝等诸人自心是佛，更莫狐疑。外无一物而能建立①，皆是本心生万种法。故经云：心生种种法生，心灭种种法灭。若欲成就种智，须达一相三昧、一行三昧。若于一切处而不住相，彼相中不生憎爱，亦无取舍，不念利益、成坏等事，安闲恬静②，虚融淡泊，此名一相三昧。若于一切处行住坐卧，纯一直心，不动道场，真成净土，名一行三昧。若人具二三昧，如地有种，能含藏长养，成就其实。一相一行，亦复如是。我今说法，犹如时雨，溥润大地；汝等佛性，譬诸种子，遇兹沾洽，悉得发生。承吾旨者，决获菩提；依吾行者，定证妙果。"

先天元年，告诸徒众曰："吾忝受忍大师衣法，今为汝等说法，不付其衣。盖汝等信根淳熟，决定不疑，堪任大事。听吾偈曰："心地含诸种，普雨悉皆生。顿悟华情已，菩提果自成。"师说偈已，复曰："其法无二，其心亦然。其道清净，亦无诸相。汝等慎勿观净及空其心，此心本净，无可取舍。各自努力，随缘好去。"师说法利生经四十载，其年七月六日，命弟子往新州国恩寺建报恩塔，仍令倍工。又有蜀僧名方辩，来谒师云："善捏塑。"师正色曰："试塑看。"方辩不领旨，乃塑师真，可高七寸，

---

① "能"，碛砂本作"得"。
② "安闲恬静"，东寺本、碛砂本作"安静闲恬"。

曲尽其妙。师观之曰："汝善塑性,不善佛性。"酬以衣物,僧礼谢而去。

先天二年七月一日,谓门人曰："吾欲归新州,汝速理舟楫。"时大众哀慕,乞师且住。师曰："诸佛出现,犹示涅槃。有来必去,理亦常然。吾此形骸,归必有所。"众曰："师从此去,早晚却回?"师曰："叶落归根,来时无口。"① 又问："师之法眼,何人传受?"师曰："有道者得,无心者通。"又问："后莫有难否?"曰："吾灭后五六年②,当有一人来取吾首。听吾记曰:头上养亲,口里须飡。遇满之难,杨柳为官。"又云："吾去七十年,有二菩萨从东方来,一在家,一出家,同时兴化,建立吾宗,缔缉伽蓝,昌隆法嗣。"言讫,往新州国恩寺,沐浴讫,跏趺而化。异香袭人,白虹属地。即其年八月三日也。

时韶、新两郡各修灵塔,道俗莫决所之。两郡刺史共焚香祝云："香烟引处,即师之欲归焉。"时炉香腾涌,直贯曹溪。以十一月十三日入塔,寿七十六,前韶州刺史韦据撰碑③。门人忆念"取首"之记,遂先以铁叶、漆布固护师颈。塔中有达磨所传信衣,西域屈眴布也,缉木绵华心织成,后人以碧绢为里。中宗赐摩衲、宝钵、方辩塑真、道具等。主塔侍者尸之。

开元十年壬戌八月三日,夜半,忽闻塔中如拽铁索声,僧众惊起。见一孝子从塔中走出,寻见师颈有伤,具以贼事闻于州县。县令杨侃、刺史柳无忝得牒,切加擒捉。五日,于石角村捕

---

① "无口",大正本作"无日"。
② "灭后",东寺本、碛砂本、南藏本、径山本作"后灭"。
③ "前",大正本作"时"。"韶州"原作"诏州",据东寺本、碛砂本改。

得贼人,送韶州鞠问,云:"姓张名净满,汝州梁县人。于洪州开元寺受新罗僧金大悲钱二十千,令取六祖大师首,归海东供养。"柳守闻状,未即加刑。乃躬至曹溪,问师上足令韬曰:"如何处断?"韬曰:"若以国法论,理须诛夷;但以佛教慈悲,冤亲平等,况彼求欲供养,罪可恕矣。"柳守嘉叹曰:"始知佛门广大。"遂赦之。尔后甚有名贤赞述及檀施珍异①,文繁不录。

上元元年,肃宗遣使就请师衣钵归内供养。至永泰元年五月五日,代宗梦六祖大师请衣钵。七日,敕刺史杨瑊云:"朕梦感能禅师请传法袈裟却归曹溪,今遣镇国大将军刘崇景顶戴而送。朕谓之国宝,卿可于本寺如法安置,专令僧众亲承宗旨者,严加守护,勿令遗坠。"后或为人偷窃,皆不远而获,如是者数四。宪宗谥大鉴禅师,塔曰元和灵照。皇朝开宝初②,王师平南海,刘氏残兵作梗。师之塔庙,鞠为煨烬,而真身为守塔僧保护,一无所损。寻有制兴修,功未竟,会太宗即位,留心禅门,颇增壮丽焉。大师自唐先天二年癸丑入灭,至今景德元年甲辰岁,凡二百九十二年矣。得法者除印宗等三十三人,各化一方,标为正嗣,其外藏名匿迹者,不可胜纪。今于诸家传记中略录十人,谓之旁出。

西域崛多三藏者, 天竺人也。东游韶阳,见六祖,于言下契悟。后游五台,至定襄县历村,见一僧结庵而坐。三藏问曰:"汝孤坐奚为?"曰:"观静。"三藏曰:"观者何人,静者何物?"

---

① "尔",原作"迩",据大正本改。
② "皇朝",大正本作"皇宋"。

其僧作礼问曰:"此理何如?"三藏曰:"汝何不自观自静?"彼僧茫然,莫知其对。三藏曰:"汝出谁门邪?"曰:"神秀大师。"三藏曰:"我西域异道最下根者不堕此见,兀然空坐,于道何益?"其僧却问三藏所师何人,三藏曰:"我师六祖。汝何不速往曹溪,决其真要?"其僧即舍庵,往参六祖,具陈前事。六祖垂诲,与三藏符合,其僧信入。三藏后不知所终。

韶州法海禅师者,曲江人也。初见六祖,问曰:"即心即佛,愿垂指喻。"祖曰:"前念不生即心,后念不灭即佛。成一切相即心,离一切相即佛。吾若具说,穷劫不尽。听吾偈曰:即心名慧,即佛乃定。定慧等持,意中清净。悟此法门,由汝习性。用本无生,双修是正。"法海信受,以偈赞曰:"即心元是佛,不悟而自屈。我知定慧因,双修离诸物。"《坛经》云"门人法海者",即禅师是也。

吉州志诚禅师者,吉州太和人也。少于荆南当阳山玉泉寺,奉事神秀禅师。后因两宗盛化,秀之徒众往往讥南宗曰:"能大师不识一字,有何所长?"秀曰:"他得无师之智,深悟上乘,吾不如也。且吾师五祖亲付衣法,岂徒然哉?吾所恨不能远去亲近,虚受国恩。汝等诸人,无滞于此,可往曹溪质疑。他日回复,还为吾说。"师闻此语,礼辞,至韶阳,随众参请,不言来处。时六祖告众曰:"今有盗法之人,潜在此会。"师出礼拜,具陈其事。祖曰:"汝师若为示众?"对曰:"常指诲大众,令住心观静,长坐不卧。"祖曰:"住心观静,是病非禅,长坐拘身,于理何益？听吾偈曰：生来坐不卧，死去卧不坐。元是臭骨头，何为立功过？"师曰："未审大师以何法诲人？"祖曰："吾若言有法与人，即为诳汝。但且随方解缚，假名三昧。听吾偈曰：'一切无心自性戒，一切无碍自性慧。不增不退自金刚，身去身来本三昧。'"师闻偈悔谢，即誓依归，乃呈一偈曰："五蕴幻身，幻何究竟？回趣真如，法还不净。"祖然之。寻回玉泉。

匾担山晓了禅师者，传记不载。唯北宗门人忽雷澄撰塔碑盛行于世，略曰："师住匾担山，法号晓了，六祖之嫡嗣也。师得无心之心，了无相之相。无相者森罗眩目，无心者分别炽然。绝一言一响，响莫可传，传之行矣；言莫可穷，穷之非矣。师自得无无之无，不无于无也；吾今以有有之有，不有于有也。不有之有，去来非增；不无之无，涅槃非减。呜呼！师住世兮曹溪明，师寂灭兮法舟倾。师谭无说兮寰宇盈，师示迷徒兮了义乘。匾担山色垂兹色，空谷犹留晓了名。"

河北智隍禅师者，始参五祖法席，虽尝咨决，而循乎渐行。后往河北，结庵长坐，积二十余载，不见惰容。及遇六祖门人策禅师游历于彼，激以勤求法要，师遂舍庵，往参六祖。祖愍其远来，便垂开抉，师于言下豁然契悟，前二十年所得心都无影响。其夜河北檀越士庶，忽闻空中有声曰："隍禅师今日得道也。"后回河北，开化四众。

洪州法达禅师者，洪州丰城人也。七岁出家，诵《法华经》。

进具之后,来礼祖师,头不至地。祖呵曰:"礼不投地,何如不礼?汝心中必有一物,蕴习何事邪?"师曰:"念《法华经》已及三千部。"祖曰:"汝若念至万部,得其经意,不以为胜,则与吾偕行。汝今负此事业,都不知过。听吾偈曰:'礼本折慢幢,头奚不至地?有我罪即生,亡功福无比。'"祖又曰:"汝名什么?"对曰:"名法达。"祖曰:"汝名法达,何曾达法?"复说偈曰:"汝今名法达,勤诵未休歇。空诵但循声,明心号菩萨。汝今有缘故,吾今为汝说。但信佛无言,莲华从口发。"

师闻偈悔过曰:"而今而后,当谦恭一切。惟愿和尚大慈,略说经中义理。"祖曰:"汝念此经,以何为宗?"师曰:"学人愚钝,从来但依文诵念,岂知宗趣?"祖曰:"汝试为吾念一遍,吾当为汝解说。"师即高声念经,至《方便品》,祖曰:"止。此经元来以因缘出世为宗,纵说多种譬喻,亦无越于此。何者因缘?唯一大事,一大事,即佛知见也。汝慎勿错解经意,见他道:开示悟入,自是佛之知见,我辈无分。若作此解,乃是谤经毁佛也。彼既是佛,已具知见,何用更开?汝今当信佛知见者,只汝自心,更无别体。盖为一切众生自蔽光明,贪爱尘境,外缘内扰,甘受驱驰。便劳他从三昧起,种种苦口,劝令寝息,莫向外求,与佛无二,故云'开佛知见'。汝但劳劳执念,谓为功课者,何异犛牛爱尾也?"师曰:"若然者,但得解义,不劳诵经邪?"祖曰:"经有何过,岂障汝念?只为迷悟在人,损益由汝。听吾偈曰:'心迷《法华》转,心悟转《法华》。诵久不明己,与义作仇家。无念念即正,有念念成邪。有无俱不计,长御白牛车。'"

师闻偈,再启曰:"经云:诸大声闻乃至菩萨,皆尽思度量,尚不能测于佛智。今令凡夫但悟自心,便名佛之知见,自非上根,未免疑谤。又经说三车,大牛之车与白牛车如何区别?愿和尚再垂宣说。"祖曰:"经意分明,汝自迷背。诸三乘人不能测佛智者,患在度量也,饶伊尽思共推,转加悬远。佛本为凡夫说,不为佛说,此理若不肯信者,从他退席。殊不知坐却白牛车,更于门外觅三车。况经文明向汝道'无二亦无三',汝何不省?三车是假,为昔时故;一乘是实,为今时故。只教汝去假归实。归实之后,实亦无名,应知所有珍财尽属于汝,由汝受用。更不作父想,亦不作子想,亦无用想,是名持《法华经》从劫至劫,手不释卷,从昼至夜,无不念时也。"师既蒙启发,踊跃欢喜,以偈赞曰:"经诵三千部,曹溪一句亡。未明出世旨,宁歇累生狂?羊鹿牛权设,初中后善扬。谁知火宅内,元是法中王。"祖曰:"汝今后方可名为念经僧也。"师从此领玄旨,亦不辍诵持。

寿州智通禅师者,寿州安丰人也。初看《楞伽经》约千余遍,而不会三身四智,礼师求解其义。祖曰:"三身者,清净法身汝之性也,圆满报身汝之智也,千百亿化身汝之行也。若离本性别说三身,即名有身无智;若悟三身无有自性,即名四智菩提。听吾偈曰:'自性具三身,发明成四智。不离见闻缘,超然登佛地。吾今为汝说,谛信永无迷。莫学驰求者,终日说菩提。'"师曰:"四智之义,可得闻乎?"祖曰:"既会三身,便明四智,何更问邪?若离三身,别谭四智,此名有智无身也,即此有智,还成无智。"复说偈曰:"大圆镜智性清净,平等性智心无病。妙观察智见非功，成所作智同圆镜。五八六七果因转，但用名言无实性。若于转处不留情，繁兴永处那伽定。"转识为智者，教中云：转前五识为成所作智，转第六识为妙观察智，转第七识为平等性智，转第八识为大圆镜智。虽六、七因中转，五、八果上转，但转其名，而不转其体也。师礼谢，以偈赞曰："三身元我体，四智本心明。身智融无碍，应物任随形。起修皆妄动，守住匪真精。妙旨因师晓①，终亡污染名。"

江西志彻禅师者，江西人也，姓张氏，名行昌，少任侠。自南、北分化，二宗主虽亡彼我，而徒侣竞起爱憎。时北宗门人自立秀师为第六祖，而忌能大师传衣为天下所闻。然祖是菩萨，预知其事，即置金十两于方丈。时行昌受北宗门人之嘱，怀刃入祖室，将欲加害。祖舒颈而就，行昌挥刃者三，都无所损。祖曰："正剑不邪，邪剑不正。只负汝金，不负汝命。"行昌惊仆②，久而方苏，求哀悔过，即愿出家。祖遂与金云："汝且去，恐徒众翻害于汝。汝可他日易形而来，吾当摄受。"行昌禀旨宵遁，终投僧出家，具戒精进。

一日，忆祖之言，远来礼觐。祖曰："吾久念于汝，汝来何晚？"曰："昨蒙和尚舍罪，今虽出家苦行，终难报于深恩，其唯传法度生乎？弟子尝览《涅槃经》，未晓常、无常义，乞和尚慈悲，略为宣说。"祖曰："无常者，即佛性也；有常者，即善恶一切诸法、分别心也。"曰："和尚所说，大违经文也。"祖曰："吾

---

① "妙旨"，大正本作"妙言"。
② "仆"，原作"什"，据丛刊本、东寺本、大正本改。

传佛心印，安敢违于佛经？"曰："经说佛性是常，和尚却言无常。善恶诸法乃至菩提心，皆是无常，和尚却言是常。此即相违，令学人转加疑惑。"祖曰："《涅槃经》，吾昔者听尼无尽藏读诵一遍，便为讲说，无一字一义不合经文。乃至为汝，终无二说。"曰："学人识量浅昧，愿和尚委曲开示。"祖曰："汝知否：佛性若常，更说什么善恶诸法，乃至穷劫无有一人发菩提心者。故吾说无常，正是佛说真常之道也。又一切诸法若无常者，即物物皆有自性，容受生死，而真常性有不遍之处。故吾说常者，正是佛说真无常义也。佛比为凡夫外道执于邪常，诸二乘人于常计无常，共成八倒。故于《涅槃》了义教中，破彼偏见，而显说真常、真我、真净。汝今依言背义，以断灭无常及确定死常而错解佛之圆妙最后微言，纵览千遍，有何所益？"行昌忽如醉醒，乃说偈曰："因守无常心，佛演有常性。不知方便者，犹春池执砾。我今不施功，佛性而见前。非师相授与，我亦无所得。"祖曰："汝今彻也，宜名志彻。"师礼谢而去。

信州智常禅师者，本州贵溪人也。髫年出家，志求见性。一日，参六祖，祖问："汝从何来，欲求何事？"师曰："学人近往洪州建昌县白峰山礼大通和尚，蒙示见性成佛之义，未决狐疑。至吉州遇人指迷，令投谒和尚，伏愿垂慈摄受。"祖曰："彼有何言句，汝试举似于吾，与汝证明。"师曰："初到彼三月，未蒙开示。以为法切故，于中夜独入方丈，礼拜哀请。大通乃曰：'汝见虚空否？'对曰：'见。'彼曰：'汝见虚空有相貌否？'对曰：'虚空无形，有何相貌？'彼曰：'汝之本性，犹如虚空，返观自性,了无一物可见,是名正见。无一物可知,是名真知。无有青黄长短,但见本源清净,觉体圆明,即名见性成佛,亦名极乐世界,亦名如来知见。'学人虽闻此说,犹未决了,乞和尚诲示,令无凝滞①。"祖曰:"彼师所说,犹存见知,故令汝未了。吾今示汝一偈曰:不见一法存无见,大似浮云遮日面。不知一法守空知,还如太虚生闪电。此之知见瞥然兴,错认何曾解方便?汝当一念自知非,自己灵光常显见。"师闻偈已,心意豁然,乃述一偈曰:"无端起知解,著相求菩提。情存一念悟,宁越昔时迷?自性觉源体,随照枉迁流。不入祖师室,茫然趣两头。"

广州志道禅师者,南海人也。初参六祖曰②:"学人自出家③,览《涅槃经》仅十余载,未明大意。愿和尚垂诲。"祖曰:"汝何处未了?"对曰:"'诸行无常,是生灭法。生灭灭已,寂灭为乐。'于此疑惑。"祖曰:"汝作么生疑?"对曰:"一切众生,皆有二身,谓色身、法身也。色身无常,有生有灭;法身有常,无知无觉。经云'生灭灭已,寂灭为乐'者,未审是何身寂灭④,何身受乐?若色身者,色身灭时,四大分散全是苦,苦不可言乐。若法身寂灭,即同草木瓦石,谁当受乐?又法性是生灭之体,五蕴是生灭之用,一体五用。生灭是常,生则从体起用,灭则摄用归体。若听更生,即有情之类不断不灭;若不听更生,即永归寂灭,同于无情之物。如是则一切诸法,被涅槃之所禁伏,

---

① "凝滞",碛砂本、径山本作"疑滞"。
② "初",东寺本、碛砂本、南藏本无。
③ "自",东寺本、碛砂本、南藏本、径山本作"初自"。
④ "未审",东寺本、碛砂本、径山本作"不审"。

尚不得生，何乐之有？"祖曰："汝是释子，何习外道断常邪见，而议最上乘法？据汝所解①：'即色身外别有法身，离生灭求于寂灭。'又推涅槃常乐，言有身受者，斯乃执吝生死，耽著世乐。汝今当知：佛为一切迷人认五蕴和合为自体相，分别一切法为外尘相，好生恶死，念念迁流，不知梦幻虚假，枉受轮回，以常乐涅槃翻为苦相，终日驰求。佛愍此故，乃示涅槃真乐。刹那无有生相，刹那无有灭相，更无生灭可灭，是则寂灭见前。当见前之时，亦无见前之量，乃谓常乐。此乐无有受者，亦无不受者，岂有一体五用之名？何况更言：'涅槃禁伏诸法，令永不生。'斯乃谤佛毁法。听吾偈曰：'无上大涅槃，圆明常寂照。凡愚谓之死，外道执为断。诸求二乘人，目以无为作②。尽属情所计，六十二见本。妄立虚假名，何为真实义？唯有过量人，通达无取舍。以知五蕴法，及以蕴中我。外现众色象，一一音声相。平等如梦幻，不起凡圣见。不作涅槃解，二边三际断。常应诸根用，而不起用想。分别一切法，不起分别想。劫火烧海底，风鼓山相击。真常寂灭乐，涅槃相如是。吾今强言说，令汝舍邪见。汝勿随言解，许汝知少分。'"师闻偈踊跃，作礼而退。

广州法性寺印宗和尚者，吴郡人也，姓印氏。从师出家，精《涅槃》大部。唐咸亨元年抵京师，敕居大敬爱寺。固辞，往蕲春谒忍大师。后于广州法性寺讲《涅槃经》，遇六祖能大师，始悟玄理，以能为传法师。又采自梁至唐诸方达者之言著《心要

---

① "解"，东寺本、碛砂本、大正本作"作"。
② "无为作"，南藏本作"为无作"。

集》，盛行于世。先天二年二月二十一日，终于会稽山妙喜寺，寿八十有七。会稽王师乾立塔铭焉。

吉州清原山行思禅师，本州安城人也，姓刘氏。幼岁出家，每群居论道，师唯默然。后闻曹溪法席，乃往参礼，问曰："当何所务，即不落阶级？"祖曰："汝曾作什么①？"师曰："圣谛亦不为。"祖曰："落何阶级？"曰："圣谛尚不为，何阶级之有？"祖深器之。会下学徒虽众，师居首焉，亦犹二祖不言，少林谓之得髓矣。一日，祖谓师曰："从上衣法双行，师资递授，衣以表信，法乃印心。吾今得人，何患不信？吾受衣以来，遭此多难，况乎后代争竞必多。衣即留镇山门，汝当分化一方，无令断绝。"师既得法，住吉州清原山静居寺。

六祖将示灭，有沙弥希迁即南岳石头和尚问曰："和尚百年后，希迁未审当依附何人？"祖曰："寻思去。"及祖顺世，迁每于静处端坐，寂若忘生。第一坐问曰："汝师已逝，空坐奚为？"迁曰："我禀遗诫，故寻思尔。"第一坐曰："汝有师兄行思和尚，今住吉州，汝因缘在彼。师言甚直，汝自迷耳。"迁闻语，便礼辞祖龛，直诣静居。师问曰："子何方而来？"迁曰："曹溪②。"师曰："将得什么来？"曰："未到曹溪亦不失。"师曰："恁么用去曹溪作什么？"曰："若不到曹溪，争知不失？"迁又问曰："曹溪大师还识和尚否？"师曰："汝今识吾否？"曰："识又争能识

---

① "什么"，东寺本、碛砂本作"什么来"。
② "曹溪"，东寺本、碛砂本作"曹溪来"。

得?"师曰:"众角虽多,一麟足矣。"迁又问:"和尚出岭多少时?"① 师曰:"我却不知。汝早晚离曹溪?"曰:"希迁不从曹溪来。"师曰:"我亦知汝去处也。"② 曰:"和尚幸是大人,莫造次。"③ 他日,师复问迁:"汝什么处来?"曰:"曹溪。"④ 师乃举拂子曰:"曹溪还有遮个么?"曰:"非但曹溪,西天亦无。"师曰:"子莫曾到西天否?"曰:"若到即有也。"师曰:"未在,更道。"曰:"和尚也须道取一半,莫全靠学人。"师曰:"不辞向汝道,恐已后无人承当。"

师令希迁持书与南岳让和尚,曰:"汝达书了速回,吾有个斧子⑤,与汝住山。"迁至彼,未呈书,便问:"不慕诸圣,不重己灵时如何?"让曰:"子问太高生,何不向下问?"迁曰:"宁可永劫沉沦,不慕诸圣解脱。"⑥ 让便休。迁回至静居,师问曰:"子去未久,送书达否?"迁曰:"信亦不通,书亦不达。"师:"作么生?"迁举前话了,却云:"发时蒙和尚许斧子,便请取。"师垂一足,迁礼拜。寻辞往南岳。玄沙云:大小石头和尚,被让师推倒,至今起不得。

荷泽神会来参,师问曰:"什么处来?"会曰:"曹溪。"师曰:"曹溪意旨如何?"会振身而已。师曰:"犹滞瓦砾在。"曰:"和尚此间莫有真金与人否?"师曰:"设有与汝,向什么处著?"

---

① "和尚出岭多少时",东寺本、碛砂本作"自曹溪什么时至此"。
② "我亦知汝去处也",东寺本、碛砂本作"我亦知汝来处",南藏本作"我已知汝来处"。
③ "莫",东寺本、碛砂本作"且莫"。
④ "曹溪",东寺本、碛砂本作"曹溪来"。
⑤ "斧子",东寺本、碛砂本、大正本作"钁斧子",下同。
⑥ "宁可永劫沉沦,不慕诸圣解脱",东寺本、碛砂本、径山本作"宁可永劫受沈沦,不从诸圣求解脱"。

玄沙云："果然。"云居锡云："只如玄沙道'果然',是真金,是瓦砾?"僧问："如何是佛法大意?"师曰："庐陵米作么价?"师既付法石头,唐开元二十八年庚辰十二月十三日,升堂告众,跏趺而逝。僖宗谥弘济禅师、归真之塔。

南岳怀让禅师者,姓杜氏,金州人也。年十五,往荆州玉泉寺依弘景律师出家。受具之后,习毗尼藏。一日自叹曰:"夫出家者,为无为法①。"时同学坦然知师志高迈,劝师谒嵩山安和尚②。安启发之,乃直诣曹溪参六祖。祖问:"什么处来?"曰:"嵩山来。"祖曰:"什么物怎么来?"曰:"说似一物即不中。"祖曰:"还可修证否?"曰:"修证即不无,污染即不得。"祖曰:"只此不污染,诸佛之所护念,汝既如是,吾亦如是。西天般若多罗谶:汝足下出一马驹,踏杀天下人。病在汝心③,不须速说。"师豁然契会,执侍左右一十五载。

唐先天二年,始往衡岳,居般若寺。开元中,有沙门道一即马祖大师也住传法院,常日坐禅。师知是法器,往问曰:"大德坐禅图什么?"一曰:"图作佛。"师乃取一砖,于彼庵前石上磨。一曰:"师作什么?"④ 师曰:"磨作镜。"一曰:"磨砖岂得成镜邪?"师曰:"坐禅岂得成佛邪?"⑤ 一曰:"如何即是?"师曰:"如人驾车不行⑥,打车即是,打牛即是?"一无对。师又曰:

---

① 此句下,东寺本、碛砂本、径山本有"天上人间,无有胜处"。
② "谒",大正本、东寺本、碛砂本、径山本作"同谒"。
③ "病",大正本、东寺本、碛砂本、径山本作"并"。
④ "师作什么",东寺本、碛砂本、径山本作"磨砖作么"。
⑤ "坐禅岂得成佛邪"前径山本、东寺本、碛砂本有"师曰磨砖既不成镜"。
⑥ "如人驾车不行",东寺本、碛砂本、径山本作"如牛驾车车不行"。

"汝学坐禅①,为学坐佛?若学坐禅,禅非坐卧;若学坐佛,佛非定相。于无住法,不应取舍。汝若坐佛,即是杀佛,若执坐相,非达其理。"一闻示诲,如饮醍醐,礼拜问曰:"如何用心,即合无相三昧?"师曰:"汝学心地法门,如下种子;我说法要,譬彼天泽。汝缘合故,当见其道。"又问曰:"道非色相,云何能见?"师曰:"心地法眼,能见乎道,无相三昧,亦复然矣。"一曰:"有成坏否?"师曰:"若以成坏聚散而见道者,非见道也。听吾偈曰:'心地含诸种,遇泽悉皆萌。三昧华无相,何坏复何成?'"一蒙开悟,心意超然。侍奉十秋,日益玄奥。

师入室弟子总有六人,师各印可云:"汝等六人同证吾身,各契一路:一人得吾眉,善威仪,常浩。一人得吾眼,善顾盼;智达。一人得吾耳,善听理。坦然。一人得吾鼻,善知气;神照。一人得吾舌,善谭说;严峻。一人得吾心,善古今。道一。"又曰:"一切法皆从心生,心无所生,法无能住。若达心地,所作无碍。非遇上根,宜慎辞哉!"

有一大德问:"如镜铸像,像成后,镜明向什么处去?"师曰:"如大德为童子时相貌何在?"法眼别云:"阿那个是大德铸成底像?"曰:"只如像成后,为什么不鉴照?"师曰:"虽然不鉴照,谩他一点不得。"后马大师阐化于江西,师问众曰:"道一为众说法否?"众曰:"已为众说法。"师曰:"总未见人持个消息来。"众无对。因遣一僧去②,云:"待伊上堂时,但问作么生,伊道底言语记将来。"僧去,一如师旨,回谓师曰:"马师云:'自从胡乱

---

① "汝学",东寺本、碛砂本作"汝为学"。
② "因",东寺本、碛砂本、径山本作"师"。

后,三十年不曾阙盐酱吃。'"①师然之。天宝三年八月十一日圆寂于衡岳,敕谥大慧禅师、最胜轮之塔。

温州永嘉玄觉禅师者,永嘉人也,姓戴氏。卯岁出家,遍探三藏,精天台止观圆妙法门,于四威仪中,常冥禅观。后因左溪朗禅师激励,与东阳策禅师同诣曹溪。初到,振锡携瓶,绕祖三匝②,祖曰:"夫沙门者,具三千威仪,八万细行。大德自何方而来,生大我慢?"师曰:"生死事大,无常迅速。"祖曰:"何不体取无生,了无速乎?"曰:"体即无生,了本无速。"祖曰:"如是,如是。"于时大众无不愕然。师方具威仪参礼。须臾告辞,祖曰:"返太速乎?"师曰:"本自非动,岂有速邪?"祖曰:"谁知非动?"曰:"仁者自生分别。"祖曰:"汝甚得无生之意。"曰:"无生岂有意邪?"祖曰:"无意,谁当分别?"曰:"分别亦非意。"祖叹曰:"善哉,善哉!少留一宿。"时谓"一宿觉"矣。策公乃留,师翌日下山回温江,学者辐凑,号真觉大师。著《证道歌》一首及禅宗悟修圆旨,自浅之深。庆州刺史魏靖缉而序之,成十篇,目为《永嘉集》,并盛行于世。

《慕道志仪第一》:夫欲修道,先须立志,及事师仪,则彰乎轨训③。故标第一,明慕道仪式。《戒憍奢意第二》:初虽立志修道,善识轨仪,若三业憍奢,妄心扰动,何能得定?故次第二,明戒憍奢意也。《净修三业第三》:前戒憍奢,略标纲要,今子细

---

① "吃",东寺本、碛砂本、径山本无。
② 此句下,东寺本、碛砂本有"卓然而立"。
③ "训",碛砂本、南藏本、径山本作"则"。

检责,令过不生。故次第三,明净修三业,戒乎身、口、意也。《奢摩他颂第四》:已检责身口,令粗过不生,次须入门修道,渐次不出定慧,五种起心,六种料简。故次第四,明奢摩他颂也。《毗婆舍那颂第五》:非戒不禅,非禅不慧。上既修定,定久慧明①。故次第五,明毗婆舍那颂也。《优毕叉颂第六》:偏修于定,定久则沉;偏学于慧,慧多心动。故次第六,明优毕叉颂,等于定慧,令不沉动,使定慧均等,舍于二边。《三乘渐次第七》:定慧既均,则寂而常照。三观一心,何疑不遣,何照不圆?自解虽明,悲他未悟,悟有深浅。故次第七,明三乘渐次也。《事理不二第八》:三乘悟理,理无不穷。穷理在事,了事即理。故次第八,明事理不二,即事而真,用祛倒见也②。《劝友人书第九》:事理既融,内心自莹,复悲远学,虚掷寸阴。故次第九,明劝友人书也。《发愿文第十》:劝友人虽是悲他,专心在一,情犹未普。故次第十,明发愿文,誓度一切。

复次观心十门:初则言其法尔,次则出其观体,三则语其相应,四则警其上慢,五则诫其疏怠,六则重出观体,七则明其是非,八则简其诠旨,九则触途成观,十则妙契玄源。

第一言法尔者:夫心性虚通,动静之源莫二;真如绝虑,缘计之念非殊。惑见纷驰,穷之则唯一寂;灵源不状,鉴之则以千差。千差不同,法眼之名自立;一寂非异,慧眼之号斯存。理量双销,佛眼之功圆著。是以三谛一境,法身之理常清;三智一心,般若之明常照。境智冥合,解脱之应随机;非纵非横,圆伊

---

① "久",原作"又",据东寺本、碛砂本、大正本改。
② "倒",原作"到",据丛刊本、东寺本、碛砂本、大正本改。

之道玄会。故知三德妙性，宛尔无乖一心；深广难思，何出要而非路？是以即心为道者，可谓寻流而得源。

第二出其观体者：只知一念，即空不空，非空非不空。

第三语其相应者：心与空相应，则讥毁赞誉，何忧何喜？身与空相应，则刀割香涂，何苦何乐？依报与空相应，则施与劫夺，何得何失？心与空不空相应，则爱见都忘，慈悲普救。身与空不空相应，则内同枯木，外现威仪。依报与空不空相应，则永绝贪求，资财给济。心与空不空、非空非不空相应，则实相初明，开佛知见。身与空不空、非空非不空相应，则一尘入正受，诸尘三昧起。依报与空不空、非空非不空相应，则香台宝阁，严土化生。

第四警其上慢者：若不尔者，则未相应也。

第五诫其疏怠者：然渡海应上船，非船何以能渡？修心必须入观，非观何以明心？心尚未明，相应何日？思之勿自恃也。

第六重出观体者：只知一念，即空不空，非有非无。不知即念，即空不空，非非有非非无。

第七明其是非者：心不是有，心不是无，心不非有，心不非无。是有是无，即堕是；非有非无，即堕非。如是只是是非之非，未是非是、非非之是。今以双非破两是，是破非，是犹是非。又以双非破两非，非破非，非即是是。如是只是非是、非非之是，未是不非不不非、不是不不是。是非之惑，绵微难见，神清虑静，细而研之。

第八简其诠旨者：然而至理无言，假文言以明其旨；旨宗非观，借修观以会其宗。若旨之未明，则言之未的；若宗之未会，则观之未深。深观乃会其宗,的言必明其旨。旨宗既其明会,言观何得复存耶①?

第九触途成观者:夫再演言词②,重标观体。欲明宗旨,无异言观。有逐方移,方移则言理无差,无差则观旨不异。不异之旨即理,无差之理即宗。旨一而二名,言观明其弄胤耳。

第十妙契玄源者:夫悟心之士,宁执观而迷旨?达教之人,岂滞言而惑理?理明则言语道断,何言之能议?旨会则心行处灭,何观之能思?心言不能思议者,可谓妙契寰中矣。

师先天二年十月十七日安坐示灭,十一月十三日,塔于西山之阳。敕谥无相大师,塔曰净光。皇朝淳化中③,太宗皇帝诏本州重修龛塔。

司空山本净禅师者,绛州人也,姓张氏。幼岁披缁于曹溪之室,受记,隶司空山无相寺。唐天宝三年,玄宗遣中使杨光庭入山采常春藤,因造丈室,礼问曰:"弟子慕道斯久,愿和尚慈悲,略垂开示。"师曰:"天下禅宗硕学,咸会京师,天使归朝,足可咨决。贫道隈山傍水,无所用心。"光庭泣拜,师曰:"休礼贫道。天使为求佛邪,问道邪?"曰:"弟子智识昏昧,未审佛之与道,其义云何?"师曰:"若欲求佛,即心是佛;若欲会道,无心是道。"曰:"云何即心是佛?"师曰:"佛因心悟,心以佛彰。若悟无心,佛亦不有。"曰:"云何无心是道?"师曰:"道本无心,

---

① "言",东寺本、碛砂本、径山本、大正本作"旨"。
② "词",径山本作"辞"。
③ "皇",大正本作"宋"。

无心名道。若了无心,无心即道。"光庭作礼信受。

既回阙庭,具以山中所遇奏闻,即敕光庭诏师。十二月十三日到京,敕住白莲亭①。越明年正月十五日,召两街名僧硕学赴内道场,与师阐扬佛理。时有远禅师者,抗声谓师曰:"今对圣上校量宗旨,应须直问直答,不假繁辞。只如禅师所见,以何为道?"师答曰:"无心是道。"远曰:"道因心有,何得言无心是道?"师曰:"道本无名,因心名道。心名若有,道不虚然。穷心既无,道凭何立?二俱虚妄,总是假名。"远曰:"禅师见有身心,是道已否?"师曰:"山僧身心本来是道。"曰:"适言无心是道,今又言身心本来是道,岂不相违?"师曰:"无心是道,心泯道无,心道一如,故言'无心是道'。身心本来是道,道亦本是身心。身心本既是空,道亦穷源无有。"曰:"观禅师形质甚小,却会此理?"师曰:"大德只见山僧相,不见山僧无相,见相者是大德所见。经云:凡所有相,皆是虚妄。若见诸相非相,即悟其道;若以相为实,穷劫不能悟道。"曰:"今请禅师于相上说于无相。"师曰:"《净名经》云:四大无主,身亦无我。无我所见,与道相应。大德若以四大有主,是我,若有我见,穷劫不可会道也。"远公闻语失色,逡巡避席。师有偈曰:"四大无主复如水,遇曲逢直无彼此。净秽两处不生心,壅决何曾有二意?触境但似水无心,在世纵横有何事?"复云:"一大如是,四大亦然。若明四大无主,即悟无心,若了无心,自然契道。"

又有志明禅师者,问曰:"若言无心是道,瓦砾无心,亦应

---

① "亭",南藏本、径山本作"寺"。

是道。又云'身心本来是道',四生十类,皆有身心,亦应是道。"师曰:"大德若作见闻觉知之解,与道悬殊,即是求见闻觉知之者,非是求道之人。经云:'无眼耳鼻舌身意。'六根尚无,见闻觉知凭何而立?穷本不有,何处存心?焉得不同草木瓦砾?"志明杜口而退。师又有偈曰:"见闻觉知无障碍,声香味触常三昧。如鸟空中只么飞,无取无舍无憎爱。若会应处本无心,始得名为观自在。"

又有真禅师者,问云:"道既无心,佛有心否?佛之与道,是一是二?"师曰:"不一不异。"曰:"佛度众生,为有心故;道不度人,为无心故。一度一不度,何得无二?"师曰:"若言佛度众生、道无度者,此是大德妄生二见。如山僧即不然,佛是虚名,道亦妄立,二俱不实,总是假名。一假之中何分二?"问曰:"佛之与道,从是假名。当立名时,是谁为立?若有立者,何得言无?"师曰:"佛之与道,因心而立,推穷立心,心亦是无。心既是无,即悟二俱不实。知如梦幻,即悟本空。强立佛、道二名,此是二乘人见解。"师乃说《无修无作偈》曰:"见道方修道,不见复何修?道性如虚空,虚空何所修?遍观修道者,拨火觅浮沤。但看弄傀儡,线断一时休。"

又有法空禅师者,问曰:"佛之与道,俱是假名,十二分教,亦应不实。何以从前尊宿,皆言修道?"师曰:"大德错会经意。道本无修,大德强修;道本无作,大德强作。道本无事,强生多事;道本无知,于中强知。如此见解,与道相违。从前尊宿不应如是,自是大德不会,请思之。"师又有偈曰:"道体本无修,不修自合道。若起修道心,此人不会道。弃却一真性,却入闹浩浩。忽逢修道人，第一莫向道。"

又有安禅师者，问曰："道既假名，佛云妄立，十二分教，亦是接物度生。一切是妄，以何为真？"师曰："为有妄故，将真对妄，推穷妄性本空，真亦何曾有故①？故知真妄，总是假名。二事对治，都无实体。穷其根本，一切皆空。"曰："既言一切是妄，妄亦同真，真妄无殊，复是何物？"师曰："若言何物，何物亦妄。经云：'无相似，无比况，言语道断，如鸟飞空。'"安公惭伏，不知所措。师又有偈曰："推真真无相，穷妄妄无形。返观推穷心，知心亦假名。会道亦如此，到头亦只宁。"

又有达性禅师者，问曰："禅师至妙至微②，真妄双泯，佛道两亡，修行性空，名相不实，世界如幻，一切假名。作此解时，不可断绝众生善恶二根。"师曰："善恶二根，皆因心有。穷心若有，根亦非虚，推心既无，根因何立？经云：'善不善法，从心化生。'善恶业缘，本无有实。"师又有偈曰："善既从心生，恶岂离心有？善恶是外缘，于心实不有。舍恶送何处，取善令谁守？伤嗟二见人，攀缘两头走。若悟本无心，始悔从前咎。"

又有近臣问曰："此身从何而来，百年之后复归何处？"师曰："如人梦时，从何而来？睡觉时，从何而去？"曰："梦时不可言无，既觉不可言有。虽有有无，来往无所。"师曰："贫道此身，亦如其梦。"又有偈曰："视生如在梦，梦里实是闹。忽觉万事休，还同睡时悟。智者会悟梦，迷人信梦闹。会梦如两般，一悟无别悟。富贵与贫贱，更亦无别路。"

---

① 此处疑衍一"故"。
② "师"，碛砂本、径山本、大正本作"是"。

上元二年五月五日归寂,敕谥大晓禅师。

婺州玄策禅师者,婺州金华人也。出家游方,届于河朔。有智隍禅师者,曾谒黄梅五祖,庵居二十年,自谓正受。师知隍所得未真,往问曰:"汝坐于此作么?"隍曰:"入定。"师曰:"汝言入定,有心邪,无心邪?若有心者,一切蠢动之类皆应得定;若无心者,一切草木之流亦合得定。"曰:"我正入定时,则不见有有无之心。"师曰:"既不见有有无之心,即是常定,何有出入?若有出入,则非大定。"隍无语,良久问:"师嗣谁?"师曰:"我师曹溪六祖。"曰:"六祖以何为禅定?"师曰:"我师云:夫妙湛圆寂,体用如如。五阴本空,六尘非有,不出不入,不定不乱。禅性无住,离住禅寂;禅性无生,离生禅想。心如虚空,亦无虚空之量。"隍闻此说①,遂造于曹溪,请决疑翳。而祖意与师冥符,隍始开悟。师后却归金华,大开法席。

曹溪令韬禅师者,吉州人也,姓张氏。依六祖出家,未尝离左右。祖归寂,遂为衣塔主。唐开元四年,玄宗聆其德风,诏令赴阙,师辞疾不起。上元元年,肃宗遣使取传法衣入内供养,仍敕师随衣入朝,师亦以疾辞。终于本山,寿九十五,敕谥大晓禅师。

西京光宅寺慧忠国师者,越州诸暨人也,姓冉氏。自受心

---

① 此句下,东寺本、碛砂本、径山本有"未息疑情"。

印,居南阳白崖山党子谷,四十余祀,不下山门,道行闻于帝里。唐肃宗上元二年,敕中使孙朝进赍诏征赴京,待以师礼。初居千福寺西禅院,及代宗临御,复迎止光宅精蓝。十有六载,随机说法。

时有西天大耳三藏到京,云得他心慧眼。帝敕令与国师试验,三藏才见师,便礼拜,立于右边。师问曰:"汝得他心通邪?"对曰:"不敢。"师曰:"汝道老僧即今在什么处?"曰:"和尚是一国之师,何得却去西川看竞渡?"师再问:"汝道老僧即今在什么处?"曰:"和尚是一国之师,何得却在天津桥上看弄猢狲。"师第三问,语亦同前,三藏良久,罔知去处。师叱曰:"遮野狐精,他心通在什么处?"三藏无对。僧问仰山曰:"大耳三藏第三度为什么不见国师?"仰山曰:"前两度是涉境心,后入自受用三昧,所以不见。"又有僧举前语问玄沙,玄沙曰:"汝道前两度还见么?"玄觉云:"前两度若见,后来为什么不见?且道利害在什么处?"僧问赵州曰:"大耳三藏第三度不见国师,未审国师在什么处?"赵州云:"在三藏鼻孔上。"① 僧问玄沙:"既在鼻孔上,为什么不见?"玄沙云:"只为太近。"

一日唤侍者,侍者应诺,如是三召,皆应诺。师曰:"将谓吾孤负汝,却是汝孤负吾。"僧问玄沙:"国师唤侍者意作么生?"玄沙云:"却是侍者会。"云居锡云:"且道侍者会不会?若道会,国师又道'汝孤负吾';若道不会,玄沙又道'却是侍者会'。且作么生商量?"玄觉征问僧:"什么是侍者会处?"僧云:"若不会,争解恁么应?"玄觉云:"汝少会在。"又云:"若于遮里商量得去,便见玄沙。"僧问法眼:"国师唤侍者意作么生?"法眼云:"且去,别时来。"云居锡云:"法眼恁么道,为复明国师意,不明国师意?"僧问赵州:"国师唤侍者意作么生?"赵州云:"如人暗里书字,字虽不成,文彩已彰。"

---

① "上",东寺本、碛砂本、径山本作"里",下同。

南泉到参，师问："什么处来？"对曰："江西来。"师曰："还将得马师真来否？"曰："只遮是。"师曰："背后底。"南泉便休。长庆稜云："大似不知。"保福展云："几不到和尚此间。"云居锡云："此二尊者，尽扶背后。只如南泉休去，为当扶面前，扶背后？"麻谷到参，绕禅床三匝，于师前振锡而立。师曰："既如是，何用更见贫道？"麻谷又振锡，师叱曰："遮野狐精，出去。"

师每示众云："禅宗学者应遵佛语，一乘了义，契自心源。不了义者，互不相许，如师子身虫。夫为人师者，若涉名利，别开异端，则自他何益？如世大匠，斤斧不伤其手，香象所负，非驴能堪。"有僧问："若为得成佛去？"师曰："佛与众生一时放却，当处解脱。"问："作么生得相应去？"师云："善恶不思，自见佛性。"问："若为得证法身？"师曰："越毗卢之境界。"曰："清净法身作么生得？"师曰："不著佛求耳。"问："阿那个是佛？"师曰："即心是佛。"曰："心有烦恼否？"师曰："烦恼性自离。"曰："岂不断邪？"师曰："断烦恼者，即名二乘。烦恼不生，名大涅槃。"问："坐禅看净①，此复若为？"师曰："不垢不净，宁用起心而看净相？"又问："禅师见十方虚空，是法身否？"师曰："以想心取之，是颠倒见。"问："即心是佛，可更修万行否？"师曰："诸圣皆具二严，岂拨无因果邪？"又曰："我今答汝，穷劫不尽，言多去道远矣。所以道：说法有所得，斯则野干鸣；说法无所得，是名师子吼。"

南阳张濆行者问："伏承和尚说无情说法，某甲未体其事，

---

① "净"，东寺本、碛砂本、径山本、大正本作"静"。

乞和尚垂示。"师曰："汝若问无情说法，解他无情，方得闻我说法。汝但闻取无情说法去。"溃曰："只约如今，有情方便之中，如何是无情因缘？"师曰："如今一切动用之中，但凡圣两流都无少分起灭，便是出识，不属有无，炽然见觉，只闻无其情识系执。所以六祖云：六根对境，分别非识。"有僧到参礼，师问："蕴何事业？"曰："讲《金刚经》。"师曰："最初两字是什么？"曰："如是。"师曰："是什么？"无对①。有人问："如何是解脱？"师曰："诸法不相到，当处解脱。"曰："怎么即断去也？"师曰："向汝道'诸法不相到'，断什么？"师见僧来，以手作圆相，相中书"日"字，僧无对。师问本净禅师："汝已后见奇特言语如何？"净曰："无一念心爱。"师曰："是汝屋里事。"

肃宗问："师得何法？"师曰："陛下见空中一片云么？"帝曰："见。"师曰："钉钉著，悬挂著。"又问："如何是十身调御？"师乃起立曰："还会么？"曰："不会。"师曰："与老僧过净瓶来。"又曰："如何是无诤三昧？"师曰："檀越踏毗卢顶上行。"曰："此意如何？"师曰："莫认自己清净法身。"② 又问师，师都不视之，曰："朕是大唐天子，师何以殊不顾视？"师曰："还见虚空么？"曰："见。"师曰："他还眨目视陛下否？"鱼军容问："师住白崖山，十二时中如何修道？"师唤童子来，摩顶曰："惺惺直然惺惺，历历直然历历，已后莫受人谩。"

师与紫璘供奉论议③，既升坐，供奉曰："请师立义，某甲

---

① "无对"，东寺本、碛砂本、径山本作"僧无对"。
② "莫认自己清净法身"，东寺本、碛砂本、径山本作"莫认自己作清净法身"。
③ "议"，大正本作"义"。

破。"师曰:"立义竟。"供奉曰:"是什么义?"师曰:"果然不见,非公境界。"便下坐。一日,师问紫璘供奉:"佛是什么义?"曰:"是觉义。"师曰:"佛曾迷否?"曰:"不曾迷。"师曰:"用觉作么?"无对①。又问:"如何是实相?"师曰:"把将虚底来。"曰:"虚底不可得。"师曰:"虚底尚不可得,问实相作么?"僧问:"如何是佛法大意?"师曰:"文殊堂里万菩萨。"曰:"学人不会。"师曰:"大悲千手眼。"耽源问:"百年后有人问极则事,作么生?"师曰:"幸自可怜生,须要个护身符子作么?"

师以化缘将毕,涅槃时至,乃辞代宗。代宗曰:"师灭度后,弟子将何所记?"师曰:"告檀越造取一所无缝塔。"曰:"就师请取塔样。"师良久曰:"会么?"曰:"不会。"师曰:"贫道去后,有侍者应真却知此事。"大历十年十二月九日右胁长往,弟子奉灵仪于党子谷建塔,敕谥大证禅师。代宗后诏应真入内,举问前语,真良久曰:"圣上会么?"曰:"不会。"真述偈曰:"湘之南,潭之北,中有黄金充一国。无影树下合同船,琉璃殿上无知识。"应真后住耽源山。

西京荷泽神会禅师者,襄阳人也,姓高氏。年十四为沙弥,谒六祖。祖曰:"知识远来大艰辛,将本来否?若有本,则合识主。试说看。"师曰:"以无住为本,见即是主。"祖曰:"遮沙弥,争合取次语。"便以杖打。师于杖下思惟曰:"大善知识,历劫难逢,今既得遇,岂惜身命?"自此给侍。他日,祖告众曰:

---

① "无对",径山本作"供奉无对"。

"吾有一物,无头无尾,无名无字,无背无面,诸人还识否?"师乃出曰:"是诸佛之本原,神会之佛性。"祖曰:"向汝道无名无字,汝便唤作本原佛性?"① 师礼拜而退。师寻往西京受戒,唐景龙中却归曹溪。

祖灭后二十年间,曹溪顿旨②,沈废于荆吴;嵩岳渐门,盛行于秦洛。乃入京,天宝四年,方定两宗南能顿宗、北秀渐教,乃著《显宗记》,盛行于世。一日,乡信至,报二亲亡,师入堂白槌曰:"父母俱丧,请大众念摩诃般若。"众才集,师便打槌曰:"劳烦大众。"

师于上元元年五月十三日中夜,奄然而化,俗寿七十五。二年迁塔于洛京龙门③,敕于塔所置宝应寺。大历五年,赐号真宗般若传法之堂。七年,又赐般若大师之塔。

有僧举卧轮禅师偈云④:"卧轮有伎俩,能断百思想。对境心不起,菩提日日长。"六祖大师闻之曰:"此偈未明心地,若依而行之,是加系缚。"因示一偈曰:"慧能没伎俩,不断百思想。对境心数起,菩提作么长?"此二偈,诸方多举,故附于卷末。卧轮者,非名即住处也。

---

① "作",碛砂本无。
② "顿旨",南藏本作"宗旨"。
③ "迁塔",大正本作"建塔"。
④ "卧轮",原作"卧转",据丛刊本、东寺本、径山本、大正本改。

景德传灯录卷第六

南岳怀让禅师法嗣

第一世九人 一人见录

　　江西道一禅师 姓马，时谓"马祖"

　　　　南岳常浩禅师、智达禅师、坦然禅师、潮州神照禅师、扬州大明寺严峻禅师、新罗国本如禅师、玄晟禅师、东雾山法空禅师 已上八人无机缘语句，不录

第二世三十七人 马祖法嗣一十四人见录

　　越州大珠慧海禅师

　　洪州百丈山惟政禅师①

　　洪州泐潭法会禅师②

　　池州杉山智坚禅师

　　洪州泐潭惟建禅师

　　澧州茗溪道行禅师

　　抚州石巩慧藏禅师

　　唐州紫玉山道通禅师

---

① "洪州百丈山惟政禅师"，大正本无。
② "泐潭"，大正本作"泐潭山"。

江西北兰让禅师

洛京佛光如满禅师

袁州南源道明禅师

忻州郦村自满禅师

朗州中邑洪恩禅师

洪州百丈山怀海禅师《禅门规式》附

镐英禅师、崇泰禅师、王姥山翛然禅师①、华州伏栖寺策禅师、澧州松滋塔智聪禅师、唐州云秀山神鉴禅师、扬州栖灵寺智通禅师、杭州智藏禅师②、京兆怀韬禅师、虔州法藏禅师③、河中府怀则禅师、常州明乾禅师④、鄂州洪潭禅师、象原怀坦禅师、潞府青莲元礼禅师⑤、河中府保庆禅师、甘泉志贤禅师、大会山道晤禅师、潞府法柔禅师、京兆咸通寺觉平禅师、义兴胜辩禅师、海陵庆云禅师、洪州开元寺玄虚禅师⑥ 已上二十三人无机缘语句,不录。

怀让禅师第一世

江西道一禅师,汉州什邡人也,姓马氏。容貌奇异,牛行虎视,引舌过鼻,足下有二轮文。幼岁依资州唐和尚落发,受具于渝州圆律师。唐开元中,习禅定于衡岳传法院,遇让和尚,同参九人,唯师密受心印。让之一,犹思之迁也,同源而异派,故禅法之盛,始于二师。刘轲云:"江西主大寂,湖南主石头,往来幢幢,不见二大士为无知

---

① 碛砂本、径山本"崇泰""翛然"二师位置互换。
② 碛砂本、径山本"智通""智藏"二师位置互换。
③ "虔",碛砂本作"处"。
④ 碛砂本、径山本"怀则""明乾"二师位置互换。
⑤ 碛砂本、径山本"怀坦""元礼"二师位置互换。
⑥ 碛砂本、径山本"庆云""玄虚"二师位置互换。

矣。"西天般若多罗记达磨云:"震旦虽阔无别路,要假侄孙脚下行。金鸡解衔一颗米,供养十方罗汉僧。"又六祖能和尚谓让曰:"向后佛法从汝边去,马驹踏杀天下人。"① 厥后江西法嗣布于天下,时号马祖②。

始自建阳佛迹岭,迁至临川,次至南康龚公山。大历中,隶名于开元精舍。时连帅路嗣恭聆风景慕,亲受宗旨,由是四方学者云集坐下。一日,谓众曰:"汝等诸人,各信自心是佛,此心即是佛心。达磨大师从南天竺国来,躬至中华,传上乘一心之法,令汝等开悟。又引《楞伽》经文,以印众生心地,恐汝颠倒不自信。此心之法,各各有之,故《楞伽经》云:'佛语心为宗,无门为法门。'③ 又云:'夫求法者,应无所求。心外无别佛,佛外无别心。不取善,不舍恶,净秽两边,俱不依怙。达罪性空,念念不可得,无自性故。故三界唯心,森罗万象,一法之所印,凡所见色,皆是见心。心不自心④,因色故有心。'⑤ 汝但随时言说,即事即理,都无所碍。菩提道果,亦复如是。于心所生,即名为色,知色空故,生即不生。若了此意⑥,乃可随时著衣吃饭,长养圣胎,任运过时,更有何事?汝受吾教,听吾偈曰:'心地随时说,菩提亦只宁。事理俱无碍,当生即不生。'"

僧问:"和尚为什么说即心即佛?"师云:"为止小儿啼。"僧云:"啼止时如何?"师云:"非心非佛。"僧云:"除此二种人来,如何指示?"师云:"向伊道不是物。"僧云:"忽遇其中人来

---

① "马驹",东寺本、碛砂本、径山本作"出马驹"。
② "马祖",大正本作"马祖焉"。
③ "无门",原作"无闻",据丛刊本、东寺本、碛砂本改。
④ "心不自心",碛砂本作"心不自现"。
⑤ "因色故有心",大正本无"心"。
⑥ "意",碛砂本作"心"。

时如何?"师云:"且教伊体会大道。"僧问:"如何是西来意?"师云:"即今是什么意?"庞居士问:"如水无筋骨,能胜万斛舟。此理如何?"师云:"遮里无水亦无舟,说什么筋骨?"

一日,师上堂,良久,百丈收却面前席,师便下堂。百丈问:"如何是佛法旨趣?"师云:"正是汝放身命处。"师问百丈:"汝以何法示人?"百丈竖起拂子,师云:"只遮个,为当别有?"百丈抛下拂子。僧问:"如何得合道?"师云:"我早不合道。"僧问:"如何是西来意?"师便打,乃云:"我若不打汝,诸方笑我也。"有小师行脚回,于师前画个圆相,就上礼拜了立。师云:"汝莫欲作佛否?"云:"某甲不解捏目。"师云:"吾不如汝。"小师不对。邓隐峰辞师,师云:"什么处去?"对云:"石头去。"师云:"石头路滑。"对云:"竿木随身,逢场作戏。"便去。才到石头,即绕禅床一匝,振锡一声,问:"是何宗旨?"石头云:"苍天!苍天!"隐峰无语。却回举似于师,师云:"汝更去,见他道'苍天',汝便嘘嘘。"隐峰又去石头,一依前问:"是何宗旨?"石头乃嘘嘘,隐峰又无语。归来,师云:"向汝道'石头路滑'。"

有僧于师前作四画,上一长下三短。问云:"不得道一长三短,离此四字外请和尚答。"师乃画地一画云:"不得道长短。答汝了也。"忠国师闻,别云:"何不问老僧?"有一讲僧来,问云:"未审禅宗传持何法?"师却问云:"坐主传持何法?"彼云:"忝讲得经论二十余本。"师云:"莫是师子儿否?"云:"不敢。"师作嘘嘘声,彼云:"此是法。"师云:"是什么法?"云:"师子出窟法。"师乃默然,彼云:"此亦是法。"师云:"是什么法?"云:"师子在窟法。"师云:"不出不入是什么法?"无对。百丈代云:"见么?"遂辞出门,师召云:"坐主。"彼即回首,师云:"是什么?"亦无对。师云:"遮钝根阿师。"洪州廉使问云:"弟子吃酒肉即是,不吃即是?"师云:"若吃是中丞禄,不吃是中丞福。"

师入室弟子一百三十九人,各为一方宗主,转化无穷。师于贞元四年正月中,登建昌石门山。于林中经行,见洞壑平坦处,谓侍者曰:"吾之朽质,当于来月归兹地矣。"言讫而回。至二月四日,果有微疾,沐浴讫,跏趺入灭。元和中追谥大寂禅师,塔曰大庄严。今海昏县影堂存焉。《高僧传》云"大觉禅师"。①

怀让禅师第二世

马祖法嗣

越州大珠慧海禅师者,建州人也,姓朱氏。依越州大云寺道智和尚受业。初至江西参马祖,祖问曰:"从何处来?"曰:"越州大云寺来。"祖曰:"来此拟须何事?"曰:"来求佛法。"祖曰:"自家宝藏不顾,抛家散走作什么?我遮里一物也无,求什么佛法?"师遂礼拜,问曰:"阿那个是慧海自家宝藏?"祖曰:"即今问我者,是汝宝藏。一切具足,更无欠少,使用自在,何假向外求觅?"师于言下自识本心不由知觉。踊跃礼谢,师事六载。

后以受业师年老,遽归奉养。乃晦迹藏用,外示痴讷。自撰《顿悟入道要门论》一卷,被法门师侄玄晏窃出江外呈马祖。祖

---

① 大正本下有:"按权德舆作《塔铭》言,马祖终于开元寺,茶毗于石门而建塔也。至会昌沙汰后,大中四年七月,宣宗敕江西观察使裴休重建塔并寺,赐额宝峰。"

览讫,告众云:"越州有大珠,圆明光透,自在无遮障处也。"众中有知师姓朱者,迭相推识,结契来越上寻访依附。时号"大珠和尚"者,因马祖示出也。师谓曰:"禅客,我不会禅,并无一法可示于人。故不劳汝久立,且自歇去。"时学侣渐多,日夜叩激,事不得已,随问随答,其辩无碍。广语出别卷。

时有法师数人来谒,曰:"拟伸一问,师还对否?"师曰:"深潭月影,任意撮摩。"问:"如何是佛?"师曰:"清潭对面,非佛而谁?"众皆茫然。法眼云:"是即没交涉。"良久,其僧又问:"师说何法度人?"师曰:"贫道未曾有一法度人。"曰:"禅师家浑如此?"师却问曰:"大德说何法度人?"曰:"讲《金刚般若经》。"师曰:"讲几坐来?"曰:"二十余坐。"师曰:"此经是阿谁说?"僧抗声曰:"禅师相弄,岂不知是佛说邪?"师曰:"若言如来有所说法,则为谤佛,是人不解我所说义。若言此经不是佛说,则是谤经。请大德说看。"无对。师少顷又问:"经云:'若以色见我,以音声求我,是人行邪道,不能见如来。'大德且道:阿那个是如来?"曰:"某甲到此却迷去。"师曰:"从来未悟,说什么却迷?"僧曰:"请禅师为说。"师曰:"大德讲经二十余坐,却未识如来。"其僧再礼拜,愿垂开示。师曰:"如来者,是诸法如义,何得忘却?"曰:"是。是诸法如义。"师曰:"大德是亦未是。"曰:"经文分明,那得未是?"师曰:"大德如否?"曰:"如。"师曰:"木石如否?"曰:"如。"师曰:"大德如同木石如否?"曰:"无二。"师曰:"大德与木石何别?"僧无对。良久,却问:"如何得大涅槃?"师曰:"不造生死业。"对曰:"如何是生死业?"师曰:"求大涅槃是生死业,舍垢取净是生死业,有得有证是生死业，不脱对治门是生死业。"曰："云何即得解脱？"师曰："本自无缚，不用求解。直用直行，是无等等。"僧曰："如禅师和尚者，实谓希有。"礼谢而去。

有行者问："即心即佛，那个是佛？"师云："汝疑那个不是佛？指出看。"无对。师云："达即遍境是①，不悟永乖疏。"有律师法明，谓师曰："禅师家多落空。"师曰："却是坐主家多落空。"法明大惊曰："何得落空？"师曰："经论是纸墨文字，纸墨文字者俱空。设于声上建立名句等法，无非是空。坐主执滞教体，岂不落空？"法明曰："禅师落空否？"师曰："不落空。"曰："何却不落空？"师曰："文字等皆从智慧而生，大用现前，那得落空？"法明曰："故知一法不达，不名悉达。"师曰："律师不唯落空，兼乃错用名言。"法明作色问曰："何处是错？"师曰："律师未辨华竺之音，如何讲说？"曰："请禅师指出法明错处。"师曰："岂不知悉达是梵语邪？"律师虽省过，而心犹愤然。具梵语"萨婆曷剌他悉陀"，中国翻云"一切义成"，旧云"悉达多"，犹是讹略梵语。又问曰："夫经律论是佛语，读诵依教奉行，何故不见性？"师曰："如狂狗趁块，师子咬人。经律论是自性用，读诵者是性法。"② 法明曰："阿弥陀佛有父母及姓否？"师曰："阿弥陀姓憍尸迦，父名月上，母名殊胜妙颜。"曰："出何教文？"师曰："出《陀罗尼集》。"法明礼谢，赞叹而退。

有三藏法师问："真如有变易否？"师曰："有变易。"三藏曰："禅师错也。"师却问三藏："有真如否？"曰："有。"师曰：

---

① "即"，径山本作"则"。
② "性法"，当作"自性法"。

"若无变易,决定是凡僧也。岂不闻:'善知识者能回三毒为三聚净戒,回六识为六神通,回烦恼作菩提,回无明为大智真如。'若无变易,三藏真是自然外道也。"三藏曰:"若尔者,真如即有变易。"师曰:"若执真如有变易,亦是外道。"曰:"禅师适来说真如有变易,如今又道不变易。如何即是的当?"师曰:"若了了见性者,如摩尼珠现色。说变亦得,说不变亦得。若不见性人,闻说真如变,便作变解,闻说不变,便作不变解。"三藏曰:"故知南宗,实不可测。"

有道流问:"世间有法过自然否?"师曰:"有。"曰:"何法过得?"师曰:"能知自然者。"曰:"元气是道否?"师曰:"元气自元气,道自道。"曰:"若如是者,则应有二。"师曰:"知无两人。"又问:"云何为邪,云何为正?"师曰:"心逐物为邪,物从心为正。"

有源律师来问:"和尚修道,还用功否?"师曰:"用功。"曰:"如何用功?"师曰:"饥来吃饭,困来即眠。"曰:"一切人总如是,同师用功否?"师曰:"不同。"曰:"何故不同?"师曰:"他吃饭时不肯吃饭,百种须索;睡时不肯睡,千般计校。所以不同也。"律师杜口。

有韫光大德问:"禅师自知生处否?"师曰:"未曾死,何用论生?知生即是无生法,无离生法说有无生。祖师云:'当生即不生。'"曰:"不见性人,亦得如此否?"师曰:"自不见性,不是无性。何以故?见即是性,无性不能见。识即是性,故名识性;了即是性,唤作了性。能生万法,唤作法性,亦名法身。马鸣祖师云:所言法者,谓众生心。若心生,故一切法生。若心无生,法无从生,亦无名字。迷人不知法身无象,应物现形,遂唤'青青翠竹总是法身,郁郁黄华无非般若'。黄华若是般若,般若即同无情;翠竹若是法身,法身即同草木。如人吃笋,应总吃法身也。如此之言,宁堪齿录?对面迷佛,长劫希求,全体法中,迷而外觅。是以解道者,行住坐卧,无非是道;悟法者,纵横自在,无非是法。"大德又问:"太虚能生灵智否?真心缘于善恶否?贪欲人是道否?执是执非人向后心通否①?触境生心人有定否?住寂寞人有慧否?怀傲物人有我否?执空执有人有智否?寻文取证人、苦行求佛人、离心求佛人、执心是佛人,此智称道否?请禅师一一为说。"师曰:"太虚不生灵智,真心不缘善恶。嗜欲深者机浅,是非交争者未通。触境生心者少定,寂寞忘机者慧沈。傲物高心者我壮,执空执有者皆愚。寻文取证者益滞,苦行求佛者俱迷。离心求佛者外道,执心是佛者为魔。"大德曰:"若如是,应毕竟无所有。"师曰:"毕竟是大德,不是毕竟无所有。"大德踊跃,礼谢而去②。

洪州百丈山惟政禅师③,一日谓僧曰:"汝与我开田了,我为

---

① "心通",碛砂本作"通心"。
② 此处大正注:"此下旧本有'洪州百丈山惟政禅师'传,今移在第九卷百丈山海和尚下。"
③ 此章,大正本移至第九卷,并考云:"此传旧在第六卷马祖法嗣中,大珠和尚之次。今以机缘推之,即移入此卷。百丈海禅师法嗣中,作百丈涅槃和尚机缘也。按唐柳公权书、武翊黄所撰《涅槃和尚碑》云:师讳法正,以其善讲《涅槃经》,故以涅槃为称。今师本章中有云:'汝与我开田,吾为汝说大义。'则知其为涅槃和尚明矣。又称南泉为师伯,则知其嗣百丈海公亦明矣。虽然惟政、法正二名不同,盖传写之讹耳。又觉范《林间录》亦谓旧本之误,及观《正宗记》则有惟政、法正之名,然百丈第代可数。明教但见其名不同,不能辨而俱存之。今当以碑为正也。而又卿公《事苑》乃云:'百丈涅槃和尚是沩山嗣子而海公之孙。'此尤大谬也,不足取矣。"

汝说大义。"僧开田了,归请师说大义①,师乃展开两手②。有老宿见日影透窗,问师曰:"为复窗就日,日就窗?"师曰:"长老房内有客,归去好。"师问南泉曰:"诸方善知识,还有不说似人底法也无?"南泉曰:"有。"师曰:"作么生?"曰:"不是心,不是佛。"③ 师曰:"恁么即说似人了也。"曰:"某甲即恁么。"师曰:"师伯作么生?"曰:"我又不是善知识,争知有说不说底法?"师曰:"某甲不会,请师伯说。"曰:"我大杀为汝说了也。"僧问:"如何是佛佛道齐?"师曰:"定也。"师因入京,路逢官人命吃饭。忽见驴鸣,官人召云:"头陀。"师举头,官人却指驴,师却指官人。法眼别云:"但作驴鸣。"

洪州泐潭法会禅师,问马祖:"如何是西来祖师意?"祖曰:"低声,近前来。"师便近前,祖打一掴云:"六耳不同谋。来日来。"师至来日,犹入法堂云:"请和尚道。"祖云:"且去,待老汉上堂时出来,与汝证明。"师乃悟云:"谢大众证明。"乃绕法堂一匝,便去。

池州杉山智坚禅师,初与归宗、南泉行脚时,路逢一虎,各从虎边过了。南泉问归宗云:"适来见虎,似个什么?"宗云:

---

① "僧开田了归",东寺本、碛砂本、南藏本、径山本作"僧众开田竟,师晚间上堂,僧问:'开田已竟'"。
② "师乃展开两手",东寺本、碛砂本、南藏本、径山本作"师下禅床行三步,展手两畔,以目视天地云:'大义田即今存矣。'"
③ "师曰"至此,东寺本、碛砂本、南藏本、径山本作:"师曰:'作么生是不说似人底法?'泉云:'不是心,不是佛,不是物。'"

"似个猫儿。"宗却问师,师云:"似个狗子。"宗又问南泉,泉云:"我见是个大虫。"师吃饭次,南泉收生饭云:"生。"师云:"无生。"南泉云:"无生犹是末。"南泉行数步,师召:"长老,长老。"南泉回头云:"怎么?"师云:"莫道是末。"一日,普请择蕨菜,南泉拈起一茎云:"遮个大好供养。"师云:"非但遮个,百味珍羞他亦不顾。"南泉云:"虽然如此,个个须尝他始得。"玄觉云:"是相见语,不是相见语?"僧问:"如何是本来身?"师云:"举世无相似。"

洪州泐潭惟建禅师,一日,在马祖法堂后坐禅。祖见,乃吹师耳两吹,师起定。见是和尚,却复入定。祖归方丈,令侍者持一碗茶与师。师不顾,便自归堂。

澧州茗溪道行禅师,师有时云:"吾有大病,非世所医。"后有僧问先曹山:"承古人有言'吾有大病,非世所医',未审唤作什么病?"曹云:"攒簇不得底病。"云:"一切众生还有此病也无?"曹云:"人人尽有。"云:"人人尽有,和尚还有此病也无?"曹云:"正觅起处不得。"云:"一切众生为什么不病?"曹云:"众生若病,即非众生。"云:"未审诸佛还有此病也无?"曹云:"有。"云:"既有,为什么不病?"曹云:"为伊惺惺。"

僧问:"如何修行?"师云:"好个阿师,莫客作。"僧云:"毕竟如何?"师云:"安置即不堪。"又僧问:"如何是正修行路?"师云:"涅槃后有。"僧云:"如何是涅槃后有?"师云:"不洗面。"僧云:"学人不会。"师云:"无面得洗。"

抚州石巩慧藏禅师，本以弋猎为务，恶见沙门。因逐群鹿，从马祖庵前过，祖乃逆之①。藏问："和尚见鹿过否？"祖曰："汝是何人？"曰："猎者。"祖曰："汝解射否？"曰："解射。"祖曰："汝一箭射几个？"曰："一箭射一个。"祖曰："汝不解射。"曰："和尚解射否？"祖曰："解射。"曰："和尚一箭射几个？"祖曰："一箭射一群。"曰："彼此是命，何用射他一群？"祖曰："汝既知如是，何不自射？"曰："若教某甲自射，即无下手处。"祖曰："遮汉旷劫无明烦恼，今日顿息。"藏当时毁弃弓箭，自以刀截发，投祖出家。一日在厨作务次②，祖问曰："作什么？"曰："牧牛。"祖曰："作么生牧？"曰："一回入草去，便把鼻孔拽来。"祖曰："子真牧牛。"师便休。

师住后，常以弓箭接机。如三平和尚章述之。师问西堂："汝还解捉得虚空么？"西堂云："捉得。"师云："作么生捉？"堂以手撮虚空，师云："作么生恁么捉虚空？"堂却问："师兄作么生捉？"师把西堂鼻孔拽，西堂作忍痛声，云："大杀拽人鼻孔，直得脱去。"师云："直须恁么捉虚空始得。"众僧参次，师云："适来底什么处去也？"有僧云："在。"师云："在什么处？"其僧弹指一声。僧到礼拜，师云："还将那个来否？"僧云："将得来。"师云："在什么处？"僧弹指三声。问："如何免得生死？"师云："用免作什么？"僧云："如何免得？"师云："遮底不生死。"

---

① "逆"，碛砂本、径山本作"迎"。
② "厨"，大正本作"厨中"。

唐州紫玉山道通禅师者，庐江人也，姓何氏。幼随父守官泉州南安县，因而出家。唐天宝初，马祖阐化建阳，居佛迹岩，师往谒之。寻迁于南康龚公山，师亦随之。贞元四年二月初，马祖将归寂，谓师曰："夫玉石润山秀丽，益汝道业，遇可居之。"师不晓其言。是秋，与伏牛山自在禅师同游洛阳，回至唐州西，见一山四面悬绝，峰峦秀异。因询乡人，云是紫玉山。师乃陟山顶，见有石方正莹然，紫色。叹曰："此其紫玉也。"始念先师之言，乃悬记耳，遂剪茅构舍而居焉，后学徒四集。

僧问："如何出得三界？"师云："汝在里许得多少时也？"僧云："如何出离？"师云："青山不碍白云飞。"于顿相公问："如何是黑风吹其船舫，漂堕罗刹鬼国？"师云："于顿客作汉，问恁么事怎么？"于公失色。师乃指云："遮个是漂堕罗刹鬼国。"①于又问②："如何是佛？"师唤于顿，顿应诺，师云："更莫别求。"有僧举似药山，药山云："缚杀遮汉也。"僧云："和尚如何？"药山亦唤云："某甲。"僧应诺，药山云："是什么？"元和八年，弟子金藏参百丈回，礼觐，师云："汝其来矣，此山有主也。"于是嘱付金藏讫，策杖径去襄州，道俗迎之。至七月十五日，无疾而终，寿八十有三。

江西北兰让禅师，湖塘亮长老问："伏承师兄画得先师真，暂请瞻礼。"师以两手拨胸③，开示之，亮便礼拜。师云："莫礼，莫礼。"亮云："师兄错也，某甲不礼师兄。"师云："汝礼先师

---

① "是"，东寺本、碛砂本、径山本作"便是"。
② "于"，东寺本、碛砂本、径山本作"于公"。
③ "拨"，东寺本、碛砂本、径山本作"擘"。

真?"亮云:"因什么教某甲莫礼?"师云:"何曾错?"

洛京佛光如满禅师,曾住五台山金阁寺。唐顺宗问:"佛从何方来,灭向何方去?既言常住世,佛今在何处?"师答曰:"佛从无为来,灭向无为去。法身等虚空,常在无心处。有念归无念,有住归无住。来为众生来,去为众生去。清净真如海,湛然体常住。智者善思惟,更勿生疑虑。"帝又问:"佛向王宫生,灭向双林灭。住世四十九,又言无法说。山河及大海,天地及日月。时至皆归尽,谁言不生灭?疑情犹若斯,智者善分别。"师答曰:"佛体本无为,迷情妄分别。法身等虚空,未曾有生灭。有缘佛出世,无缘佛入灭。处处化众生,犹如水中月。非常亦非断,非生亦非灭。生亦未曾生,灭亦未曾灭。了见无心处,自然无法说。"帝闻大悦,益重禅宗。

袁州南源道明禅师,上堂云:"快马一鞭,快人一言,有事何不出头来?无事各自珍重。"便下堂。有僧问:"一言作么生?"师乃吐舌云:"待我有广长舌相,即向汝道。"洞山来参,方上法堂,师云:"已相看了也。"洞山便下去。至明日,却上问云:"昨日已蒙和尚慈悲,不知什么处是与某甲已相看处?"师云:"心心无间断,流入于性海。"洞山云:"几放过。"洞山辞去,师云:"多学佛法,广作利益。"洞山云:"多学佛法即不问,如何是广作利益?"师云:"一物莫违即是。"僧问:"如何是佛?"师云:"不可道你是也。"①

忻州郲村自满禅师,上堂云:"古今不异,法尔如然,更复何也?虽然如此,遮个事大有人罔措在。"时有僧问:"不落古今,请师直道。"师云:"情知汝罔措。"僧欲进语,师云:"将谓老僧落伊古今?"僧云:"如何即是?"师云:"鱼腾碧汉,阶级难飞。"僧云:"如何即得免兹过咎?"师云:"若是龙形,谁论高下?"其僧礼拜。师云:"苦哉,屈哉!谁人似我?"师一日谓众曰:"除却日明夜暗,更说什么即得,珍重。"时有僧问:"如何是无诤之句?"师云:"喧天动地。"

朗州中邑洪恩禅师,仰山初领新戒到谢戒,师见来,于禅床上拍手云:"和和。"仰山即东边立,又西边立,又于中心立。然后谢戒了,却退后立。师云:"什么处得此三昧?"仰云:"于曹溪脱印子学来。"师云:"汝道曹溪用此三昧接什么人?"仰云:"接一宿觉用此三昧。"仰云:"和尚什么处得此三昧来?"师云:"某甲于马大师处学此三昧。"问:"如何得见性?"师云:"譬如有屋,屋有六窗,内有一猕猴。东边唤'山山,山山',应如是,六窗俱唤俱应。"仰山礼谢,起云:"所蒙和尚譬喻,无不了知。更有一事,只如内猕猴困睡,外猕猴欲与相见如何?"师下绳床,执仰山手作舞云:"山山与汝相见了。譬如蟭螟虫在蚊子眼睫上作窠,向十字街头叫唤云:'土旷人稀,相逢者少。'"云居锡云:

---

① "你",大正本作"尔"。

"中邑当时若不得仰山遮一句语,何处有中邑也?"崇寿稠云:"还有人定得此道理么?若定不得,只是个弄精魂脚手,佛性义在什么处?"玄觉云:"若不是仰山,争得见中邑?且道得见中邑处?"①

洪州百丈山怀海禅师者,福州长乐人也。丱岁离尘,三学该练,属大寂阐化南康,乃倾心依附。与西堂智藏禅师同号入室,时二大士为角立焉。一夕,二士随侍马祖玩月次,祖曰:"正恁么时如何?"西堂云:"正好供养。"师云:"正好修行。"祖云:"经入藏,禅归海。"② 马祖上堂,大众云集,方升坐,良久,师乃卷却面前礼拜席,祖便下堂。师一日诣马祖法堂,祖于禅床角取拂子示之,师云:"只遮个,更别有?"祖乃放旧处云:"你已后将什么为人?"师却取拂子示之。祖云:"只遮个,更别有?"师以拂子挂安旧处。方侍立,祖叱之③。

自此雷音将震,果檀信请于洪州新吴界住大雄山④,以居处岩峦峻极,故号之"百丈"。既处之,未期月,玄参之宾四方麇至⑤。即有沩山、黄檗当其首。一日,师谓众曰:"佛法不是小事,老僧昔再被马大师一喝,直得三日耳聋眼黑。"黄檗闻举,

---

① "得见中邑处",东寺本、碛砂本、大正本作"什么处是仰山得见中邑处"。
② 自"与西堂"至此,东寺本、碛砂本、南藏本、径山本作:"与西堂智藏、南泉普愿禅师同号入室,时三大士为角立焉。一夕,三士随侍马祖玩月次,祖曰:'正恁么时如何?'西堂云:'正好供养。'师云:'正好修行。'南泉拂袖便去。祖云:'经入藏,禅归海,唯有普愿独超物外。'"
③ 自"师一日诣"至此,东寺本、碛砂本、南藏本、径山本作:"师再参马祖,祖见师来,取禅床角头拂子竖起。师云:'即此用,离此用?'祖挂拂子于旧处,师良久,祖云:'尔已后开两片皮,将何为人?'师遂取拂子竖起。祖云:'即此用,离此用?'师挂拂子于旧处,祖便喝,师直得三日耳聋。"
④ "果"东寺本、碛砂本无。
⑤ "玄参",东寺本、碛砂本作"参玄"。

不觉吐舌，曰："某甲不识马祖，要且不见马祖。"师云："汝已后当嗣马祖。"黄檗云："某甲不嗣马祖。"曰："作么生？"曰："已后丧我儿孙。"师曰："如是，如是。"①

一日，有僧哭入法堂来。师曰："作么？"曰："父母俱丧，请师选日。"师云："明日来一时埋却。"师上堂云："并却咽喉唇吻，速道将来。"沩山云："某甲不道，请和尚道。"师云："不辞与汝道，久后丧我儿孙。"五峰云："和尚亦须并却。"师云："无人处斫额望汝。"云岩云："某甲有道处，请和尚举。"师云："并却咽喉唇吻，速道将来。"云岩曰："师今有也？"师曰："丧我儿孙。"师谓众曰："我要一人传语西堂，阿谁去得？"五峰云："某甲去。"②师云："汝作么生传语？"五峰云："待见西堂即道。"师云："道什么？"五峰云："却来说似和尚。"

师与沩山作务次，师问："有火也无？"沩山云："有。"师云："在什么处。"沩山把一枝木，吹三两气过与师。师云："如虫蚀木。"问："如何是佛？"师云："汝是阿谁？"僧云："某甲。"师云："汝识某甲否？"僧云："分明个。"师乃举起拂子云："汝还见么？"僧云："见。"师乃不语。因普请锸地次，忽有一僧闻饭鼓鸣，举起锸头，大笑便归。师云："俊哉！此是观音入理之门。"师归院，乃唤其僧问："适来见什么道理便恁么？"对云："适来只闻鼓声动，归吃饭去来。"师乃笑。问："'依经解

---

① 自"一日"至此，碛砂本、南藏本作："一日，师谓众曰：'佛法不是小事，老僧昔再参马祖，被大师一喝，直得三日耳聋眼暗。'时黄檗闻举，不觉吐舌。师曰：'子已后莫承嗣马祖去？'檗云：'不然，今日因师举见马祖大机之用。然且不识马祖，若嗣马祖，已后丧我儿孙。'师云：'如是，如是。见与师齐，减师半德，见过于师，方堪传授。子甚有超师之作。'"

② "去"下，东寺本、碛砂本、南藏本、径山本有"得"。

义,三世佛怨,离经一字,如同魔说'如何?"师云:"固守动用①,三世佛怨,此外别求,即同魔说。"因僧问西堂云:"有问有答,不问不答时如何?"西堂云:"怕烂却作么?"师闻举,乃云:"从来疑遮个老兄。"僧云:"请和尚道。"师云:"一合相不可得。"

师谓众云:"有一人,长不吃饭不道饥;有一人,终日吃饭不道饱。"众皆无对。云岩问:"和尚每日驱驱为阿谁?"②师云:"有一人要。"岩云:"因什么不教伊自作。"师云:"他无家活。"僧问:"如何是大乘顿悟法门?"师曰:"汝等先歇诸缘,休息万事。善与不善,世出世间,一切诸法,莫记忆,莫缘念。放舍身心,令其自在,心如木石,无所辩别。心无所行,心地若空,慧日自现,如云开日出相似。俱歇一切攀缘,贪嗔爱取垢净情尽。对五欲八风,不被见闻觉知所缚,不被诸境所惑,自然具足神通妙用,是解脱人。对一切境,心无静乱,不摄不散,透一切声色,无有滞碍,名为道人。但不被一切善恶、垢净、有为、世间福智拘系,即名为佛慧。是非好丑,是理非理,诸知见总尽,不被系缚,处心自在,名初发心菩萨便登佛地。一切诸法,本不自空,不自言色,亦不言是非垢净,亦无心系缚人。但人自虚妄计著,作若干种解,起若干种知见。若垢净心尽,不住系缚,不住解脱,无一切有为无为,解平等心量。处于生死,其心自在,毕竟不与虚幻尘劳、蕴界生死诸入和合。迥然无寄,一切不拘,去留无碍,往来生死如门开相似。若遇种种苦乐不称意事,心无退

---

① "动用",东寺本、碛砂本、径山本作"动静"。
② "驱驱",大正本作"区区"。

屈。不念名闻衣食，不贪一切功德利益，不为世法之所滞。心虽亲受苦乐，不干于怀。粗食接命，补衣御寒暑，兀兀如愚如聋相似，稍有亲分。于生死中广学知解，求福求智，于理无益，却被解境风漂，却归生死海里。佛是无求人，求之即乖；理是无求理，求之即失。若取于无求，复同于有求。此法无实无虚，若能一生心如木石相似，不为阴界五欲八风之所漂溺，即生死因断，去住自由，不为一切有为因果所缚。他时还与无缚身同利物，以无缚心应一切心，以无缚慧解一切缚。亦能应病与药。"

僧问："如今受戒，身口清净，已具诸善，得解脱否？"答："少分解脱，未得心解脱，未得一切解脱。"问云："何是心解脱？"答："不求佛，不求知解，垢净情尽，亦不守此无求为是，亦不住尽处，亦不畏地狱缚，不爱天堂乐。一切法不拘，始名为解脱无碍，即身心及一切皆名解脱。汝莫言有少分戒善，将为便了，有恒沙无漏戒定慧门，都未涉一毫在。努力猛作早与，莫待耳聋眼暗，头白面皱，老苦及身，眼中流泪，心中惝惶，未有去处。到怎么时，整理脚手不得也。纵有福智多闻，都不相救，为心眼未开。唯缘念诸境，不知返照，复不见佛道。一生所有恶业，悉现于前，或忻或怖。六道五蕴现前，尽见严好舍宅、舟船、车舆、光明显赫。为纵自心贪爱，所见悉变为好境，随所见重处受生，都无自由分，龙畜良贱，亦总未定。"问："如何得自由？"答："如今对五欲八风，情无取舍，垢净俱亡。如日月在空，不缘而照，心如木石，亦如香象截流而过，更无疑滞。此人天堂、地狱所不能摄也。又不读经看教①，语言皆须宛转归就自己。但是一切言教，只明如今觉性，自己俱不被一切有无诸法境转。是导师能照破一切有无境法，是金刚即有自由独立分。若不能恁么得，纵令诵得十二韦陀经，只成增上慢，却是谤佛，不是修行。读经看教，若准世间，是好善事。若向明理人边数，此是壅塞人。十地之人脱不去，流入生死河。但不用求觅知解语义句，知解属贪，贪变成病。只如今但离一切有无诸法，透过三句外，自然与佛无差。既自是佛，何虑佛不解语。只恐不是佛，被有无诸法转，不得自由。是以理未立，先有福智载去，如贱使贵。不如于理先立，后有福智，临时作得，捉土为金，变海水为酥酪，破须弥山为微尘。于一义作无量义，于无量义作一义。"

师有时说法竟，大众下堂，乃召之。大众回首，师云："是什么？"药山目之为"百丈下堂句"。唐元和九年正月十七日归寂，寿九十五。长庆元年，敕谥大智禅师，塔曰大宝胜轮。

《禅门规式》

百丈大智禅师，以禅宗肇自少室，至曹溪以来，多居律寺。虽别院，然于说法住持，未合规度，故常尔介怀。乃曰："祖之道欲诞布化元，冀来际不泯者，岂当与诸部阿笈摩教为随行邪？"旧梵语"阿含"，新云"阿笈摩"，即小乘教也。或曰："《瑜伽论》《璎珞经》是大乘戒律，胡不依随哉？"师曰："吾所宗非局大小乘，非异大小乘，当博约折中，设于制范，务其宜也。"于是创意，别

---

① "又不"，径山本作"又如"。

立禅居。

凡具道眼,有可尊之德者,号曰"长老"。如西域道高腊长,呼须菩提等之谓也。既为化主,即处于方丈,同净名之室,非私寝之室也。不立佛殿,唯树法堂者,表佛祖亲嘱受①,当代为尊也。所裒学众,无多少,无高下,尽入僧中②,依夏次安排。设长连床,施椸架,挂搭道具。卧必斜枕床唇,右胁吉祥睡者,以其坐禅既久,略偃息而已,具四威仪也。除入室请益,任学者勤怠,或上或下,不拘常准。其阖院大众,朝参夕聚,长老上堂升堂③,主事徒众雁立侧聆,宾主问酬,激扬宗要者,示依法而住也。斋粥随宜,二时均遍者,务于节俭,表法、食双运也。行普请法,上下均力也。置十务,谓之寮舍,每用首领一人,管多人营事,令各司其局也。主饭者目为饭头,主菜者目为菜头,他皆仿此。

或有假号窃形,混于清众,并别致喧挠之事,即堂维那检举,抽下本位挂搭,摈令出院者,贵安清众也。或彼有所犯,即以拄杖杖之,集众烧衣钵道具,遣逐从偏门而出者,示耻辱也。详此一条,制有四益:一不污清众,生恭信故。三业不善,不可共住。准律合用梵坛法治之者,当驱出院。清众既安,恭信生矣。二不毁僧形,循佛制故。随宜惩罚,得留法服,后必悔之。三不扰公门,省狱讼故。四不泄于外,护宗纲故。四来同居,圣凡孰辨?且如来应世,尚有六群之党,况今像末,岂得全无?但见一僧有过,便雷例讥诮。殊不知以轻众坏法,其损甚大。今禅门若稍无妨害者,宜依百丈丛林格式,量事区分。且立法防奸,不

---

① "受",大正本作"授"。
② "僧",大正本作"僧堂"。
③ "升堂",大正本作"升坐"。

为贤士。然宁可有格而无犯,不可有犯而无教。惟百丈禅师护法之益,其大矣哉!① 禅门独行,由百丈之始。今略叙大要,遍示后代学者,令不忘本也。其诸轨度,山门备焉。

---

① "矣哉",碛砂本、径山本作"哉矣"。

景德传灯录卷第七

怀让禅师第二世四十五人①马祖法嗣一十八人见录

潭州三角山总印禅师

池州鲁祖山宝云禅师

洪州泐潭常兴禅师

虔州西堂智藏禅师

京兆章敬寺怀恽禅师

定州柏岩明哲禅师

信州鹅湖大义禅师

伏牛山自在禅师

幽州盘山宝积禅师

毗陵芙蓉山太毓禅师②

蒲州麻谷山宝彻禅师

杭州盐官齐安禅师

婺州五洩山灵默禅师

明州大梅山法常禅师

---

① "世"下，大正本有"中"。
② "太"，东寺本、碛砂本、径山本作"大"。

京兆兴善惟宽禅师

湖南如会禅师

鄂州无等禅师

庐山归宗寺智常禅师

韶州渚泾山清贺禅师、紫阴山惟建禅师、封山洪濬禅师、练山神玩禅师、崛山道圆禅师、玉台惟然禅师、池州灰山昙觊禅师、荆州新寺宝积禅师、河中府法藏禅师、汉南慈悲寺良津禅师、京兆府崇禅师、南岳智周禅师①、白虎法宣禅师、金窟惟直禅师、台州柏岩常彻禅师、乾元晖禅师、齐州道岩禅师、襄州常坚禅师、荆南宝贞禅师、云水靖宗禅师、荆州永泰寺灵湍禅师、潭州龙牙山圆畅禅师、洪州双岭道方禅师、罗浮山修广禅师、岘山定庆禅师、越州洞泉惟献禅师、光明普满禅师 已上二十七人无机缘语句，不录

怀让禅师第二世法嗣

潭州三角山总印禅师。僧问："如何是三宝？"师曰："禾、麦、豆。"曰："学人不会？"师曰："大众欣然奉持。"师上堂曰："若论此事，眨上眉毛，早已蹉过也。"麻谷便问："眨上眉毛即不问，如何是此事？"师曰："蹉过也。"麻谷乃掀禅床，师打之，麻谷无语。长庆代云："悄然。"

池州鲁祖山宝云禅师。问："如何是诸佛师？"师云："头上有宝冠者不是。"僧云："如何即是？"师云："头上无宝冠。"洞

---

① "智周禅师"，径山本作"周禅师"。

山来参，礼拜后侍立，少顷而出，却再入来。师云："只恁么，只恁么，所以如此。"洞山云："大有人不肯。"师云："作么取汝口办①？"洞山乃侍奉数月。僧问："如何是言不言？"师云："汝口在什么处？"僧云："无口。"师云："将什么吃饭？"僧无对。洞山代云："他不饥，吃什么饭？"

师寻常见僧来，便面壁。南泉闻云②："我寻常向僧道'向佛未出世时会取'，尚不得一个半个，他怎么地驴年去。"玄觉云："为复唱和语，不肯语？"保福问长庆："只如鲁祖节文在什么处③，被南泉恁么道？"长庆云："退己让于人，万中无一个。"罗山云："陈老师当时若见，背上与五火抄。何故如此？为伊解放不解收。"玄沙云："我当时若见，也与五火抄。"云居锡云："罗山、玄沙总恁么道，为复一般，别有道理？若择得出，许上坐佛法有去处。"玄觉云："且道玄沙五火抄，打伊著不著？"

洪州泐潭常兴禅师。僧问："如何是曹溪门下客？"师云："南来燕。"僧云："学人不会。"师云："养羽候秋风。"僧问："如何是宗乘极则事？"师云："秋雨草离披。"又南泉躬至，见师面壁，乃拊师背，问："汝是阿谁？"曰："普愿。"师曰："如何？"曰："也寻常。"师曰："汝何多事？"

虔州西堂智藏禅师者，虔化人也，姓廖氏。八岁从师，二十五具戒。有相者睹其殊表，谓之曰："师骨气非凡，当为法王之辅佐也。"师遂往佛迹岩，参礼大寂，与百丈海禅师同为入室，

---

① "办"，大正本作"辨"，径山本作"辩"。
② "闻"，原作"问"，据丛刊本、东寺本、碛砂本、径山本、大正本改。
③ "什么"，碛砂本、径山本作"甚么"。

皆承印记。一日大寂遣师诣长安，奉书于忠国师。国师问曰："汝师说什么法？"师从东过西而立，国师曰："只遮个，更别有？"师却过东边立。国师曰："遮个是马师底，仁者作么生？"师曰："早个呈似和尚了。"寻又送书往径山与国一禅师。语在国一章。属连帅路嗣恭延请大寂居府①，应期盛化。师回郡，得大寂付受纳袈裟②，令学者亲近。

僧问马祖："请和尚离四句绝百非，直指某甲西来意。"祖云："我今日无心情，汝去问取智藏。"其僧乃来问师，师云："汝何不问和尚？"僧云："和尚令某甲来问上坐。"师以手摩头云："今日头疼，汝去问海师兄。"其僧又去问海百丈和尚，海云："我到遮里却不会。"僧乃举似马祖，祖云："藏头白，海头黑。"马祖一日问师云："子何不看经？"师云："经岂异邪？"祖云："然虽如此，汝向后为人也须得。"曰："智藏病思自养，敢言为人？"祖云："子末年必兴于世也。"

马祖灭后，师唐贞元七年，众请开堂。李尚书翱尝问僧："马大师有什么言教？"僧云："大师或说'即心即佛'，或说'非心非佛'。"李云："总过遮边。"李却问师："马大师有什么言教？"师呼李翱，翱应诺。师云："鼓角动也。"制空禅师谓师曰："日出太早生。"师曰："正是时。"师住西堂，后有一俗士问："有天堂地狱否？"师曰："有。"曰："有佛法僧宝否？"师曰："有。"更有多问，尽答言有。曰："和尚恁么道，莫错否？"师曰："汝曾见尊宿来邪？"曰："某甲曾参径山和尚来。"师曰：

---

① "连帅"，原作"连师"，据丛刊本、东寺本、碛砂本、径山本、大正本改。
② "受"，大正本作"授"。

"径山向汝作么生道?"曰:"他道一切总无。"师曰:"汝有妻否?"曰:"有。"师曰:"径山和尚有妻否?"曰:"无。"师曰:"径山和尚道无即得。"俗士礼谢而去。师元和九年四月八日归寂,寿八十,腊五十五。宪宗谥大宣教禅师,塔曰元和证真。至穆宗,重谥大觉禅师。

京兆府章敬寺怀恽禅师,泉州同安人也,姓谢氏。受大寂心印,初住定州柏岩,次止中条山。唐元和初,宪宗诏居上寺,玄学者奔凑。师上堂示徒曰:"至理亡言,时人不悉,强习他事,以为功能。不知自性,元非尘境,是个微妙大解脱门。所有鉴觉,不染不碍,如是光明,未曾休废,曩劫至今,固无变易。犹如日轮,远近斯照,虽及众色,不与一切和合。灵烛妙明,非假锻炼。为不了故,取于物象。但如捏目,妄起空华,徒自疲劳,枉经劫数。若能返照,无第二人,举措施为,不亏实相。"僧问:"心法双亡,指归何所?"师曰:"郢人无污,徒劳运斤。"曰:"请师不返之言。"师曰:"即无返句。"后人举之于洞山,洞山云:"道即甚易①,罕遇作家。"

百丈和尚令一僧来伺候,师上堂次,展坐具礼拜了,起来,拈师一只靸鞋,以衫袖拂却尘了,倒覆向下。师曰:"老僧罪过。"或问:"祖师传心地法门,为是真如心,妄想心?非真非妄心?为是三乘教外别立心?"师曰:"汝见目前虚空么?"曰:"信知常在目前,人自不见。"师曰:"汝莫认影像。"曰:"和尚作么

---

① "道即甚易",原作"道即甚道",据东寺本、碛砂本改。

生？"师以手拨空三下。曰："作么生即是？"师曰："汝向后会去在。"有一僧来，绕师三匝，振锡而立。师曰："是，是。"长庆代云："和尚佛法身心何在？"其僧又到南泉，亦绕南泉三匝，振锡而立。南泉云："不是，不是。此是风力所转，始终成坏。"僧云："章敬道是，和尚为什么道不是？"南泉云："章敬即是，是汝不是。"长庆代云："和尚是什么心行？"云居锡云："章敬未必道是，南泉未必道不是。"又云："遮僧当初但持锡出去恰好。"师有小师行脚回，师问曰："汝离此间多少年邪？"曰："离和尚左右将及八年。"师曰："办得个什么①？"小师于地画一圆相，师曰："只遮个，更别有？"小师乃画破圆相后礼拜。僧问："四大五蕴身中，阿那个是本来佛性？"师乃呼僧名，僧应诺。师良久曰："汝无佛性。"唐元和十三年十二月二十二日示灭，建塔于灞水。敕谥大觉禅师、大宝相之塔。

定州柏岩明哲禅师，尝见药山和尚看经，因语之曰："和尚莫猱人好。"药山置经云："日头早晚也？"师云："正当午也。"药山云："犹有文采在。"师云："某甲亦无。"② 药山云："老兄好聪明。"师云："某甲只恁么，和尚作么生？"药山云："跛跛挈挈，百丑千拙，且恁么过时。"

信州鹅湖大义禅师者，衢州须江人也，姓徐氏。李翱尝问师："大悲用千手眼作么？"师云："今上用公作么？"有一僧乞置塔，李尚书问云："教中不许将尸塔下过，又作么生？"无对。僧

---

① "办"，径山本作"辨"。
② "亦无"，大正本作"无亦无"。

却来问师，师云："他得大阐提。"

唐宪宗尝诏入内，于麟德殿论议。有一法师问："如何是四谛？"师云："圣上一帝，三帝何在？"又问："欲界无禅，禅居色界，此土凭何而立禅？"师云："法师只知欲界无禅，不知禅界无欲。"法师云："如何是禅？"师以手点空，法师无对。帝云："法师讲无穷经论，只遮一点尚不奈何？"师却问诸硕德曰："行住坐卧，毕竟以何为道？"有对曰："知者是道。"师曰："不可以智知，不可以识识。安得知者是道乎？"有对："无分别是道。"师曰："善能分别诸法相，于第一义而不动。安得无分别是道乎？"有对："四禅八定是道。"师曰："佛身无为，不堕诸数。安在四禅八定邪？"众皆杜口。师又举："顺宗问尸利禅师：'大地众生，如何得见性成佛？'尸利云：'佛性犹如水中月，可见不可取。'"因谓帝曰："佛性非见必见①，水中月如何攫取？"帝乃问："何者是佛性？"师对曰："不离陛下所问。"帝默契真宗，益加钦重。师于元和十三年正月七日归寂，寿七十四。敕谥慧觉禅师、见性之塔。

伊阙伏牛山自在禅师者，吴兴人也，姓李氏。初依径山国一禅师受具，后于南康见大寂，发明心地。因为大寂送书于忠国师，国师问曰："马大师以何示徒？"对曰："即心即佛。"国师曰："是甚么语话？"良久，又问曰："此外更有什么言教？"师曰："非心非佛，或云'不是心，不是佛，不是物'。"国师曰：

---

① "必见"，大正本作"心见"。

"犹较些子。"师曰:"马大师即恁么,未审和尚此间如何?"国师曰:"三点如流水,曲似刘禾镰。"

师后隐于伏牛山,一日谓众曰:"即心即佛,是无病求病句;非心非佛,是药病对治句。"僧问:"如何是脱洒底句?"师曰:"伏牛山下古今传。"师后于随州开元寺示灭,寿八十一。

幽州盘山宝积禅师,僧问:"如何是道?"师曰:"出。"僧曰:"学人未领旨在。"师曰:"去。"师上堂示众曰:"心若无事,万象不生,意绝玄机,纤尘何立?道本无体,因道而立名;道本无名,因名而得号。若言'即心即佛',今时未入玄微;若言'非心非佛',犹是指踪之极则。向上一路,千圣不传,学者劳形,如猿捉影。夫大道无中,复谁先后?长空绝际,何用称量?空既如斯,道复何说?夫心月孤圆,光吞万象,光非照境,境亦非存,光境俱亡,复是何物?禅德,譬如掷剑挥空,莫论及之不及,斯乃空轮无迹,剑刃无亏。若能如是,心心无知,全心即佛,全佛即人,人佛无异,始为道矣。禅德,可中学道,似地擎山,不知山之孤峻;如石含玉,不知玉之无瑕。若如此者,是名出家。故导师云:'法本不相碍,三际亦复然。无为无事人,犹是金锁难。'所以灵源独耀,道绝无生,大智非明,真空无迹。真如凡圣,皆是梦言,佛及涅槃,并为增语。禅德,且须自看,无人替代。三界无法,何处求心?四大本空,佛依何住?璇机不动①,寂尔无言,觌面相呈,更无余事。珍重。"

---

① "机",径山本作"玑"

师将顺世，告众曰："有人邈得吾真否？"众皆将写得真呈师，师皆打之。弟子普化出曰："某甲邈得。"①师曰："何不呈似老僧？"普化乃打筋斗而出，师曰："遮汉向后如风狂接人去在。"师既奄化，敕谥凝寂大师、真际之塔。

毗陵芙蓉山太毓禅师者，金陵人也，姓范氏。年十二，礼牛头山第六世忠禅师落发。二十三，于京兆安国寺受具。后遇大寂，密传祖意。唐元和十三年，止毗陵义兴芙蓉山。一日，因行食与庞居士，居士接食次，师云："生心受施，净名早诃，去此一机，居士还甘否？"居士云："当时善现，岂不作家？"师云："非关他事。"居士云："食到口边，被他夺却。"师乃下食，居士云："不消一句。"居士又问师："马大师著实为人处，还分付吾师否？"师云："某甲尚未见他，作么知他著实处？"居士云："只此见知，也无讨处。"师云："居士也不得一向言说。"居士云："一向言说，师又失宗。若作两向三向，师还开得口否？"师云："直似开口不得，可谓实也。"居士抚掌而出。宝历中，归齐云入灭，寿八十，腊五十八。大和二年，追谥大宝禅师、楞伽之塔。

蒲州麻谷山宝彻禅师，一日，随马祖行次，问："如何是大涅槃？"祖云："急。"师云："急个什么？"祖云："看水。"师与丹霞游山次，见水中鱼，以手指之。丹霞云："天然，天然。"师至来日，又问丹霞："昨日意作么生？"丹霞乃放身作卧势，师

---

① "邈"，大正本作"貌"。

云:"苍天。"又与丹霞行至麻谷山,师云:"某甲向遮里住也。"丹霞云:"住即且从,还有那个也无?"师云:"珍重。"有僧问云:"十二分教,某甲不疑,如何是祖师西来意?"师乃起立,以杖绕身一转,翘一足云:"会么?"僧无对,师打之。僧问:"如何是佛法大意?"师默然。其僧又问石霜:"此意如何?"石霜云:"主人勤拳带累,阇梨拖泥涉水。"① 耽源问:"十二面观音是凡是圣?"师云:"是圣。"耽源乃打师一掴,师云:"知汝不到遮个境界。"

杭州盐官镇国海昌院齐安禅师者,海门郡人也,姓李氏。生时神光照室,复有异僧谓之曰:"建无胜幢,使佛日回照者,岂非汝乎?"遂依本郡云琮禅师落发受具,后闻大寂行化于龚公山,乃振锡而造焉。师有奇相,大寂一见,深器异之。乃命入室,密示正法。

僧问:"如何是本身卢舍那佛?"师云:"与我将那个铜瓶来。"僧即取净瓶来,师云:"却送本处安置。"其僧送瓶本处了,却来再征前语。师云:"古佛也过去久矣。"有讲僧来参,师问云:"坐主蕴何事业?"对云:"讲《华严经》。"师云:"有几种法界?"② 对云:"广说则重重无尽,略说有四种法界。"师竖起拂子云:"遮个是第几种法界?"坐主沈吟,徐思其对。师云:"思而知,虑而解,是鬼家活计,日下孤灯,果然失照。"保福闻云:"若礼拜,即吃和尚棒。"禾山代云:"某甲不烦和尚,莫怪。"法眼代抚掌三下。

---

① "涉水",碛砂本、径山本作"带水"。
② "有",东寺本、碛砂本、南藏本、径山本作"经中有"。

僧问大梅："如何是西来意？"大梅云："西来无意。"师闻乃云："一个棺材，两个死尸。"玄沙云："盐官是作家。"师唤侍者云："将犀牛扇子来。"侍者云："破也。"师云："扇子破，还我犀牛来。"① 侍者无对。投子代云："不辞将去②，恐头角不全。"资福代作圆相，心中书牛字。石霜代云："若还和尚即无也。"保福云："和尚年尊，别请人好。"师一日谓众曰："虚空为鼓，须弥为椎，什么人打得？"众无对。有人举似南泉，南泉云："王老师不打遮破鼓。"法眼别云："王老师不打。"有法空禅师到，请问经中诸义，师一一答了，却云："自禅师到来，贫道总未得作主人。"法空云："请和尚更作主人。"师云："今日夜也，且归本位安置，明日却来。"法空下去。至明旦，师令沙弥屈法空禅师。法空至，师顾沙弥曰："咄！遮沙弥不了事，教屈法空禅师，却屈得个守堂家人来。"法空无语。法昕院主来参，师问："汝是谁？"对云："法昕。"师云："我不识汝。"昕无语。师后不疾，宴坐示灭，敕谥悟空禅师。

婺州五洩山灵默禅师者，毗陵人也，姓宣氏。初谒豫章马大师，马接之，因披剃受具。后谒石头迁和尚，先自约曰："若一言相契，我即住，不然便去。"石头知是法器，即垂开示，师不领其旨，告辞而去。至门，石头呼之云："阇梨。"师回顾，石头云："从生至老，只是遮个汉，更莫别求。"师言下大悟，乃踏折

---

① "牛"，东寺本、碛砂本、南藏本、径山本作"牛儿"。
② "去"，大正本作"出"。

拄杖而栖止焉①。洞山云:"当时若不是五洩先师,大难承当。然虽如此,犹涉在途。"长庆云:"险。"玄觉云:"那个是涉在途处?"有僧云:"为伊三寸途中荐得,所以在途。"玄觉云:"为复荐得自己,为复荐得三寸。若是自己,为什么成三寸;若是三寸,为什么悟去?且道洞山意旨作么生?莫乱说,子细好。"②

唐贞元初,入天台山,住白沙道场,复居五洩。僧问:"何物大于天地?"师云:"无人识得伊。"僧云:"还可雕琢也无?"师云:"汝试下手看。"僧问:"此个门中始终事如何?"师云:"汝道目前底成来得多少时也?"僧云:"学人不会。"师云:"我此间无汝问底?"僧云:"岂无和尚接人处?"③师云:"待汝求接,我即接。"僧云:"便请和尚接。"师云:"汝欠少个什么?"问:"如何得无心?"师云:"倾山覆海晏然静,地动安眠岂采伊?"师元和十三年三月二十三日,沐浴焚香,端坐告众云:"法身圆寂,示有去来,千圣同源,万灵归一。吾今沤散,胡假兴哀?无自劳神,须存正念,若遵此命,真报吾恩。倪固违言,非吾之子。"时有僧问:"和尚向什么处去?"师曰:"无处去。"曰:"某甲何不见?"师曰:"非眼所睹。"洞山云:"作家。"言毕,奄然顺化,寿七十有二,腊四十一。

明州大梅山法常禅师者,襄阳人也,姓郑氏。幼岁从师于荆州玉泉寺。初参大寂,问:"如何是佛?"大寂云:"即心是佛。"

---

① 自"后谒石头"至此,东寺本、碛砂本、南藏本、径山本作:"后初参石头时,装腰便上方丈,见石头ូ次,便问:'一言相契即住,不然便发。'石头据坐,师更发去。石头随身逐至门外,召云:'阇梨、阇梨。'师回首,石头云:'从生至老,只是遮个,又回头转脑作什么?'师于言下忽然有省,便踏折拄杖,一住二十年为侍者。"
② "好",丛刊本作"看"。
③ "岂无和尚",东寺本、碛砂本、径山本作"和尚岂无"。

师即大悟。唐贞元中，居于天台山余姚南七十里梅子真旧隐①。时盐官会下一僧入山采拄杖，迷路至庵所，问曰："和尚在此山来多少时也？"师曰："只见四山青又黄。"又问："出山路向什么处去？"师曰："随流去。"僧归，说似盐官，盐官曰："我在江西时曾见一僧，自后不知消息，莫是此僧否？"遂令僧去请出师，师有偈曰："摧残枯木倚寒林，几度逢春不变心。樵客遇之犹不顾，郢人那得苦追寻？"

大寂闻师住山，乃令一僧到，问云："和尚见马师得个什么，便住此山？"师云："马师向我道'即心是佛'，我便向遮里住。"僧云："马师近日佛法又别。"师云："作么生别？"僧云："近日又道'非心非佛'。"师云："遮老汉惑乱人未有了日。任汝非心非佛，我只管即心即佛。"其僧回，举似马祖。祖云："大众，梅子熟也。"僧问禾山："大梅恁么道，意作么生？"禾山云："真师子儿。"

自此学者渐臻，师道弥著。师上堂示众曰："汝等诸人，各自回心达本，莫逐其末。但得其本，其末自至。若欲识本，唯了自心。此心元是一切世间、出世间法根本，故心生种种法生，心灭种种法灭。心且不附一切善恶而生②，万法本自如如。"③僧问："如何是佛法大意？"师云："蒲华柳絮，竹针麻线。"夹山与定山同行，言话次，定山云："生死中无佛，即非生死。"夹山云："生死中有佛，即不迷生死。"二人上山参礼，夹山便举问

---

① "天台山余姚"，南藏本、径山本作"大梅山鄞县"。
② "且"，东寺本、碛砂本、径山本作"但"。
③ "如"下，东寺本、碛砂本、径山本有："庞居士问师：'久向大梅，未审梅子熟也未？'师云：'你向什么处下口？'士云：'与么则百杂碎也？'师云：'还我核子来。'"

师:"未审二人见处,那个较亲?"师云:"一亲一疏。"夹山云:"那个亲?"师云:"且去,明日来。"夹山明日再上问师,师云:"亲者不问,问者不亲。"夹山住后自云:"当时失一只眼。"忽一日,谓其徒曰:"来莫可抑①,往莫可追。"从容间复闻鼯鼠声,师云:"即此物非他物,汝等诸人善护持之。吾今逝矣。"言讫示灭,寿八十八,腊六十有九。智觉禅师延寿赞曰:"师初得道,即心是佛。最后示徒,物非他物。穷万法源,彻千圣骨。真化不移,何妨出没?"

京兆兴善寺惟宽禅师者,衢州信安人也,姓祝氏。年十三,见杀生者,蠢然不忍食,乃求出家。初习毗尼,修止观,后参大寂,乃得心要。唐贞元六年,始行化于吴越间。八年至鄱阳,山神求受八戒。十三年,止嵩山少林寺。僧问:"如何是道?"师云:"大好山。"僧云:"学人问道,师何言好山?"师云:"汝只识好山,何曾达道?"问:"狗子还有佛性否?"师云:"有。"僧云:"和尚还有否?"师云:"我无。"僧云:"一切众生皆有佛性,和尚因何独无?"师云:"我非一切众生。"僧云:"既非众生,是佛否?"师云:"不是佛。"僧云:"究竟是何物?"师云:"亦不是物。"僧云:"可见可思否?"师云:"思之不及,议之不得,故云不可思议。"

元和四年,宪宗诏至阙下。白居易尝诣师,问曰:"既曰禅师,何以说法?"师曰:"无上菩提者,被于身为律,说于口为

---

① "抑",东寺本、碛砂本作"拒"。

法，行于心为禅。应用者三，其致一也。譬如江湖淮汉①，在处立名，名虽不一，水性无二。律即是法，法不离禅，云何于中妄起分别？"又问："既无分别，何以修心？"师云："心本无损伤，云何要修理？无论垢与净，一切勿起念。"又问："垢即不可念，净无念可乎？"师曰："如人眼睛上，一物不可住。金屑虽珍宝，在眼亦为病。"又问："无修无念，又何异凡夫邪？"师曰："凡夫无明，二乘执著，离此二病，是曰真修。真修者不得勤，不得忘，勤即近执著，忘即落无明。此为心要云尔。"

有僧问："道在何处？"师曰："只在目前。"曰："我何不见？"师曰："汝有我故，所以不见。"曰："我有我故即不见，和尚见否？"师曰："有汝有我，展转不见。"曰："无我无汝，还见否？"师曰："无汝无我，阿谁求见？"元和十二年二月晦日，升堂说法讫，就化，寿六十三，腊三十九。归葬于灞陵西原，敕谥大彻禅师、元和正真之塔。

湖南东寺如会禅师者，始兴曲江人也。初谒径山，后参大寂。学徒既众，僧堂内床榻为之陷折，时称"折床会"也。自大寂去世，师常患门徒以'即心即佛'之谭诵忆不已，且谓："佛于何住，而曰即心？心如画师，而云即佛？"遂示众曰："心不是佛，智不是道，剑去远矣②，尔方刻舟。"时号东寺为禅窟焉。

相国崔公群出为湖南观察使，见师问曰："师以何得？"师曰："见性得。"师方病眼，公讥曰："既云见性，其奈眼何？"师

---

① "湖"，大正本作"河"。
② "远"，碛砂本、径山本作"久"。

曰："见性非眼,眼病何害?"公稽首谢之,法眼别云:"是相公眼。"师问南泉:"近离什么处来?"云:"江西。"师云:"将得马师真来否?"泉云:"只遮是。"师云:"背后底聻①?"无对。长庆代云:"太似不知。"保福云:"几不到和尚此间。"云居锡云:"此二尊者②,尽扶背后。只如南泉休去,为当扶面前,扶背后?"崔相公入寺,见鸟雀于佛头上放粪,乃问师曰:"鸟雀还有佛性也无?"师云:"有。"崔云:"为什么向佛头上放粪?"师云:"是伊为什么不向鹞子头上放?"仰山来参,师云:"已相见了,更不用上来。"仰山云:"恁么相见,莫不当否?"归方丈③,闭却门。仰山归,举似沩山,沩山云:"寂子是什么心行?"仰山云:"若不恁么,争识得他?"复有人问师曰:"某甲拟请和尚开堂得否?"师曰:"待将物裹石头暖即得。"④彼无语。药山代云:"石头暖也。"唐长庆癸卯岁八月十九日归寂,寿八十,敕谥传明大师,塔曰永际。

鄂州无等禅师者,尉氏人也,姓李氏。初出家于龚公山,参礼马大师,密受心要。后住随州土门⑤。尝谒州牧王常侍者,师退将出门,王后呼之云:"和尚。"师回顾,王敲柱三下,师以手作圆相,复三拨之,便行。师后住武昌大寂寺,一日大众晚参,师见人人上来师前道"不审"。乃谓众曰:"大众适来声向什么处去也?"有一僧竖起指头,师云:"珍重。"其僧至来朝上参次,师乃转身面

---

① "聻",原作"你",据大正本改。
② "尊者",径山本作"尊宿"。
③ "归",东寺本、碛砂本、径山本、大正本作"师归"。
④ "待",东寺本、碛砂本作"待你",南藏本、径山本作"待尔"。
⑤ "住",南藏本、径山本作"往"。

壁而卧,佯作呻吟声云:"老僧三两日来不多安乐,大德身边有什么药物与老僧些。"小僧以手拍净瓶云:"遮个净瓶,什么处得来?"师云:"遮个是老僧底,大德底在什么处?"僧云:"亦是和尚底,亦是某甲底。"唐大和四年十月示灭,寿八十二。

庐山归宗寺智常禅师,上堂云:"从上古德,不是无知解,他高尚之士,不同常流。今时不能自成自立,虚度时光。诸子莫错用心,无人替汝,亦无汝用心处,莫就他觅。从前只是依他解,发言皆滞,光不透脱,只为目前有物。"僧问:"如何是玄旨?"师云:"无人能会。"僧云:"向者如何?"师云:"有向即乖。"僧云:"不向者如何?"师云:"谁求玄旨?"又云:"去,无汝用心处。"僧云:"岂无方便门,令学人得入?"师云:"观音妙智力,能救世间苦。"僧云:"如何是观音妙智力?"师敲鼎盖三下云:"子还闻否?"僧云:"闻。"师云:"我何不闻?"僧无语,师以棒趁下。

师尝与南泉同行,后忽一日相别。煎茶次,南泉问云:"从前与师兄商量语句,彼此已知。此后或有人问毕竟事作么生?"师云:"遮一床地大好卓庵。"泉云:"卓庵且置,毕竟事作么生?"师乃打却茶铫,便起。泉云:"师兄吃茶了,普愿未曾吃茶。"师云:"作遮个语话,滴水也销不得。"僧问:"此事久远,如何用心?"师云:"牛皮鞔露柱①,露柱啾啾叫。凡耳听不闻,诸圣呵呵笑。"师因俗官来,乃拈起帽子两带云:"还会么?"俗

---

① "鞔",东寺本、碛砂本、大正本作"鞁"。

官云:"不会。"师云:"莫怪老僧头风不卸帽子。"

师入园取菜次,师画圆相围却一株,语众云:"辄不得动着遮个。"众不敢动。少顷,师复来,见菜犹在,便以棒趁众僧云:"遮一队汉,无一个有智慧底。"师问新到僧:"什么处来?"师云①:"凤翔来。"师云:"还将得那个来否?"僧云:"将得来。"师云:"在什么处?"僧以手从顶擎捧呈之,师即举手作接势,抛向背后。僧无语。师云:"遮野狐儿。"师划草次,有讲僧来参,忽有一蛇过,师以锄断之。僧云:"久响归宗,元来是个粗行沙门。"师云:"坐主归茶堂内吃茶去。"② 云岩来参,师作挽弓势,岩良久,作拔剑势,师云:"来太迟生。"

有僧辞去,师唤:"近前来,吾为汝说佛法。"僧近前,师云:"汝诸人尽有事在,汝异时却来遮里,无人识汝。时寒,途中善为去。"师上堂云:"吾今欲说禅,诸子总近前。"大众进前。师云:"汝听观音行,善应诸方所。"僧问:"如何是观音行?"师乃弹指云:"诸人还闻否?"僧曰:"闻。"师云:"一队汉向遮里觅什么?"以棒趁出,大笑归方丈。僧问:"初心如何得个入处?"师敲鼎盖三下云:"还闻否?"僧云:"闻。"师云:"我何不闻?"师又敲三下问:"还闻否?"僧云:"不闻。"师云:"我何以闻?"僧无语。师云:"观音妙智力,能救世间苦。"

江州刺史李渤问师曰:"教中所言'须弥纳芥子',渤即不

---

① "师",疑当作"僧"。
② 自"有讲僧来"至此,东寺本、碛砂本、径山本作:"有座主来参,值师锄草,忽见一条蛇,师以锄便钁。座主云:'久响归宗,到来只见个粗行沙门。'师云:'是你粗,是我粗?'主云:'如何是粗?'师竖起锄头,主云:'如何是细?'师作斩蛇势。主云:'与么则依而行之。'师云:'依而行之即且置,尔什么处见我斩蛇。'主无语。"

疑:'芥子纳须弥',莫是妄谭否?"师曰:"人传使君读万卷书籍,还是否?"李曰:"然。"师曰:"摩顶至踵,如椰子大,万卷书向何处著?"李俯首而已。李异日又问云:"大藏教明得个什么边事?"师举拳示之云:"还会么?"李云:"不会。"师云:"遮个措大,拳头也不识。"李云:"请师指示。"师云:"遇人即途中授与,不遇即世谛流布。"师以目有重瞳,遂将药手按摩,以致目眦俱赤,世号"赤眼归宗"焉。后示灭,敕谥至真禅师。

景德传灯录卷第八

怀让禅师第二世①五十六人四十三人见录

　　汾州无业禅师

　　澧州大同广澄禅师

　　池州南泉普愿禅师

　　五台邓隐峰禅师

　　温州佛㠗和尚

　　乌臼和尚

　　潭州石霜山大善和尚②

　　石臼和尚

　　本溪和尚

　　石林和尚

　　洪州西山亮坐主

　　黑眼和尚

　　米岭和尚③

---

① "世"下，大正本有"下"。
② "和尚"，碛砂本、径山本作"禅师"。
③ "米"，原作"宋"，据丛刊本、大正本改。

齐峰和尚

大阳和尚

红螺和尚

泉州龟洋无了禅师

利山和尚

韶州乳原和尚①

松山和尚

则川和尚

南岳西园昙藏禅师

百灵和尚

镇州金牛和尚

洞安和尚

忻州打地和尚

潭州秀溪和尚

磁州马头峰神藏禅师

潭州华林善觉禅师②

汀州水塘和尚

古寺和尚

江西椑树和尚

京兆草堂和尚

袁州阳岐山甄叔禅师

蒙溪和尚

① "原",大正本作"源"。
② "华林",原作"林华",据正文、丛刊本、大正本改。

洛京黑涧和尚

京兆兴平和尚

逍遥和尚

福溪和尚

洪州水老和尚

浮杯和尚

潭州龙山和尚

襄州居士庞蕴

> 天目山明觉禅师、王屋山行明禅师、京兆智藏禅师、大阳山希顶禅师、苏州昆山定觉禅师、随州洪山大师、连州元堤禅师、泉州无了禅师、泉州慧忠禅师、安丰山怀空禅师、罗浮山道行禅师、庐山法藏禅师、吕后山宁贲禅师 已上一十三人无机缘语句，并不录①

怀让禅师第二世法嗣

汾州无业禅师者，商州上洛人也，姓杜氏。初，母李氏闻空中言："寄居得否？"乃觉有娠。诞生之夕，神光满室。俯及卅岁②，行必直视，坐即跏趺。九岁，依开元寺志本禅师受大乘经，五行俱下，讽诵无遗。十二落发，二十受具戒于襄州幽律师。习《四分律疏》才终，便能敷演。每为众僧讲《涅槃》大部，冬夏无废。后闻马大师禅门鼎盛，特往瞻礼。马祖睹其状貌瑰伟，语音如钟，乃曰："巍巍佛堂，其中无佛。"师礼，跪而问曰："三

---

① "并不录"，丛刊本、径山本、大正本作"不录"。
② "俯"，丛刊本作"甫"。

乘文学，粗穷其旨。常闻禅门'即心是佛'，实未能了。"马祖曰："只未了底心即是，更无别物。"师又问："如何是祖师西来密传心印？"祖曰："大德正闹在，且去，别时来。"师才出，祖召曰："大德。"师回首，祖云："是什么？"师便领悟，礼拜，祖云："遮钝汉，礼拜作么？"云居锡拈云："什么处是汾州正闹？"

自得旨，寻诣曹溪礼祖塔，及庐岳、天台，遍寻圣迹。自洛抵雍，憩西明寺，僧众举请充两街大德。师曰："非吾本志也。"后至上党，节度使李抱真重师名行，旦夕瞻奉。师常有倦色，谓人曰："吾本避上国浩穰，今复烦接君侯，岂吾心哉？"乃之绵上抱腹山。未久，又往清凉金阁寺，重阅大藏，周八稔而毕。复南下至于西河，刺史董叔缠请住开元精舍。师曰："吾缘在此矣。"由是雨大法雨，垂二十载。广语具别录。并汾缁白，无不向化。凡学者致问，师多答之云："莫妄想。"

唐宪宗屡遣使征召，师皆辞疾不赴。暨穆宗即位，思一瞻礼，乃命两街僧录灵阜等赍诏迎请。至彼，作礼曰："皇上此度恩旨，不同常时，愿和尚且顺天心，不可言疾也。"师微笑曰："贫道何德，累烦世主？且请前行，吾从别道去矣。"乃沐身剃发，至中夜告弟子惠愔等曰："汝等见闻觉知之性，与太虚同寿，不生不灭。一切境界，本自空寂，无一法可得。迷者不了，即为境惑，一为境惑，流转不穷。汝等当知：心性本自有之，非因造作，犹如金刚不可破坏。一切诸法如影如响，无有实者。故经云：'唯有一事实①，余二即非真。'常了一切空，无一物当情，

---

① "有"，南藏本、径山本作"此"。

是诸佛用心处①。汝等勤而行之。"言讫，跏趺而逝。荼毗日，祥云五色，异香四彻，所获舍利，璨若玉珠。弟子等贮以金棺。当长庆三年十二月二十一日，葬于石塔，寿六十二，腊四十二。敕谥大达国师，塔曰澄源。

澧州大同广澄禅师，僧问："如何是六根灭？"师云："轮剑掷云②，无伤于物。"问："如何是本来人？"师云："共坐不相识。"僧云："恁么即学人礼谢下去。"师云："暗写愁肠寄与谁？"

池州南泉普愿禅师者，郑州新郑人也，姓王氏。唐至德二年，依大隗山大慧禅师受业。三十诣嵩岳受戒。初习相部旧章，究毗尼篇聚。次游诸讲肆，历听《楞伽》《华严》，入《中》《百》门观，精练玄义。后扣大寂之室，顿然忘筌，得游戏三昧。一日，为僧行粥次，马大师问："桶里是什么？"师云："遮老汉，合取口，作恁么语话？"自余同参之流，无敢征诘。

贞元十一年，憩锡于池阳，自构禅斋，不下南泉三十余载。大和初，宣城廉使陆公亘向师道风，遂与监军同请下山，申弟子之礼，大振玄纲。自此学徒不下数百，言满诸方，目为郢匠。一日，师示众云："道个如如，早是变也，今时师僧须向异类中行。"归宗云："虽行畜生行，不得畜生报？"师云："孟八郎又恁么去也。"师有时云："文殊、普贤昨夜三更每人与二十棒，趁出

---

① 自卷首至此，金藏本阙，以东寺本补。
② "云"，大正本作"空"，下注："旧本作'云'。"

院也。"赵州云："和尚棒教谁吃？"师云："且道王老师过在什么处？"赵州礼拜而出。玄觉云："且道赵州休去，是肯南泉，不肯南泉？"

师拟取明日游庄舍，其夜土地神先报庄主，庄主乃预为备。师到，问庄主："争知老僧来，排办如此？"庄主云："昨夜土地报道和尚今日来。"师云："王老师修行无力，被鬼神觑见。"有僧便问："和尚既是善知识，为什么被鬼神觑见？"师云："土地前更下一分饭。"玄觉云："什么处是'土地前更下一分饭'？"云居锡云："是赏伊，罚伊？只如土地前见是南泉，不是南泉？"师有时云："江西马祖说'即心即佛'，王老师不恁么道，不是心，不是佛，不是物。恁么道，还有过么？"赵州礼拜而出。时有一僧随问赵州云："上座礼拜了便出，意作么生？"赵州云："汝却问取和尚。"僧上问曰："适来谂上座意作么生？"师云："他却领得老僧意旨。"

师一日捧钵上堂，黄檗和尚居第一座，见师不起。师问云："长老什么年中行道？"黄檗云："空王佛时。"师云："犹是王老师孙在，下去。"师一日问黄檗："黄金为世界，白银为壁落。此是什么人居处？"黄檗云："是圣人居处。"师云："更有一人，居何国土？"黄檗乃叉手立。师云："道不得，何不问王老师？"黄檗却问："更有一人，居何国土？"师云："可惜许。"师又别时问黄檗："定慧等学，此理如何？"黄檗云："十二时中，不依倚一物。"师云："莫是长老见处么？"黄檗云："不敢。"师云："浆水价且置，草鞋钱教阿谁还？"师见僧斫木，师乃击木三下，僧放下斧子归僧堂。师归法堂，良久，却入僧堂。见前僧在衣钵下坐，师云："赚杀人。"僧问："师归丈室，将何指南？"师云："昨夜三更失却牛，天明失却火。"

师因东西两堂各争猫儿,师遇之,白众曰:"道得即救取猫儿,道不得即斩却也。"众无对,师便斩之。赵州自外归,师举前语示之,赵州乃脱履,安头上而出。师曰:"汝适来若在,即救得猫儿也。"师在方丈,与杉山向火次,师云:"不用指东指西,直下本分事道来。"杉山插火箸,叉手①。师云:"虽然如是,犹较王老师一线道。"有僧问讯,叉手而立,师云:"太俗生。"其僧便合掌,师云:"太僧生。"僧无对。一僧洗钵次,师乃夺却钵,其僧即空手而立。师云:"钵在我手里,汝口喃喃作么?"僧无对。

师因入菜园见一僧,师乃将瓦子打之。其僧回顾,师乃翘足,僧无语,师便归方丈。僧随后入,问讯云:"和尚适来掷瓦子打某甲,岂不是警觉某甲?"师云:"翘足又作么生?"僧无对。后有僧问石霜:"南泉翘足意作么生?"石霜举手云:"还恁么无?"师示众云:"王师老要卖身②,阿谁要买?"一僧出云:"某甲买。"师云:"他不作贵价,不作贱价,汝作么生买?"僧无对。卧龙代云:"属某甲去也。"③ 禾山代云:"是何道理?"赵州代云:"明年来,与和尚缝个布衫。"

师与归宗、麻谷同去参礼南阳国师,师先于路上画一圆相云:"道得即去。"归宗便于圆相中坐,麻谷作女人拜。师云:"恁么即不去也。"归宗云:"是什么心行?"师乃相唤回,不去礼国师。玄觉云:"只如南泉恁么道,是肯底语,不肯语?"云居锡云:"比来去礼拜国师,南泉为什么却相唤回?且道古人意作么生?"师问神山:"作什

---

① "叉手",东寺本、碛砂本作"叉手立"。
② "师老",疑当作"老师"。
③ "某甲",东寺本、碛砂本作"某"。

么?"对云:"打罗。"师云:"手打,脚打?"神山云:"请和尚道。"师云:"分明记取,举似作家。"洞山别云:"无脚手者,始解打罗。"

有一坐主辞师,师问:"什么处去?"对云:"山下去。"师云:"第一不得谤王老师。"对云:"争敢谤和尚?"师乃喷水云:"多少?"坐主便出去。先云居云:"非师本意。"先曹山云:"赖也。"石霜云:"不为人斟酌。"长庆云:"请领语。"① 云居锡云:"坐主当时出去,是会不会?"师一日掩方丈门,将灰围却门外云:"若有人道得即开。"或有祗对,多未惬师意。赵州云:"苍天!"师便开门。师因玩月次,有僧便问:"几时得似遮个去?"师云:"王老师二十年前亦恁么来。"僧云:"即今怎么生?"师便归方丈。

陆亘大夫问云:"弟子从六合来,彼中还更有身否?"师云:"分明记取,举似作家。"陆又谓师曰:"和尚大不可思议,到处世界皆成就。"师云:"适来总是大夫分上事。"陆异日又谓师曰:"弟子亦薄会佛法。"师便问:"大夫十二时中作么生?"陆云:"寸丝不挂。"师云:"犹是阶下汉。"师又云:"不见道:有道君王不纳有智之臣。"师上堂次,陆大夫云:"请和尚为众说法。"师云:"教老僧作么生说?"陆云:"和尚岂无方便?"师:"道他欠少什么?"陆云:"为什么有六道四生?"师云:"老僧不教他。"陆大夫与师见人双陆,拈起骰子云:"恁么不恁么,只恁么,信彩去时如何?"师拈起骰子云:"臭骨头十八。"又问云:"弟子家中有一片石,或时坐或时卧,如今拟镌作佛,还得否?"师云:"得。"大夫云:"莫不得否?"师云:"不得,不得。"云岩

---

① "语",东寺本、碛砂本、径山本作"话"。

云:"坐即佛,不坐即非佛。"洞山云:"不坐即佛,坐即非佛。"

赵州问:"道非物外,物外非道。如何是物外道?"师便打,赵州捉住棒云:"已后莫错打人去。"师云:"龙蛇易辨,衲子难谩。"师唤院主,院主应诺,师云:"佛九十日在忉利天为母说法,时优填王思佛,请目连运神通三转,摄匠人往彼雕佛像,只雕得三十一相,为什么梵音相雕不得?"院主问:"如何是梵音相?"师云:"赚杀人。"师问维那:"今日普请作什么?"对云:"拽磨。"师云:"磨从尔拽,不得动著磨中心树子。"维那无语①。保福代云:"比来拽磨,如今却不成。"法眼代云:"恁么即不拽也。"一日,有大德问师曰:"即心是佛又不得,非心非佛又不得,师意如何?"师云:"大德,且信即心是佛便了,更说什么得与不得?只如大德吃饭了,从东廊上西廊下,不可总问人得与不得也?"

师住庵时,有一僧到庵。师向其僧道:"某甲上山,待到斋时,作饭自吃了②,送一分来山上。"少时,其僧自吃了,却一时打破家事,就床卧。师待,不见来,便归庵,见僧卧,师亦去一边而卧,僧便起去。师住后云:"我往前住庵时,有个灵利道者,直至如今不见。"师拈起球子问僧云:"那个何似遮个?"对云:"不似。"师云:"什么处见那个,便道不似?"僧云:"若问某甲见处,和尚放下手中物。"师云:"许你具一只眼。"

陆亘大夫向师道:"肇法师甚奇怪,道'万物同根,是非一体'。"师指庭前牡丹花云:"大夫,时人见此一株花,如梦相似。"陆罔测,陆又问:"天王居何地位?"师云:"若是天王,即

---

① "无",碛砂本、径山本作"不"。
② "作饭",大正本作"做饭",东寺本、碛砂本、径山本作"做饭先"。

非地位。"陆云："弟子闻说天王是居初地。"师云："应以天王身得度者，即现天王身而为说法。"陆辞归宣城治所，师问："大夫去彼，将何治民？"陆云："以智慧治民。"师云："恁么即彼处生灵尽遭涂炭去也。"师入宣州，陆大夫出迎接，指城门云："人人尽唤作雍门①，未审和尚唤作什么门？"师云："老僧若道，恐辱大夫风化。"陆云："忽然贼来时作么生？"师云："王老师罪过。"陆又问："大悲菩萨，用如许多手眼作什么？"师云："只如国家又用大夫作什么？"

师为马大师设斋，问众云："马大师来否？"众无对。洞山云："待有伴即来。"师云："子虽后生，甚堪雕琢。"洞山云："和尚莫压良为贱。"师洗衣次，有僧问："和尚犹有遮个在？"师拈起衣云："争奈遮个何？"玄觉云："且道是一个，是两个？"师问僧良钦："空劫中还有佛否？"对云："有。"师云："是阿谁？"对云："良钦。"师云："居何国土？"无语。僧问："祖祖相传，合传何事？"师云："一二三四五。"问："如何是古人底？"师云："待有即道。"僧云："和尚为什么妄语？"师云："我不妄语，卢行者却妄语。"问："十二时中以何为境？"师云："何不问王老师。"僧云："问了也。"师云："还曾与汝为境么？"僧问："青莲不随风火散时，是什么？"师云："无风火不随是什么？"僧无对。师却问："不思善，不思恶，思总不生时，还我本来面目来。"僧云："无容止可露。"洞山云："还曾将示人么？"

师问坐主云："你与我讲经，得么？"对云："某甲与和尚讲

---

① "雍"，南藏本、大正本作"瓮"。

经,和尚须与某甲说禅始得。"师云:"不可将金弹子博银弹子去。"座主云:"某甲不会。"师云:"汝道空中一片云,为复钉钉住,为复藤缆著?"问:"空中有一珠,如何取得?"师云:"斫竹布梯空中取。"僧云:"空中如何布梯?"师云:"汝拟作么生取?"僧辞,问云:"学人到诸方,有人问和尚近日作么生,未审如何祗对?"师云:"但向道:近日解相扑。"僧云:"作么生?"师云:"一拍双泯。"问:"父母未生时,鼻孔在什么处?"师云:"父母已生了,鼻孔在什么处?"

师将顺世,第一坐问:"和尚百年后向什么处去?"师云:"山下作一头水牯牛去。"僧云:"某甲随和尚去,还得也无?"师云:"汝若随我,即须衔取一茎草来。"师乃示疾。大和八年甲寅十二月二十五日凌晨,告门人曰:"星翳灯幻亦久矣,勿谓吾有去来也。"言讫而谢,寿八十七,腊五十八,明年春入塔。

五台山隐峰禅师者, 建州邵武人也①,姓邓氏。时称"邓隐峰"。幼若不慧,父母听其出家。初游马祖之门,而未能睹奥。复来往石头,虽两番不捷。语见马祖章。而后于马大师言下契会。师在石头时,问云:"如何得合道去?"石头云:"我亦不合道。"师云:"毕竟如何?"石头云:"汝被遮个得多少时邪?"一日,石头和尚划草次,师在左侧叉手而立。石头飞划子,向师面前划一株草,师云:"和尚只划得遮个,不划得那个。"石头提起划子,师接得划子,乃作划势。石头云:"汝只划得那个,不解划得遮个。"师

---

① "建州",南藏本、大正本作"福建"。

无对。洞山代云："还有堆阜么？"

师一日推土车次，马大师展脚在路上坐。师云："请师收足。"大师云："已展不收。"师云："已进不退。"乃推车碾过①，大师脚损，归法堂执斧子云："适来碾损老僧脚底出来。"师便出，于大师前引颈。大师乃置斧。师到南泉，睹众僧参次，南泉指净瓶云："铜瓶是境，瓶中有水。不得动著境，与老僧将水来。"师便拈净瓶，向南泉面前泻，南泉便休。师后到沩山，于上坐头解放衣钵。沩山闻师叔到，先具威仪下堂内。师见来，便倒作睡势，沩山便归方丈，师乃发去。少间，沩山问侍者："师叔在否？"对云："已去也。"沩山云："去时有什么言语？"对云："无言语。"沩山云："莫道无言语，其声如雷。"

师以冬居衡岳，夏止清凉。唐元和中，荐登五台，路出淮西。属吴元济阻兵，违拒王命，官军与贼交锋，未决胜负。师曰："吾当去解其患。"乃掷锡空中，飞身而过。两军将士仰观，事符预梦，斗心顿息。师既显神异，虑成惑众，遂入五台，于金刚窟前将示灭。先问众云："诸方迁化，坐去、卧去吾尝见之，还有立化也无？"众云："有也。"师云："还有倒立者否？"众云："未尝见有。"师乃倒立而化，亭亭然其衣顺体。时众议舁就茶毗，屹然不动。远近瞻睹②，惊叹无已。师有妹为尼，时亦在彼，乃俯近而咄曰："老兄畴昔不循法律，死更荧惑于人？"于是以手推之，偾然而踣。遂就阇维，收舍利入塔。

---

① "碾"，原作"展"，据东寺本、碛砂本改。
② "睹"，东寺本、碛砂本、大正本作"视"。

温州佛嶼和尚，寻常见人来，以拄杖卓地云："前佛也恁么，后佛也恁么。"僧问："正恁么时作么生？"师画一圆相，僧作女人拜，师乃打之。僧问："如何是佛法大意？"师云："贼也，贼也。"僧问："如何是异类？"师敲碗云："花奴，花奴，吃饭来。"

乌臼和尚，有玄、绍二上座，从江西来参师。师乃问云："二禅伯发足什么处？"僧云："江西。"师以拄杖打之。玄云："久知和尚有此机要？"师云："你既不会，后面个僧祇对看。"后面僧拟近前，师便打云："信知同窠无异土。参堂去！"

潭州石霜一作泷①。**大善和尚，**僧问："如何是佛法大意？"师云："春日鸡鸣。"僧云："学人不会。"师云："中秋犬吠。"师上堂云："大众，出来，出来，老汉有个法要，百年后不累你。"众云："便请和尚说。"师云："不消一堆火。"洞山问："几前一童子，甚是了事。如今不见，向甚处去也？"师云："火焰上泊不得，却归清凉世界去也。"

石臼和尚，初参马祖②，问："什么处来？"师云："乌臼来。"③ 祖云："乌臼近日有何言句？"师云："几人于此茫然在。"祖云："茫然且置，悄然一句作么生？"师乃近前三步，祖云：

---

① "泷"，大正本作"龙"。
② "马"，原作"乌"，据丛刊本、东寺本、碛砂本、大正本改。
③ "乌"，原作"马"，据丛刊本、东寺本、碛砂本、大正本改。

"我有七棒寄打乌臼,你还甘否?"师云:"和尚先吃,某甲后甘。"却回乌臼。

本溪和尚, 庞居士问云:"丹霞打侍者,意在何所?"师云:"大老翁见人长短在。"居士云:"为我与师同参了,方敢借问。"师云:"若恁么从头举来,共你商量。"居士云:"大老翁不可共你说人是非。"师云:"念翁老年。"居士云:"罪过,罪过。"

石林和尚, 一日庞居士来,师乃竖起拂子云:"不落丹霞机,试道一句。"居士夺却拂子了,却自竖起拳。师云:"正是丹霞机。"居士云:"与我不落看。"师云:"丹霞患哑,庞翁患聋。"居士云:"恰是也,恰是也。"师无语。居士云:"向道偶尔恁。"①师亦无语。又一日,师问居士云:"某甲有个借问,居士莫惜言句。"居士云:"便请举来。"师云:"元来惜言句。"居士云:"遮个问讯,不觉落他便宜。"师乃掩耳而已。居士云:"作家,作家。"

亮坐主, 隐洪州西山。本蜀人也,颇讲经论。因参马祖,祖问曰:"见说坐主大讲得经论,是否?"亮云:"不敢。"祖云:"将什么讲?"亮云:"将心讲。"祖云:"心如工伎儿,意如和伎者,争解讲得经?"亮抗声云:"心既讲不得,虚空莫讲得么?"祖云:"却是虚空讲得。"亮不肯,便出。将下阶,祖召云:"坐主。"亮

---

① "恁",东寺本、碛砂本、径山本作"恁么"。

回首①，豁然大悟，礼拜。祖云："遮钝根阿师，礼拜作么？"亮归寺，告听众云："某甲所讲经论，谓无人及得，今日被马大师一问，平生功夫冰释而已。"乃隐西山，更无消息。

黑眼和尚，僧问："如何是不出世师？"师云："善财拄杖子。"问："如何是佛法大意？"师云："十年卖炭汉，不知秤畔星。"

米岭和尚，僧问："如何是衲衣下事？"师云："丑陋任君嫌，不挂云霞色。"师将示灭，乃遗一偈云："祖祖不思议，不许常住世。大众审思惟，毕竟只遮是。"

齐峰和尚，一日，庞居士入院。师云："俗人频频入僧院，讨个什么？"居士回顾两边，云："谁恁道，谁恁道？"师乃咄之，居士云："在遮里。"师云："莫是当阳道么？"居士云："背后底。"师回首云："看，看。"居士云："草贼败，草贼败。"师无语。居士又问："此去峰顶有几里？"师云："什么处去来？"居士云："可畏峻硬，不得问著。"师云："是多少？"居士云："一二三。"师云："四五六。"居士云："何不道七？"师云："才道七，便有八。"居士云："得也，得也。"师云："一任添取。"居士乃咄之而去，师随后咄之。

---

① "首"下，东寺本、碛砂本、径山本有"祖云：'是什么？'亮"。

大阳和尚，伊禅师参次，师云："伊禅，近日一般禅师向目前指教人了，取目前事，作遮个为人，还会文彩未兆时也无？"伊云："拟向遮里致一问，问和尚不知可否？"师云："答汝已了，莫道可否。"伊云："还识得目前也未？"师云："是目前，作么生识？"伊云："要且遭人点检。"师云："谁？"伊云："某甲。"师便咄之。伊退步而立，师云："汝只解瞻前，不解顾后。"伊云："雪上更加霜。"师云："彼此无便宜。"

红螺和尚，在幽州，有颂示门人曰："红螺山子近边夷，度得之流半是奚。共语问酬全不会，可怜只解那斯祁。"①

泉州龟洋山无了禅师者，莆田县壶公宏塘人也②，姓沈氏。年七岁，父携入白重院，视之如家，因而舍爱。至十八，剃度受具灵泉寺③。后参大寂禅师，了达祖乘，即还本院。院之北，樵采路绝，师一日策杖披榛而行，遇六眸巨龟，斯须而失。乃庵于此峰，因号"龟洋和尚"。一日，有虎逐鹿入庵，师以杖格虎，遂存鹿命。

洎将示化，乃述偈曰："八十年来辨西东，如今不要白头翁。非长非短非大小，还与诸人性相同。无来无去兼无住，了却本来自性空。"偈毕，俨然告寂，瘗于正堂。垂二十载，为山泉淹没，门人发塔，见全身水中而浮。闽王闻之，遣使舁入府庭供养，忽

---

① "祁"，东寺本、碛砂本、径山本作"祈"。
② "宏"，大正本作"横"。
③ "泉"，东寺本、碛砂本、大正本、径山本作"岩"。

臭气远闻。王焚香祝之曰："可迁龟洋旧址建塔。"言讫，异香普熏，倾城瞻礼。本道奏谥真寂大师，塔曰灵觉。后弟子慧忠遇澄汰，终于白衣，就塔之东二百步而葬，谓之东塔。今龟洋二真身，士民依怙，若僧伽之遗化焉。慧忠得法于草庵和尚，如本章述之①。

利山和尚，僧问："众色归空，空归何所？"师云："舌头不出口。"僧云："为什么不出口？"师云："内外一如故。"僧问："不历僧祇获法身，请师直指。"师云："子承父业。"僧云："如何领会？"师云："贬剥不施。"僧云："恁么即大众有赖去。"师云："大众且置，作么生是法身？"僧无对。师云："汝问，我向你道。"僧却问："如何是法身？"师云："空华阳焰。"僧问："如何是西来意？"师云："不见如何。"僧云："为什么如此？"师云："只为如此。"

韶州乳源和尚，上堂云："西来的的意，不妨难道。大众莫有道得者，出来试道看。"有一僧出，才礼拜，师便打云："是什么时节出头来？"后人举似长庆，长庆云："不妨，不妨。"资福代云："为和尚不惜身命。"师见仰山作沙弥时念经，师咄云："遮沙弥，念经恰似哭声。"仰山云："慧寂念经似哭，未审和尚如何？"师乃顾视而已。

---

① "如"，丛刊本无。

松山和尚，一日命庞居士吃茶。居士举起托子云："人人尽有分，因什么道不得？"师云："只为人人尽有，所以道不得。"居士云："阿兄为什么却道得？"师云："不可无言也。"居士云："灼然，灼然。"师便吃茶。居士云："阿兄吃茶，何不揖客？"师云："谁？"居士云："庞翁。"师云："何须更揖？"后丹霞闻举，乃云："若不是松山，几被个老翁作乱一上。"居士闻之，乃令人传语丹霞云："何不会取举起托子时。"①

则川和尚，庞居士看师，师云："还记得初见石头时道理否？"居士云："犹得阿师重举在。"师云："情知久参事慢。"居士云："阿师老耄，不啻庞翁。"师云："二彼同时，又争几许？"居士云："庞翁鲜健且胜阿师。"师云："不是胜我，只是欠你一个幞头。"居士云："恰与师相似。"师大笑而已。师入茶园内摘茶次，庞居士："法界不容身，师还见我否？"师云："不是老师，怕答公话。"居士云："有问有答，盖是寻常。"师乃摘茶，不听。居士云："莫怪适来容易借问。"师亦不顾，居士喝云："遮无礼仪老汉，待我一一举向明眼人在。"师乃抛却茶篮子，便入方丈。

南岳西园兰若昙藏禅师者，本受心印于大寂禅师，后谒石头迁和尚，莹然明彻。唐贞元二年，遁衡岳之绝顶，人罕参访。寻以脚疾，移止西园，禅侣繁盛。师一日自开浴次，僧问："何不

---

① "举"，东寺本、碛砂本、径山本作"未举"。

使沙弥？"师乃拊掌三下。洞山云："一种是时节因缘，就中西园精妙。"僧问曹山："古人拊掌，岂不明沙弥边事？"曹山云："如何是向上事？"僧无对①。曹山云："遮沙弥。"师养一灵犬，尝夜经行次，其犬衔师衣，师即归房。又于门侧伏守而吠，频奋身作猛噬之势。诘旦，东厨有一大蟒，长数丈，张口呀气，毒焰炽然。侍者请避之，师曰："死可逃乎？彼以毒来，我以慈受。毒无实性，激发则强。慈苟无缘，冤亲一揆。"言讫，其蟒按首徐行，倏然不见。复一夕有群盗，犬亦衔师衣。师语盗曰："茅舍有可意物，一任取去，终无所吝。"盗感其言，皆稽首而散。

百灵和尚，一日与庞居士路次相逢。师问云："昔日居士南岳得意句，还曾举向人未？"居士云："曾举来。"师云："举向什么人？"居士以手自指云："庞翁。"师云："直是妙德、空生，也叹居士不及。"居士却问："师得力句是谁知？"师便戴笠子而去。居士云："善为道路。"师一去更不回首。

镇州金牛和尚，师自将饭供养众僧②，每至斋时，舁饭桶到堂前，作舞曰："菩萨子，吃饭来。"乃抚掌大笑。日日如是。僧问长庆："古人抚掌唤僧吃饭，意旨如何？"③ 长庆云："大似因斋庆赞。"僧问大光："未审庆赞个什么？"大光便作舞，僧乃礼拜。大光云："遮野狐精。"东禅齐云："古人自出手作饭，舞了唤人来吃，意作么生？还会么？只如长庆与大光，是明古人意，别为他分析？今问上座，每日持盂掌钵时，迎来送去时，为当与古人

---

① "僧无对"，原无，据大正本补。
② "将"，东寺本、碛砂本作"作"。
③ "如何"，大正本作"云何"。

一般,别有道理?若道别,且作么生得别来?若一般,恰到他舞,又被唤作'野狐精'。有会处么?若未会,行脚眼在什么处?"僧问曹山:"古人恁么,是奴儿婢子否?"曹山云:"是。"僧云:"向上事请师道。"曹山咄云:"遮奴儿婢子。"

洞安和尚,有僧辞师,师云:"什么处去?"僧云:"本无所去。"师云:"善为阇梨。"僧云:"不敢,不敢。"师云:"到诸方分明举。"僧侍立次,师问:"今日是几?"僧云:"不知。"师云:"我却记得。"僧云:"今日是几?"师云:"今日昏晦。"

忻州打地和尚,自江西领旨,自晦其名。凡学者致问,惟以棒打地而示之,时谓之"打地和尚"。一日,被僧藏却棒,然后问,师但张其口。僧问门人曰:"只如和尚每有人问,便打地,意旨如何?"门人即于灶底取柴一片,掷在釜中。

潭州秀溪和尚,一日谷山问:"声色纯真,如何是道?"师云:"乱道作么?"谷山却从东边过西边立,师云:"若不恁么,即祸事也。"谷山却过东边。师乃下禅床,方行两步,被谷山捉住云:"声色纯真事作么生?"师便掌谷山,谷山云:"十年后要个人下茶也无在。"师云:"要谷山老汉作么?"谷山呵呵大笑三声。

磁州马头峰神藏禅师,上堂谓众云:"知而无知,不是无知,而说无知。"南泉云:"恁么依师道,始道得一半。"黄檗云:"不是南泉骏,他要圆前话。"

潭州华林善觉禅师,常持锡夜出林麓间,七步一振锡,一称观音名号。夹山善会造庵,问曰:"远闻和尚念观音是否?"师曰:"然。"夹山曰:"骑却头如何?"师曰:"出头从汝骑,不出头骑什么?"僧参,方展坐具,师曰:"缓,缓。"僧曰:"和尚见什么?"师曰:"可惜许,磕破钟楼。"其僧从此悟入。一日,观察使裴休访之,问曰:"师还有侍者否?"师曰:"有一两个。"裴曰:"在什么处?"师乃唤:"大空,小空。"时二虎自庵后而出,裴睹之惊悸。师语二虎曰:"有客,且去。"二虎哮吼而去。裴问曰:"师作何行业,感得如斯?"师乃良久曰:"会么?"曰:"不会?"师曰:"山僧常念观音。"

汀州水塘和尚,师勘归宗:"甚么处人?"归宗云:"陈州人。"师云:"大少年几?"① 归宗云:"二十二。"师云:"阇梨未生时,老僧去来。"归宗云:"和尚几时生?"师竖起拂子。归宗云:"遮个岂有生邪?"师云:"会得即无生。"归宗云:"未会在。"师无语。

古寺和尚,丹霞参师,经宿至明旦,煮粥熟,行者只盛一钵与师,又盛一碗自吃,殊不顾丹霞。丹霞即自盛粥吃,行者云:"五更侵早起,更有夜行人。"丹霞问师:"何不教训行者,得恁么无礼?"师云:"净地上不要点污人家男女。"丹霞云:"几不问过遮老汉。"

---

① "大少年几",东寺本、碛砂本、径山本作"多少年几",大正本作"多少年纪"。

江西椑树和尚，因卧次，道吾近前牵被覆之。师云："作么？"道吾云："盖覆。"师云："卧底是，坐底是？"道吾云："不在遮两处。"师云："争奈盖覆何？"道吾云："莫乱道。"师向火次，道吾问："作什么？"师云："和合。"道吾云："恁么即当头脱去也。"师云："隔阔来多少时邪？"道吾便拂袖而去。道吾一日从外归，师问："什么处去来？"道吾云："亲近来。"师云："用簸遮两片皮作什么？"① 道吾云："借。"师云："他有从汝借，无作么生？"道吾云："只为有，所以借。"

京兆草堂和尚，自罢参大寂，游至海昌。海昌和尚问："什么处来？"师云："道场来。"昌云："遮里什么处？"师云："贼不打贫人家。"问："未有一法时，此身在什么处？"师乃作一圆相，于中书"身"字。

袁州阳岐山甄叔禅师，上堂示众曰："群灵一源，假名为佛，体竭形消而不灭，金流朴散而常存。性海无风，金波自涌，心灵绝兆，万象齐照。体斯理者，不言而遍历沙界，不用而功益玄化。如何背觉，反合尘劳，于阴界中妄自囚执？"师始登此山宴处，以至成院，聚徒演法四十余年。唐元和十五年正月十三日归寂，荼毗，获舍利七百粒，于东峰下建塔。

蒙溪和尚，僧问："一念不生时如何？"师良久，僧便礼拜。

---

① "簸"，碛砂本、径山本作"鼓"。

师云："汝且作么生会？"僧云："某甲终不无惭愧。"师云："汝却信得及。"问："本分事如何体悉？"师云："你何不问？"僧云："请师答话。"师云："你却问得好。"其僧大笑而出。师云："只有遮师僧灵利。"有僧从外来，师便喝。僧云："好个来由。"师云："犹要棒在。"僧云："珍重。"便出。师云："得能自在。"

洛京黑涧和尚，僧问："如何是密室？"师云："截耳卧街。"僧云："如何是密室中人？"师乃换手搥胸。

京兆兴平和尚，洞山来礼拜，师云："莫礼老朽。"洞山云："礼非老朽。"师云："非老朽者不受礼。"洞山云："他亦不止。"洞山问："如何是古佛心？"师云："即汝心是。"洞山云："虽然如此，犹是某甲疑处。"师云："若恁么，即问取木人去。"洞山云："某甲有一句子，不借诸圣口。"师云："汝试道看。"洞山云："不是某甲。"洞山辞，师云："什么处去？"洞山云："沿流无定止。"师云："法身沿流，报身沿流？"洞山云："总不作此解。"师乃抚掌。保福云："洞山自是一家。"乃别云："觅得几人？"

逍遥和尚，一日，师在禅床上坐，有僧鹿西问云："念念攀缘，心心永寂？"师云："昨日晚间，也有人恁么道。"西云："道个什么？"师云："不知。"西云："请师说。"师以拂子蓦口打，西便出。师告大众云："顶门上著一只眼。"

福溪和尚，僧问："古镜无瑕时如何？"师良久。僧云："师意如何？"师云："山僧耳背。"僧又举前问，师云："犹较些子。"僧问："如何是自己？"师云："你问什么？"僧云："岂无方便去也？"师云："你适来问什么？"僧云："得怎么颠倒？"师云："今日合吃山僧手里棒。"僧问："缘散归空，空归何所？"师云："某甲。"僧云："喏。"师云："空在何处？"僧云："却请师道。"师云："波斯吃胡椒。"

洪州水老和尚，初问马祖①："如何是西来的的意？"祖乃当胸踏倒②，师大悟。起来抚掌呵呵大笑，云："大奇！大奇③！百千三昧，无量妙义，只向一毛头上，便识得根原去。"④便礼拜而退。师住后，告众云："自从一吃马师踏，直至如今笑不休。"有僧作一圆相，以手撮向师身上，师乃三拨，亦作一圆相，却指其僧。僧便礼拜，师打云："遮虚头汉。"问："如何是沙门行？"师云："动则影现，觉则冰生。"问："如何是佛法大意？"师乃拊掌呵呵大笑。凡接机，大约如此。

浮杯和尚，有凌行婆来礼拜师，师与坐吃茶。行婆乃问云："尽力道不得底句，还分付阿谁？"师云："浮杯无剩语。"婆云："某甲不怎么道。"师遂举前语问婆，婆敛手哭云："苍天！"中间更有冤苦⑤，师无语。婆云："语不知偏正，理不识倒邪，为人即

---

① "问"，东寺本、碛砂本、径山本作"参"。
② "乃当胸踏倒"，东寺本、碛砂本、径山本作："云：'礼拜着。'师才礼拜，祖便与一踏。"
③ "大奇！大奇"，东寺本、碛砂本、径山本作"也大奇，也大奇"。
④ "原"，东寺本、碛砂本、径山本作"源"。
⑤ "有"，东寺本、碛砂本、径山本作"添"。

祸生也。"后有僧举似南泉，南泉云："苦哉浮杯！被老婆摧折。"婆后闻南泉恁道，笑云："王老师犹少机关在。"有幽州澄一禅客，逢见行婆，乃问云："怎生南泉恁道，犹少机关在？"① 婆乃哭云："可悲，可痛！"禅客罔措。婆乃问云："会么？"禅客合掌而对②。婆云："伎死禅和，如麻似粟。"后澄一禅客举似赵州，赵州云："我若见遮臭老婆，问教口哑却。"澄一问赵州云："未审和尚怎生问他？"赵州以棒打云："似遮个伎死汉，不打待几时？"连打数棒。婆又闻赵州恁道，云："赵州自合吃婆手里棒。"后僧举似赵州，赵州哭云："可悲，可痛！"婆闻赵州此语，合掌叹云："赵州眼放光明，照破四天下也。"后赵州教僧去问婆云："怎生是赵州眼？"婆乃竖起拳头。赵州闻，乃作一颂送凌行婆云："当机直面提，直面当机疾。报你凌行婆，哭声何得失？"婆以颂答赵州云："哭声师已晓，已晓复谁知？当时摩竭国，几丧目前机。"

潭州龙山和尚，亦云"隐山"。问僧："什么处来？"僧云："老宿处来。"师云："老宿有何言句？"僧云："说即千句万句，不说即一字也无。"师云："怎么即蝇子放卵。"其僧礼拜，师便打之。洞山价和尚行脚时，迷路到山，因参礼次，师问："此山无路，阇梨向什么处来？"洞山云："无路且置，和尚从何而入？"师云："我不曾云水。"洞山云："和尚住此山多少时邪？"师云："春秋不涉。"洞山云："此山先住，和尚先住？"师云："不知。"洞山

---

① "犹"，原作"由"，据大正本改。
② "对"，东寺本、碛砂本、大正本作"退"。

云："为什么不知？"师云："我不为人天来。"洞山却问："如何是宾中主？"师云："长年不出户。"洞山云："如何是主中宾？"师云："青天覆白云。"洞山云："宾主相去几何？"师："长江水上波。"洞山云："宾主相见，有何言说？"师云："清风拂白月。"洞山又问："和尚见个什么道理，便住此山？"师云："我见两个泥牛斗入海，直至如今无消息。"师因有颂云："三间茅屋从来住，一道神光万境闲。莫作是非来辨我，浮生穿凿不相关。"

襄州居士庞蕴者，衡州衡阳县人也，字道玄，世以儒为业。而居士少悟尘劳，志求真谛。唐贞元初，谒石头和尚，忘言会旨。复与丹霞禅师为友。一日，石头问曰："子自见老僧已来，日用事作么生？"对曰："若问日用事，即无开口处。"复呈一偈云："日用事无别，唯吾自偶谐。头头非取舍，处处勿张乖。朱紫谁为号，丘山绝点埃。神通并妙用，运水及般柴。"① 石头然之，曰："子以缁邪，素邪？"居士曰："愿从所慕。"遂不剃染。

后之江西，参问马祖云："不与万法为侣者是什么人？"祖云："待汝一口吸尽西江水，即向汝道。"居士言下顿领玄要，乃留驻参承，经涉二载。有偈曰："有男不婚，有女不嫁。大家团栾头，共说无生话。"自尔机辩迅捷，诸方向之。尝游讲肆，随喜《金刚经》。至"无我无人处"，致问曰："坐主，既无我无人，是谁讲谁听？"坐主无对，居士曰："某甲虽是俗人，粗知信向。"坐主曰："只如居士意作么生？"居士乃示一偈云："无我复

---

① "般"，径山本作"搬"。

无人，作么有疏亲？劝君休历坐，不似直求真。金刚般若性，外绝一纤尘。我闻并信受，总是假名陈。"坐主闻偈，欣然仰叹。

居士所至之处，老宿多往复问酬，皆随机应响，非格量轨辙之可拘也。元和中，北游襄汉，随处而居。或凤岭鹿门，或廛肆间巷。初住东岩，后居郭西小舍。一女名灵照，常随制竹漉篱，令鬻之以供朝夕。有偈曰："心如境亦如，无实亦无虚。有亦不管，无亦不居。不是贤圣，了事凡夫。易复易，即此五蕴有真智。十方世界一乘同，无相法身岂有二？若舍烦恼入菩提，不知何方有佛地？"

居士将入灭，令女灵照出视日早晚，及午以报。女遽报曰："日已中矣，而有蚀也。"居士出户观次，灵照即登父坐，合掌坐亡。居士笑曰："我女锋捷矣。"于是更延七日。州牧于公问疾次，居士谓曰："但愿空诸所有，慎勿实诸所无。好住世间，皆如影响。"言讫，枕公膝而化。遗命焚弃，江湖缁白伤悼，谓禅门庞居士即毗邪净名矣。有诗偈三百余篇传于世。

景德传灯录卷第九

怀让禅师第三世五十六人①

洪州百丈怀海禅师法嗣三十人—十三人见录

  潭州沩山灵祐禅师

  洪州黄檗希运禅师②

  杭州大慈寰中禅师

  天台山普岸禅师

  筠州常观禅师

  潭州石霜性空禅师③

  福州大安禅师

  古灵神赞禅师

  广州和安通禅师

  江州龙云台禅师

  洛京卫国道禅师

  镇州万岁和尚④

---

① "世"下，大正本有"下"。
② 此下，大正本下有"法要附卷末"。
③ 大正本"性空""常观"两位禅师互换。
④ "万岁和尚"下，大正本有"百丈山涅槃和尚"。

洪州东山和尚

高安无畏禅师、东岩道旷禅师、邢州素禅师、唐州大乘山吉本禅师、小乘山慧深禅师、杨州慧照寺昭一禅师、祯州罗浮鉴深禅师、洪州九仙山梵云禅师、百丈山涅槃和尚①、江州庐山操禅师、越州禹迹寺契真禅师、筠州包山天性禅师、明州大梅山彼岸禅师、洪州辽山藏术禅师、升州祇阁山道方禅师、清田和尚、大于和尚已上一十七人无机缘语句②，不录

前虔州西堂藏禅师法嗣四人—人见录

虔州处微禅师

鸡林道义禅师、新罗国慧禅师、新罗国洪直禅师已上三人无机缘语句，不录

前蒲州麻谷山宝彻禅师法嗣二人一人见录

寿州良遂禅师

新罗国无染禅师　一人无机缘语句，不录

前湖南东寺如会禅师法嗣四人一人见录

吉州薯山慧超禅师

舒州景诸禅师、庄严寺光肇禅师、潭州幕辅山昭禅师 已上三人无机缘语句，不录

前京兆章敬寺怀恽禅师法嗣一十六人六人见录

京兆荐福弘辩禅师

福州龟山智真禅师

朗州怀政禅师

金州操禅师

---

① "百丈山涅槃和尚"，大正本无。
② "十七人"，大正本作"十六人"。

朗州古堤和尚

河中公畿和尚

柏林院闲云禅师①、宣州玄哲禅师、河中宝坚禅师、西京道志禅师、绛州神祐禅师、西京智藏禅师、许州无迹禅师、寿州惟肃禅师、新罗国玄昱禅师、新罗国觉体禅师　已上一十人无机缘语句，不录

前百丈怀海禅师第三世法嗣②

潭州沩山灵祐禅师者，福州长溪人也，姓赵氏。年十五，辞亲出家，依本郡建善寺法常律师剃发，于杭州龙兴寺受戒，究大小乘经律。二十三，游江西，参百丈大智禅师。百丈一见，许之入室，遂居参学之首。一日侍立，百丈问："谁？"师曰："灵祐。"百丈云："汝拨炉中有火否？"师拨云："无火。"百丈躬起深拨，得少火，举以示之云："此不是火？"师发悟，礼谢，陈其所解。百丈曰："此乃暂时岐路耳。经云：'欲见佛性，当观时节因缘。'时节既至，如迷忽悟，如忘勿忆。方省己物不从他得。故祖师云：'悟了同未悟，无心得无法。'③ 只是无虚妄凡圣等心，本来心法，元自备足。汝今既尔，善自护持。"

时司马头陀自湖南来，百丈谓之曰："老僧欲往沩山可乎？"司马头陀参禅外，蕴人伦之鉴，兼穷地理。诸方创院，多取决焉。④ 对云："沩山奇绝，可聚千五百众，然非和尚所住。"百丈云："何也？"

---

① "院"，大正本无。
② "第三世"，大正本无。
③ "得"，东寺本、碛砂本、径山本作"亦"。
④ "焉"，东寺本、碛砂本作"可"。

对云："和尚是骨人，彼是肉山。设居之，徒不盈千。"百丈云："吾众中，莫有人住得否？"对云："待历观之。"百丈乃令侍者唤第一坐来，即华林和尚也。问云："此人如何？"头陀令謦欬一声，行数步。对云："此人不可。"又令唤典坐来，即祐师也。头陀云："此正是沩山主也。"百丈是夜召师入室，嘱云："吾化缘在此，沩山胜境，汝当居之，嗣续吾宗，广度后学。"时华林闻之曰："某甲忝居上首，祐公何得住持？"百丈云："若能对众下得一语出格，当与住持。"即指净瓶问云："不得唤作净瓶，汝唤作什么？"华林云："不可唤作木楾也？"百丈不肯，乃问师，师踏倒净瓶。百丈笑云："第一坐输却山子也。"遂遣师往沩山。

是山峭绝，夐无人烟，师猿猱为伍，橡栗充食。山下居民，稍稍知之，帅众共营梵宇①。连率李景让奏号同庆寺，相国裴公休尝咨玄奥，由是天下禅学若辐凑焉。师上堂示众云："夫道人之心，质直无伪，无背无面，无诈妄心行。一切时中，视听寻常，更无委曲，亦不闭眼塞耳，但情不附物即得。从上诸圣只是说浊边过患，若无如许多恶觉情见想习之事，譬如秋水澄渟，清净无为，澹泞无碍，唤他作道人，亦名无事之人。"时有僧问："顿悟之人，更有修否？"师云："若真悟得本，他自知时，修与不修，是两头语。如今初心，虽从缘得一念，顿悟自理，犹有无始旷劫习气，未能顿净，须教渠净除现业流识，即是修也。不道别有法，教渠修行趣向。从闻入理，闻理深妙，心自圆明，不居惑地。纵有百千妙义，抑扬当时，此乃得坐披衣，自解作活计。

---

① "帅"，原作"师"，据丛刊本、东寺本、碛砂本、大正本改。

以要言之，则实际理地，不受一尘，万行门中，不舍一法。若也单刀趣入，则凡圣情尽，体露真常，理事不二，即如如佛。"

仰山问："如何是西来意？"师云："大好灯笼。"仰山云："莫只遮个便是么？"师云："遮个是什么？"仰山云："大好灯笼。"师云："果然不识。"一日，师谓众云："如许多人，只得大识①，不得大用。"仰山举此语问山下庵主云："和尚怎么道，意旨何如？"② 庵主云："更举看。"仰山拟再举，被庵主踏倒。归举似师，师大笑。师在法堂坐，库头击木鱼，火头掷却火抄，拊掌大笑。师云："众中也有怎么人？"唤来问："作么生？"火头云："某甲不吃粥肚饥，所以喜欢。"师乃点头。东使闻云："将知沩山众里无人。"卧龙云："将知沩山众里有人。"

普请摘茶，师谓仰山曰："终日摘茶，只闻子声，不见子形，请现本形相见。"仰山撼茶树，师云："子只得其用，不得其体。"仰山云："未审和尚如何？"师良久，仰山云："和尚只得其体，不得其用。"师云："放子二十棒。"玄觉云："且道过在什么处？"师上堂，有僧出云："请和尚为众说法。"师云："我为汝得彻困也。"僧礼拜。后人举似雪峰，雪峰云："古人得恁么老婆心。"玄沙云："山头和尚蹉过古人事也。"雪峰闻之，乃问玄沙："什么处是老僧蹉过古人事处？"玄沙云："大小沩山，被那僧一问得百杂碎。"雪峰骇之，乃休。师谓仰山曰："寂子速道，莫入阴界。"仰山云："慧寂信亦不立。"师云："子信了不立，不信不立？"仰山云："只是慧寂，更信阿谁？"师云："若恁

---

① "识"，碛砂本、大正本作"机"，大正本下有注云："旧本云'大识'，今改作'大机'。"按《广灯》并《别录》，皆云'只得大机'。而第十六卷'九峰慧禅师'章中云'只得大体'，未详孰是。"

② "何如"，东寺本、碛砂本、径山本作"如何"。

么即是定性声闻。"仰山云:"慧寂佛亦不见。"师问仰山:"《涅槃经》四十卷,多少佛说,多少魔说?"仰山云:"总是魔说。"师云:"已后无人奈子何。"仰山云:"慧寂即一期之事,行履在什么处?"师云:"只贵子眼正,不说子行履。"

仰山踏衣次,提起问师云:"正恁么时,和尚作么生?"师云:"正恁么时,我遮里无作么生。"仰山云:"和尚有身而无用。"师良久,却拈起问:"汝正恁么时作么生?"仰山云:"正恁么时,和尚还见伊否?"师云:"汝有用而无身。"此语是二月中问答。师忽问仰山:"汝春间有话未圆,今试道看。"仰山云:"正恁么时,切忌勃塑。"师云:"停囚长智。"师一日唤院主,院主来。师云:"我唤院主,汝来作什么?"院主无对。曹山代云:"也知和尚不唤某甲。"又令侍者唤第一坐,第一坐来,师云:"我唤第一坐,汝来作什么?"亦无对。曹山代云:"若令侍者唤,恐不来。"法眼别云:"适来侍者唤。"师问新到僧:"名什么?"僧云:"名月轮。"师作一圆相问:"何似遮个?"僧云:"和尚怎么语话,诸方大有人不肯在。"师云:"贫道即恁么,阇梨作么生?"僧云:"还见月轮么?"师云:"阇梨怎么道,此间大有人不肯诸方。"

师问云岩云:"闻汝久在药山,是否?"岩云:"是。"师云:"药山大人相如何?"云岩云:"涅槃后有。"师云:"涅槃后有如何?"云岩云:"水洒不著。"云岩却问师:"百丈大人相如何?"师云:"巍巍堂堂,炜炜煌煌,声前非声,色后非色。蚊子上铁牛,无汝下嘴处。"师过净瓶与仰山,仰山拟接,师却缩手云:"是什么?"仰山云:"和尚还见个什么?"师云:"若恁么,何用更就吾觅?"仰山云:"虽然如此,仁义道中与和尚提瓶挈水,亦是本分事。"师乃过净瓶与仰山。师与仰山行次,指柏树子问云:"前面是什么?"仰山云:"只遮个柏树子。"师却指背后田翁云:"遮阿翁向后亦有五百众。"师问仰山:"从何处归?"仰山云:"田中归。"师云:"禾好刈也未?"仰山云:"好刈也。"师云:"作青见,作黄见,作不青不黄见?"仰山云:"和尚背后是什么?"师云:"子还见么?"仰山拈起禾穗云:"和尚何曾问遮个?"师云:"此是鹅王择乳。"冬月师问仰山:"天寒,人寒?"仰山云:"大家在遮里。"师云:"何不直说?"仰山云:"适来也不曲。和尚如何?"师云:"直须随流。"

有僧来礼拜,师作起势。僧云:"请和尚不起。"师云:"老僧未曾坐。"僧云:"某甲亦未曾礼。"师云:"何故无礼?"僧无对。同安代云:"和尚不怪。"石霜会下有二禅客到,云:"此间无一人会禅。"后普请般柴①,仰山见二禅客歇,将一橛柴问云:"还道得么?"俱无语。仰山云:"莫道无人会禅好。"归举似沩山云:"今日二禅客,被慧寂勘破。"师云:"什么处被子勘破?"仰山便举前话,师云:"寂子又被吾勘破。"云居锡云:"什么处是沩山勘破仰山处?"师睡次,仰山问讯,师便回面向壁。仰山云:"和尚何得如此?"师起云:"我适来得一梦,汝试为我原看。"仰山取一盆水,与师洗面。少顷,香严亦来问讯。师云:"我适来得一梦,寂子原了,汝更与我原看。"香严乃点一碗茶来。师云:"二子见解,过于鹙子。"僧云:"不作沩山一顶笠,无由得到莫徭村。如何是沩山一顶笠?"师即踏之。师上堂示众云:"老僧百年后,向

---

① "般",径山本作"搬"。

山下作一头水牯牛。左胁书五字云'沩山僧某甲'。此时唤作沩山僧,又是水牯牛;唤作水牯牛,又云沩山僧。唤作什么即得?"云居代云:"师无异号。"资福代作圆相托起。古人颂云:"不道沩山不道牛,一身两号实难酬。离却两头应须道,如何道得出常流。"

师敷扬宗教,凡四十余年,达者不可胜数,入室弟子四十一人。唐大中七年正月九日,盥漱敷坐,怡然而寂。寿八十三,腊六十四,塔于本山。敕谥大圆禅师,塔曰清净。

洪州黄檗希运禅师,闽人也。幼于本州黄檗山出家。额间隆起如肉珠,音辞朗润,志意冲澹。后游天台,逢一僧,与之言笑,如旧相识。熟视之,目光射人。乃偕行,属涧水暴涨,乃捐笠植杖而止,其僧率师同渡。师曰:"兄要渡自渡。"彼即褰衣蹑波,若履平地,回顾云:"渡来,渡来。"师曰:"咄!遮自了汉,吾早知当斫汝胫。"其僧叹曰:"真大乘法器,我所不及。"言讫不见。

师后游京师,因人启发,乃往参百丈。问曰:"从上宗承如何指示?"① 百丈良久,师云:"不可教后人断绝去也。"百丈云:"将谓汝是个人。"乃起入方丈。师随后入云:"某甲特来。"百丈云:"若尔,则他后不得孤负吾。"百丈一日问师:"什么处去来?"曰:"大雄山下采菌子来。"百丈曰:"还见大虫么?"师便作虎声,百丈拈斧作斫势,师即打百丈一掴,百丈吟吟大笑便归。上堂谓众曰:"大雄山下有一大虫,汝等诸人也须好看,百丈老汉今日亲遭一口。"师在南泉时,普请择菜,南泉问:"什

---

① "承",东寺本、碛砂本、径山本作"乘"。

处去?"曰:"择菜去。"南泉曰:"将什么择?"师举起刀子。南泉曰:"大家择菜去。"① 一日南泉谓师曰:"老僧偶述《牧牛歌》,请长老和。"师云:"某甲自有师在。"师辞,南泉门送,提起师笠子云:"长老身材勿量大,笠子太小生。"师云:"虽然如此,大千世界总在里许。"南泉云:"王老师底?"② 师便戴笠子而去。

后居洪州大安寺,海众奔凑。裴相国休镇宛陵,建大禅苑请师说法,以师酷爱旧山,还以黄檗名之。又请师至郡,以所解一编示师③。师接置于坐,略不披阅。良久云:"会么?"公云:"未测。"师云:"若便怎么会得,犹较些子。若也形于纸墨,何有吾宗?"裴乃赠诗一章曰:"自从大士传心印,额有圆珠七尺身。挂锡十年栖蜀水,浮杯今日渡漳滨。一千龙象随高步,万里香华结胜因。拟欲事师为弟子,不知将法付何人?"④ 师亦无喜

---

① "南泉曰:'大家择菜去。'"东寺本、碛砂本作"南泉云:'只解作宾,不解作主。'师扣三下"。
② "底",东寺本、碛砂本作"吽",大正本作"聻"。
③ "编",东寺本、径山本作"篇"。
④ 漳,大正本作"章"。大正本此下有注:"观前所叙,则运禅师居洪州大安寺后,裴公在宣州创寺,请师居之,号曰黄檗,而赠以诗也。然所叙之事,与诗意全不相合。今详此诗,乃裴公在洪州时作也。言'挂锡十年栖蜀水'者,谓师先住高安之黄檗已十年也。按《前汉·地理志》:豫章郡建成县有蜀水。建成者,即唐之高安县也。'浮杯今日渡章滨'者,谓自黄檗请师来至洪城也。按《前汉·地理志》:豫章水出赣县西南,北入大江。洪州城在章水之滨,而郡名豫章也。又裴公作《传心法要序》云:有大禅师号希运,住洪州高安县黄檗山鹫峰下,海众常千余人。予会昌二年廉于钟陵,自山迎至州,憩龙兴寺,旦夕问道。大中二年廉于宛陵,复礼迎至所部,寓开元寺云云。钟陵,洪州也;宛陵,宣州也。观此序所述,亦谓师先住高安黄檗,而裴公请至洪州。与前诗正合。逮其廉于宣州,най复迎请耳,但寓开元寺而已,初无建寺之说。不知本章何以差误若此,盖当以裴公《法要序》与诗为正。且会昌三年,武宗废教其二年,言师居黄檗已十载,此必然之理也。裴公在宣州请师,乃大中重兴之后,而师再聚徒于黄檗之时也。故'千顷南公章'中云:大中初,裴公出抚宛陵,请黄檗和尚出山。而南公随之也。其余在'裴公章'中辨之矣。"

色。自尔黄檗门风盛于江表矣。

一日上堂，大众云集，乃曰："汝等诸人欲何所求？"因以棒趁散云："尽是吃酒糟汉，恁么行脚取笑于人。但见八百一千人处便去，不可只图热闹也。老汉行脚时，或遇草根下有一个汉，便从顶上一锥，看他若知痛痒，可以布袋盛米供养。可中总似汝如此容易，何处更有今日事也？汝等既称行脚，亦须著些精神好。还知道：大唐国内无禅师么？"时有一僧出，问云："诸方尊宿尽聚众开化，为什么道无禅师？"师云："不道无禅，只道无师。阇梨不见马大师下有八十八人坐道场①，得马师正眼者止三两人，庐山和尚是其一人。夫出家人，须知有从上来事分②。且如四祖下牛头融大师，横说竖说，犹未知向上关棙子。有此眼脑，方辨得邪正宗党。且当人事，实不能体会得③。但知学言语念，向皮袋里安著，到处称'我会禅'，还替得汝生死么？轻忽老宿，入地狱如箭。我才见入门来，便识得汝了也。还知么？急须努力，莫容易事，持片衣口食空过一生。明眼人笑汝，久后总被俗汉算将去在。宜自看远近，是阿谁面上事？若会即便会，若不会即散去。"问："如何是西来意？"师便打。自余施设，皆被上机，中下之流，莫窥涯涘。唐大中年终于本山，敕谥断际禅师，塔曰广业。

杭州大慈山寰中禅师，蒲坂人也，姓卢氏。顶骨圆耸，其声

---

① "八十八"，东寺本、碛砂本、径山本作"八十四"。
② "知"，东寺本、碛砂本、径山本无。
③ "实"，原作"宜"，碛砂本作"寔"，径山本作"实"，据改。

如钟。少丁母忧，庐于墓所。服阕，思报罔极，于并州童子寺出家。嵩岳登戒，习诸律学。后参百丈，受心印。辞往南岳常乐寺，结茅于山顶。一日南泉至，问："如何是庵中主？"师云："苍天，苍天。"南泉云："苍天且置，如何是庵中主？"师云："会即便会，莫忉忉。"南泉拂袖而出。

后住浙江北大慈山。上堂云："山僧不解答话，只能识病。"时有一僧出师前立，师便下座归方丈。法眼云："众中唤作病在目前不识。"玄觉云："且道大慈识病不识病？此僧出来是病不是病？若言是病，每日行住，不可总是病；若言不是病，出来又作么生？"赵州问："般若以何为体？"师云："般若以何为体。"赵州大笑而出。师明日见赵州扫地，问："般若以何为体？"赵州置帚，拊掌大笑，师便归方丈。有僧辞，师云："去什么处？"僧云："暂去江西。"师云："我劳汝一段事得否？"僧云："和尚有什么事？"师云："将取老僧去。"僧云："更有过于和尚者，亦不能将得去。"师便休。其僧后举似洞山，洞山云："阇梨争合恁么道？"僧云："和尚作么生？"洞山云："得。"法眼别云："和尚若去，某甲提笠子。"洞山又问其僧："大慈别有什么言句？"僧云："有时示众云：说得一丈，不如行取一尺，说得一尺，不如行取一寸。"洞山云："我不恁么道。"僧云："作么生？"洞山云："说取行不得底，行取说不得底。"云居云："行时无说路，说时无行路。不说不行时，合行什么路？"乐普云："行说俱到，即本事无；行说俱不到，即本事在。"

后属唐武宗废教，师短褐隐居。大中壬申岁，重剃染，大扬宗旨。咸通三年二月十五日，不疾而逝，寿八十三，腊五十四。僖宗谥性空大师、定慧之塔。

天台平田普岸禅师，洪州人也，于百丈门下得旨。后闻天台胜概，圣贤间出，思欲高蹈方外，远追遐躅，乃结茅薙草，宴寂林下。日居月诸，为四众所知，创建精蓝，号平田禅院焉。有时谓众曰："神光不昧，万古徽猷，入此门来，莫存知解。"有僧到参，师打一拄杖，其僧近前把住拄杖。师曰："老僧适来造次。"僧却打师一拄杖，师曰："作家，作家。"僧礼拜，师把住曰："是阇梨造次。"僧大笑。师曰："遮个师僧今日大败也。"有偈示众曰："大道虚旷，常一真心。善恶勿思，神清物表。随缘饮啄，更复何为？"终于本院。今山门有遗塔存焉，皇朝重加修饰①，赐额曰寿昌。岸禅师即寿昌开山和尚也。

筠州五峰常观禅师，有僧问："如何是五峰境？"师云："险。"僧云："如何是境中人？"师云："塞。"有僧辞，师云："阇梨向什么处去？"僧云："台山去。"师竖起一指云："若见文殊了，却来遮里与汝相见。"僧无对。师问一僧："汝还见牛么？"僧云："见。"师云："见左角，见右角？"僧无对。师自代云："见无左右。"仰山别云："还辨左右么？"又有僧辞，师云："汝去诸方去②，莫谤老僧在遮里。"僧云："某甲不道和尚在遮里。"师云："汝道老僧在什么处？"僧竖起一指。师云："早是谤老僧也。"

---

① "皇朝"，大正本作"宋朝"。
② "去"，东寺本、碛砂本、径山本无。

潭州石霜山性空禅师，僧问："如何是西来意？"师曰："若人在千尺井中，不假寸绳，出得此人①，即答汝西来意。"僧曰："近日湖南畅和尚出世，亦为人东语西话。"师唤沙弥："拽出死尸著。"沙弥即仰山也。沙弥后举问耽源："如何出得井中人？"耽源曰："咄！痴汉，谁在井中？"后问沩山②："如何出得井中人？"沩山乃呼："慧寂。"寂应诺，沩山曰："出也。"及住仰山，尝举前语谓众曰："我耽源处得名③，沩山处得地。"

福州大安禅师者，本州人也，姓陈氏。幼于黄檗山受业，听习律乘。尝自念言："我虽勤苦，而未闻玄极之理。"乃孤锡游方，将往洪井④。路出上元，逢一老父，谓师曰："师往南昌，当有所得。"师即造于百丈，礼而问曰："学人欲求识佛，何者即是？"百丈曰："大似骑牛觅牛。"师曰："识后如何？"百丈曰："如人骑牛至家。"师曰："未审始终如何保任？"百丈曰："如牧牛人执杖视之，不令犯人苗稼。"师自兹领旨，更不驰求。

同参祐禅师创居沩山也，师躬耕助道。及祐禅师归寂，众请接踵住持。师上堂云："汝诸人总来就安求觅什么？若欲作佛，汝自是佛，而却傍家走，匆匆如渴鹿趁阳焰，何时得相应去？阿你欲作佛，但无如许多颠倒、攀缘、妄想、恶觉、垢欲、不净众生之心，则汝便是初心正觉佛，更向何处别讨？所以安在沩山三十来年，吃沩山饭，屙沩山屎，不学沩山禅。只看一头水牯牛，

---

① "出"，东寺本、碛砂本、径山本作"你若出"。
② "后"，东寺本、碛砂本、径山本作"仰山后"。
③ "我"，东寺本、碛砂本、径山本作"我在"。
④ "井"，大正本作"州"。

若落路入草便牵出,若犯人苗稼即鞭挞,调伏既久,可怜生受人言语,如今变作个露地白牛①,常在面前,终日露迥迥地,趁亦不去也。汝诸人各自有无价大宝,从眼门放光,照山河大地,耳门放光,领采一切善恶音响②。六门昼夜常放光明,亦名放光三昧。汝自不识取,影在四大身中。内外扶持,不教倾侧,如人负重担从独木桥上过,亦不教失脚。且是什么物任持,便得如是?汝若觅毫发即不见③。故志公和尚云:'内外追寻觅总无,境上施为浑大有。'"问:"一切施为是法身用,如何是法身?"师云:"一切施为是法身用。"

僧云:"离却五蕴,如何是本来身?"师云:"地水火风,受想行识。"僧云:"遮个是五蕴。"师云:"遮个异五蕴。"问:"此阴已谢,彼阴未生时如何?"师云:"此阴未谢,那个是大德?"僧云:"不会。"师云:"若会此阴,便明彼阴。"问:"大用现前,不存轨则时如何?"师云:"汝用得但用。"僧乃脱膊,绕师三匝。师云:"向上事何不道取?"僧拟开口,师便打云:"遮野狐精,出去。"有僧上法堂,顾视东西,不见师,乃云:"好个法堂,只是无人。"师从门里出云:"作么?"无对。

雪峰和尚因入山采得一枝木,其形似蛇,于背上题云:"本自天然,不假雕琢。"寄来与师。师云:"本色住山人,且无刀斧痕。"人问师:"佛在何处?"师云:"不离心。"又云:"双峰上人有何所得?"师云:"法无所得。设有所得,得本无得。"有僧

---

① "露地白牛",原作"露白地牛",据东寺本、碛砂本、径山本、大正本改。
② "采",东寺本、碛砂本、径山本作"览"。
③ "毫",原作"豪",据东寺本、径山本改。

问云:"黄巢军来,和尚向什么处回避?"师云:"五蕴山中。"僧云:"忽被他捉著时如何?"师云:"恼乱将军。"师大化闽城二十余载,唐中和三年十月二十二日归黄檗寺示疾而终,塔于楞伽山。敕谥圆智禅师、证真之塔。

福州古灵神赞禅师,本州大中寺受业,后行脚,遇百丈开悟,却回本寺。受业师问曰:"汝离吾在外,得何事业?"曰:"并无事业。"遂遣执役。一日,因澡身①,命师去垢。师乃拊背曰:"好所佛殿,而佛不圣。"其师回首视之,师曰:"佛虽不圣,且能放光。"其师又一日在窗下看经,蜂子投窗纸求出,师睹之曰:"世界如许广阔不肯出,钻他故纸驴年去②?"其师置经问曰:"汝行脚遇何人?吾前后见汝发言异常。"师曰:"某甲蒙百丈和尚指个歇处,今欲报慈德耳。"其师于是告众致斋,请师说法。师登座,举唱百丈门风,乃曰:"灵光独耀,迥脱根尘,体露真常,不拘文字。心性无染,本自圆成,但离妄缘,即如如佛。"其师于言下感悟曰:"何期垂老,得闻极则事!"师后住古灵,聚徒数载。临迁化,剃沐声钟,告众曰:"汝等诸人还识无声三昧否?"众曰:"不识。"师曰:"汝等静听,莫别思惟。"众皆侧聆,师俨然顺寂。塔存本山焉。

广州和安寺通禅师者,婺州双林寺受业。自幼寡言,时人谓之"不语通"也。因礼佛,有禅者问云:"坐主礼底是什么?"师

---

① "身",东寺本、碛砂本、径山本作"浴"。
② "去",东寺本、碛砂本、径山本作"出得",大正本作"去得"。

云:"是佛。"禅者乃指像云:"这个是何物?"师无对。至夜,具威仪,礼问禅者云:"今日所问,某甲未知意旨如何?"禅者云:"坐主几夏邪?"师云:"十夏。"禅者云:"还曾出家也未?"师转茫然。禅者云:"若也不会,百夏奚为?"禅者乃命师同参马祖,行至江西,马祖已圆寂。乃谒百丈,顿释疑情。

有人问:"师是禅师否?"师云:"贫道不曾学禅。"师良久,却召其人,其人应诺,师指棕榈树子。其人无对。师一日令仰山将床子来,仰山将到。师云:"却送本处。"仰山从之。师云:"床子那边是什么物?"仰山云:"无物。"师云:"遮边是什么物?"仰山云:"无物。"师召云:"慧寂。"仰山云:"诺。"师云:"去。"

江州龙云台禅师,有僧问:"如何是祖师西来意?"师云:"老僧昨夜栏里失却牛。"

京兆卫国院道禅师①,僧到参,师问:"何方来?"僧云:"湘南来。"师云:"黄河清未?"僧无对。沩山代云:"小小狐儿,要过但知过,用疑作什么?"师因疾,有人来问疾,师不出。其人云:"久聆和尚道德,忽承法体违和,请和尚相见。"师将钵锁盛钵楂,令侍者擎出呈之,其人无对。

镇州万岁和尚,僧问:"大众云集,合谭何事?"师云:"序

---

① "京兆"下,大正本注:"目录及《正宗记》皆言'洛京'。"

品第一。"归宗柔别云:"礼拜了去。"①

洪州东山慧和尚,游山见一岩,僧问云:"此岩有主也无?"师云:"有。"僧云:"是什么人?"师云:"三家村里觅什么?"其僧又问:"如何是岩中主?"师云:"还气急么?"有小师行脚回,师问:"汝离吾在外多少时邪?"小师云:"十年。"师云:"不用指东指西,直道将来。"小师云:"对和尚不敢谩语。"师喝云:"遮打野汉②。"

清田和尚,一日,与瑫上坐煎茶次,师敲绳床三下,瑫亦敲三下。师云:"老僧敲有个善巧,上坐敲有何道理?"瑫曰:"某甲敲有个方便,和尚敲作么生?"师举起盏子,瑫云:"善知识眼应须恁么。"煎茶了,瑫却问:"和尚适来举起盏子,意作么生?"师云:"不可更别有也。"

---

① "镇州万岁和尚"下,大正本有"百丈惟政章":洪州百丈山惟政禅师,此传旧在第六卷马祖法嗣中,大珠和尚之次。今以机缘推之,即移入此卷百丈海禅师法嗣中,作百丈涅槃和尚机缘也。按唐柳公权书、武翊黄所撰《涅槃和尚碑》云:"师讳法正,以其善讲《涅槃经》,故以涅槃为称。"今师本章中有云:"汝与我开田,吾为汝说大义。"则知其为涅槃和尚明矣。又称南泉为师伯,则知其嗣百丈海公亦明矣。虽然惟政、法正二名不同,盖传写之讹耳。又觉《林间录》亦谓旧本之误,及观《正宗记》则有惟政、法正之名,然百丈第代可数。明敏但见其名不同,不能辨而俱存之。今当以碑为正也。而又卿公《事苑》乃云:"百丈涅槃和尚是沩山嗣子而海公之孙。此尤大谬也,不足取矣。"一日谓僧曰:"汝与我开田了,我为汝说大义。"僧开田了归,请师说大义,师乃展开两手。有老宿见日影透窗,问师曰:"为复窗就日,日就窗?"师曰:"长老房内有客,归去好。"师问南泉曰:"诸方善知识,还有不说似人底法也无?"南泉曰:"有。"师曰:"作么生?"曰:"不是心,不是佛。"师曰:"恁么即说似人了也。"曰:"某甲即恁么。"师曰:"师伯作么生?"曰:"我又不是善知识,争知有说不说底法?"师曰:"某甲不会,请师伯说。"曰:"我大杀为汝说了也。"僧问:"如何是佛佛道齐?"师曰:"定也。"师因入京,路逢官人命吃饭。忽见驴鸣,官人召云:"头陀。"师举头,官人却指驴,师却指官人。法眼别云:"但作驴鸣。"

② "打野汉",东寺本、碛砂本作"打野榳汉"。

大于和尚，与南用到茶堂，见一僧近前不审，用云："我既不纳汝，汝亦不见我，不审阿谁？"僧无语。师云："不得平白地恁么问伊。"用云："大于亦无语。"师乃把其僧云："是你恁么，累我亦然。"打一掴，用便笑曰："朗月与青天。"侍者到看，师问云："金刚正定，一切皆然，秋去冬来，且作么生？"侍者云："不妨和尚借问。"师云："即今即得，去后作么生？"侍者云："谁敢问著某甲？"师云："大于还得么？"侍者云："犹要别人点检在。"师云："辅弼宗师，不废光彩。"侍者礼拜。

前虔州西堂藏禅师法嗣

虔州处微禅师，僧问："三乘十二分教体理得妙，与祖师意为同为别？"师云："恁么即须向六句外鉴，不得随他声色转。"僧曰："如何是六句？"师曰："语底、默底、不语、不默、总是、总不是，汝合作么生？"僧无对。师问仰山："汝名什么？"对曰："慧寂。"师曰："那个是慧，那个是寂？"曰："只在目前。"师曰："犹有前后在。"寂曰："前后且置，和尚见什么？"师曰："吃茶去。"

前蒲州麻谷山宝彻禅师法嗣

寿州良遂禅师，初参麻谷。麻谷召曰："良遂。"师应诺。如是三召三应，麻谷曰："遮钝根阿师，"师方省悟，乃曰："和尚莫谩良遂。若不来礼拜和尚，几空过一生。"麻谷可之。

前湖南东寺如会禅师法嗣

吉州薯山慧超禅师，洞山来，礼拜次，师曰："汝已住一方，又来遮里作么？"对曰："良价无奈疑何，特来见和尚。"师召："良价。"价应诺，师曰："是什么？"价无语。师曰："好个佛，只是无光焰。"

京兆章敬寺怀恽禅师法嗣

京兆大荐福寺弘辩禅师，唐宣宗问："禅宗何有南北之名？"师对曰："禅门本无南北。昔如来以正法眼付大迦叶，展转相传，至二十八祖菩提达磨来游此方，为初祖。暨第五祖弘忍大师，在蕲州东山开法。时有二弟子：一名慧能，受衣法，居岭南为六祖；一名神秀，在北扬化。其后，神秀门人普寂立本师为第六祖，而自称七祖。其所得法虽一，而开导发悟有顿渐之异，故曰'南顿北渐'。非禅宗本有南北之号也。"

帝曰："云何名戒？"师对曰："防非止恶谓之戒。"帝曰："何为定？"对曰："六根涉境，心不随缘名定。"帝曰："何为慧？"对曰："心境俱空，照览无惑名慧。"帝曰："何为方便？"对曰："方便者，隐实覆相，权巧之门也。被接中下，曲施诱迪，谓之方便。设为上根言，舍方便但说无上道者，斯亦方便之谭。乃至祖师玄言，忘功绝谓①，亦无出方便之迹。"帝曰："何为佛心？"对曰："佛者西天之语，唐言'觉'，谓人有智慧觉照为佛

---

① "谓"，碛砂本、径山本作"语"。

心。心者,佛之别名,有百千异号,体唯其一,本无形状,非青黄赤白男女等相。在天非天,在人非人,而现天现人。能男能女,非始非终,无生无灭,故号灵觉之性。如陛下日应万机,即是陛下佛心。假使千佛共传,而不念别有所得也。"帝曰:"如今有人念佛如何?"对曰:"如来出世,为天人师、善知识,随根器而说法。为上根者开最上乘,顿悟至理。中下者未能顿晓,是以佛为韦提希权开十六观门,令念佛生于极乐。故经云:'是心是佛,是心作佛。心外无佛,佛外无心。'"帝曰:"有人持经念佛,持咒求佛如何?"对曰:"如来种种开赞,皆为最上一乘。如百川众流,莫不朝宗于海。如是差别诸数,皆归萨婆若海。"[1]

帝曰:"祖师既契会心印,《金刚经》云'无所得法'如何?"对曰:"佛之一化,实无一法与人。但示众人各各自性,同一法宝藏。当时然灯如来但印释迦本法而无所得,方契然灯本意。故经云:无我、无人、无众生、无寿者,是法平等,修一切善法,不住于相。"帝曰:"禅师既会祖意,还礼佛转经否?"对曰:"沙门释子礼佛转经,盖是住持常法,有四报焉。然依佛戒修身,参寻知识,渐修梵行,履践如来所行之迹。"帝曰:"何为顿见,何为渐修?"对曰:"顿明自性,与佛同俦。然有无始染习,故假渐修对治,令顺性起用。如人吃饭,不一口便饱。"是日辩,师对七刻,赐紫方袍,号圆智禅师。仍敕修天下祖塔,各令守护。

---

[1] "萨婆若",原作"罗婆若",据东寺本、碛砂本改。

福州龟山智真禅师者，扬州人也，姓柳氏。受业于本州华林寺，唐元和元年润州丹徒天香寺受戒。不习经论，唯慕禅那。初谒恽禅师，恽问曰："何所而至？"真曰："至无所至，来无所来。"恽虽默然，真亦自悟。寻抵婺州五洩山，会正原禅伯，长庆二年同游建阳，受郡人叶玢请，居东禅。至开成元年往福州长溪，邑人陈亮、黄瑜请于龟山开创。

　　一日示众曰："动容眴目，无出当人，一念净心，本来是佛。"乃说偈曰："心本绝尘何用洗，身中无病岂求医？欲知是佛非身处，明鉴高悬未照时。"后值武宗澄汰，有偈二首示众曰："明月分形处处新，白衣宁坠解空人？谁言在俗妨修道，金粟曾为长者身。"其二曰："忍仙林下坐禅时，曾被歌王割截支。况我圣朝无此事，只今休道亦何悲？"暨宣宗中兴，乃不复披缁。咸通六年，终于本山，寿八十四，腊六十。敕谥归寂禅师，塔曰秘真。

　　朗州东邑怀政禅师，仰山来参，师问："汝何处人？"仰山曰："广南人。"师曰："我闻广南有镇海明珠，是否？"仰山曰："是。"师曰："此珠何形状？"仰山曰："白月即现。"师曰："汝将得来否？"仰山曰："将得来。"师曰："何不呈似老僧看？"仰山曰："昨到沩山，亦就慧寂索此珠，直得无言可对，无理可宣。"师曰："真师子儿，大师子吼。"

　　金州操禅师，一日请米和尚斋，不排坐位。米到，展坐具礼拜，师下禅床，米乃就师位而坐，师却席地而坐。斋讫，米便去。侍者曰:"和尚受一切人钦仰,今日坐位被人夺却。"师曰:"三日若来,即受救在。"米果三日后来,云:"前日遭贼。"僧问镜清:"古人遭贼意如何?"清云:"只见锥头利,不见凿头方。"

朗州古堤和尚,寻常见僧来,每云:"去!汝无佛性。"僧无对。或有对者,莫契其旨。一日仰山慧寂到参,师云:"去!汝无佛性。"寂叉手近前应诺,师笑曰:"子什么处得此三昧?"寂曰:"我从沩山得。"寂问曰:"和尚从谁得?"师曰:"我从章敬得。"

河中公畿和尚,僧问:"如何是道?如何是禅?"师云:"有名非大道,是非俱不禅。欲识此中意,黄叶止啼钱。"

黄檗希运禅师《传心法要》①

河东裴休集

有大禅师号希运,住洪州高安县黄檗山鹫峰下,乃曹溪六祖之嫡孙,西堂、百丈诸侄②。独佩最上乘离文字之印,唯传一心,更无别法。心体亦空,万缘俱寂。如大日轮,升于虚空中照耀,静无纤埃。证之者无新旧,无浅深,说之者不立义解,不立宗主,不开户牖,直下便是,动念则乖,然后为本佛。故其言简,

① 此文,丛刊本、东寺本无。原本虽有此文,然字体与整章字体不一,疑为后人所补。
② "西堂、百丈诸侄",大正本作"百丈之子、西堂之侄"。

其理直，其道峻，其行孤。四方学徒，望山而趋，睹相而悟。往来海众，常千余人。

予会昌二年廉于钟陵，自山迎至州，憩龙兴寺，旦夕问道。大中二年，廉于宛陵，复礼迎至所部，寓开元寺，旦夕受法，退而纪之，十得一二，佩为心印，不敢发扬。今恐入神精义，不闻于未来，遂出之，授门下僧太舟、法建，归旧山之广唐寺，请长老、法众，问与往日常所亲闻同异何如也。时大唐大中十一年十月八日谨记。自后每段各纪岁月，今删繁尔。

诸佛与一切众生，唯是一心，更无别法。此心无始已来不曾生，不曾灭，不青不黄，无形无相，不属有无，不计新旧，非长非短，非大非小，超过一切限量名言、踪迹对待。当体便是，动念即差。犹如虚空，无有边际，不可测度。惟此一心即是佛，佛与众生更无差异。但是众生著相外求转失，使佛觅佛，将心捉心。穷劫尽形，终不能得。不知息念忘虑，佛自现前。

此心即是佛，佛即是众生，众生即是佛，佛即是心。为众生时，此心不减；为诸佛时，此心不添。乃至六度万行，河沙功德，本自具足，不假修添。遇缘则施，缘息则寂。若不决定信此，而欲著相修行，以求功用，皆是妄想，与道相乖。此心即是佛，更无别佛，亦无别心。此心净明，犹如虚空，无一点相貌。举心动念，即乖法体，即为著相，无始来无著相佛。修六度万行，欲求成佛，即是次第，无始来无次第佛。但悟一心，更无少法可得，此则真佛。佛与众生，一心无异，犹如虚空，无杂无坏。如大日轮，照四天下。日升之时①，明遍天下，虚空不曾明；日没之后，暗遍天下，虚空不曾暗。明暗之景，自相凌夺，虚空之性②，廓然不变。佛与众生心亦如此。若观佛作清净光明、解脱之相，观众生作垢浊暗昧、生死之相，此人作此解，历河沙劫终不得菩提，即是著相之故。唯此一心，更无微尘许少法可得，即是佛。今学道人不悟此心体，便于心上生心，向外求佛，著相修行，皆是恶法，非菩提道。

供养十方诸佛，不如供养一无心人。何故③？无心者，无一切心也。如如之体，内外如木石，不动不转；内外如虚空，不塞不碍。无能无所，无方所，无相貌，无得失。趣者不敢入此法，恐落空，无栖泊处，故望涯而退。文殊当理，普贤当行。理者真空无碍之理，行者离相无尽之行。观音当大慈，势至当大智。维摩，净名也，净者性也，名者相也，性相不异，号为净名。诸大菩萨所表者，人皆有之，不离一心，悟之即是。今学道人不向自心中悟，乃于心外求，著相取境，皆与道背。恒河沙者，佛说是沙④，诸佛、菩萨、释梵、诸天步履而过，沙亦不喜；牛羊、虫蚁蹈践而行，沙亦不怒；珍宝馨香，沙亦不贪；粪溺臭秽，沙亦不恶。

此心即无心之心，离一切相，众生诸佛，更无差殊。但能无心，便是究竟。学道人若不直下无心，累劫修行，终不成道。被三乘功行拘系，不得解脱。然证此心有迟疾，有闻法一念，便得

---

① "升"，大正本作"照"。
② "之"，原作"人"，据大正本改。
③ "何故"，原本、大正本皆作"不可得"，据《黄檗山断际禅师传心法要》卷一改。
④ "是沙"下，原本有"此沙"，为衍文，据《黄檗山断际禅师传心法要》卷一改。

无心者。有至十信、十住、十行、十回向，乃得无心者。有至十地，乃得无心者。长短得无心即住，更无可修，更无可证。实无所得，真实不虚。一念而得与十地而得者，功用恰齐，更无深浅，只是历劫枉受辛勤耳。造恶造善，皆是著相，著相造恶，枉受轮回；著相造善，枉受劳苦。总不如言下自认取本法。此法即心，心外无法；此心即法，法外无心①。心自无心，亦无无心者。将心无心，心即成有。默契而已，绝诸思量。故曰："言语道断，心行处灭。"此心是本源清净佛，人皆有之。蠢动畜生，与诸佛菩萨一体不异。只为妄想分别，造种种业果。本佛上实无一物，虚通寂静，明妙安乐而已。深自悟认，直下便是，圆满具足，更无所欠。纵三僧祇精进修行，历诸地位，及一念证时，只证元来自佛，向上更不添得一物。却观历劫功用，总是梦中妄为。故如来云："我于阿耨菩提实无所得，若妄有所得，然灯即不与授记。"又云："是法平等，无有高下，是名菩提。"即此本源清净心，与众生诸佛、世界山河，有相无相，遍十方界，一切平等，无彼我相。此本源清净心，常自圆明遍照。世人不悟，只认见闻觉知为心，为见闻觉知所覆，所以不睹精明本体。但直下无心，本体自现。如大日轮，升于虚空，遍照十方，更无障碍。故学道人惟认见闻觉知为动作，空却见闻觉知，即心路绝无入处。但于见闻觉知处认本心，然本心不属见闻觉知，亦不离见闻觉知。但莫于见闻觉知上起见解，莫于见闻觉知上动念，亦莫离见闻觉知觅心，亦莫舍见闻觉知取法。不即不离，不住不著，纵横自在，

---

① "外"，大正本作"内"。

无非道场。

世人闻道"诸佛皆传心法"将谓心上别有一法，可证可取，遂将心觅法。不知心即是法，法即是心，不可将心更求于心，历千万劫，终无得日。不如当下无心，便是本法。如力士额珠，隐于额内，向外求觅，周行十方，终不能得。智者指之，当时自见本珠如故。学道人迷自本心，不认为佛，遂向外求觅，起功用行。依次第，证果位，历劫勤求，元不成道。不如当下无心，决定知一切法本无所有，亦无所得，无主无依①，无能无所。不动妄念，便证菩提，及证道时，只证本心佛，历劫功用，并是虚修。如力士得珠时，只得本额珠，不关向外寻求之力。故佛言："我于阿耨菩提实无所得。"恐人不信，故引五眼所见，五语所言，真实不虚，是第一义谛。

学道人勿疑四大为身，四大无我，我亦无主。故知此身无我亦无主，五阴无我亦无主，故知此心无我亦无主，六根、六尘、六识和合生灭，亦复如是。十八界既空，一切皆空，唯有本心，荡然清净。有识食，有智食："四大之身，饥疮为患，随事给养，不生贪著，谓之智食。恣情取味，妄生分别，唯求适口，不生厌离，谓之识食。"声闻者，因声得悟，谓之声闻。但不了自心，于声教上起解。或因神通，或因瑞相，语言运动，闻有菩提涅槃，三阿僧祇劫修成佛道，皆属声闻道，谓之声闻佛。惟直下顿了自心本来是佛，无一法可得，无一行可修，此是无上道，此是真如佛。学道人只怕一念有，即与道隔矣。念念无相，念念无

---

① "主"，大正本作"住"。

为，即是佛。学道人若欲得成佛，一切佛法总不用学。惟学无求无著，无求则心不生，无著则心不染。不染即是佛①。八万四千法门对八万四千烦恼，是教化接引门，本无一法。离即是法，知离者是佛，但离一切烦恼，是无法可得。

学道人欲得知要诀，但莫于心上著一物。言佛法身犹如虚空，此是喻法身即虚空，虚空即法身。常人将谓法身遍于虚空处，虚空中含容法身，不知虚空即法身，法身即虚空也。若定言有虚空，即虚空不是法身；定言有法身，即法身不是虚空。但不作虚空解，虚空即法身；不作法身解，法身即虚空。虚空与法身无异相，佛与众生无异相，生死涅槃无异相，烦恼菩提无异相。离一切相即是佛。凡夫取境，道人取心，心境双忘，乃是真法。忘境犹易，忘心至难，人不敢忘心，是恐落空，无捞摸处。不知空本无空，唯一真界耳。

此灵觉性无始以来，与空虚同寿。未曾生，未曾灭，未曾有，未曾无，未曾秽，未曾净，未曾喧，未曾寂，未曾少，未曾老。无方所，无内外，无数量，无形相，无色像，无音声。不可觅，不可求，不可以智慧识②，不可以言语取，不可以景物会，不可以功用到。诸佛菩萨与一切蠢动众生，同大涅槃性。性即是心，心即是佛，佛即是法。一念离真，皆为妄想。不可以心更求于心，不可以佛更求于佛，不可以法更求于法。故修道人直下无心默契，拟心即差。以心传心，此为正见。慎勿向外逐境为心，是认贼为子。为有贪、嗔、痴，即立戒、定、慧。本无烦恼，焉

---

① "不染"，大正本作"不生不染"。
② "智慧识"，大正本作"智识解"。

有菩提？故祖师云："佛说一切法，为除一切心。我无一切心，何用一切法？"本元清净①，佛上更不得著一物。譬如虚空，虽以无量珍宝庄严，终不能住。佛性同虚空，虽以无量智慧功德庄严，终不能住。但迷本性②，转不见耳。

所谓心地法门，万法皆依此心建立。遇境即有，无境即无。不可于净性上专作境解，所言定慧、鉴用、历历、寂寂、惺惺，见闻觉知，皆是境上作解，暂为中下人说即得③，若欲亲证，皆不可作如此解，尽是境缚。法有没处，没于有地。但于一切法不作有见，即见法。

自达磨大师到中国，唯说一性，唯传一法。以佛传佛，不说余佛；以法传法，不说余法。法即不可说之法，佛即不可取之佛，乃是本源清净心也。唯此一事实，余二则非真。般若为慧，此慧即无相之本也。

凡夫不趣道，唯恣六情，乃行六道。即学道后，一念计生死，即落诸魔道。一念起诸见，即落外道。见有生，趣其灭，即落声闻道。不见有生，唯见有灭，即缘觉道。法本不生，今亦不灭，不起二见，不厌不忻。一切诸法，唯一心是，然后乃为佛乘也。

凡人皆逐境生心，心随欣厌。若欲无境，当忘其心。心忘则境空，境空则心灭。不忘心而除境，境不可除，只益纷扰耳。故万法唯心，心亦不可得，复何求哉？

---

① "元"，大正本作"源"。
② "迷"，原作"远"，据大正本改。
③ "中下"，原作"中上下"，据大正本改。

学般若法人，不见一法可得。绝意三乘，唯一真实，不可证得。谓我能证能得，皆增上慢人也，法华会下拂衣而去者，皆斯徒也。故佛言："我于菩提实无所得，默契而已。"

凡人欲修证，但观五蕴皆空，四大无我。真心无相，不去不来。生时性亦不来，死时性亦不去，湛然圆寂，心境一如。但能如此直下顿了，不为三世所拘系，便出世人也。切不得有分毫趣向，若见善相，诸佛来迎，及种种现前，亦无心随去。若见恶相，种种现前，亦无畏心。但自忘心，同于法界，便得自在。

凡言化城者，二乘及十地，乃至等觉、妙觉，皆是权立接引之教，并为化城也。言宝所者，乃真心本佛，自性之宝。此宝不属情量，不可建立。无佛无众生，无能无所，何处有城？若问此既是化城，何处为宝所？宝所不可指，指即有方所，非真实所也。故云："在近而已。"在近者，不可定量言之，但当体会契之即是。阐提者，信不具也，一切六道众生，及至二乘，不信有佛果，皆谓之断善根阐提。菩萨深信佛法，不见有大乘、小乘，佛与众生同一法性，乃谓之善根阐提。大抵因声教而悟者，名声闻；观因缘而悟者，名缘觉。若不向自心中悟，虽至成佛，亦谓之声闻佛。学道人于法上悟，不于心上悟，虽历劫修行，终不是本佛。若不心悟，乃于法悟，即是轻心重法，遂成逐块，忘于本心。故但契本心，不用求法，心即法也。

凡人多谓境碍心，谓事碍理。常欲逃境以安心，屏事以存理。不知乃是心碍境，理碍事。但令心空境自空，但令理寂事自寂。勿倒用心也。

凡人多不肯空心，恐落空，不知自心本空。愚人除事不除心,智者除心不除事。菩萨心如虚空,一切俱舍,所作福德,皆不贪著。然舍有三等:内外身心,一切俱舍,犹如虚空,无所取著。然后随方应物,能所皆忘,是谓大舍。若一边行道布德,一边旋舍,无希望心,是谓中舍。若广修众善,有所希望,闻法知空,遂乃不著,是谓小舍。大舍如火烛在前,更无迷悟;中舍如火烛在旁,或明或暗;小舍如火烛在后,不见坑阱。故菩萨心如虚空,一切俱舍。过去心不可得,是过去舍;现在心不可得,是现在舍;未来心不可得,是未来舍。所谓三世俱舍。自如来付法迦叶以来,以心印心,心心不异。印著空,则印不成文;印著物,则印不成法。故以心印心,心心不异,能印所印,俱难契会,故得者少。然心即无心,得即无得。

佛有三身说:"自性虚通法是报身说,一切不净法化身说,六度万行法法身说,①不以言语、音声、形相、文字,无所说,无所证,自性虚通而已。"② 故曰:"无法可说,是名说法。"报身、化身,皆随机感现,所说法亦随事应根以为摄化,皆非真法。故曰:"报化非真佛,亦非说法者。"

所言"同是一精明,分为六和合"者:一精明者,一心也。六和合者,六根各与尘合。眼与色合,耳与声合,鼻与香合,舌与味合,身与触合,意与法合。中间生六识,为十八界。若了知十八界空无所有,束六和合为一精明,一精明者即心也。学道人皆知此,但不能免作"一精明""六和合"解,遂为法缚,不契

---

① 此处,大正本作"佛有三身:法身说自性灵通法,报身说一切清净法,化身说六度万行法。法身说法"。
② "虚",大正本作"灵"。

本心。如来现世，欲说一乘真法，则众生不信兴谤，没于苦海。若都不说，则佛堕悭贪，不为众生普舍妙道，遂方便说三乘。乘有大小，得有深浅，皆非本法。故云："惟此一乘道，余二即非真。"然终未能显一心法，故召迦叶同法座坐，别付一心，离言说法。此一枝法令别行①，若能契悟者，便至佛地。

裴休相国《传心偈》

予于宛陵、钟陵，皆得亲黄檗希运禅师，尽传心要。乃作《传心偈》尔：

心不可传，以契为传。心不可见，以无为见。契亦无契，无亦无无。化城不住，迷额有珠。珠是强名，城岂有形？即心即佛，佛即无生。直下便是，勿求勿营。使佛觅佛，倍费功程。随法生解，即落魔界。凡圣不分，乃离见闻。无心似镜，与物无竞。无念似空，无物不容。三乘外法，历劫希逢。若能如是，是出世雄。

尝闻河东大士亲见高安导师《传心要》，于当年著偈章而示后，顿开聋瞽，焕若丹青。予惜其所遗，缀于本录云尔。庆历戊子岁，南宗字天真者题②。

---

① "令"，大正本作"今"。
② 此下，大正本下有注："《传心法要》内改十一处，除落三字，添入九字。并按《四家录》并《别录》为据也。"

景德传灯录卷第十

怀让禅师第三世下卷①六十一人

池州南泉普愿禅师法嗣一十七人一十二人见录

  湖南长沙景岑禅师

  荆南白马昙照禅师

  终南山云际师祖禅师

  邓州香严下堂义端禅师

  赵州东院从谂禅师

  池州灵鹫闲禅师

  鄂州茱萸山和尚

  衢州子湖利踪禅师

  洛京嵩山和尚

  日子和尚

  苏州西禅和尚②

  池州行者甘贽

    资山存制禅师、江陵道弘禅师、宣州玄极禅师、新罗国道均禅

---

① "下卷",大正本作"下"。
② "西禅和尚"下,大正本有"宣州刺史陆亘"。

师、宣州刺史陆亘① 已上五人无机缘语句②，不录

杭州盐官齐安禅师法嗣八人三人见录

　　襄州关南道常禅师

　　洪州双岭玄真禅师

　　杭州径山鉴宗禅师

　　　　唐宣宗皇帝、白云昙靖禅师、潞府渌水文举禅师、新罗品日禅
　　　　师、寿州建宗禅师 已上五人无机缘语句，不录

婺州五洩山灵默禅师法嗣四人一人见录

　　福州龟山正原禅师

　　　　甘泉寺晓方禅师、甘泉寺元遂禅师、明州栖心寺藏奂禅师③　已
　　　　上三人无机缘语句，不录

洛京佛光寺如满禅师法嗣一人见录

　　杭州刺史白居易

明州大梅山法常禅师法嗣三人二人见录

　　新罗国迦智禅师

　　杭州天龙和尚

　　　　新罗国忠彦禅师　一人无机缘语句，不录

荆州永泰寺灵湍禅师法嗣五人三人见录

　　湖南上林戒虚禅师

　　五台山秘魔岩和尚

　　湖南祇林和尚

　　　　吕后山文质禅师、苏州法河禅师　已上二人无机缘语句，不录

---

① "宣州陆亘"大正本无。
② "五"，大正本作"四"。
③ 大正本"元遂"、"藏奂"二人位置互换。

幽州盘山宝积禅师法嗣二人 一人见录

　　镇府普化和尚

　　　　镇州上方和尚　一人无机缘语句，不录

京兆兴善寺惟宽禅师法嗣

　　　　京兆法智禅师、京兆慧建禅师、京兆无表禅师①、京兆元净禅师、京兆慧光禅师②、京兆义宗禅师　已上六人无机缘语句，不录

云水靖宗禅师法嗣

　　　　华州小马神照禅师、华州道圆禅师　已上二人无机缘语句，不录

潭州龙牙山圆畅禅师法嗣二人 一人见录

　　嘉禾藏廙禅师

　　　　羊肠藏枢禅师　一人无机缘语句，不录

汾州无业国师法嗣

　　　　镇州常贞禅师、镇州奉先义禅师　已上二人无机缘语句，不录

庐山归宗寺法常禅师法嗣六人③ 四人见录

　　福州芙蓉山灵训禅师

　　汉南谷城县高亭和尚

　　新罗大茅和尚

　　五台山智通禅师

　　　　洪州高安大愚禅师、江州刺史李渤④　已上二人无机缘语句，不录

鲁祖山宝云禅师法嗣

---

① 大正本"慧建"、"无表"二人位置互换。
② "慧光"，东寺本、碛砂本作"光"。
③ "法常"，大正本作"智常"。
④ "渤"，原作"勃"，据太子本、《旧唐书》改。

云水和尚　一人无机缘语句，不录

　紫玉山道通禅师法嗣
　　　　唐襄州节度使于𬱖　一人无机缘语句，不录

　华严寺智岩禅师法嗣一人见录
　　黄州齐安和尚

怀让第三世①
前池州南泉普愿禅师法嗣

湖南长沙景岑，号**"招贤大师"**，初住鹿苑为第一世。其后居无定所，但徇缘接物，随请说法，故时众谓之"长沙和尚"。上堂曰："我若一向举扬宗教，法堂里须草深一丈。我事不获已，所以向汝诸人道：'尽十方世界是沙门眼，尽十方世界是沙门全身，尽十方世界是自己光明，尽十方世界在自己光明里，尽十方世界无一人不是自己。'我常向汝诸人道：'三世诸佛共尽法界众生，是摩诃般若光。'光未发时，汝等诸人向什么处委？光未发时，尚无佛、无众生消息，何处得山河国土来？"时有僧问："如何是沙门眼？"师云："长长出不得。"又云："成佛成祖出不得，六道轮回出不得。"僧云："未审出个什么不得？"师云："昼见日，夜见星。"僧云："学人不会。"师云："妙高山色青又青。"

　僧问："教中云：'而常处此菩提坐。'如何是坐？"师云："老僧正坐，大德正立。"僧问："如何是大道？"师云："没却汝。"僧问："诸佛师是谁？"师云："从无始劫来，承谁覆荫？"僧云："未有诸佛已前作么生？"师云："鲁祖开堂，亦与师僧东

---

① "怀让第三世"，丛刊本、大正本作"怀让第三世下"。

道西说。"僧问:"学人不据地时如何?"师云:"汝向什么处安身立命?"僧云:"却据地时如何?"师云:"拖出死尸著。"僧问:"如何是异类?"师云:"尺短寸长。"僧问:"如何是诸佛师?"师云:"不可更拗直作曲邪。"僧云:"请和尚向上说。"师云:"阇梨眼瞎耳聋作么?"

师遣一僧去问同参会和尚云:"和尚见南泉后如何?"会默然。僧云:"和尚未见南泉已前作么生?"会云:"不可更别有也。"僧回,举似师,师示一偈曰:"百丈竿头不动人,虽然得入未为真。百丈竿头须进步,十方世界是全身。"僧问:"只如百丈竿头如何进步?"师云:"朗州山,澧州水。"僧云:"请师道。"师云:"四海五湖皇化里。"有客来谒,师召曰:"尚书。"其人应诺,师曰:"不是尚书本命。"对曰:"不可离却即今祗对,别有第二主人。"师曰:"唤尚书作至尊得么?"彼云:"恁么总不祗对时,莫是弟子主人否?"师曰:"非但祗对与不祗对时,无始劫来,是个生死根本。"有偈曰:"学道之人不识真,只为从来认识神。无始劫来生死本,痴人唤作本来身。"有秀才看《佛名经》,问曰:"百千诸佛,但见其名,未审居何国土,还化物也无?"师曰:"黄鹤楼崔颢题后,秀才还曾题未?"曰:"未曾。"师曰:"得闲题一篇何妨。"僧问:"南泉迁化向什么处去?"师云:"东家作驴,西家作马。"僧云:"此意如何?"师云:"要骑即骑,要下即下。"

僧皓月问:"天下善知识证三德涅槃未?"师曰:"大德问果上涅槃,因中涅槃?"曰:"问果上涅槃。"师曰:"天下善知识未证。"曰:"为什么未证?"师曰:"功未齐于诸圣。"曰:"功未齐圣,何为善知识?"师曰:"明见佛性,亦得名为善知识。"曰:"未审功齐何道,名证大涅槃?"师有偈曰:"摩诃般若照,解脱甚深深①。法身寂灭体,三一理圆常。欲识功齐处,此名常寂光。"又曰:"果上三德涅槃已蒙开示,如何是因中涅槃?"师曰:"大德是。"又问:"教中说幻意是有邪?"师曰:"大德是何言软?"②云:"恁么幻意是无邪?"师曰:"大德是何言软?"云:"恁么即幻意是不有不无邪?"师又曰:"大德是何言软?"云:"如某三明,尽不契于幻意,未审和尚如何明教中幻意?"师曰:"大德信一切法不思议否?"云:"佛之诚言,那敢不信?"师曰:"大德言信,二信之中是何信?"云:"如某所明,二信之中,是名缘信。"师曰:"依何教门,得生缘信,大德?"云:"据《华严》云:'菩萨摩诃萨,以无障无碍智慧,信一切世间境界,是如来境界。'又《华严》云:'诸佛世尊悉知世法,及诸佛法,性无差别,决定无二。'又《华严》云:'佛法世间法,若见其真实,一切无差别。'"师曰:"大德所举缘信教门,甚有来处。听老僧与大德明教中幻意:若人见幻本来真,是则名为见佛人。圆通法法无生灭,无灭无生是佛身。"

又问:"蚯蚓断为两断③,两头俱动,佛性在阿那头?"师云:"动与不动,是何境界?"云:"言不干典,非智者所谈。只如和尚言'动与不动,是何境界',出自何经?"师曰:"灼然,言不干典,非智者所谈。大德岂不见《首楞严经》云:'当知十方无

---

① "深深",东寺本、碛砂本、径山本作"深法"。
② "软",原作"与",据丛刊本、大正本改,下同。
③ 前"断",东寺本、碛砂本作"斩"。后"断",丛刊本、大正本作"段"。

边不动虚空,并其动摇、地、水、火、风,均名六大①,性真圆融,皆如来藏,本无生灭。'"师有偈云:"最甚深,最甚深,法界人身便是心。迷者迷心为众色,悟时刹境是真心。身界二尘无实相,分明达此号知音。"又问:"如何是陀罗尼?"师指禅床右边曰:"遮个师僧却诵得。"又问:"别有人诵得否?"又指禅床左边曰:"遮个师僧亦诵得。"云:"某甲为什么不闻?"师曰:"大德岂不知道②:真诵无响,真听无闻。"云:"恁么则音声不入法界性也。"师曰:"离色求观非正见,离声求听是邪闻。"云:"如何不离色是正见,不离声是真闻?"师乃有偈曰:"满眼本非色,满耳本非声。文殊常触目,观音塞耳根。会三元一体,达四本同真。堂堂法界性,无佛亦无人。"

僧问:"南泉云:'狸奴白牯却知有,三世诸佛不知有。'为什么三世诸佛不知有?"师曰:"未入鹿苑时犹较些子。"僧曰:"狸奴白牯为什么却知有?"师曰:"汝争怪得伊?"僧问:"和尚继嗣何人?"师曰:"我无人得继嗣。"僧曰:"还参学也无?"师曰:"我自参学。"僧曰:"师意如何?"师有偈:"虚空问万象,万象答虚空。谁人亲得闻,木叉卯角童。"僧问:"如何是平常心?"师云:"要眠即眠,要坐即坐。"僧云:"学人不会。"师云:"热即取凉,寒即向火。"僧问:"向上一路请师道。"师云:"一口针,三尺线。"僧云:"如何领会?"师云:"益州布,扬州绢。"僧问:"动是法王苗,寂是法王根,如何是法王?"师指露柱曰:"何不问大士?"

---

① "均",原作"钧",据碛砂本、大正本改。
② "知",大正本作"闻"。

因庭前向日，仰山云："人人尽有遮个事，只是用不得。"师云："恰是，请汝用。"仰山云："作么生用？"师乃踏倒仰山。仰山云："直下似个大虫。"长庆云："前彼此作家，后彼此不作家。"乃别云："邪法难扶。"自此诸方谓为"岑大虫"。僧问："本来人还成佛也无？"师云："汝见大唐天子还自种田割稻否？"僧云："未审是何人成佛？"师云："是汝成佛。"僧无语。师云："会么？"僧云："不会。"师云："如人因地而倒，依地而起，地道什么？"三圣令秀上坐问云："南泉迁化向什么处去？"师云："石头作沙弥时参见六祖。"秀云："不问石头见六祖，南泉迁化向什么处去？"师云："教伊寻思去。"秀云："和尚虽有千尺寒松，且无抽条石笋。"师默然。秀云："谢和尚答话。"师亦默然。秀上坐举似三圣，三圣云："若实恁么，犹胜临济七步。然虽如此，待我更验看。"至明日三圣上问云："承闻和尚昨日答南泉迁化一则语，可谓光前绝后，今古罕闻。"师亦默然。

僧问："如何是文殊？"师云："墙壁瓦砾是。"又问："如何是观音？"师云："音声语言是。"又问："如何是普贤？"师云："众生心是。"又问："如何是佛？"师云："众生色身是。"僧曰："河沙诸佛体皆同，何故有种种名字？"师云："从眼根返源，名为文殊；耳根返源，名为观音；从心返源，名为普贤。文殊是佛妙观察智，观音是佛无缘大慈，普贤是佛无为妙行。三圣是佛之妙用，佛是三圣之真体。用则有河沙假名，体则总名一薄伽梵。"僧问："色即是空，空即是色，此理如何？"师偈曰："碍处非墙壁，通处勿虚空。若人如是解，心色本来同。"又偈曰："佛性堂堂显现，住性有情难见。若悟众生无我，我面何殊佛面？"僧问：

"第六、第七识及第八识,毕竟无体,云何得名转第八为大圆镜智?"师有偈曰:"七生依一灭,一灭持七生。一灭灭亦灭,六七永无迁。"

又有僧问:"蚯蚓断为两段①,两头俱动,未审佛性在阿那头?"师云:"妄想作么?"僧云:"其如动何?"② 师云:"汝岂不知火风未散?"僧问:"如何转得山河国土归自己去?"师云:"如何转得自己成山河国土去。"僧云:"不会。"师云:"湖南城下好养民,米贱柴多足四邻。"其僧无语。师有偈曰:"谁问山河转,山河转向谁?圆通无两畔,法性本无归。"

讲《华严》大德问:"虚空为是定有,为是定无?"师曰:"言有亦得,言无亦得。虚空有时,但有假有;虚空无时,但无假无。"云:"如和尚所说,有何教文?"师曰:"大德岂不闻《首楞严经》云:'十方虚空生汝心内,犹片云点太清里。'岂不是虚空生时,但生假名。又云:'汝等一人,发真归源③,十方虚空,皆悉消殒。'岂不是虚空灭时,但灭假名。老僧所以道:'有是假有,无是假无。'"又问:"《经》云:'如净琉璃中,内现真金像。'此意如何?"师曰:"以净琉璃为法界体,以真金像为无漏智体。体能生智,智能达体,故云'如净琉璃中,内现真金像'。"问:"如何是上上人行处?"师曰:"如死人眼。"云:"上上人相见时如何?"师曰:"如死人手。"问:"善财为什么无量劫游普贤身中世界不遍?"师曰:"你从无量劫来,还游得遍否?"

---

① "断",东寺本、径山本作"斩"。
② "其如",东寺本、碛砂本、径山本作"争奈"。
③ "源",大正本作"元"。

云:"如何是普贤身?"师曰:"含元殿里更觅长安。"

问:"如何是学人心?"师曰:"尽十方世界是你心。"云:"恁么则学人无著身处也。"师曰:"是你著身处。"云:"如何是著身处?"师曰:"大海水,深又深。"云:"学人不会。"师曰:"鱼龙出入任升沈。"问:"有人问和尚,即随因缘答,总无人问,和尚如何?"师曰:"困即睡,健即起。"云:"教学人向什么会?"① 师曰:"夏天赤骨力②,冬寒须得被。"问:"亡僧什么处去也?"师有偈云:"不识金刚体,却唤作缘生。十方真寂灭,谁在复谁行?"

南泉有真,赞云:"堂堂南泉,三世之源。金刚常住,十方无边。生佛无尽,现已却还。"《南泉久住投机偈》:"今日还乡入大门,南泉亲道遍乾坤。法法分明皆祖父,回头惭愧好儿孙。"师答曰:"今日投机事莫论,南泉不道遍乾坤。还乡尽是儿孙事,祖父从来不入门。"师又有《劝学偈《云:"万丈竿头未得休,堂堂有路少人游。禅师愿达南泉去,满目青山万万秋。"因临济和尚云"肉团上有无位真人",③ 师乃有偈云:"万法一如不用拣,一如谁拣谁不拣?即今生死本菩提,三世如来同个眼。"师《诫人斫松竹偈》云:"千年竹,万年松,枝枝叶叶尽皆同。为报四方玄学者,动手无非触祖公。"

荆南白马昙照禅师,常云:"快活,快活!"及临终时叫:

---

① "什么",碛砂本作"什么处"。
② "骨力",东寺本、碛砂本、径山本作"胳髅"。
③ "肉团",大正本作"赤肉团"。

"苦，苦。"又云："阎罗王来取我也。"院主问曰："和尚当时被节度使抛向水中，神色不动，如今何得恁么地？"师举枕子云："汝道当时是，如今是？"院主无对。法眼代云："此时但掩耳出去。"

终南山云际师祖禅师，初在南泉时，问云："摩尼珠人不识，如来藏里亲收得。如何是藏？"南泉云："与汝来往者是藏。"师云："不来往者如何？"南泉云："亦是藏。"又问："如何是珠？"南泉召云："师祖。"师应诺，南泉云："去，汝不会我语。"师从此信入。

邓州香严下堂义端禅师，示众云："兄弟彼此未了，有什么事相共商量？我三五日即发去也。如今学者，须了却今时，莫爱他向上人无事。兄弟纵学得种种差别义路，终不代得自己见解。毕竟著力始得，空记持他巧妙章句，即转加烦乱去。汝若欲相应，但恭恭尽莫停留纤豪，直似虚空，方有少分。以虚空无锁无壁落，无形无心眼。"有僧问："古人相见时如何？"师云："老僧不曾见他古人。"僧云："今时血脉不断处，如何仰羡？"师云："有什么仰羡处？"僧问云："某甲不问闲事，请和尚答话。"师云："更从我觅什么？"僧云："不为闲事。"师云："汝教我道。"师又云："兄弟，佛是尘，法亦是尘。终日驰求，有什么休歇？但时中不用挂情，情不挂物，无善可取，无恶可弃。莫教被他笼罩著，始是学处。"

有僧云："曾辞一老宿，示某甲云：'去则亲良朋，附道友。'未审老宿意旨如何？"才礼拜次，师云："礼拜一任，不得认奴作郎。"僧问:"如何是直截根源?"师乃掷下拄杖,入方丈。一日,师谓众曰:"语是谤,寂是诳。寂语向上有路在,老僧口门窄,不能与汝说得。"便下堂。僧问:"一句子如何?"师云:"此间一句亦无。"僧问:"正因为什么无事?"师云:"我不曾停留。"又云:"假饶重重剥得净尽,无停留,权时施设,亦是方便接人。若是那边事,无有是处。"

赵州观音院亦曰"东院"①。**从谂禅师**,曹州郝乡人也,姓郝氏。童稚于本州扈通院从师披剃,未纳戒,便抵池阳参南泉。值南泉偃息,而问曰:"近离什么处?"师曰:"近离瑞像。"② 曰:"还见立瑞像么?"③ 师曰:"不见立瑞像,只见卧如来。"曰:"汝是有主沙弥,无主沙弥?"师曰:"有主沙弥。"曰:"主在什么处?"师曰:"仲冬严寒,伏惟和尚尊体万福。"南泉器之,而许入室。异日问南泉:"如何是道?"南泉曰:"平常心是道。"师曰:"还可趣向否?"南泉曰:"拟向即乖。"师曰:"不拟时,如何知是道?"南泉曰:"道不属知、不知,知是妄觉,不知是无记。若是真达不疑之道,犹如太虚,廓然虚豁,岂可强是非邪?"师言下悟理,乃往嵩岳琉璃坛纳戒,却返南泉。异日问南泉:"知有底人向什么处休歇?"南泉云:"山下作牛去。"师云:"谢指示。"南泉云:"昨夜三更月到窗。"

师作火头,一日闭却门,烧满屋烟,叫云:"救火,救火!"

---

① "曰",碛砂本、径山本作"名"。
② "瑞像",大正本作"瑞像院"。
③ "立瑞像",大正本作"瑞像"。

时大众俱到，师云："道得即开门。"众皆无对。南泉将锁于窗间过与师①，师便开门。又到黄檗，黄檗见来，便闭方丈门。师乃把火于法堂内，叫云："救火，救火！"黄檗开门捉住云："道，道！"师云："贼过后张弓。"又到宝寿，宝寿见来，即于禅床上背面坐。师展坐具礼拜，宝寿下禅床，师便出。又到盐官云："看箭。"盐官云："过也。"师云："中也。"又到夹山，将拄杖入法堂。夹山曰："作什么？"②曰："沁水。"③夹山曰："一滴也无，沁什么？"师倚杖而出。师将游五台山次，有大德作偈留云："何处青山不道场，何须策杖礼清凉？云中纵有金毛现，正眼观时非吉祥。"师云："作么生是正眼？"大德无对。法眼代云："请上坐领某甲卑情。"同安显代云："是上坐眼。"

师自此道化被于北地，众请住赵州观音。上堂示众云："如明珠在掌，胡来胡现，汉来汉现。老僧把一枝草为丈六金身用，把丈六金身为一枝草用。佛是烦恼，烦恼是佛。"时有僧问："未审佛是谁家烦恼？"师云："与一切人烦恼。"僧云："如何免得？"师云："用免作么？"师扫地，有人问云："和尚是善知识，为什么有尘？"师曰："外来。"又僧问："清净伽蓝，为什么有尘？"师曰："又一点也。"④又有人与师游园，见兔子惊走，问云："和尚是大善知识，为什么兔子见惊？"师云："为老僧好杀。"

僧问："觉华未发时，如何辨贞实？"师云："开也。"僧云：

---

① "锁"，大正本作"锁匙"。
② "作什么"，东寺本、碛砂本、径山本作"作么"。
③ "沁"，大正本作"探"，下同。
④ "一"，碛砂本、径山本作"有"。

"是贞是实？"师云："贞是实，实是贞。"僧云："什么人分上事？"师云："老僧有分，阇梨有分。"僧云："某甲不招纳如何？"①师佯不闻，僧无语。师云："去。"师院有石幢子，被风吹折，僧问："陀罗尼幢子，作凡去，作圣去？"师云："也不作凡，亦不作圣。"僧云："毕竟作什么？"师云："落地去也。"

师问一坐主："讲什么经？"对云："讲《涅槃经》。"师云："问一段义得否？"云："得。"师以脚踢空，吹一吹云："是什么义？"坐主云："经中无此义。"师云："五百力士揭石义，便道无？"大众晚参，师云："今夜答话去也，有解问者出来。"时有一僧便出礼拜，师云："比来抛砖引玉，却引得个墼子。"保寿云："射虎不真，徒劳没羽。"长庆问觉上坐云："那僧才出礼拜，为甚么便收伊为墼子？"②觉云："适来那边亦有人恁么问。"庆云："向伊道什么？"云："也向伊恁么道。"玄觉云："什么处却成墼子去？丛林中道：才出来便成墼子。只如每日出入，行住坐卧，不可总成墼子也？且道遮僧出来，具眼不具眼？"

有僧游五台，问一婆子云："台山路向什么处去？"婆子云："蓦直恁么去③。"僧便去，婆子云："又恁么去也。"其僧举似师，师云："待我去勘破遮婆子。"师至明日，便去问："台山路向什么处去？"婆子云："蓦直恁么去。"师便去，婆子云："又恁么去也。"师归院，谓僧云："我为汝勘破遮婆子了也。"玄觉云："前来僧也恁么道，赵州去也恁么道，什么处是勘破婆子？"又云："非唯被赵州勘破，亦被遮僧勘破。"僧问："恁么来底人，师还接否？"师云："接。"僧云："不恁么来底，师还接否？"师云："接。"僧云：

---

① "如何"，东寺本、碛砂本、径山本作"是如何"。
② "甚么"，大正本作"什么"。"收"，碛砂本作"取"。
③ "恁么"，东寺本、碛砂本、径山本无。

"恁么来者从师接,不恁么来者如何接?"师云:"止止不须说,我法妙难思。"师出院,路逢一婆子,问:"和尚住什么处?"师云:"赵州东院西。"婆子无语。师归院,问众僧:"合使那个西字?"或言"东西"字,或言"栖泊"字。师曰:"汝等总作得盐铁判官。"僧曰:"和尚为什么恁么道?"师曰:"为汝总识字。"法灯别众僧云:"已知去处。"

僧问:"如何是囊中宝?"师云:"合取口。"法灯别云:"莫说似人。"有新到僧谓师曰:"某甲从长安来,横担一条拄杖,不曾拨著一人。"师曰:"自是大德拄杖短。"同安显别云:"老僧遮里不曾见恁么人。"僧无对。法眼代云:"呵呵!"同安显代云:"也不短。"有僧写得师真呈师,师曰:"且道似我不似我?若似我,即打杀老僧;不似我,即烧却真。"僧无对。玄觉代云:"留取供养。"师敲火问僧云:"老僧唤作火,汝唤作什么?"僧无语。师云:"不识玄旨,徒劳念静。"法灯别云:"我不如汝。"新到僧参,师问:"什么处来?"僧云:"南方来。"师云:"佛法尽在南方,汝来遮里作什么?"僧云:"佛法岂有南北邪?"师云:"饶汝从雪峰、云居来,只是个担板汉。"崇寿稠别云:"和尚是据客置主人。"僧问:"如何是佛?"师云:"殿里底。"僧云:"殿里者岂不是泥龛塑像?"师云:"是。"僧云:"如何是佛?"师云:"殿里底。"僧问:"学人迷昧,乞师指示。"① 师云:"吃粥也未?"② 僧云:"吃粥也。"③ 师云:"洗钵去。"其僧忽然省悟。

---

① "学人迷昧乞师指示",东寺本、碛砂本、径山本作"如何是学人自己"。
② "吃粥也未",东寺本、碛砂本、径山本作"吃粥了也未"。
③ "吃粥也",丛刊本作"吃粥了也"。

师上堂云:"才有是非,纷然失心,还有答话分也无?"乐普在众扣齿,云居云:"何必?"师云:"今日大有人丧身失命。"有僧云:"请和尚举。"师便举前语,僧指傍僧云:"遮僧作怎么语话。"师乃休①。僧问:"久向赵州石桥②,到来只见掠彴。"师云:"汝只见掠彴,不见赵州桥。"僧云:"如何是赵州桥?"师云:"过来。"③ 又有僧同前问,师亦如前答。僧云:"如何是赵州桥?"师云:"度驴度马。"僧云:"如何是掠彴?"师云:"个个度人。"云居锡云:"赵州为当扶石桥,扶掠彴?"师闻沙弥喝参,向侍者云:"教伊去。"侍者乃教去,沙弥便珍重去。师云:"沙弥得入门,侍者在门外。"云居锡云:"什么处是沙弥入门,侍者在门外?遮里若会得,便见赵州。"

师问新到僧:"什么处来?"僧云:"从南来。"师云:"还知有赵州关否?"僧云:"须知有不涉关者。"师云:"遮贩私盐汉。"僧问:"如何是西来意?"师下禅床立,僧云:"莫即遮个便是否?"师云:"老僧未有语在。"师问菜头:"今日吃生菜、熟菜?"菜头拈起菜呈之。师云:"知恩者少,负恩者多。"僧问:"空劫中还有人修行也无?"师云:"汝唤什么作空劫?"僧云:"无一物是。"师云:"遮个始称得修行,唤什么作空劫?"僧无语。僧问:"如何是玄中玄?"师云:"汝玄来多少时邪?"僧云:"玄之久矣。"师云:"阇梨若不遇老僧,几被玄杀。"

---

① "乐普在众"至此,大正本作:"后有僧举示洛浦,洛浦扣齿。又举示云居,云居云:'何必?'僧回,举示师。师云:'南方大有人丧身失命。'僧云:'请和尚举。'师才举前语,僧指傍僧云:'者个师僧,吃却饭了作怎么语话。'师乃休。"并注云:"此一段旧本全无伦理,今依《别录》改正。"
② "向",原作"响",据大正本改。
③ "过来",东寺本、碛砂本、径山本作"过来过来"。

僧问:"万法归一,一归何所?"师云:"老僧在青州作得一领布衫重七斤半。"① 僧问:"夜生兜率②,昼降阎浮,于其中间,摩尼为什么不现?"师云:"道什么?"其僧再问,师云:"毗婆尸佛早留心,直至如今不得妙。"师问院主:"什么处来?"对云:"送生来。"师云:"鸦为什么飞去?"院主云:"怕某甲。"师云:"汝十年知事,作恁么语话。"③ 院主却问:"鸦为什么飞去?"④ 师云:"院主无杀心在。"⑤ 师托起钵云:"三十年后若见老僧,留取供养;若不见,即扑破。"一僧出云:"三十年后敢道见和尚?"师乃扑破。

有僧辞,师问:"什么处去?"僧云:"雪峰去。"师云:"雪峰忽若问汝云:'和尚有何言句?'汝作么生祗对?"僧云:"某甲道不得,请和尚道。"师云:"冬即言寒,夏即道热。"又云:"雪峰更问汝毕竟事作么生?"其僧又云:"道不得。"师云:"但道:'亲从赵州来,不是传语人。'"其僧到雪峰,一依前语举似雪峰。雪峰云:"也须是赵州始得。"玄沙闻云:"大小赵州败阙也不知。"云居锡云:"什么处是赵州败阙⑥?若检得出,是上坐眼。"僧问:"如何是赵州一句?"师云:"老僧半句也无。"僧云:"岂无和尚在?"师云:"老僧不是一句。"

僧问:"如何是出家?"师云:"不履高名,不求苟得。"僧

---

① "半"东寺本、碛砂本无。
② "生",大正本作"离"。
③ "汝十年知事作恁么语话",东寺本、碛砂本、径山本作"是什么语话"。
④ "鸦为什么飞去",东寺本、碛砂本、径山本作"鸦子为什么却飞"。
⑤ "师云院主无杀心在",东寺本、碛砂本作"师代云为某甲有杀心在"。径山本作"师云院主无杀心"。
⑥ "阙"下,大正本有"处"。

问:"澄澄绝点时如何?"师云:"遮里不著客作汉。"僧问:"如何是祖师意?"师乃敲床脚。僧云:"只遮莫便是否?"师云:"是即脱取去。"僧问:"如何是毗卢圆相?"师云:"老僧自幼出家,不曾眼花。"僧云:"岂不为人?"师云:"愿汝常见毗卢圆相。"人问[①]:"和尚还入地狱否?"师云:"老僧末上入。"曰:"大善知识为什么入地狱?"师云:"若不入,阿谁教化汝?"

一日,真定帅王公携诸子入院。师坐而问曰:"大王会么?"王云:"不会。"师云:"自小持斋身已老,见人无力下禅床。"王公尤加礼重。翌日,令客将传语,师下禅床受之。少间,侍者问:"和尚见大王来不下禅床,今日军将来为什么却下禅床?"师云:"非汝所知。第一等人来禅床上接,中等人来下禅床接,末等人来三门外接。"师寄拂子与王公曰:"若问何处得来?但道老僧平生用不尽者。"[②] 师之玄言,布于天下,时谓"赵州门风",皆悚然信伏矣。唐乾宁四年十一月二日右胁而寂,寿一百二十。有人问师:"年多少?"师云:"一串念珠数不尽。"后谥真际大师。

池州灵鹫闲禅师,谓众曰:"是汝诸人本分事,若教老僧道,即与蛇画足。此是顿教,诸上坐。"有僧便问:"与蛇画足即不问,如何是本分事?"师云:"阇梨试道看。"其僧拟再问,师曰:"画足作么?"明水和尚问:"如何是顿获法身?"师云:"一透龙门云外望,莫作黄河点额鱼。"仰山问:"寂寂无言,如何视听?"师云:"无缝塔前多雨水。"僧问:"二彼无言时如何?"师云:

---

① "人",东寺本、碛砂本、径山本无。
② "但",碛砂本、径山本作"便"。

"是常。"僧云:"还有过常者无?"师云:"有。"僧云:"请师唱起。"师云:"玄珠自朗耀,何须壁外光?"僧问:"今日供养西川无染大师,未审大师还来否?"师云:"本自无所至,今岂随风转?"僧云:"恁么即供养何用?"师云:"功力有为互①,不换义相涉。"

鄂州茱萸山和尚,初住随州护国院为第一世。金轮可观和尚问:"如何是道?"师云:"莫向虚空里钉橛。"观云:"虚空是橛。"师乃打之。观捉住云:"莫打某甲,已后错打人在。"师便休。云居锡云:"此人具眼不具眼?因什么著打?"赵州谂和尚先到云居,云居问曰:"老老大大汉,何不觅个住处?"谂曰:"什么处住得?"云居曰:"山前有古寺基。"谂曰:"和尚自住取。"后到师处,师曰:"老老大大汉,何不住去?"谂曰:"什么处住得?"师曰:"老老大大汉,住处也不知。"谂曰:"三十年弄马伎,今日却被驴扑。"云居锡云:"什么处是赵州被驴扑处?"众僧侍立,师曰:"只恁么白立,无个说处,一场气闷。"有僧拟出问,师乃打之曰:"为众竭力。"便入方丈。有行者参,师曰:"曾去看赵州么?"曰:"和尚敢道否?"师云:"非但茱萸,一切人道不得。"曰:"和尚放某甲过。"师曰:"遮里从前不通人情。"曰:"要且慈悲心在。"师便打曰:"醒后来为汝。"

衢州子湖岩利踪禅师,澶州人也,姓周氏。幽州开元寺出

---

① "为互",原作"为",据大正本改。

家，依年受具。后入南泉之室，乃抵于衢州之马蹄山，结茅宴居。唐开成二年，邑人翁迁贵施山下子湖创院。咸通二年，敕赐额曰"安国禅院"。一日，上堂示众曰："子湖有一只狗，上取人头，中取人心，下取人足，拟议即丧身失命。"僧问："如何是子湖一只狗？"师曰："嗥，嗥。"临济下二僧到参，方揭帘，师曰："看狗。"二僧回顾，师归方丈。师与胜光和尚锄园，师蓦按锸①，回视胜光云："事即不无，拟心即差。"光乃礼拜拟问，师与一踏，便归院。

有一尼到参，师曰："汝莫是刘铁磨否？"尼曰："不敢。"师曰："左转右转？"尼云："和尚莫颠倒。"师便打。师一日于中夜叫②："有贼。"众皆惊走，师到僧堂后架把住一僧叫云："维那！捉得也，捉得也。"③僧曰："不是某甲。"师曰："是即是，只是汝不肯承当。"④师有偈示众曰："三十年来住子湖，二时斋粥气力粗。每日上山三五转⑤，问汝时人会也无？"师居子湖说法四十五稔，广明中无疾归寂。寿八十有一，腊六十一。今本山有塔。

洛京嵩山和尚，僧问："古路坦然时如何？"师曰："不前。"僧曰："为什么不前？"师曰："无遮障处。"僧问："如何是嵩山境？"师曰："日从东出，月向西颓。"曰："学人不会。"师曰："东西也不会？"僧问："六识俱生时如何？"师曰："异。"僧曰：

---

① "锸"，碛砂本、径山本作"锄"。
② "师一日于中夜叫"，东寺本、碛砂本、径山本作"师中夜于僧堂前叫"。
③ 自"有贼"至此，东寺本、碛砂本、径山本作"贼贼大众皆惊有一僧从僧堂内出被师把住云维那捉得也捉得也"。
④ "汝"，东寺本、碛砂本、径山本无。
⑤ "每日上山三五转"，东寺本、碛砂本、径山本作"无事上山行一转"。

"为什么如此？"师曰："同。"

日子和尚，亚溪来参，师作起势。亚溪曰："遮老山鬼，犹见某甲在。"师曰："罪过，罪过！适来失祗对。"亚溪欲进语，师乃叱之。亚溪曰："大阵前不妨难御。"师曰："是，是。"亚溪曰："不是，不是。"赵州云："可怜两个汉，不识转身句。"

苏州西禅和尚①，僧问："三乘十二分教则不问，如何是祖师西来的的意？"师举拂子示之，其僧不礼拜。去参雪峰，雪峰问："什么处来？"僧云："浙中来。"雪峰曰："今夏在什么处？"曰："苏州西禅。"雪峰曰："和尚安否？"曰："来时万福。"雪峰曰："何不且从容？"曰："佛法不明。"雪峰曰："有什么事？"僧举前话，雪峰曰："汝作么不肯？"僧曰："是境。"雪峰曰："汝见苏州城里人家男女否？"曰："见。"雪峰曰："汝见路上林木否？"曰："见。"雪峰曰："凡睹人家男女、大地林沼总是境，汝还肯否？"曰："肯。"雪峰曰："只如拈起拂子，汝作么生不肯？"僧乃礼拜曰："学人取次发言，乞师慈悲。"雪峰曰："尽乾坤是个眼，汝向什么处蹲坐？"僧无语。

宣州陆亘大夫②，初问南泉曰："古人瓶中养一鹅，鹅渐长大，出瓶不得。如今不得毁瓶，不得损鹅，和尚作么生出得？"南泉召曰："大夫。"陆应诺，南泉曰："出也。"陆从此开解。暨

---

① "禅"，原作"山"，据目录、正文改。
② "宣州"下，大正本有"刺史"。

南泉圆寂，院主问曰："大夫何不哭先师？"陆曰："院主道得即哭。"院主无对。长庆代云："合哭不合哭？"

池州甘赘行者，将钱参贯文入僧堂，于第一坐面前云："请上坐施财。"上坐云："财施无尽，法施无穷。"甘云："恁么道争得某甲钱？"却将出去，上坐无语。又于南泉设粥云："请和尚念诵。"南泉云："甘赘行者设粥，请大众为狸奴白牯念摩诃般若波罗蜜。"甘乃礼拜，便出去。南泉却到厨内，打破锅子。雪峰和尚来，甘闭门召云："请和尚入。"雪峰隔篱，掉过衲衣，甘便开门礼拜。有住庵僧缘化什物，甘曰："若道得即施。"乃书"心"字问："是什么字？"僧云："心字。"又自问其妻："什么字？"妻云："心字。"甘云："某甲山妻亦合住庵。"其僧无语，甘亦无施。又问一僧："什么处来？"僧云："沩山来。"甘云："曾有僧问沩山：'如何是西来意？'沩山举起拂子。上坐作么生会沩山意？"僧云："借事明心，附物显理。"甘云："且归沩山去好。"保福闻之，乃仰手覆手。

前杭州盐官齐安禅师法嗣

襄州关南道常禅师，僧问："如何是西来意？"师举拄杖云："会么？"僧云："不会。"师乃喝出。僧问："如何是大道之源？"师与一拳。师每见僧来参礼，多以拄杖打趁。或云："迟一克。"或云："打动关南鼓。"而时辈鲜有唱和者。

洪州双岭玄真禅师，初问道吾："无神通菩萨，为什么足迹难寻？"道吾曰："同道者方知。"师曰："和尚还知否？"曰："不知。"师曰："何故不知？"曰："去，不识我语。"师后于盐官契会。

杭州径山鉴宗禅师，湖州长城人也，姓钱氏。依本州开元寺大德高闲出家，学通《净名》《思益经》。后往盐官，谒悟空大师，决择疑滞①。唐咸通三年，止径山宣扬禅教。有小师洪諲，以讲论自矜。諲即径山第三世法济大师。师谓之曰："佛祖正法，直截亡诠，汝算海沙，于理何益？但能莫存知见，泯绝外缘，离一切心，即汝真性。"諲闻茫然，礼辞，游方至沩山，方悟玄旨，乃师沩山。宗禅师咸通七年丙戌闰三月五日示灭②，后谥曰无上大师③，即径山第二世也。

前五洩山灵默禅师法嗣

福州长溪龟山正原禅师，宣州南陵人也，姓蔡氏。幼厌俗出家，于本州籍山落发，唐元和十二年丁酉，建州乾元寺受具。寻造五洩山默师之室，决择玄微，后住龟山为第二世也。师尝述二偈，其一曰："沧溟几度变桑田，唯有虚空独湛然。已到岸人休恋筏，未曾度者要须船。"其二曰："寻师认得本心源，两岸俱玄一不全。是佛不须更觅佛，只因如此更忘缘。"④ 师咸通十年终于本山，寿七十八，腊五十四。敕谥性空大师、慧观之塔也。

---

① "择"，原作"泽"，据东寺本、碛砂本、大正本改。
② "宗禅师"，大正本作"师"。
③ "后"，大正本作"复"。
④ "更"，大正本作"便"。

前洛京佛光寺如满禅师法嗣

唐杭州刺史白居易，字乐天，久参佛光得心法，兼禀大乘金刚宝戒。元和中，造于京兆兴善法堂，致四问。语见"兴善章"。十五年，牧杭州，访鸟窠和尚，有问答偈颂。"鸟窠章"叙讫。尝致书于济法师：以佛无上大慧演出教理，安有徇机高下，应病不同，与平等一味之说相反？援引《维摩》及《金刚三昧》等六经，辟二义而难之。又以五蕴、十二缘说名色前后不类，立理而征之。并钩深索隐，通幽洞微。然未睹法师酬对，后来亦鲜有代答者。复受东都凝禅师"八渐"之目，各广一言而为一偈，释其旨趣，自浅之深，犹贯珠焉。凡守任处，多访祖道，学无常师。后为宾客，分司东都，罄己俸修龙门香山寺，寺成，自撰记。凡为文，动关教化，无不赞美佛乘，见于本集。其历官次第，归全代祀，即史传存焉耳。

前大梅山法常禅师法嗣

新罗国迦智禅师，僧问："如何是西来意？"师云："待汝里头来，即与汝道。"僧问："如何是大梅的旨？"师云："酪本一时抛。"

杭州天龙和尚，上堂云："大众，莫待老僧上来便上来，下去便下去。各有华藏性海，具足功德，无碍光明，各各参取。珍重。"僧问："如何是祖师意？"师竖起拂子。僧问："如何得出三界去？"师云："汝即今在什么处？"

前永泰寺灵湍禅师法嗣

湖南上林戒灵禅师①，初参沩山，曰："大德作什么来？"师曰："介胄全具。"沩山曰："尽卸了来，与大德相见。"师曰："卸了也。"沩山咄曰："贼尚未打，卸作什么？"师无对。仰山代云："请和尚屏左右。"沩山以手揖云："诺，诺。"师后参永泰，方喻其旨。

五台山秘魔岩和尚，常持一木叉②。每见僧来礼拜，即叉却颈云："那个魔魅教汝出家？那个魔魅教汝行脚？道得也叉下死，道不得也叉下死。速道。"学僧鲜有对者。法眼代云："乞命。"法灯代云："但引颈示之。"玄觉代云："老儿家，放却叉子得也。"

湖南祇林和尚，每叱文殊、普贤皆为精魅。手持木剑，自谓降魔。才有僧参礼，便云："魔来也，魔来也。"以剑乱挥，潜入方丈。如是十二年，后置剑无言。僧问："十二年前为什么降魔？"师曰："贼不打贫儿家。"曰："十二年后为什么不降魔？"师曰："贼不打贫儿家。"

前幽州盘山宝积禅师法嗣

镇州普化和尚者，不知何许人也。师事盘山，密受真诀而佯狂，出言无度。暨盘山顺世，乃于北地行化。或城市，或冢间，

---

① "灵"下，大正本注："目录作虚。"
② "常"，碛砂本、径山本作"尝"。

振一铎云:"明头来也打,暗头来也打。"一日临济令僧捉住云:"不明不暗时如何?"答云:"来日大悲院里有斋。"凡见人无高下,皆振铎一声,时号"普化和尚"。或将铎就人耳边振之,或拊其背,有回顾者,即展手云:"乞我一钱。"非时遇食亦吃。

尝暮入临济院吃生菜饭,临济曰:"遮汉大似一头驴。"师便作驴鸣,临济乃休。师曰:"临济小厮儿,只具一只眼。"① 僧问法眼:"未审临济当时下得什么语?"法眼云:"临济留与后人。"师见马步使出喝道,师亦喝道,及作相扑势。马步使令人打五棒,师曰:"似即似,是即不是。"师尝于阛阓间摇铎唱曰:"觅个去处不可得。"时道吾遇之,把住问曰:"汝拟去什么处?"师曰:"汝从什么处来?"道吾无语,师掣手便去。一日,入临济院,临济曰:"贼,贼。"师亦曰:"贼,贼。"同入僧堂。临济指圣僧问:"是凡是圣?"师曰:"是圣。"临济曰:"作遮个语话。"师乃撼铎唱曰②:"河阳新附子,木塔老人禅。临济小厮儿,只具一只眼。"③

师唐咸通初将示灭,乃入市谓人曰:"乞一个直裰。"人或与披袄,或与布裘,皆不受,振铎而去。时临济令人送与一棺,师笑曰:"临济厮儿饶舌。"便受之。乃告辞曰:"普化明日去东门死也。"④ 郡人相率送出城,师厉声曰:"今日葬不合青乌。"乃曰:"第二日南门迁化。"人亦随之,又曰:"明日出西门方吉。"

---

① "师曰临济小厮儿只具一只眼",东寺本、碛砂本无。
② 自"一日"至此,东寺本作"临济一日与河阳、木塔长老同在僧堂内坐。因说普化每日在街市中掣风掣颠,知他是凡是圣。言犹未了,师入来,济便问:汝是凡是圣?师云:汝且道我是凡是圣?济便喝,师以手指云"。
③ 此处,丛刊本、大正本作"河阳新妇子,木塔老婆禅。临济小厮儿,只具一只眼",东寺本、碛砂本作"河阳新妇子,木塔老婆禅。临济小厮儿,却具一只眼。济云:'这贼。'师云:'贼贼。'便出去"。
④ "死也",东寺本、碛砂本、径山本作"迁化"。

人出渐稀，出已还返，人意稍息。第四日，自擎棺出北门外，振铎入棺而逝。郡人奔走出城，揭棺视之已不见，唯闻铎声渐远，莫测其由。

前龙牙山圆畅禅师法嗣

嘉禾藏廙禅师，衢州信安人也，姓程氏。唐元和中，辞亲往长沙岳麓寺礼灵智律师出家。长庆三年，于武陵开元寺受戒。因听律部，语同学曰："教门繁广，宜扣总门。"遂缘会龙牙山畅禅师。龙牙告之曰："蕴界不真，佛生非我，子之正本，当复何名？而从谁得？"师一言领悟，回柯山避会昌沙汰。后于龙兴广扬道化。乾符六年三月中长往，寿八十二，腊五十六。

前归宗寺智常禅师法嗣

福州芙蓉山灵训禅师，初参归宗，问："如何是佛？"宗曰："我向汝道，汝还信否？"师曰："和尚发诚实言①，何敢不信？"宗曰："即汝便是。"师曰："如何保任？"宗曰："一翳在眼，空华乱坠。"法眼云："归宗若无后语，有什么归宗也？"师辞归宗，宗问："子什么处去？"师曰："归岭中去。"宗曰："子在此多年，装束了却来，为子说一上佛法。"师结束了上堂，宗曰："近前来。"师乃近前，宗曰："时寒，途中善为。"师聆此一言，顿忘前解。后归寂，谥弘照大师，塔曰圆相。

---

① "诚实"，东寺本、碛砂本、径山本无。

汉南谷城县高亭和尚，有僧自夹山来礼拜，师便打。僧云："特来礼拜，师何打？"其僧再礼拜，师又打趁。僧回，举似夹山。夹山云："汝会也无？"僧云："不会。"夹山云："赖汝不会，若会即夹山口痓。"

新罗大茅和尚，上堂云："欲识诸佛师，向无明心内识取；欲识常住不彫性，向万木迁变处识取。"僧问："如何是大茅境？"师云："不露锋。"僧云："为什么不露锋？"师云："无当者。"

五台山智通禅师，自称"大禅佛"。初在归宗会下时，忽一夜巡堂，叫云："我已大悟也。"众骇之。明日，归宗上堂集众问："昨夜大悟底僧出来。"师出云："智通。"归宗云："汝见什么道理言大悟，试说似吾看。"师对云："师姑天然是女人作。"归宗默而异之。师便辞，归宗门送，与拈笠子，师接得笠子，戴头上便行，更不回顾。后居台山法华寺，临终有偈曰："举手攀南斗，回身倚北辰。出头天外见，谁是我般人？"

前华严寺智藏禅师法嗣

黄州齐安和尚，示学众曰："言不落句，佛祖徒施，玄韵不坠，谁人知得？"僧问："如何识得自己佛？"师曰："一叶明时消不尽，松风韵罢怨无人。"僧曰："如何是自己佛？"师曰："草前骏马实难穷，妙尽还须畜生行。"人问："大师年多少？"师曰："五六四三不得类，岂同一二实难穷？"师有颂曰："猛炽焰中人有路，旋风顶上屹然栖。镇常历劫谁差互，杲日无言运照齐。"师后居凤翔。

景德传灯录卷第十一

怀让禅师第四世①八十九人

潭州沩山灵祐禅师法嗣四十二人②一十人见录

  袁州仰山慧寂禅师

  邓州香严寺智闲禅师

  襄州延庆法端禅师③

  杭州径山洪諲禅师

  福州灵云志勤禅师

  益州应天和尚

  福州九峰慈慧禅师

  京兆米和尚

  晋州霍山和尚

  襄州王敬初常侍④

    长延圆鉴禅师、志和禅师、洪州西山道方禅师、沩山如真禅师、并州元顺禅师、兴元府崇皓禅师、鄂州全谂禅师、嵩山神剑禅

---

① "世"下,丛刊本、大正本有"上"。
② "二",大正本作"三"。
③ 此下,大正本注:"十二卷又收在香严下,何也?"
④ 此下大正本有"福州双峰和尚"。

师、许州弘进禅师、余杭文立禅师、越州光相禅师、苏州文约禅师、上元智满禅师①、金州法朗禅师、鄂州黄鹤山超达大师、白鹿从约禅师、西堂复禅师、温州灵空禅师、大沩简禅师、荆南智朗禅师、沩山普润禅师、沩山法真禅师、黑山和尚、滁州定山神英禅师、霜山和尚、南源和尚②、沩山冲逸禅师、沩山彦禅师、蕲州三角山法遇禅师、邓州志诠禅师、荆州弘珪禅师、岩背道旷禅师　已上三十二人无机缘语句③，不录

福州长庆院大安禅师法嗣④一十人八人见录

　　益州大随法真禅师

　　韶州灵树如敏禅师

　　福州寿山师解禅师

　　饶州峣山和尚

　　泉州莆田崇福慧日大师

　　台州浮江和尚

　　潞州渌水和尚

　　广州文殊院圆禅师

　　　温州灵阳禅师、洪州纸衣和尚　已上二人无机缘语句，不录

杭州径山鉴宗大师法嗣

　　　明州天童山咸启禅师⑤、背山行真禅师、杭州大慈山行满禅师
　　已上三人无机缘语句，不录

赵州东院从谂禅师法嗣一十四人⑥七人见录

---

① "智"，碛砂本、径山本作 "志"。
② 碛砂本、径山本 "神英禅师" 与 "南源和尚"，位置互换。
③ "二"，大正本作 "三"。
④ "长庆院"，大正本无。
⑤ "山"，碛砂本、径山本无。
⑥ "四"，大正本作 "三"。

洪州新兴严阳尊者

扬州光孝院慧觉禅师

陇州国清院奉禅师

婺州木陈从朗禅师

婺州新建禅师

杭州多福和尚

益州西睦和尚

潭州麻谷山和尚①、观音院定鄂禅师、宣州茗萍山和尚、太原免道者、太原孚上坐②、幽州燕王、镇州赵王　已上七人无机缘语句③，不录

衢州子湖岩利踪禅师法嗣四人见录

台州胜光和尚

漳州浮石和尚

紫桐和尚

日容和尚

吉州孝义寺性空禅师法嗣④

邛州寿兴院守闲禅师　一人无机缘语句，不录

鄂州茱萸和尚法嗣一人见录

石梯和尚

天龙和尚法嗣二人一人见录

婺州金华山俱胝和尚

---

① "山"，碛砂本、径山本无。
② "孚上坐"，大正本无。
③ "七"，大正本作"六"。
④ "寺"，大正本无。

新罗国彦忠禅师　一人无机缘语句，不录

长沙景岑禅师法嗣二人 一人见录

　　明州雪窦山常通禅师

　　　　婺州金华山严灵禅师　一人无机缘语句，不录

襄州关南道常禅师法嗣二人见录

　　关南道吾和尚

　　漳州罗汉和尚

白马昙照禅师法嗣

　　　　晋州霍山无名禅师　一人无机缘语句，不录

新罗大证禅师法嗣

　　　　文圣大王、宪安大王　已上二人无机缘语句，不录

小马神照禅师法嗣

　　　　缙云郡连云院有缘禅师　一人无机缘语句，不录

高安大愚和尚法嗣 一人见录

　　筠州末山尼了然

新罗洪直禅师法嗣

　　　　兴德大王、宣康太子　二人无机缘语句，不录

许州无迹和尚法嗣

　　　　道遂禅师　一人无机缘语句，不录

怀让禅师第四世[①]

前沩山灵祐禅师法嗣

袁州仰山慧寂禅师，韶州怀化人也，姓叶氏。年十五欲出

---

① "怀让禅师第四世"，碛砂本、径山本无。

家，父母不许。后二载，师断手二指，跪致父母前，誓求正法，以答劬劳。遂依南华寺通禅师落发，未登具，即游方。初谒耽源，已悟玄旨，后参沩山，遂升堂奥。祐问曰："汝是有主沙弥，无主沙弥？"师曰："有主。"曰："在什么处？"师从西过东立。祐知是异人，便垂开示。寂问①："如何是真佛住处？"祐曰："以思无思之妙，返思灵焰之无穷。思尽还源，性相常住，事理不二，真佛如如。"师于言下顿悟，自此执侍。

寻往江陵受戒，住夏探律藏。后参岩头，岩头举起拂子②，师展坐具。岩拈拂子置背后③，寂将坐具搭肩上而出。岩云："我不肯汝放，只肯汝收。"又问石室："佛之与道，相去几何？"石室云④："道如展手，佛似握拳。"乃辞石室，而室门送⑤，召云："子莫一向去，已后却来我边。"云居锡云："要会么？如今归堂去，明日却上来。"韦宙就沩山请一伽陀，沩山曰："觌面相呈，犹是钝汉，岂况形于纸笔？"乃就师请，师于纸上画一圆相，注云："思而知之，落第二头；不思而知，落第三首。"

一日，随沩山开田。师问曰："这头得恁低，那头得恁高？"祐曰："水能平物，但以水平。"师曰："水也无凭。和尚但高处高平，低处低平。"祐然之。有施主送绢，寂问："和尚受施主如是供养，将何报答？"祐敲禅床示之。师曰："和尚何得将众人物作自己用？"祐忽问师："什么处去来？"师曰："田中来。"

---

① "寂"，大正本作"师"。
② "岩头"，碛砂本、径山本作"头"。
③ "岩"，碛砂本、径山本作"头"。下同。
④ "石室"，碛砂本作"室"。
⑤ "而室"，丛刊本、大正本作"石室"，碛砂本作"室"。

祐曰："田中多少人？"师插锹而立。祐曰："今日南山大有人刈茅在。"师举锹而去。玄沙云："我若见，即踏倒锹子。"僧问镜清："仰山插锹，意旨如何？"清云："狗衔赦书，诸侯避道。"又问："只如玄沙踏锹，其意如何？"清云："勿柰船何，打破屝斗。"又问："南山刈茅，意旨如何？"清云："李靖三兄，久经行阵。"云居锡云："且道镜清下此一判，著不著？"又僧问禾山云："仰山插锹，意旨如何？"禾山云："汝问我。"僧云："玄沙踏锹，意旨如何？"禾山云："我问汝。"

师在沩山牧牛时，第一座曰："百亿毛头百亿师子现。"师不答。归侍立，第一座上问讯，师举前语问云①："适来道：'百亿毛头百亿师子现'，岂不是？"上座曰："是。"师曰："正当现时，毛前现，毛后现？"上座曰："现时不说前后。"师乃出。祐曰："师子腰折也。"沩山上座举起拂子曰："若人作得道理，即与之。"师曰："某甲作得道理，还得否？"上座曰："但作得道理便得。"寂乃掣拂子将去。云居锡云："什么处是仰山道理？"一日雨下，上座曰："好雨！寂阇梨。"师曰："好在什么处？"上座无语。师曰："某甲却道得。"上座曰："好在什么处？"师指雨。沩山与师游行次，乌衔一红柿落前。祐将与师，师接得，以水洗了却与祐②。祐曰："子什么处得来？"师曰："此是和尚道德所感。"祐曰："汝也不得空然。"即分半与师。玄沙云："大小沩山被仰山一坐，至今起不得。"师浣衲衣次，耽源曰："正恁么时作么生？"师曰："正恁么时，向什么处见？"

师盘桓沩山前后十五载，凡有语句，学众无不弭伏。暨受沩

---

① "语"，碛砂本作"话"。
② "以"，碛砂本、径山本作"乃以"。

山密印,领众住王莽山。化缘未契①,迁止仰山,学徒臻萃。师上堂示众云:"汝等诸人各自回光返顾,莫记吾言。汝无始劫来,背明投暗,妄想根深,卒难顿拔。所以假设方便,夺汝粗识,如将黄叶止啼,有什么是处?亦如人将百种货物与金宝作一铺货卖②,只拟轻重来机。所以道:'石头是真金铺,我这里是杂货铺。'有人来觅鼠粪,我亦拈与他;来觅真金,我亦拈与他。"时有僧问:"鼠粪即不要,请和尚真金。"师云:"啮镞拟开口,驴年亦不会。"僧无对。师云:"索唤则有交易,不索唤则无我。若说禅宗,身边要一人相伴亦无,岂况有五百、七百众耶?我若东说西说,则争头向前采拾,如将空拳诳小儿,都无实处。我今分明向汝说圣边事,且莫将心凑泊,但向自己性海如实而修。不要三明六通,何以故?此是圣末边事。如今且要识心达本,但得其本,不愁其末③,他时后日自具去在。若未得本,纵饶将情学他亦不得。汝岂不见沩山和尚云:'凡圣情尽,体露真常,事理不二,即如如佛。'"

问:"如何是祖师意?"师以手于空作圆相,相中书"佛"字,僧无语。师谓第一坐曰:"不思善,不思恶,正恁么时作么生?"对曰:"正恁么时是某甲放身命处。"师曰:"何不问老僧?"对曰:"正恁么时不见有和尚。"师曰:"扶吾教不起。"师因归沩山省觐,祐问:"子既称善知识,争辨得诸方来者知有不知有?有师承无师承?是义学是玄学?子试说看。"师曰:"慧寂

---

① "化缘",碛砂本、径山本作"缘化"。
② "金宝",碛砂本、径山本作"金玉"。
③ "不",碛砂本、径山本作"莫"。

有验处:但见诸方僧来,便竖起拂子,问伊:'诸方还说这个不说?'又云:'这个且置,诸方老宿意作么生?'"祐叹曰:"此是从上宗门中牙爪。"祐问:"大地众生,业识茫茫,无本可据,子作么生知他有之与无?"师曰:"慧寂有验处。"时有一僧从面前过。师召云:"阇梨。"其僧回头①,师曰:"和尚,这个便是业识茫茫,无本可据。"祐曰:"此是师子一滴乳,迸散六斛驴乳。"

郑愚相公问:"不断烦恼而入涅槃时如何?"师竖起拂子。公曰:"入之一字,不要亦得。"师曰:"入之一字,不为相公。"法灯别云:"相公不用烦恼。"师问僧:"什么处来?"曰:"幽州。"师曰:"我恰要个幽州信,米作么价?"曰:"某甲来时无端从市中过,踏折他桥梁。"师便休。师见僧来,竖起拂子,其僧便喝。师曰:"喝即不无,且道老僧过在什么处?"僧曰:"和尚不合将境示人。"师乃打之。师问香严:"师弟近日见处如何?"严曰:"某甲卒说不得。"乃有偈曰:"去年贫,未是贫,今年贫,始是贫。去年无卓锥之地②,今年锥也无③。"师曰:"汝只得如来禅,未得祖师禅。"玄觉云:"且道如来禅与祖师禅分不分?"④ 长庆稜云:"一时坐却。"

沩山封一面镜寄师,师上堂提起云:"且道是沩山镜,仰山镜?有人道得即不扑破。"众无对,师乃扑破。师问:"双峰师弟近日见处如何?"对曰:"据某甲见处,实无一法可当情。"师曰:

---

① "头",碛砂本、径山本作"首"。
② "去年",南藏本、径山本作"去年贫"。
③ "今年",南藏本、径山本作"今年贫"。
④ "如来禅与祖师禅",碛砂本、径山本作"祖师禅与如来禅"。

"汝解犹在境。"双峰曰:"某甲只如此,师兄又如何①?"师曰:"汝岂无能知无一法可当情者?"②沩山闻云:"寂子一句,疑杀天下人。"玄觉云:"《金刚经》道:'实无一法,然灯佛与我受记。'他道'实无一法可当情',为什么道'解犹在境',且道利害在什么处?"僧问:"法身还解说法也无?"师曰:"我说不得,别有一人说得。"曰:"说得底人在什么处?"师推出枕子③。沩山闻云:"寂子用剑刃上事。"

师闭目坐次,有僧潜来身边立,师开目于地上作一圆相,相中书"水"字,顾视其僧,僧无语。师携一杖子,僧问:"什么处得?"师便拈向背后,僧无语。师问一僧:"汝会什么?"僧曰:"会卜。"师提起拂子曰:"这个六十四卦中阿那卦收?"僧无对④。师自代云:"适来是雷天《大壮》,如今变为地火《明夷》。"师问僧:"名什么?"曰:"灵通。"师曰:"便请入灯笼。"曰:"早个入了也。"法眼别云:"唤什么作灯笼?"僧问:"古人道:'见色便见心。'禅床是色,请和尚离色指学人心。"师云:"那个是禅床,指出来。"僧无语。玄觉云:"忽然被伊却指禅床,作么生对伊好?"有僧云:"却请和尚道。"玄觉代拊掌三下。僧问:"如何是毗卢师?"师乃叱之。又问:"如何是和尚师?"师曰:"莫无礼。"师共一僧语,傍有僧曰:"语底是文殊,默底是维摩。"师曰:"不语不默底莫是汝否?"僧默之。师曰:"何不现神通?"僧曰:"不辞现神通,只恐和尚收入教。"师曰:"鉴汝来处,未有教外底眼。"问:

---

① "又如何",丛刊本、碛砂本、径山本、大正本作"如何"。
② "无能",南藏本、径山本作"不能"。
③ "推出枕子",碛砂本、径山本作"推枕子出"。
④ "僧无对",丛刊本、大正本作"无对"。

"天堂、地狱相去几何?"师将拄杖画地一画。

师住观音时,出榜云:"看经次,不得问事。"后有僧来问讯,见师看经,傍立而待。师卷却经问:"会么?"僧曰:"某甲不看经,争得会?"师曰:"汝已后会去在。"其僧到岩头,岩头问①:"什么处来?"②僧云:"江西观音来。"③岩头云:"和尚有何言句?"其僧举前语,岩头云:"这个老师,我将谓被故纸埋却,元来犹在。"僧问:"禅宗顿悟,毕竟入门的意如何?"师曰:"此意极难。若是祖宗门下上根上智,一闻千悟,得大总持,此根人难得。其有根微智劣,所以古德道:'若不安禅静虑,到这里总须茫然。'"僧曰:"除此格外,还别有方便令学人得入也无?"师曰:"别有别无,令汝心不安。汝是什么处人?"曰:"幽州人。"师曰:"汝还思彼处否?"曰:"常思。"师曰:"彼处楼台林苑,人马骈阗,汝返思底还有许多般也无?"僧曰:"某甲到这里,一切不见有。"师曰:"汝解犹在境,信位即是,人位即不是。据汝所解,只得一玄,得坐披衣,向后自看。"其僧礼谢而去。

师始自仰山,后迁观音,接机利物,为禅宗标准。迁化前数年,有偈曰:"年满七十七,老去是今日。任性自浮沈,两手攀屈膝。"于韶州东平山示灭,年七十七,抱膝而逝。敕谥智通大师、妙光之塔。后迁塔于仰山。

邓州香严智闲禅师, 青州人也。厌俗辞亲,观方慕道,依沩

---

① "岩头",碛砂本、径山本作"头",下同。
② "什么",碛砂本、径山本作"甚么"。
③ "观音",碛砂本、径山本作"观音院"。

山禅会。祐和尚知其法器,欲激发智光。一日谓之曰:"吾不问汝平生学解,及经卷册子上记得者,汝未出胞胎,未辨东西时,本分事试道一句来,吾要记汝。"师懵然无对,沈吟久之,进数语陈其所解,祐皆不许。师曰:"却请和尚为说。"祐曰:"吾说得是吾之见解,于汝眼目何有益乎?"① 师遂归堂,遍检所集诸方语句,无一言可将酬对。乃自叹曰:"画饼不可充饥。"于是尽焚之曰:"此生不学佛法也,且作个长行粥饭僧,免役心神。"遂泣辞沩山而去。

抵南阳,睹忠国师遗迹,遂憩止焉。一日,因山中芟除草木,以瓦砾击竹作声,俄失笑间,廓然省悟②。遽归沐浴焚香,遥礼沩山,赞云:"和尚大悲,恩逾父母。当时若为我说却,何有今日事?"③ 仍述一偈云:"一击忘所知,更不假修治。动容扬古路,不堕悄然机④。处处无踪迹,声色外威仪。诸方达道者,咸言上上机。"

师上堂云:"道由悟达,不在语言,况见密密堂堂,曾无间隔⑤,不劳心意,暂借回光,日用全功,迷徒自背。"问:"如何是香严境?"师曰:"花木不滋。"问:"如何是仙陀婆?"师敲禅床曰:"过这里来。"问:"如何是见在学?"⑥ 师以扇子旋转示曰:"见么?"僧无语。问:"如何是正命食?"师以手撮而示之。

---

① "何有",碛砂本、径山本作"又何"。
② "省悟",大正本作"惺悟"。
③ "事"下,丛刊本、大正本有"也",碛砂本、径山本有"邪"。
④ 此句下,大正本注:"'动容扬古路,不堕悄然机',此句旧本并福邵本并无,今以《通明集》为据。"丛刊本无"动容扬古路,不堕悄然机"。
⑤ "间隔",碛砂本、径山本作"间歇"。
⑥ "见在",碛砂本、径山本作"现在"。

问:"如何是无表戒?"师曰:"待阇梨作俗即说。"问:"如何是声色外相见一句?"师曰:"如某甲未住香严时,道在什么处?"僧曰:"恁么时,亦不敢道有所在。"师曰:"如幻人心、心所法。"

僧问:"不慕诸圣,不重己灵时如何?"师曰:"万机休罢,千圣不携。"此时疏山在众,作呕声曰①:"是何言欤?"师问:"阿谁?"众曰:"师叔。"师曰:"不诺老僧耶?"疏山出曰:"是。"师曰:"汝莫道得么?"曰:"道得。"师曰:"汝试道看。"曰:"若教某甲道,须还师资礼始得。"师乃下坐礼拜,蹑前语问之。疏山曰:"何不道'肯重不得全'。"师曰:"饶汝恁么,也须三十年倒屙。设住山无柴烧,近水无水吃。分明记取。"后住疏山,果如师记。至二十七年病愈,自云:"香严师兄记我'三十年倒屙',今少三年在。"每至食毕②,以手抆而吐之,以应前记。疏山后问道怤长老:"肯重不得全,汝作么生会?"怤云:"全归肯重。"疏山云:"不得全又作么生?"怤云:"个中无肯路。"疏山云③:"始惬病僧意。"

问:"如何是声前句?"师曰:"大德未问时即答。"僧曰:"即时如何?"师曰:"即时问也。"问:"如何是直截根源佛所印?"师抛下拄杖,撒手而去④。问:"如何是佛法大意?"师曰:"今年霜降早,乔麦总不收。"⑤ 问:"如何是西来意?"师以手入怀,出拳展开与之,僧乃跪膝,以两手作受势。师曰:"是什

---

① "作",碛砂本、径山本无。
② "毕",碛砂本、径山本作"必"。
③ "疏山云",碛砂本、径山本作"师曰"。
④ "撒",原作"散",据径山本改。
⑤ "乔",径山本作"荞"。

么？"僧无对。问："如何是道？"师曰："枯木龙吟。"僧曰："学人不会。"师曰："髑髅里眼睛。"玄沙别云："龙藏枯木。"问："离四句，绝百非，请和尚道。"师曰："猎师前不得说本师戒。"

一日谓众曰："如人在千尺悬崖，口衔树枝，脚无所踏，手无所攀。忽有人问：'如何是西来意？'若开口答，即丧身失命；若不答，又违他所问。当恁么时且作么生？"时有招上座出曰："上树时即不问，未上树时如何？"师笑而已。师问僧："什么处来？"僧曰："沩山来。"师曰："和尚近日有何言句？"僧曰："人问'如何是西来意'，和尚竖起拂子。"师闻举，乃曰："彼中兄弟作么会和尚意旨？"僧曰："彼中商量道：即色明心，附物显理。"师曰："会即便会，不会著什么死急？"僧却问："师意如何？"师还举拂子。玄沙云："只这香严，脚跟犹未点地。"云居锡云："什么是香严脚跟未点地处？"① 师凡示学徒，语多简直。有偈颂二百余篇②，随缘对机，不拘声律，诸方盛行。后谥袭灯大师。

襄州延庆山法端大师，有人问："蚯蚓斩为两段，两头俱动，佛性在阿那头？"师展两手。洞山别云："问底在阿那头？"师灭后敕谥绍真大师，塔曰明金。

杭州径山洪諲禅师，吴兴人也，姓吴氏。年十九③，礼开元寺无上大师落发。无上大师嗣盐官，后住径山为第二世也。二十二，往嵩

---

① "什么"，碛砂本、径山本作"什么处"。
② "篇"，碛砂本、径山本作"首"。
③ "年"，碛砂本、径山本无。

岳受满足律仪。归礼本师，师问曰："汝于时中将何报四恩耶？"谭不能对，三日忘食，乃辞行脚。往谒云岩，机缘未契。后造沩山，蒙滞顿除。遭唐会昌沙汰，众皆悲恸，谭曰："大丈夫钟此厄会，岂非命也，何乃效儿女子乎？"大中初，复沙门相，还故乡西峰院。咸通六年上径山，明年本师迁神，众请继躅，为径山第三世，于法即沩山之嗣。

僧问："掩息如灰时如何？"师曰："犹是时人功干。"僧曰："干后如何？"师曰："耕人田不种。"僧曰："毕竟如何？"师曰："禾熟不临场。"僧问："龙门不假风雷势便透得者如何？"师曰："犹是一品、二品。"僧曰："此既是阶级，向上事如何？"师曰："吾不知有汝龙门。"僧问："如霜如雪时如何？"师曰："犹是污染。"曰："不污染时如何？"师曰："不同色。"

许州全明上坐先问石霜："一毫穿众穴时如何？"石霜云："直须万年后。"云："万年后如何？"石霜云："登科任汝登科，拔萃任汝拔萃。"后问师云："一毫穿众穴时如何？"师曰："光靴任汝光靴，结果任汝结果。"僧问："如何是长？"师曰："千圣不能量。"曰："如何是短？"师曰："蟭螟眼里著不满。"其僧不肯，便去举似石霜。石霜云①："只为太近实头。"僧问："如何是长？"石霜云："不屈曲。"曰："如何是短？"石霜云："双陆盘中不喝彩。"

佛日长老访师，师问曰："伏承长老独化一方，何以荐游峰顶？"佛日曰："朗月当空挂，冰霜不自寒。"师曰："莫便是长老

---

① "石霜"，碛砂本、径山本作"霜"，下同。

家风否?"① 佛日曰:"峭峙万重关,于中含宝月。"师曰:"此犹是文言,作么生是长老家风?"曰:"今日赖遇佛日。"佛日却问云②:"隐密全真时,人知有道不得;大省无辜时,人知有道得。于此二途,犹是时人升降处,未审长老亲道自道如何道?"师曰:"我家道处无个道。"佛日曰:"如来路上无私曲,便请玄音和一场。"师曰:"任汝二轮更互照,碧潭云外不相关。"佛日曰:"为报白头无限众,此回年少莫归乡。"③ 师曰:"老少同轮无向背,我家玄路勿参差。"佛日曰:"一言定天下,四句为谁留?"师曰:"汝言有三四,我道其中一也无。"师因有偈曰:"东西不相顾,南北与谁留?汝即言三四,我即一也无。"光化四年九月二十八日,白众而化。

福州灵云志勤禅师,本州长溪人也④。初在沩山,因桃华悟道,有偈曰:"三十年来寻剑客⑤,几逢落叶几抽枝⑥。自从一见桃华后,直至如今更不疑。"祐师览偈,诘其所悟,与之符契。祐曰:"从缘悟达,永无退失,善自护持。"有僧举似玄沙⑦,玄沙云:"谛当甚谛当,敢保老兄犹未彻。"众疑此语,玄沙问地藏:"我恁么道,汝作么生会?"地藏云:"不是桂琛,即走杀天下人。"乃返闽川,玄徒臻集。

上堂谓众曰:"诸仁者,所有长短,尽至不常。且观四时草

---

① "便",丛刊本、大正本、碛砂本作"即"。
② "问云",碛砂本、径山本作"问师云"。
③ "莫",碛砂本、径山本作"不"。
④ "本州",碛砂本、径山本无。
⑤ "年来",丛刊本、大正本作"来年"。
⑥ "几逢落叶几抽枝",碛砂本、径山本作"几回落叶又抽枝"。
⑦ "有僧举似玄沙",碛砂本、径山本无。

木，叶落花开，何况尘劫来天人七趣①，地水火风，成坏轮转，因果将尽，三恶道苦，毛发不添减，唯根蒂神识常存。上根者遇善友申明，当处解脱，便是道场。中下痴愚，不能觉照，沉迷三界，流转生死②。释尊为伊天上人间设教证明，显发智道，汝等还会么？"时有僧问③："如何得出离生老病死？"师曰："青山元不动，浮云飞去来。"僧问："君王出阵时如何？"师曰："春明门外不问长安。"僧曰："如何得觐天子？"师曰："盲鹤下清池，鱼从脚底过。"僧问："如何是佛法大意？"师曰："驴事未去④，马事到来。"僧曰："未喻玄旨，再请垂示。"⑤师曰："彩气夜常动，精灵日少逢。"

雪峰有偈送双峰出岭，末句云"雷罢不停声"，师更之云"雷震不闻声"。雪峰闻之，乃曰："灵云山头古月现。"雪峰问云："古人道：'前三三，后三三。'意旨如何？"师云："水中鱼，山上鸟。"峰云："意旨作么生？"师云："高可射兮深可钓。"问："诸方悉皆杂食，未审和尚如何？"师云："独有闽中异，雄雄镇海涯。"问："久战沙场，为什么功名不就？"师曰："君王有道三边静，何劳万里筑长城？"又云："罢息干戈，束手归朝时如何？"师云："慈云普润无边刹，枯树无花争奈何？"长生问："混沌未分时，含生何来？"师曰："如露柱怀儿。"⑥曰：

---

① "七趣"，碛砂本、径山本作"六趣"。
② "生死"，碛砂本、径山本作"死生"。
③ "时有僧"，碛砂本、径山本无。
④ "未去"，碛砂本、径山本作"未了"。
⑤ "僧曰：'未喻玄旨，再请垂示'"，丛刊本、碛砂本、大正本作"僧未喻旨，曰：'再请垂示。'"
⑥ "儿"，丛刊本作"胎"，大正本注："一作'胎'。"

"分后如何?"师曰:"如片云点太清。"① 曰:"未审太清还受点也无?"师曰②:"恁么即含生不来也。"③ 曰:"直得纯清绝点时如何?"师曰:"犹是真常流注。"曰:"如何是真常流注?"师曰:"如镜长明。"曰:"向上更有事否?"师曰:"有。"曰:"如何是向上事?"师曰:"打破镜来相见。"

问:"如何是西来意?"师曰:"井底种林檎。"曰:"学人不会。"师曰:"今年桃李贵,一颗直千金。"问:"摩尼珠不随众色,未审作什么色?"④师曰:"白色。"僧曰:"恁么即随众色也?"师曰:"赵璧本无瑕,相如诳秦主。"问:"君王出阵时如何?"师曰:"吕才葬龙耳。"⑤曰:"其事如何?"师曰:"坐见白衣天。"僧曰:"王今何在?"师曰:"莫触龙颜。"

益州应天和尚,僧问:"人人有佛性,如何是和尚佛性?"师曰:"汝唤什么作佛性?"僧曰:"恁么即和尚无佛性也?"师乃叫:"快活,快活!"

福州九峰慈慧禅师,初在沩山,遇祐师上堂云:"汝等诸人只得大体,不得大用。"师抽身出去,沩山召之,师更不回顾⑥。沩山云:"此子堪为法器。"师一日辞沩山入岭云:"某甲辞违和

---

① "太清",丛刊本作"太清里"。
② "师曰",丛刊本、大正本作"师不答曰"。
③ 此下,丛刊本、大正本有"师亦不答。"
④ "作什么",碛砂本、径山本作"作么"。
⑤ "龙",丛刊本、大正本、碛砂本作"虎"。
⑥ "师",碛砂本、径山本无。

尚，千里之外不离左右。"沩山动容曰："善为。"

京兆米和尚，亦谓米七师。① 初参学归受业寺，有老宿问："月中断井索，时人唤作蛇。未审七师见佛，唤作什么？"师曰："若有佛见，即同众生。"法眼别云："此是什么时节问？"法灯别云："唤底不是。"老宿曰："千年桃核。"师令僧去问仰山云："今时人还假悟也无？"② 仰山云："悟即不无，争奈落在第二头？"师深肯之。又令僧去问洞山云："那个究竟作么生？"洞山云："却须问他始得。"师亦肯之。僧问："如何是衲衣下事？"师云："丑陋任君嫌，不挂云霞色。"

晋州霍山和尚，仰山一僧到，自称："集云峰下四藤条，天下大禅佛参。"③ 师乃唤维那："打钟著。"④ 大禅佛骤步而去。师闻五台秘魔岩和尚⑤，凡有僧到礼拜，以木叉叉著。师一日遂往访之，才见不礼拜，便入秘魔怀里。秘魔拊师背三下，师起拍手云："师兄，我一千里地来便回。"⑥

襄州王敬初常侍，视事次，米和尚至。王公乃举笔，米曰："还判得虚空否？"公掷笔入厅，更不复出。米致疑。至明日，凭

---

① "米"，碛砂本、径山本无。
② "今时人"，丛刊本、碛砂本作"今时"。
③ 此下，大正本下注："大禅佛，即十二卷'晋州霍山景通和尚'也。"
④ "打钟著"，丛刊本、碛砂本作"般柴著"，大正本作"搬柴著"，并注云："一作'打钟著'。"
⑤ "五台"，碛砂本、大正本无。
⑥ 此下，大正本下注："一作'师兄三千里外赚我来'。"

鼓山供养主入探其意。米亦随至,潜在屏蔽间侦伺。供养主才坐,问云:"昨日米和尚有什么言句,便不得见?"王公曰:"师子咬人,韩獹逐块。"米师窃闻此语,即省前谬,遽出朗笑曰:"我会也,我会也。"尝问一僧:"一切众生还有佛性也无?"僧云:"尽有。"公指壁画狗子云①:"这个还有也无?"僧无对。公自代云:"看咬著。"

前福州长庆大安禅师亦称大沩和尚。**法嗣**②

益州大随法真禅师,僧问:"劫火洞然,大千俱坏,未审此个还坏也无?"师云:"坏。"僧云:"恁么即随他去也?"师云:"随他去也。"问:"如何是大人相?"师云:"肚上不帖榜。"师问僧:"什么处去?"僧云:"西山住庵去。"师云:"我向东山头唤汝,汝便来得么?"③僧云:"即不然。"师云:"汝住庵未得。"问:"生死到来时如何?"师云:"遇茶吃茶,遇饭吃饭。"僧云:"谁受供养?"④师云:"合取钵盂。"

师庵侧有一龟,僧问:"一切众生皮里骨,这个众生为什么骨里皮?"⑤师拈鞋履于龟边著⑥,僧无语。问:"如何是诸佛法要?"师举拂子云:"会么?"僧云:"不会。"师云:"麈尾拂子。"问:"如何是学人自己?"师曰:"是我自己。"僧云:"为

---

① "壁",碛砂本作"壁间"。
② "长庆",大正本无,并注云:"除落'长庆院'三字,盖师虽曾居长乐府之西院。没后二十余年,闽帅移招庆稜和尚来住西院,方奏'长庆'之额。"
③ "便",碛砂本、大正本作"还"。
④ "谁",大正本作"可谁"。
⑤ "为什么骨里皮",丛刊本、碛砂本、大正本作"骨里皮如何"。
⑥ "鞋履",丛刊本、碛砂本、大正本作"草履"。

什么却是和尚自己。"师云:"是汝自己。"问:"如何是无缝塔?"师云:"高五尺。"僧云:"学人不会。"师云:"鹘仑砖。"问:"和尚百年后,法付何人?"师云:"露柱火炉。"僧云:"还受也无?"师云:"火炉露柱。"有行者领众到,师问:"参得底人唤东作什么?"对曰:"不可唤作东。"师咄曰:"臭驴汉,不唤作东,唤作什么?"行者无语,众遂散。

问:"如何是和尚家风?"师云:"赤土画簸箕。"僧云:"如何是赤土画簸箕?"师云:"簸箕有唇,米不跳出。"① 师问一僧:"讲什么教法?"僧云:"《百法论》。"师拈杖子云②:"从何而起?"对云:"从缘而起。"师云:"苦哉,苦哉!"师问僧:"什么处去?"云:"礼普贤去。"师举拂子云:"文殊、普贤总在这里。"僧作圆相,抛向背后,乃展两手③。师云:"侍者取一帖茶与这僧。"一日,众僧参次,师口作患风势云:"还有人医得吾口么?"时众僧竞送药以至,俗士闻之,亦多送药。师并不受。七日后,师自捆口令正,乃云:"如许多时鼓这两片皮,至今无人医得吾口。"蜀主钦尚,遣使屡征,师皆辞以老病,署神照大师。

韶州灵树如敏禅师,闽川人也。广主刘氏奕世钦重,署知圣大师。有僧问④:"佛法至理如何?"师展手而已。问:"如何是和尚家风?"师云:"千年田,八百主。"僧云:"如何是千年田,

---

① "出",丛刊本、大正本作"去"。
② "杖子",碛砂本、径山本作"拄杖子"。
③ "抛向背后,乃展两手",丛刊本、碛砂本、大正本作"抛向后,乃礼拜"。
④ "有",碛砂本、径山本无。

八百主？"师云："廊当屋舍勿人修。"① 问："如何是西来意？"师云："童子莫谣儿。"僧云："乞师指示。"师云："汝从虔州来。"问："是什么得恁么难会？"师云："火官头上风车子。"

有尼送瓷钵与师，师托起问云："这个出在什么处？"尼云："出在定州。"法灯别云："不远此间。"师乃扑破，尼无对。保福代云："欺敌者亡。"人问："和尚年多少？"师云："今日生，来日死。"又问："和尚生缘什么处？"师云："日出东，月落西。"

师四十余年化被岭表，颇有异迹。广主将兴兵，躬入院请师决臧否，师已先知②，怡然坐化。主怒知事云："和尚何时得疾？"对曰："师不曾有疾。适封一函子，令俟王来呈之。"③ 主开函，得一帖子，书云："人天眼目，堂中上座。"主悟师旨，遂寝兵，乃召第一座开堂说法。即云门偃和尚，法嗣雪峰是也。④ 师全身不散，其葬具、龛塔并广主具办。今号灵树禅师真身塔焉⑤。

福州寿山师解禅师，行脚时，造洞山法席。洞山问云："阇梨生缘何处？"师云："和尚若实问，某甲即是闽中人。"洞山云⑥："汝父名什么？"师云："今日蒙和尚致此一问，直得忘前失后。"师住寿山，上堂云："诸上座，幸有真实言语相劝，诸兄弟合各自体悉。凡圣情尽，体露真如⑦，但一时卸却从前虚妄攀

---

① "廊"，丛刊本、碛砂本、大正本作"郎"；"勿"，碛砂本、大正本作"没"。
② "已先"，碛砂本、径山本作"先已"。
③ "俟"，碛砂本、径山本作"伺"。
④ "法嗣雪峰是也"，碛砂本、径山本无。
⑤ "禅师"，碛砂本、大正本无。
⑥ "洞山"，碛砂本、径山本作"山"。
⑦ "如"，碛砂本、径山本作"常"。

缘尘垢心，如虚空相似。他时后日，合识得些子好恶。"闽帅问曰："寿山年多少？"师云："与虚空齐年。"曰："虚空年多少？"师云："与寿山齐年。"

饶州峣山和尚，有僧问①："如何是西来意？"师曰："仲冬严寒。"问："如何是和尚深深处？"师曰："待汝舌头落地，即向汝道。"问："如何是丈六金身？"师曰："判官断案相公改。"长庆问："从上宗乘，此间如何言论？"师曰："有愿不负先圣。"长庆云："不负先圣作么生？"师曰："不露。"长庆云："恁么即请师领话。"师曰："什么处去来？"长庆云："只首什么处去来。"②

泉州莆田县国欢崇福院慧日大师，福州侯官县人也③，姓黄氏。生而有异，及长，名文矩。为县狱卒，往往弃役，往神光灵观和尚及西院大安禅师所④，吏不能禁。后谒万岁塔谭空禅师落发，不披袈裟，不受具戒，唯以杂彩为挂子。复至观和尚所⑤，观曰："我非汝师，汝去礼西院去。"师携一小青竹杖，入西院法堂。安遥见而笑曰："入涅槃堂去。"师应诺，轮竹杖而入。时有五百许僧染时疾，师以杖次第点之，各随点而起。闽王礼重，创国欢禅苑以居之。厥后颇多灵迹，唐乾宁中示灭。

---

① "有僧"，碛砂本、径山本无。
② "只首"，原作"只守"，据丛刊本、碛砂本改。大正本作"只者"，并注："旧作'首'字。"
③ "县"，碛砂本、径山本无。
④ "神光"，碛砂本、径山本无。
⑤ "复"，碛砂本、径山本无。

台州浮江和尚，有时雪峰和尚领众到①，问云："即今有二百人寄院过夏，得也无？"师将拄杖划地一下云："著不得即道。"雪峰无语。

潞州渌水和尚，僧问："如何是祖师西来意？"师云："还见庭前华药栏么？"僧无语。

广州文殊院圆明禅师，福州人②，姓陈氏。本参大沩得旨，后造雪峰请益，法无异味。又尝游五台山，睹文殊化现，乃随方建院，以"文殊"为额。开宝中，前枢密使李崇矩巡护南方，因入师院，睹地藏菩萨像。问僧曰："地藏何以展手？"僧曰："手中珠被贼偷却也。"李却问师："既是地藏，为什么遭贼？"师曰："今日捉下也。"李乃谢之。淳化元年示灭，寿一百三十有六。

前赵州从谂禅师法嗣

洪州武宁县新兴严阳尊者，僧问："如何是佛？"师曰："土块。"曰："如何是法？"师曰："地动也。"曰："如何是僧？"师曰："吃粥吃饭。"僧问："如何是新兴水？"师曰："前面江里。"僧问："如何是应物现形？"师曰："与我抬床子过来。"师常有一蛇一虎随从左右，手中与食。

杨州城东光孝院慧觉禅师，僧问："觉华才绽，遍满娑婆，

---

① "有时"，碛砂本、径山本无。
② "人"，碛砂本、径山本作"人也"。

祖印西来，合谭何事？"师曰："情生智隔。"曰："此是教意。"师曰："汝披什么衣服？"问："一棒打破虚空时如何？"师曰："困即歇去。"师问宋齐丘："还会道么？"宋曰："道也著不得。"师曰："有著不得，无著不得？"宋曰："总不恁么。"师曰："著不得底？"宋无对。师领众出，见露柱，师合掌曰："不审，世尊。"一僧曰："和尚，是露柱。"师曰："啼得血流无用处，不如缄口过残春。"僧问："远远投师，师意如何？"曰："官家严切，不许安排。"曰："师岂无方便？"① 师曰："且向火仓里一宿。"张居士问："争奈老何？"师曰："年多少？"张曰："八十也。"师曰："可谓老也。"曰："究竟如何？"师曰："直至千岁也未住。"有人问："某甲平生爱杀牛，还有罪否？"师曰："无罪。"曰："为什么无罪？"师曰："杀一个还一个。"

陇州国清院奉禅师，问："祖意与教意同别？"② 师曰："雨滋三草秀，春风不裹头。"僧曰："毕竟是一是二？"师曰："祥云竞起，岩洞不亏。"问："如何是和尚家风？"师曰："台盘椅子③，火炉窗牖。"问："如何是出家人？"曰："铜头铁额，鸟嘴鹿身。"僧曰："如何是出家人本分事？"师曰："早起不审，夜间珍重。"僧问："牛头未见四祖时，为什么鸟兽衔花？"师曰："如陕府人送钱财与铁牛。"曰："见后为什么不衔花？"师曰："木马投明行八百。"问："十二时中，如何降伏其心？"师曰："敲冰求

---

① "师"，碛砂本、径山本无。
② "与"，碛砂本、径山本无。
③ "盘"，碛砂本、大正本作"柈"。

火,论劫不逢。"问:"十二分教是止啼之义,离却止啼,请师一句。"师曰:"孤峰顶上双角女。"问:"如何是佛法大意?"师曰:"释迦是牛头狱卒,祖师是马面阿婆。"① 问:"如何是西来意?"师曰:"东壁打西壁。"问:"如何是扑不破底句?"师曰:"不隔毫厘,时人远向。"

婺州木陈从朗禅师,僧问:"放鹤出笼和雪去时如何?"师曰:"我道不一色。"因金刚倒,僧问:"既是金刚不坏身,为什么却倒地?"师敲禅床曰:"行住坐卧。"师将归寂,有颂曰:"三十年来住木陈,时中无一假功成。有人问我西来意,展似眉毛作么生。"

婺州新建禅师,不度小师。有僧问:"和尚年老,何不畜一童子侍奉?"师曰:"有瞽聩者,为吾讨来。"僧辞,师问:"什么处去?"僧曰:"府下开元寺去。"师曰:"我有一信附与了寺主,汝将得去否?"僧曰:"便请。"师曰:"想汝也不奈何。"

杭州多福和尚,僧问:"如何是多福一丛竹?"师曰:"一茎两茎斜。"曰:"学人不会。"师曰:"三茎四茎曲。"僧问:"如何是衲衣下事?"师曰:"大有人疑在。"曰:"为什么如是?"师曰:"月里藏头。"

---

① "婆",南藏本、径山本作"傍"。

益州西睦和尚，上堂，有一俗士举手云："和尚便是一头驴。"师曰："老僧被汝骑。"彼无语。去后三日再来，自言："某甲三日前著贼。"师拈拄杖趁出。师有时蓦唤侍者，侍者应诺，师曰："更深夜静，共伊商量。"①

前衢州子湖岩利踪禅师法嗣

台州胜光和尚，问："如何是和尚家风？"师曰："福州荔枝，泉州刺桐。"问："如何是佛、法两字？"师曰："即便道。"僧曰："请师道。"师曰："穿耳胡僧笑点头。"龙华照和尚来，师把住云："作么生？"照云："莫错。"师乃放手。照云："久向胜光。"师默然。照乃辞，师门送云："自此一别，什么处相见？"照呵呵而去。

漳州浮石和尚，上堂云："山僧开卜铺，能断人贫富，定人生死。"时有僧出云："离却生死贫富，不落五行，请师直道。"师云："金木水火土。"

紫桐和尚，僧问："如何是紫桐境？"师曰："阿你眼里著沙得么？"曰："大好紫桐境也不识。"师曰："老僧不讳此事。"其僧出去，师下禅床擒住曰："今日好个公案，老僧未得分文入手。"曰："赖遇某甲是僧。"师曰："祸不单行。"

---

① "伊"，碛砂本、径山本作"汝"。

日容和尚，齑音韲。上座参，师拊掌三下云："猛虎当轩，谁是敌者？"齑曰："俊鹞冲天①，阿谁捉得？"师曰："彼此难当。"曰："且休，未断这公案。"师将拄杖舞归方丈，齑无语。师曰："死却这汉也。"云山云："齑不别前语。"②

前鄂州茱萸和尚法嗣

石梯和尚，僧新到，于师前立，少顷便出，师曰："有什么辨白处？"僧再立，良久，师曰："辨得也，辨得也。"僧曰："辨后作么生？"师曰："埋却得也。"僧曰："苍天，苍天！"师曰："适来却恁么，如今还不当。"僧乃出去。

天龙和尚法嗣

婺州金华山俱胝和尚，初住庵。有尼名实际，到庵，戴笠子执锡，绕师三匝云："道得即拈下笠子。"三问，师皆无对。尼便去，师曰："日势稍晚，且留一宿"。尼曰："道得即宿。"师又无对。尼去后，叹曰："我虽处丈夫之形，而无丈夫之气。"拟弃庵往诸方参寻。其夜山神告曰："不须离此山，将有大菩萨来为和尚说法也。"果旬日，天龙和尚到庵。师乃迎礼，具陈前事。天龙竖一指而示之，师当下大悟。

自此凡有参学僧到，师唯举一指，无别提唱。有一童子庵外被人诘曰③："和尚说何法要？"童子竖起指头。归而举似师，师

---

① "鹞"，碛砂本、径山本作"鹘"。
② "语"，丛刊本、碛砂本、径山本作"话"。
③ "庵外"，丛刊本、碛砂本、大正本作"于外"。

以刀断其指头。童子叫唤走出,师召一声,童子回首,师却竖起指头,童子豁然领解。师将顺世,谓众曰:"吾得天龙一指头禅,一生用不尽。"言讫示灭。长庆代众云:"美食不中饱人吃。"玄沙云:"我当时若见,拗折指头。"玄觉云:"且道玄沙恁么道,意作么生?"云居锡云:"只如玄沙恁么道,肯伊不肯伊?若肯,何言拗折指头;若不肯,俱胝过在什么处?"先曹山云:"俱胝承当处卤莽,只认得一机一境。一种是拍手拊掌,是他西园奇怪。"玄觉又云:"且道俱胝还悟也未?若悟,为什么道承当处卤莽①;若不悟,又道用一指头禅不尽。且道曹山意旨在什么处?"

前长沙景岑禅师法嗣

明州雪窦山常通禅师,邢州人也,姓李氏。入鹊山出家,年二十,本州开元寺受戒。习经律凡七载,乃曰:"摩腾入汉,译著斯文。达磨来梁,复明何事?"遂远参长沙岑和尚,岑问曰:"何处人?"师曰:"邢州人。"岑曰:"我道不从彼来。"②曰:"和尚还曾住此无?"岑然之,乃容入室。后往洞山、石霜,而法无异味。唐咸通末游宣城,郡守于谢仙山奏置禅苑,号瑞圣院,请师居焉。

僧问:"如何是密室?"师曰:"不通风信。"曰:"如何是密室中人?"师曰:"诸圣求睹不见。"又曰:"千佛不能思,万圣不能议。乾坤坏不坏,虚空包不包。一切比无伦,三世唱不起。"问:"如何是三世诸佛出身处?"师曰:"伊不肯知有汝三世。"良久又曰:"荐否?不然者,且向著佛不得处体取。时中常在,识

---

① "卤莽",丛刊本、大正本作"莽卤"。
② "我",碛砂本、径山本作"吾"。

尽功成①，瞥然而起，即是伤他，而况言句乎？"光启中，群寇起②，师领徒至四明。大顺二年，郡守请居雪窦，郁然盛化。天祐二年乙丑七月示疾，集众焚香，付嘱讫，合掌而逝，寿七十二。其年八月七日，建石塔于院西南隅。

前关南道常禅师法嗣

襄州关南道吾和尚，始经村墅③，闻巫者乐神云："识神无？"师忽然省悟④。后参常禅师，印其所解。复游德山门下，法味弥著。凡上堂示徒，戴莲华笠，披襕执简，击鼓吹笛，口称"鲁三郎"。有时云："打动关南鼓，唱起德山歌。"僧问："如何是祖师西来意？"师以简揖云："喏。"师有时执木剑，横在肩上作舞。僧问："手中剑什么处得来？"师掷于地，僧却置师手中。师曰："什么处得来？"僧无对⑤。师曰："容汝三日内下取一语。"其僧亦无对。师自代拈剑肩上，作舞云："恁么始得。"问："如何是和尚家风？"师下禅床，作女人拜云："谢子远来，都无祇待。"师问灌溪："作么生？"灌溪云："无位。"师云："莫同虚空么？"云："这屠儿。"师云："有生可杀即不俺。"

漳州罗汉和尚，始于关南常禅师拳下悟旨，语见师章。⑥ 乃为

---

① "成"，南藏本、径山本作"亡"。
② "寇"，碛砂本、径山本作"盗"。
③ "村墅"，碛砂本、径山本作"村墅间"。
④ "省悟"，丛刊本作"省寤"，大正本作"惺悟"。
⑤ "僧无对"，丛刊本作"僧乃无对"。
⑥ "师"，大正本作"常禅师"。

歌曰："咸通七载初参道，到处逢言不识言。心里痴团若栲栳，三春不乐止林泉。忽遇法王毡上坐，便陈疑恳向师前。师从毡上那伽起①，袒膊当胸打一拳。骇散痴团獭狚落，举头看见日初圆。从兹蹭蹬以碣碣，直至如今常快活。只闻肚里饱膨脖，更不东西去持钵。"又述偈曰："宇内为闲客，人中作野僧。任从他笑我，随处自腾腾。"

前高安大愚禅师法嗣

筠州末山尼了然，灌溪闲和尚游方时到山，先云："若相当即住，不然则推倒禅床。"乃入堂内。然遣侍者问："上座游山来，为佛法来？"闲云："为佛法来。"然乃升座，闲上参。然问："上座今日离何处？"闲云："离路口。"然云："何不盖却？"闲无对。禾山代云："争得到这里。"始礼拜问："如何是末山？"然云："不露顶。"闲云："如何是末山主？"然云："非男女相。"闲乃喝云："何不变去？"然云："不是神，不是鬼，变个什么？"② 闲于是伏膺③，作园头三载。僧到参，然云："太褴缕生。"僧云："虽然如此，且是师子儿。"然云："既是师子儿，为什么被文殊骑？"僧无对。僧问："如何是古佛心？"然云："世界倾坏。"僧云："世界为什么倾坏？"然云："宁无我身。"

---

① "起"，碛砂本、径山本作"定"。
② "什么"，碛砂本、径山本作"甚么"。
③ "伏"，大正本作"服"。

景德传灯录卷第十二

怀让禅师法嗣第四世一十三人①
洪州黄檗山希运禅师法嗣一十三人②七人见录③
  镇州临济义玄禅师
  睦州龙兴寺陈尊宿
  杭州千顷山楚南禅师
  福州乌石山灵观禅师
  杭州罗汉宗彻禅师
  魏府大觉禅师④
  相国裴休⑤
    扬州六合德元禅师、士门赞禅师、襄州政禅师、吴门山弘宣禅师、幽州超禅师、苏州宪禅师　已上六人无机缘语句，不录

第五世五十一人⑥
  袁州仰山慧寂禅师法嗣一十人六人见录

---

① "怀让禅师法嗣第四世一十三人"，大正本作"怀让禅师第四世一十二人"。
② "一十三"，大正本作"一十二"。
③ "七人见录"，径山本、大正本作"六人见录"。
④ "魏府大觉禅师"，大正本无。
⑤ 此下，丛刊本注"已上七人见录"，大正本注"已上六人见录"。
⑥ "一"，大正本、径山本作"二"。

袁州仰山西塔光穆禅师

晋州霍山景通禅师

杭州龙泉文喜禅师

新罗国顺支禅师

袁州仰山南塔光涌禅师

袁州仰山东塔和尚

  洪州观音常蠲大师、福州东禅慧茂大师、福州明月山道崇大师、处州遂昌禅师　已上四人无机缘语句，不录

镇州临济义玄禅师法嗣二十一人①—十五人见录②

鄂州灌溪志闲禅师

幽州谭空和尚

镇州宝寿沼和尚

镇州三圣慧然禅师③

魏府兴化存奖禅师

定州善崔禅师④

镇州万岁和尚

云山和尚

桐峰庵主

杉洋庵主

涿州纸衣和尚

虎溪庵主

---

① "一"，大正本作"二"。
② "一十五人"，径山本作"一十六人"。
③ "慧然禅师"下，大正本有"魏府大觉禅师"。
④ "定"，东寺本、碛砂本作"镇"。

覆盆庵主

襄州历村和尚

沧州米仓和尚①

齐耸大师、涿州秀禅师、浙西善权彻禅师、金沙禅师、允诚禅师、新罗国智异山和尚　已上六人无机缘语句，不录

睦州陈尊宿法嗣二人—一人见录

睦州刺史陈操

睦州严陵钓台和尚　一人无机缘语句，不录

邓州香严智闲禅师法嗣一十二人—一十人见录

吉州止观和尚

寿州绍宗禅师

襄州延庆法端禅师②。

益州南禅无染禅师

益州长平山和尚

益州崇福演教大师

安州大安山清幹禅师

终南山丰德寺和尚

均州武当山佛岩晖禅师

江州双溪田道者

益州照觉寺和尚、睦州东禅和尚　已上二人无机缘语句，不录

福州双峰和尚法嗣一人见录

双峰古禅师

---

① 此下，丛刊本注"已上一十五人见录"，大正本注"已上一十六人见录"。
② 此下，大正本注："十一卷已收在沩山祐下"。

杭州径山洪諲禅师法嗣四人一人见录

　　洪州米岭和尚

　　　　庐州栖贤寺寂禅师、临川义直禅师、杭州功臣院今道禅师① 已上三人无机缘语句，不录

扬州光孝院慧觉禅师法嗣一人见录

　　升州长庆道巘禅师

第六世一十九人

袁州仰山南塔光涌禅师法嗣五人四人见录

　　越州清化全怤禅师

　　郢州芭蕉山慧清禅师

　　韶州黄连山义初禅师

　　韶州慧林鸿究禅师

　　　　洪州黄龙山忠和尚　一人无机缘语句，不录

袁州仰山西塔光穆禅师法嗣一人见录

　　吉州资福如宝禅师

灌溪志闲禅师法嗣一人见录

　　池州鲁祖山教和尚

魏府兴教存奖禅师法嗣②二人一人见录

　　汝州宝应和尚③

　　　　魏府天钵和尚　一人无机缘语句，不录

镇州宝寿沼禅师法嗣二人见录

　　汝州西院思明禅师

---

① "今"，东寺本、碛砂本、大正本作"令"。
② "魏府兴教"，碛砂本作"魏州兴教"，径山本作"魏州兴化"。
③ 此下，丛刊本注"一人见录"，大正本注"一人见录，即南院颙也"。

第二世宝寿和尚

涿州纸衣和尚法嗣

　　　　镇州谭空和尚　一人无机缘语句,不录

镇州三圣慧然禅师法嗣二人见录

　　镇州大悲和尚

　　淄州水陆和尚

魏府大觉和尚法嗣四人三人见录

　　庐州大觉和尚

　　庐州澄心旻德禅师

　　汝州南院和尚

　　　　宋州法华和尚　一人无机缘语句,不录

金陵道巘禅师法嗣

　　　　金陵广孝院处微禅师　一人无机缘语句,不录

怀让禅师第四世
前洪州黄檗山希运禅师法嗣

镇州临济义玄禅师,曹州南华人也,姓邢氏。幼负出尘之志,及落发进具,便慕禅宗。初在黄檗,随众参侍。时堂中第一坐勉令问话。师乃问:"如何是祖师西来的的意?"黄檗便打。如是三问,三遭打。遂告辞第一坐云:"早承激劝问话,唯蒙和尚赐棒。所恨愚鲁,且往诸方行脚去。"上坐遂告黄檗云:"义玄虽是后生,却甚奇特。来辞时,愿和尚更垂提诱。"来日,师辞黄檗,黄檗指往大愚。师遂参大愚,愚问曰:"什么处来?"曰:"黄檗来。"愚曰:"黄檗有何言教?"曰:"义玄亲问西来的的意,蒙

和尚便打。如是三问,三转被打。不知过在什么处?"愚曰:"黄檗恁么老婆,为汝得彻困,犹觅过在。"师于是大悟云:"佛法也无多子。"愚乃揪师衣领云:"适来道我不会,而今又道无多子,是多少来,是多少来?"师向愚肋下打一拳,愚托开云:"汝师黄檗,非干我事。"师却返黄檗,黄檗问云:"汝回太速生。"师云:"只为老婆心切。"黄檗云:"遮大愚老汉,待见与打一顿。"师云:"说什么待见,即今便打。"遂鼓黄檗一掌,黄檗吟吟大笑①。

黄檗普请锄藚谷回,见师在后空手立,乃问:"锸在何处?"师曰:"上坐将去了也。"黄檗曰:"近前来共汝商量。"师向前叉手。黄檗将锸锸地曰:"我遮锸,天下人拈掇不起,还有人拈得起么?"师掣得举起云:"锸在义玄手里。"黄檗云:"今日自有人赴普请,我不著去也。"便自归院②。沩山因仰山侍立次,方举此话未了,仰山便问:"锸在黄檗手里,为什么被临济夺却?"沩山云:"贼是小人,智过君子。"黄檗一日普请锄茶园,黄檗后至。师问讯,按锸而立。黄檗曰:"莫是困邪?"曰:"才锸地何言困?"黄檗举拄杖便打,师接杖,推倒和尚。黄檗呼:"维那,维那,拽起我来。"维那拽起曰:"和尚争容得遮风汉。"黄檗却打维那。师自锸地云:"诸方即火葬,我遮里活埋。"沩山问仰山:"只如黄檗与临济,此时意作么生?"仰山云:"作贼人不死③,罗贼人吃棒。"④ 沩山云:"如是,如是。"

---

① "吟吟",大正本作"哈哈"。
② 自"黄檗普请"至此,大正本作:"黄檗普请锄藚谷次,师在后行。黄檗回头,见师空手乃问:'锸头在什么处?'师云:'有人将去了也。'黄檗云:'近前来共汝商量。'师近前叉手。黄檗竖起锸头云:'只这个,天下人拈掇不起,还有人拈得起么?'师就手掣得,竖起云:'为什么却在义玄手里?'黄檗云:'今日自有人普请。'便归院。"
③ "不死",大正本作"走却"。
④ "罗",大正本作"逻"。

师一日在黄檗僧堂里睡,黄檗入来,以拄杖于床边敲三下。师举首,见是和尚,却睡。黄檗打席三下。去上间,见第一坐,黄檗曰:"遮醉汉,岂不知下间禅客坐禅①,汝只管瞌睡。"上坐曰:"遮老和尚患风邪?"黄檗打之。沩山举问仰山:"只如黄檗意作么生?"仰山云:"一彩两赛。"

师与黄檗栽杉,黄檗曰:"深山里栽许多树作么?"师曰:"与后人作古记。"乃将锹拍地两下。黄檗拈起拄杖曰:"汝吃我棒了也。"师作嘘嘘声。黄檗曰:"吾宗到汝,此记方出。"② 沩山举问仰山:"且道黄檗后语,但嘱临济,为复别有意旨?"仰山云:"亦嘱临济,亦记向后。"沩山云:"向后作么生?"仰山云:"一人指南,吴越令行。"南塔和

---

① "不知",大正本作"不如"。
② 自"师于是大悟云"至此,东寺本、碛砂本作:"师于言下大悟云:'元来黄檗佛法无多子。'大愚挡住云:'者尿床鬼子,适来又道不会,如今却道黄檗佛法无多子。你见个什么道理?速道,速道!'师于大愚肋下筑三拳,大愚托开云:'汝师黄檗,非干我事。'师辞大愚,却回黄檗。黄檗云:'汝回太速生。'师云:'只为老婆心切。'便人事了。侍立次,黄檗云:'大愚有何言句?'师遂举前话,黄檗云:'这大愚老汉,待见痛与一顿。'师云:'说甚么待见,即今便与。'随5便打黄檗一掌,黄檗云:'这风颠汉,却来这里将虎须。'师便喝,黄檗云:'侍者引这风颠汉参堂去。'后沩山举此话问仰山云:'临济当时得大愚力,得黄檗力?'仰山云:'非但骑虎头,亦解把虎尾。'师一日与黄檗赴普请,师在后行,黄檗回头,见师空手,乃问:'锹头在什么处?'师云:'有人将去了也。'黄檗云:'近前来,共汝商量个事。'师便近前,黄檗将锹锹地云:'我这个,天下人拈掇不起。'师就手擎得竖起云:'为什么却在某甲手里?'黄檗云:'今日自有人普请,我更不著去也。'便归院。后沩山举问仰山云:'锹头在黄檗手里,为甚却被临济夺却?'仰山云:'贼是小人,智过君子。'黄檗一日普请锄茶园,黄檗后至。师问讯,按锹而立。黄檗云:'莫是困耶?'曰:'才锹何言困?'黄檗拄杖便打,师接杖,推倒和尚。黄檗呼:'维那,维那,拽起我来。'维那扶起曰:'和尚争容得这风颠汉无礼。'黄檗却打维那。师自锹地云:'诸方即火葬,我这里活埋。'沩山问仰山:'只如黄檗与临济,此时意作么生?'仰山云:'正贼走却,罗赃人吃棒。'师一日在黄檗僧堂里睡,黄檗入来,以拄杖于床边敲三下。师举首见是和尚,却睡。黄檗打席三下去。却往上间,见首座坐禅,乃云:'下间后生却坐禅,汝这里妄想作什么?'首座云:'这老汉患风耶?'黄檗打板头一下,便出去。沩山举问仰山:'只如黄檗意作么生?'仰山云:'两彩一赛。'师与黄檗栽杉,黄檗曰:'深山里栽许多树作么?'师曰:'一与后人作古记,二与山门作标榜。'道了以锹头打地三下,黄檗云:'虽然如是,子已吃我棒了也。'师又以锹头打地三下,作嘘嘘声。黄檗云:'吾宗到汝,大兴于世。'"

尚注云："独坐震威，此记方出。"又云："若遇大风，此记亦出。"沩山云："如是，如是。"师因半夏上黄檗山，见和尚看经。师曰："我将谓是个人，元来是唵黑豆老和尚。"住数日乃辞去，黄檗曰："汝破夏来，不终夏去？"曰："某甲暂来礼拜和尚。"黄檗遂打趁令去。师行数里，疑此事，却回终夏。师一日辞黄檗，黄檗曰："什么处去？"曰："不是河南，即河北去。"黄檗拈起拄杖便打。师捉住拄杖曰："遮老汉，莫盲枷瞎棒，已后错打人。"黄檗唤侍者："把将几案禅板来。"师曰："侍者，侍者，把将火来。"① 黄檗曰："不然子但将去，已后坐断天下人舌头在。"师即便发去。

师到熊耳塔头，塔主问："先礼佛，先礼祖？"师曰："祖佛俱不礼。"塔主曰："祖佛与长老有什么冤家，俱不礼？"师无对。又别举云："师问塔主：'先礼佛，先礼祖？'塔主曰：'祖佛是什么人弟子？'师拂袖便去。"

师后还乡党，俯徇赵人之请，住子城南临济禅苑，学侣奔凑。一日，上堂曰："汝等诸人，肉团心上有一无位真人②，常向诸人面门出入。汝若不识，但问老僧。"③ 时有僧问："如何是无位真人？"师便打云："无位真人是什么干屎橛？"④ 后雪峰闻，乃曰："临济大似白拈贼。"师问乐普云："从上来一人行棒，一人行喝，阿那个亲？"对曰："总不亲。"师曰："亲处作么生？"普便喝，师乃打。师问木口和尚："如何是露地白牛？"木口曰："吽。"师曰："哑。"木口曰："老兄作么生？"师曰："遮畜生。"大觉到

---

① "侍者，侍者"，东寺本、碛砂本、大正本作"侍者"。
② "肉团心"，东寺本、碛砂本作"赤肉团"。
③ "汝若不识，但问老僧"，东寺本、碛砂本作"未证据者看看"。
④ "师便打云：'无位真人是什么干屎橛？'"东寺本、碛砂本作："师下禅床把住云：'道，道。'僧拟议，师托开云：'无位真人是什么干屎橛？'便归方丈。"

参,师举拂子,大觉敷坐具,师掷下拂子,大觉收坐具入僧堂。众僧曰:"遮僧莫是和尚亲故,不礼拜,又不吃棒。"师闻,令唤新到僧,大觉遂出。师曰:"大众道汝未参长老。"大觉云:"不审。"便自归众。麻谷_{第二世}。到参,敷坐具问:"十二面观音,阿那面正?"师下绳床,一手收坐具,一手捞麻谷云:"十二面观音向什么处去也?"麻谷转身,拟坐绳床,师拈挂杖打。麻谷接却,相捉入方丈。

师上堂云:"大众,夫为法者不避丧身失命。我于黄檗和尚处,三遍吃棒①,一似等闲。如今更思渴一顿痛棒吃,阿谁为我下得手?"② 时有僧曰:"某甲下得手,和尚合吃多少?"师与挂杖,其僧拟接,师便打③。僧问:"如何是第一句?"师曰:"三要印开朱点窄,未容拟议主宾分。"曰:"如何是第二句?"师曰:"妙解岂容无著问,沤和争负截流机?"曰:"如何是第三句?"师曰:"看取棚头弄傀儡,抽牵全藉里边人。"④ 师又曰:"夫一句语须具三玄门,一玄门须具三要,有权有用,汝等诸人作么生会?"

师唐咸通七年丙戌四月十日将示灭,乃说传法偈曰⑤:"沿流不止问如何,真照无边说似他。离相离名如不禀,吹毛用了极还

---

① "遍",大正本作"度"。
② 此句,东寺本、碛砂本作:"我于黄檗先师处,三度问佛法的的大意,三度蒙他赐棒,如蒿枝拂著相似,如今更思一顿,谁为我行得?"
③ 此下,东寺本、碛砂本注:"后雪峰拈云:'临济大似白拈贼。'"
④ "里边",大正本作"里头"。
⑤ "乃说传法偈曰",东寺本、碛砂本作"上堂云:'吾灭后不得灭却吾正法眼藏。'三圣出云:'争敢灭却和尚正法眼藏?'师云:'已后有人问你,向他道什么?'三圣便喝,师云:'谁知吾正法眼藏向这瞎驴边灭却。'乃有颂曰"。

么。"① 偈毕坐逝②。敕谥慧照大师，塔曰澄灵。

陈尊宿，初居睦州龙兴寺，晦迹藏用。常制草屦，密置于道上，岁久人知，乃有"陈蒲鞋"之号焉。时有学人叩激，随问遽答，词语峻峭。既非循辙，故浅机之流，往往嗤之，唯玄学性敏者钦伏。由是诸方归慕，谓之陈尊宿。

师因晚参，谓众曰："汝等诸人未得个入头，须得个入头③；若得个入头，已后不得孤负老僧。"时有僧出礼拜曰："某甲终不敢孤负和尚。"师曰："早是孤负我了也。"师又曰："老僧在此住持，不曾见个无事人到来。汝等何不近前？"时有一僧方近前，师云："维那不在，汝自领，去三门外与二十棒。"④ 僧云："某甲过在什么处？"师云："枷上更著杻。"师寻常或见衲僧来，即闭门。或见讲僧，乃召云："坐主。"其僧应诺，师云："担板汉。"或云："遮里有桶，与我取水。"

师一日在廊阶上立，有僧来问云："陈尊宿房在何处？"师脱草屦騫头打，僧便走。师召云："大德。"僧回首。师指云："却从那边去。"有僧扣门，师云："阿谁？"僧云："某甲。"师云："秦时𨍏落钻。"⑤ 一日，有天使问："三门俱开，从那门而入？"师唤："尚书。"天使应诺，师云："从信门入。"天使又见壁画，问云："二尊者对谭何事？"师掴露柱云："三身中那个不说法？"

---

① "极还么"，丛刊本、碛砂本作"急还磨"，大正本作"急须磨"。
② "偈"，东寺本、碛砂本作"颂"。
③ "须得个入头"，原本脱，据东寺本、碛砂本、大正本补。
④ "去"，大正本作"出去"。
⑤ "𨍏落"，径山本作"辘轹"。

师问坐主:"汝莫是讲唯识否?"对曰:"是。"师云:"五戒不持。"师问一长老云:"了即毛端滴巨海①,始知大地一微尘。长老作么生?"对云:"问阿谁?"师云:"问长老。"长老云:"何不领话?"师云:"汝不领话,我不领话?"

师见僧来云:"见成公案,放汝三十棒。"僧云:"某甲如是。"师云:"三门金刚为什么举拳?"僧云:"金刚尚乃如是。"师便打。问:"如何是向上一路?"师云:"要道有什么难?"僧云:"请师道。"师云:"初三十一,中九下七。"问:"以一重去一重即不问,不以一重不去一重如何?"②师云:"昨朝栽茄子,今日种冬瓜。"问:"如何是曹溪的的意?"师云:"老僧爱嗔不爱喜。"僧云:"为什么如是?"师云:"路逢剑客须呈剑,不是诗人莫说诗。"僧到参,师问:"什么处来?"僧云:"浏阳。"师云:"彼中老宿祇对佛法大意道什么?"云:"遍地行无路。"师云:"老宿实有此语否?"云:"实有。"师拈拄杖打云:"遮念言语汉。"

师问一长老:"若有兄弟来,将什么祇对?"长老云:"待他来。"师云:"何不道?"长老云:"和尚欠少什么?"师云:"请不烦葛藤。"有僧参,师云:"汝岂不是行脚僧?"云:"是。"师云:"礼佛也未?"云:"礼那土堆作么?"师云:"自领出去。"僧问:"某甲讲兼行脚,不会教意时如何?"师云:"实语当忏悔。"僧云:"乞师指示。"师云:"汝若不会,老僧即缄口无言。"僧云:"便请道。"师云:"心不负人,面无惭色。"问:

---

① "滴",大正本作"吞"。
② "不去一重",丛刊本、东寺本、碛砂本作"不去一重时"。

"一句道尽时如何?"师云:"义堕也。"僧云:"什么是学人义堕处?"① 师云:"三十棒教谁吃?"问:"教意祖意,是同是别?"师云:"青山自青山,白云自白云。"僧云:"如何是青山?"师云:"还我一滴雨来。"僧云:"道不得,请师道。"师云:"《法华》峰前阵②,《涅槃》句后收。"

师问僧:"今夏在什么处?"云:"待和尚有住处,即说似和尚。"师云:"狐非师子类,灯非日月明。"师问新到僧:"什么处来?"僧瞪目视之,师云:"驴前马后汉。"僧云:"请师鉴。"师云:"驴前马后汉,道将一句来。"无对③。师看经次,陈操尚书问:"和尚看什么经?"师云:"《金刚经》。"尚书云:"六朝翻译,此当第几译?"师举起经云:"一切有为法,如梦幻泡影。"师又因看《涅槃经》,僧问:"和尚看什么经?"师拈起经云:"遮个是《荼毗品》最末后。"师问新到僧:"今夏在什么处?"僧云:"径山。"师云:"多少人?"云:"四百人。"师云:"遮吃夜饭汉。"僧云:"尊宿,丛林何言吃夜饭?"师乃棒趁出。

师闻一老宿难亲近,躬往相访。老宿见师才入方丈,便喝。师侧掌云:"两重公案。"老宿云:"过在什么处?"师云:"遮野狐精。"便退。师问僧:"近离什么处?"僧云:"江西。"师云:"踏破多少草鞋?"僧无对。师与讲僧吃茶,师云:"我救汝不得也。"僧云:"某甲不晓,乞师垂示。"师拈油饼示之云:"遮个是什么?"僧云:"色法。"师云:"遮入镬汤汉。"有一紫衣大德

---

① "什么",东寺本、碛砂本、大正本作"什么处"。
② "峰",大正本作"锋"。
③ "无对",东寺本、径山本作"僧无对"。

到，礼拜，师拈帽子带示之云："遮个唤作什么？"大德云："朝天帽。"师云："怎么即老僧不卸也。"师复问："所习何业？"云："唯识。"师云："作么生说？"云："三界唯心，万法唯识。"师指门扇云："遮个是什么？"云："是色法。"师云："帘前赐紫，对御谭经，何得不持五戒？"无对①。

僧问："某甲乍入丛林，乞指师示。"师云："你不解问。"云："和尚作么生？"师云："放汝三十棒，自领出去。"问："教意请师提纲。"师云："但问将来，与你道。"僧云："请和尚道。"师云："佛殿里烧香，三门外合掌。"问："如何是展演之言？"师云："量才补职。"僧云："如何得不落展演？"师云："伏惟尚飨。"②师唤焦山："近前来。"又呼童子取斧来，童子取斧至云："未有绳墨，且斫粗。"师喝之。又唤童子云："作么生是你斧头？"童子遂作斫势。师云："斫你老邪头不得。"③问："如何是放一线道？"师云："量才补职。"又问："如何是不放一线道？"师云："伏惟尚飨。"新到僧参，师云："汝是新到否？"云："是。"师云："且放下葛藤，会么？"云："不会。"师云："担枷陈状，自领出去。"僧便出。师云："来，来，我实问你什么处来？"云："江西。"师云："渤潭和尚在你背后，怕你乱道，见么？"无对。问："寺门前金刚，托即乾坤大地，不托即丝发不逢时如何？"师云："吽，吽。我不曾见此问。先跳三千，倒退八百，你合作么生？"僧云："诺。"师云："先责一纸罪状好。"便

---

① "无对"，东寺本、径山本作"僧无对"。
② "飨"，原作"向"，据东寺本、碛砂本、大正本改。
③ "邪"，东寺本、碛砂本、大正本作"爷"。

打,其僧拟出。师云:"来,我共你葛藤。托即乾坤大地,你且道洞庭湖里水深多少?"僧云:"不曾量度。"师云:"洞庭湖又作么生?"僧云:"只为今时。"师云:"只遮葛藤尚不会。"乃打之。

问:"如何是触途无滞底句?"师云:"我不恁么道。"云:"师作么生道?"师云:"箭过西天十万里,向大唐国里等候。"① 有僧扣门,师云:"作么?"② 云:"己事未明,乞师指示。"师云:"遮里只有棒。"方开门,其僧拟问,师便掴其僧口。问:"以字不成,八字不是,是何章句?"师弹指一声云③:"会么?"云:"不会。"师云:"上来表赞无限胜因:蛤蟆跳上梵天,蚯蚓走过东海。"西峰长老来参,师致茶果,命之令坐,问云:"长老今夏在什么处安居?"云:"兰溪。"师云:"有多少徒众?"云:"七十来人。"师云:"时中将何示徒?"长老拈起甘子呈云④:"已了。"师云:"著什么死急。"有僧新到参⑤,方礼拜,师叱云:"阇梨因何偷常住果子吃?"僧云:"学人才到,和尚为什么道偷果子?"师云:"赃物见在。"师问僧:"近离什么处?"曰:"仰山。"师曰:"五戒也不持。"曰:"某甲什么处是妄语?"师云:"遮里不著沙弥。"

杭州千顷山楚南禅师, 闽中人也,姓张氏。自髫龀投开元寺

---

① "向",东寺本、碛砂本、径山本作"却向"。
② "作么",碛砂本、径山本作"作什么"。
③ "声",东寺本、碛砂本、径山本作"下"。
④ "甘",东寺本、碛砂本、径山本作"柑"。
⑤ "有僧"前,大正本有"时"。

昙蔼禅师出家，迨乎冠岁落发，诣五台具戒，就赵郡学相部律，往上都听《净名经》。既精研法义，而未了玄机，遂谒芙蓉。芙蓉见曰："吾非汝师，汝师江外黄檗是也。"师礼辞而参黄檗，黄檗垂问曰："子未现三界影像时如何？"师曰："即今岂是有邪？"曰："有无且置，即今如何？"师曰："非今古。"曰："吾之法眼，已在汝躬。"师乃入室，执巾侍盥，晨晡请益。寻值唐武宗废教，师遂深窜林谷。暨大中初，相国裴公休出抚宛陵，请黄檗和尚出山，师随出。由兹抵姑苏报恩寺，精修禅定，仅二十余载，足不逾阃。俄为郡守请住宝林院，未几复请居支硎山，又住千顷慈云院，振黄檗玄风。

一日，师上堂曰："诸子设使解得三世佛教，如瓶注水，及得百千三昧，不如一念修无漏道，免被人天因果系绊。"时有僧问："无漏道如何修？"师曰："未有阇梨时体取。"曰："未有某甲时谁人体？"师曰："体者亦无。"问："如何是易？"师曰："著衣吃饭，不用读经看教，不用行道礼拜，烧身炼顶，岂不易邪？"曰："此既是易，如何是难？"师曰："微有念生，便具五阴三界，轮回生死，皆从汝一念生。所以佛教诸菩萨云：'佛所护念。'"

师虽应机无倦，而常俨然处定，或逾月，或浃旬。光启三年，钱王请下山供养①。昭宗闻其道化，就赐紫衣。文德六年五月②，辞众奄然而化，寿七十六，腊五十六。迁塔于院西隅。大顺二年壬子二月③，宣州孙儒寇钱塘，兵士发塔，睹全身不散，

---

① "钱王"，大正本作"钱氏"。
② "六年"，大正本作"元年"。《宋高僧传》"楚南传"作"六年"，大正本误。
③ "大顺二年"，大正本作"景福元年"，并注云："一作'大顺二年'。"按：大顺二年为辛亥，景福元年为壬子。孙儒寇钺康在大顺二年。

爪发俱长，谢罪忏悔而去。师平昔著《般若经品颂偈》一卷、《破邪论》一卷，见行于世。

福州乌石山灵观禅师，住本山薛老峰，亦云丁墓山，时称"老观和尚"。寻常扃户，人罕见之。唯一信士，每至食时送供方开。一日，雪峰伺便扣门，师出开门，雪峰蓦胸挡住云："是凡是圣？"师唾云："遮野狐精。"便推出，闭却门。雪峰云："也只要识老兄。"师因划草次，问僧："汝何处去？"云："西院礼拜安和尚去。"时竹上有一青蛇子，师指蛇云："欲识西院老野狐精，只遮便是。"师一日问西院安和尚："此一片地，堪著什么物？"安云："好著个无相佛。"师云："好片地被兄放不净。"

师一日引水次，有僧来参，师以引水横抽示之，其僧便去。师至暮，问小师："适来僧在何处？"小师云："发去也。"师云："只得一橛。"玄觉云："什么处是少一橛？"问："如何是佛？"师出舌示之，其僧礼谢。师云："住，住。你见什么便礼拜？"僧云："谢和尚慈悲，出舌相示。"师云："老汉近日舌上生疮。"有僧到敲门，行者开门后便出去。其僧入礼拜，问："如何是西来意？"师云："适来出去者是什么人？"僧拟近前，师便托出，闭却门。曹山行脚时，问："如何是毗卢师、法身主？"师云："我若向你道即别有也。"曹山举似洞山，洞山云："好个话头，只欠进语。何不更去问'为什么不道'？"曹山乃却来，进前语，师云："若言我不道，即哑却我口；若言我道，即謇却我舌。"曹山归，举示洞山，洞山深肯之。

杭州罗汉院宗彻禅师,湖州吴兴县人也,姓吴氏。幼岁出家,依年受具,巡方参礼,依黄檗希运禅师法席。黄檗一见,便深器之,入室领旨。后至杭州,州牧刘彦慕其道,立精舍于府西,号罗汉院,化徒三百。师有时上堂,僧问:"如何是西来意?"师曰:"骨剉也。"师对机多用此语,故时人因号"骨剉和尚"。问:"如何是南宗、北宗?"师曰:"心为宗。"僧曰:"还看教也无?"师曰:"教是心。"问:"性地多昏,如何了悟?"师曰:"烦云风卷,太虚廓清。"曰:"如何得明去?"师曰:"一轮皎洁,万里腾光。"师后示疾迁化,门人塔于院之北隅。梁贞明五年,钱王广其院为安国罗汉寺,移师塔于大慈山坞。今寺与塔并存。

魏府大觉禅师,兴化存奖禅师为院宰时,师一日问曰:"我常闻汝道:'向南行一回,拄杖头未曾拨著个会佛法底人。'汝凭什么道理,有此语?"兴化乃喝,师打之①,兴化又喝,师又打。来日,兴化从法堂过,师召曰:"院主,我直下疑汝昨日行底喝,与我说来。"兴化曰:"存奖平生于三圣处学得底,尽被和尚折倒了也,愿与存奖个安乐法门。"师曰:"遮瞎驴②,卸却衲帔,待痛决一顿。"兴化即于语下领旨。虽同嗣临济,而常以师为助发之友。师临终时谓众曰:"我有一只箭,要付与人。"时有一僧出云:"请和尚箭。"师云:"汝唤什么作箭?"僧喝,师打数下,自归方丈。却唤其僧入来,问云:"汝适来会么?"僧云:"不会。"师又

---

① "打之",大正本作"便打"。
② 此下,大正本有"来遮里纳败缺"。

打数下,掷却拄杖云:"已后遇明眼人,分明举似。"便乃告寂①。

裴休,字公美,河东闻喜人也②。守新安日,属运禅师初于黄檗山舍众入大安精舍,混迹劳侣,扫洒殿堂。公入寺烧香,主事祗接,因观壁画,乃问:"是何图相?"主事对曰:"高僧真仪。"公曰:"真仪可观,高僧何在?"僧皆无对。公曰:"此间有禅人否?"曰:"近有一僧,投寺执役,颇似禅者。"公曰:"可请来询问得否?"于是遽寻运师。公睹之,欣然曰:"休适有一问,诸德吝辞,今请上人代酬一语。"师曰:"请相公垂问。"公即举前问,师朗声曰:"裴休。"公应诺,师曰:"在什么处?"公当下知旨,如获髻珠。曰:"吾师真善知识也,示人克的若是,何泪没于此乎?"时众愕然。

自此延入府署,留之供养,执弟子之礼,屡辞不已。复坚请住黄檗山,荐兴祖教。有暇即躬入山顶谒,或渴闻玄论,即请师入州。公既通彻祖心,复博综教相,诸方禅学咸谓:裴相不浪出黄檗之门也。至迁镇宣城,还思瞻礼,亦创精蓝迎请居之③。虽圭峰该通禅讲,为裴之所重,未若归心于黄檗而倾竭服膺者也。

---

① 大正本将此章移至临济下存奖禅师前。从文中"虽同嗣临济"一语来看,大觉确为临济法嗣。
② 此下,大正本注:"《唐书》本传作'孟州济源人'。"
③ 此下,大正本注:"唐新安郡,即歙州也。《唐史》裴相本传无出守明说,虽未必不经为歙州太守。然观其《传心法要序》,即知其初识运公于洪州,再见之于宣州,皆迎请而来,非邂逅也。今本章述所问壁画高僧之处,必为差误。苟或果在歙州,则序中安得不言耶?据《广灯》以为在筠州,《四家录》又云在洪州,皆不然也。按《唐史》,武德中,以洪州高安县置靖州,更名筠州,寻废之。至南唐李景再置,中间岂得有郡守?以此知《广灯》之误也。又按《传心法要序》云:'予会昌二年,廉于钟陵,自山迎至州,憩龙兴寺。'以此知《四家录》亦误。其余在'黄檗章'中辨之也。"

又撰《圭峰碑》云：休与师于法为昆仲，于义为交友，于恩为善知识，于教为内外护。斯可见矣。仍集《黄檗语要》，亲书序引，冠于编首，留镇山门。又亲书大藏经五百函号，迄今宝之。又圭峰禅师著《禅源诸诠》《原人论》及《圆觉经疏注》《法界观》，公皆为之序。

公父肃，字中明，任越州观察使。应三百年谶记，重建龙兴寺大佛殿，自撰碑铭。先是越州沙门昙彦，身长五尺，眉垂数寸。与檀越许询字玄度，同造砖木大塔二所。彦有神异，天降相轮，能驻日倍工，复从地引其髆至塔顶①。塔未就，询亡，彦师寿长可百二十余岁，犹待得询后身为岳阳王来抚越州，盖愿力也。彦预告门人曰："许玄度来也。"弟子咸谓师老耄，言无准的。许玄度死已三十余载，何云更来也？时岳阳王早承志公密示，才到州，便入寺寻访。彦师出门伫望，遥见乃召曰："许玄度来何暮？昔日浮图今如故。"王曰："弟子姓萧名察，师何以许玄度呼之？"彦曰："未达宿命，焉得知之？"遂握手命入室席地，彦以三昧力加被，王忽悟前身造塔之事，宛若今日。由是二塔益资壮丽。时龙兴寺大殿堕坏，众请彦师重修。彦曰："非贫道缘力也。却后三百年有绯衣功德主来兴此殿，大作佛事。"寺众刻石记之。及期，裴太守赴任，兴隆三宝，倾施俸钱，修成大殿。方晓彦师悬记无忒。公遂笃志内典，深入法会，有发愿文传于世。

怀让禅师第五世
前袁州仰山慧寂禅师法嗣

仰山西塔光穆禅师，第二世住。僧问："如何是正闻？"师曰："不从耳入。"曰："作么生？"师曰："还闻么？"问："祖意与教

---

① "髆"，疑当作"砖"。

意同别？"师曰："同别且置，汝道瓶嘴里什么物出来入去？"问："如何是西来意？"师曰："汝无佛性。"问："如何是顿？"师作圆相示之。曰："如何是渐？"师以手空中拨三下。

晋州霍山景通禅师，初参仰山，仰山闭目坐。师曰："如是，如是，西天二十八祖亦如是，中华六祖亦如是，和尚亦如是，景通亦如是。"语讫，向右边翘一足而立。仰山起来，打四藤杖，师因此自称"集云峰下四藤条，天下大禅佛"。归宗下亦有大禅佛，名智通，终于五台。后住霍山。有行者问："如何是佛法大意？"师乃礼拜。行者曰："和尚为什么礼俗人？"师曰："汝不见道：尊重弟子。"师问僧："什么处来？"僧提起坐具。师云："龙头蛇尾。"僧问："如何是佛？"师打之，僧亦打师。师曰："汝打我有道理，我打汝无道理。"僧无对，师乃打趁。师化缘将毕，先备薪于郊野，遍辞檀信。食讫，行至薪所，谓弟子曰："日午当来报。"至日午，师自执烛①，登积薪上，以笠置顶后作圆光相，手执拄杖作降魔杵势，立终于红焰中。

杭州文喜禅师，嘉禾蔚儿人也，姓朱氏。七岁出家，唐开成二年赵郡具戒，初习《四分律》。属会昌废教，返服韬晦，大中初，例重忏度于盐官齐峰寺。后谒大慈山性空禅师，性空曰："子何不遍参乎？"咸通三年，至洪州观音院见仰山，言下顿了心契，仰山令典常住。一日，有异僧就求斋食，师减己分馈之。仰

---

① "烛"，丛刊本、大正本作"灯"。

山预知，问曰："适来果位人，汝给食否？"答曰："辍己回施。"仰山曰："汝大利益。"七年旋浙右，止千顷山，筑室而居。会巢寇之乱，避地湖州，住仁王院。光启三年，钱王请住龙泉廨署。今慈光院。

僧问："如何是涅槃相？"师曰："香烟尽处验。"问："如何是佛法大意？"师曰："唤院主来，遮师僧患颠。"问："如何是自己？"师默然，僧罔措。再问，师曰："青天蒙昧，不向月边飞。"大顺元年，钱王表荐赐紫衣。乾宁四年，又奏师号曰"无著"。光化三年示疾，十月二十七日夜子时，告众曰："三界心尽，即是涅槃。"言讫，跏趺而终，寿八十，腊六十。终时方丈发白光，竹树同色。十一月二十二日迁塔灵隐山西坞。天福二年①，宣城帅田頵应杭将许思叛换，纵兵大掠②，发师塔，睹肉身不坏，发爪俱长。武肃王奇之，遣裨将邵志，重封瘗焉。

新罗五观山顺支，本国号"了悟大师"。僧问："如何是西来意？"师竖拂子。僧曰："莫遮个便是？"师放下拂子。问："以字不成，八字不是，是什么字？"师作圆相示之。有僧于师前作五花圆相，师画破，别作一圆相。

仰山南塔光涌禅师，僧问："文殊是七佛师，文殊有师否？"师云："遇缘即有。"曰："如何是文殊师？"师竖拂子示之。僧曰："莫遮个是么？"师放下拂子，叉手。问："如何是妙用一

---

① "天福"，丛刊本、东寺本、碛砂本、径山本、大正本作"天祐"。
② "将"，原作"换"，据南藏本、径山本改。

句？"师曰："水到渠成。"问："真佛住在何处？"师曰："言下无相，也不在别处。"

仰山东塔和尚，僧问："如何是君王剑？"师曰："落缆不采功。"僧曰："用者如何？"师曰："不落时人手。"问："法王与君王相见时如何？"师曰："两掌无私。"曰："见后如何？"师曰："中间绝像。"

前临济义玄禅师法嗣

灌溪志闲禅师，魏府馆陶人也，姓史氏。幼从柏岩禅师披剃，二十受具。后见临济和尚，和尚挡住，良久放之，师曰："领矣。"住后，谓众曰："我见临济无言语，直至如今饱不饥。"问："请师不借。"师曰："我满口道不借。"师又曰："大庾岭头佛不会，黄梅路上没众生。"师会下一僧去参石霜。石霜问："什么处来？"云："灌溪来。"石霜云："我北山住不如他南山住。"僧无对。师闻云①："但道修涅槃堂了也。"僧问："久向灌溪，到来只见沤麻池。"师曰："汝只见沤麻池，不见灌溪。"僧曰："如何是灌溪？"师曰："劈箭急。"②后人举似玄沙，玄沙云："更学三十年未会禅。"问："如何是古人骨？"师曰："安置不得。"曰："为什么安置不得？"师曰："金乌那教下碧天。"问："金锁断后如何？"师曰："正是法汝处。"问："如何是细？"师曰："回换不回换。"曰："末后事如何？"师曰："忌丈六口头。"问："如何

---

① "闻"，原作"问"，据径山本、大正本改。丛刊本作"代"。
② "劈"，大正本作"剪"。

是一色？"师曰："不随。"曰："一色后如何？"师曰："有阇梨承当分也无？"问："今日一会，抵敌何人？"师曰："不为凡圣。"问："一句如何？"师曰："不落千圣机。"问："如何是洞中水？"师曰："不洗人。"师唐乾宁二年乙卯五月二十九日，问侍者曰："坐死者谁？"曰："僧伽。""立死者谁？"曰："僧会。"乃行六七步，垂手而逝。

幽州谭空和尚，有尼欲开堂说法，师曰："尼女家不用开堂。"尼曰："龙女八岁成佛，又作么生？"师曰："龙女有十八变，汝与老僧试一变看。"尼曰："变得也是野狐精。"师乃打趁。宝寿和尚问："除却中、上二根人来时，师兄作么生？"师曰："汝适来举，早错也。"寿曰："师兄也不得无过。"师曰："汝却与我作师兄。"寿侧掌云："遮老贼。"

镇州宝寿沼和尚，第一世住。僧问："万境来侵时如何？"师曰："莫管他。"僧礼拜，师曰："不要动著，动著即打折汝腰。"赵州谂和尚来，师在禅床背面而坐。谂展坐具礼拜，师起，入方丈，谂收坐具而出。师问僧："什么处来？"曰："西山来。"师曰："见猕猴么？"曰："见。"师曰："作什么伎俩。"曰："见某甲，一个伎俩也作不得。"师打之。胡钉铰参，师问："汝莫是胡钉铰？"曰："不敢。"师曰："还解钉得虚空否？"曰："请和尚打破①，某甲与钉。"师以拄杖打之。胡曰："和尚莫错打某甲。"

---

① "打"，大正本作"折"。

师曰:"向后有多口阿师,与汝点破在。"赵州云:"只遮一缝,尚不奈何。"乃代云:"且钉遮一缝。"问:"万里无片云时如何?"师曰:"青天亦须吃棒。"师将顺世,谓门人曰:"汝还知我行履处否?"对曰:"知和尚一生长坐不卧。"师又令近前,门人近前。师曰:"去,非吾眷属。"言讫而化。

镇州三圣院慧然禅师,自临济受诀,遍历丛林。至仰山,仰山问:"汝名什么?"师曰:"名慧寂。"仰山曰:"慧寂是我名。"师曰:"我名慧然。"仰山大笑而已。师到香严,严问:"什么处来?"师曰:"临济。"① 严曰:"将得临济剑来么?"师以坐具蓦口打而去。师到德山,才展坐具,德山云:"莫展炊巾,遮里无馊饭。"师曰:"纵有也无著处。"德山以拄杖打师。师接住,却推德山向禅床上,德山大笑,师哭"苍天"而去。师在雪峰,闻峰垂语云:"人人尽有一面古镜,遮个猕猴亦有一面古镜。"师出问:"历劫无名,和尚为什么立为古镜?"② 峰云:"瑕生也。"师咄曰:"遮老和尚,话头也不识。"峰云:"罪过,老僧住持事多。"师见宝寿和尚开堂,师推出一僧在宝寿前,宝寿便打其僧,师曰:"长老若怎么为人,瞎却镇州一城人眼在。"法眼云:"什么是瞎却人眼处?"③

魏府兴化存奖禅师,问僧:"什么处来?"曰:"崔禅处来。"

---

① "临济",东寺本、碛砂本、大正本作"临济来"。
② "立",大正本注:"一作'彰'"。
③ "什么",东寺本、碛砂本作"什么处"。此下,大正本为"魏府大觉禅师"章。

师曰:"将得崔禅喝来否?"曰:"不将得来。"师曰:"恁么即不从崔禅处来。"僧喝之,师遂打。师谓众曰:"我只闻长廊下也喝①,后架里也喝②。诸子,汝莫盲喝乱喝,直饶喝得兴化向半天里住,却扑下来,气欲绝。待兴化苏息,起来向汝道'未在',何以故?我未曾向紫罗帐里䍩真珠与汝诸人③,虚空里乱喝作什么?"师谓克宾维那曰:"汝不久当为唱导之师。"④ 克宾曰:"不入汝保社。"⑤ 师曰:"会了不入,不会不入?"曰:"没交涉。"师乃打之,白众曰:"克宾维那法战不胜,令舍衣钵钱五贯文,设堂饭而趁出院。"⑥ 僧问:"国师唤侍者意作么生?"师曰:"一盲引众盲。"师有时唤僧:"某甲。"僧应诺,师曰:"点即不到。"又别唤一僧,僧应诺,师曰:"到即不点。"师后为后唐庄宗师,庄宗一日谓师曰:"朕收大梁,得一颗无价明珠,未有人酬价。"师曰:"请陛下珠看。"帝以手舒开幞头脚,师曰:"君王之宝,谁敢酬价?"玄觉征云:"且道兴化肯同光,不肯同光?若肯同光,兴化眼在什么处?若不肯同光,过在什么处?"师灭后,敕谥广济大师,塔曰通寂。

---

① "下",东寺本、碛砂本、大正本无。
② "里",东寺本、碛砂本、大正本无。
③ 䍩,大正本作"撒"。
④ "导",大正本作"道"。
⑤ "汝",大正本作"者",东寺本、碛砂本作"这"。
⑥ 自"曰没交涉"至此,东寺本、碛砂本作:"曰:'没交涉。'师便打,乃白众曰:'克宾维那法战不胜,罚钱五贯,设饭一堂,仍不得吃饭,便赶出院。'"大正本作:"宾云:'总不与么。'师便打,乃云:'克宾维那法战不胜,罚钱五贯,设饭一堂。'至明日,师自白槌云:'克宾维那法战不胜,罚钱五贯,设饭一堂,不得吃饭,即时出院。'"

定州善崔禅师，州将王公于衙署张坐，请师说法。师升坐，良久，谓众曰："出来也打，不出来也打。"① 时谭空和尚出曰："崔禅底？"② 师曰："久立，太尉，珍重。"便下坐。

镇州万岁和尚，僧问："大众上堂③，合谭何事？"师曰："序品第一。"问："僧家究竟如何？"师曰："本来只是吹灰法，却向坛头脱却衣。"④ 师访宝寿，初见便展坐具，宝寿即下禅床。师乃坐彼禅床，宝寿骤入方丈。少顷，知事白师曰："堂头和尚已关却门也，请和尚库头吃茶。"师乃归院。翌日，宝寿来复谒，师踞禅床。宝寿展坐具，师亦下禅床，宝寿还坐禅床，师归方丈闭关。宝寿入侍者寮内取灰，于方丈前围三道而退。

云山和尚，有僧从西京来，师问："还得西京主人书来否？"僧曰："不敢妄通消息。"师曰："作家师僧，天然有在。"僧曰："残羹残菜谁吃？"⑤ 师曰："独有阇梨不甘吃。"其僧乃作吐势，师唤侍者曰："扶出遮病僧著。"僧便出去。

桐峰庵主，僧问："和尚遮里忽遇大虫作么生？"师作吼声，僧作怖势，师大笑。僧曰："遮老贼。"师曰："争奈老僧何？"有僧到庵前便去，师曰："阇梨，阇梨。"僧回首便喝，师良久。僧

---

① "出来也打，不出来也打"，东寺本、碛砂本作"出来打，出来打"。
② "底"，东寺本、碛砂本作"吠"，大正本作"聻"。
③ "堂"，东寺本、碛砂本作"来"。
④ "坛头脱"，大正本作"滩头卸"。
⑤ "残菜"，东寺本、碛砂本、径山本作"馊饭"。

曰："死却遮老汉。"师乃打之，僧无语，师呵呵大笑。有僧入庵把住师①，师曰："杀人，杀人。"其僧推开曰："叫作么?"师曰："谁?"僧乃喝，师打之。僧出，回首曰："且待，且待。"师大笑。

杉洋庵山主②，有僧到参，师问："阿谁?"曰："杉洋庵主。"师曰："是我。"僧便喝，师作嘘声。僧曰："犹要棒在。"师便打。僧问："庵主得什么道理后住此山?"③ 师曰："也欲通个来由，又恐遭人点检。"僧曰："又争免得?"师乃喝之。僧曰："恰是。"师乃打，其僧大笑而出。师曰："今日大败，大败。"

涿州纸衣和尚，初问临济："如何是夺人不夺境?"临济曰："春煦发生铺地锦，婴儿垂发白如丝。"师曰："如何是夺境不夺人?"曰："王令已行天下遍，将军塞外绝烟尘。"师曰："如何是人境俱不夺?"曰："王登宝殿，野老讴歌。"师曰："如何是人境俱夺?"曰："并汾已信④，独处一方。"师于言下领旨，深入三玄三要四句之门，颇资化道。

虎溪庵主，僧到抽坐具相看，师不顾。僧曰："知道庵主有此机风。"⑤ 师鸣指一声，僧曰："是何宗旨?"师便捆之。僧曰：

---

① "把"，东寺本、碛砂本、径山本作"挡"。
② "山"，东寺本、碛砂本、径山本、大正本无。
③ "什"，东寺本、径山本作"甚"；"后"，东寺本、碛砂本、径山本作"便"。
④ "已"，大正本作"绝"。
⑤ "风"，大正本作"锋"。

"知道今日落人便宜。"师曰:"犹要棒在。"有僧才入门,师便喝,僧默然,师打之,僧却喝,师曰:"好个草贼。"僧到不审,师曰:"阿谁?"僧喝。师曰:"得恁么无宾主?"僧曰:"犹要第二喝在。"师乃喝之。有僧问:"和尚何处人事?"师云:"陇西人。"僧云:"承闻陇西有鹦鹉,还实也无?"师云:"是。"僧云:"和尚莫不是也无?"师便作鹦鹉声,僧云:"好个鹦鹉。"师便棒之。

覆盆庵主,问僧:"什么处来?"曰:"覆盆山下来。"师曰:"还见庵主否?"僧便喝,师便掌。僧曰:"作么?"师又喝。一日,有僧从山下哭上,师闭庵门①。僧于门上画一圆月相②,师从庵后出,却从山下哭上。僧喝曰:"犹作遮个去就在。"师便换手搥胸曰:"可惜先师,一场埋没。"僧曰:"苦,苦!"师曰:"庵主被谩。"

襄州历村和尚,煎茶次,僧问:"如何是祖师西来意?"师举茶匙子。僧曰:"莫只遮便当否?"师掷向火中。问:"如何是观其音声而得解脱?"师将火箸打柴头问:"汝还闻否?"曰:"闻。"师曰:"谁不解脱?"

沧州米仓和尚,州牧请师与宝寿和尚入厅供养,令人传语:

---

① "闭庵门",东寺本、碛砂本、径山本作"闭却门"。
② "上",东寺本、碛砂本、径山本作"下";"圆月相",东寺本、碛砂本、径山本作"圆相"。

"请二长老谭论佛法。"寿曰:"请师兄长老答话。"师喝之,寿曰:"某甲尚未借问,何便行喝?"师曰:"犹欠少在?"寿却与一喝。

睦州陈尊宿法嗣

睦州刺史陈操,与僧斋次,拈起糊饼问僧:"江西、湖南还有遮个么?"僧曰:"尚书适来吃什么?"陈曰:"敲钟谢响。"又一日斋僧次,躬行饼,僧展手接,陈乃缩手,僧无语。陈曰:"果然,果然。"异日问僧曰:"有个事与上坐商量,得么?"僧曰:"合取狗口。"陈自捆曰:"操罪过。"僧曰:"知过必改。"陈曰:"恁么即乞上坐口吃饭。"又斋僧,自行食次,曰:"上坐施食。"上坐曰:"三德六味。"陈曰:"错。"上坐无对。又与寮属登楼次,有数僧行来,一官人曰:"来者总是行脚僧。"陈曰:"不是。"曰:"焉知不是?"陈曰:"待近与问。"① 相次诸僧楼前行过,陈蓦唤:"上坐。"僧皆回顾,陈谓诸官曰:"不信道。"又与禅者颂曰:"禅者有玄机,机玄是复非②。欲了机前旨,咸于句下违。"

前香严智闲禅师法嗣

吉州止观和尚,问:"如何是毗卢师?"师拦胸与一托。问:"如何是顿?"师云:"非梁陈。"

---

① "待近",东寺本、碛砂本、径山本作"近前"。
② "机玄",丛刊本、东寺本、碛砂本、径山本作"玄机"。

寿州绍宗禅师，问："如何是西来意？"师曰："好事不出门，恶事行千里。"① 有官人谓师曰："见说江西不立宗？"师曰："遇缘即立。"曰："遇缘立个什么？"师曰："江西不立宗。"

襄州延庆法端，号"绍真大师"。官人问："蚯蚓斩两段，两头俱动，佛性在阿那头？"师展两手。洞山别云："即今问底在那个头？"②

益州南禅无染大师，问："无句之句，师还答也无？"师曰："从来只明恁么事。"僧曰："毕竟如何？"师曰："且问看。"

益州长平山和尚，问："视瞬不及处如何？"师曰："我眨眼也勿工夫。"问："如何是祖师意？"师曰："西天来，唐土去。"

益州崇福演教大师，问："如何是宽廓之言？"师曰："无口道得。"问："如何是西来意？"师曰："今日明日。"

安州大安山清幹禅师，问："从上诸圣，从何而证？"师乃斫额。问："如何是祖师西来意？"师曰："羊头车子推明月。"

终南山丰德寺和尚，问："如何是和尚家风？"师曰："触事面墙。"问："如何是本来事？"师曰："终不更问人。"

---

① "行"，东寺本、碛砂本、径山本作"传"。
② 此下，大正本注曰："此又收在十一卷沩山下，何也？"

均州武当山佛岩晖禅师,问:"顷年有疾,又中毒药,请师医。"师曰:"二宜汤一碗。"又问:"如何是佛向上事?"曰:"螺髻子。"

江州庐山双溪田道者①,问:"如何是啐啄之机?"师以手作啄势。问:"如何是西来意?"师曰:"什么处得个问头来?"

前福州双峰和尚法嗣

双峰古禅师,第二世。本业讲经,因上双峰礼谒,双峰问:"大德什么处住?"②曰:"城里住。"双峰曰:"寻常还思老僧否?"曰:"常思和尚,无由礼觐。"双峰曰:"只遮思底便是大德。"师从此领旨,即归本寺,舍所居,罢讲,入山执侍数年。后到石霜,但随众而已,更不参请。众金谓:"古侍者尝受双峰印记。"往往闻于石霜,霜欲诘其所悟,而未得其便。师因辞石霜,霜将拂子送出门首,召曰:"古侍者。"师回首,石霜曰:"拟著即差,是著即乖,不拟不是,亦莫作个会。除非知有,莫能知之。好去,好去。"师应喏喏,即前迈。寻属双峰归寂③,师乃继续住持。僧问:"和尚当时祇对石霜,石霜恁么道,意作么生?"师曰:"只教我不著是非。"玄觉云:"且道他会石霜意不会?"

前径山第三世洪諲禅师法嗣

洪州米岭和尚,寻常垂语曰:"莫过于此。"僧问:"未审是

---

① "州",碛砂本、大正本作"西"。
② "大德",丛刊本无。
③ "归",丛刊本作"示"。

什么莫过于此?"师曰:"不出是。"其僧后问长庆:"为什么不出是?"庆云:"汝拟唤作什么?"

前扬州光孝院慧觉和尚法嗣

道巘禅师,庐州人也,姓刘氏。初参侍觉和尚,便领悟微言,即于湖南大光山剃度。暨化缘弥盛,受请止升州长庆禅苑。师一日上堂,谓众曰:"弥勒世尊朝入伽蓝,暮成正觉,乃说偈云:'三界上下法,我说皆是心。离于诸心法,更无有可得。'看他怎么道,也大杀惺惺,若比吾徒,犹是钝汉。所以一念见道,三世情尽,如印印泥,更无前后。诸子,生死事大,快须荐取,莫为等闲。业识茫茫,盖为迷己逐物。世尊临入涅槃,文殊请佛再转法轮,世尊咄文殊言:'吾四十九年住世,不曾一字与人,汝请吾再转法轮,是谓吾曾转法轮也。'然今时众中建个宾主问答,事不获已,盖为初心尔。"僧问:"如何是长庆境?"师曰:"阇梨履践看。"问:"如何是佛法大意?"师曰:"古人岂不道:今日三月三?"僧曰:"学人不会。"师曰:"止止不须说,我法妙难思。"便下坐。咸平二年归寂①。

怀让禅师第六世

前仰山南塔光涌禅师法嗣

越州清化全付禅师,吴都昆山人也②。父贾贩,师随至豫章。闻禅会之盛,遂启求出家,即诣江夏投清平大师。清平问曰:

---

① "归",丛刊本作"示"。
② "吴都",丛刊本作"吴郡"。

"汝来何求？"曰："求法也。"清平异而摄受之①。寻登戒度，奉事弥谨。一旦自谓曰："学无常师，岂宜匏系于此乎？"即辞抵宜春仰山，礼南塔涌和尚。涌问："从何而来？"师曰："鄂州来。"涌曰："鄂州使君名什么？"曰："化下不敢相触。"涌曰："此地通不畏。"师曰："大丈夫何必相试？"涌辄然而笑，遂蒙印可。乃游庐陵，安福县宰为建应国禅苑，迎以聚徒。本道上闻，赐名"清化"焉。僧问："如何是和尚急切为人处？"师曰："朝看东南，暮看西北。"僧曰："不会。"师曰："徒夸东阳客，不识西阳珍。"问："如何是正法眼？"师曰："不可青天白日尿床也。"

师后因同里僧勉还故国，钱氏文穆王特加礼重。晋天福二年丁酉岁，钱氏戍将辟云峰山建院，亦以"清化"为名，法侣臻萃。僧问："如何是佛法大意？"师曰："华表柱头木鹤飞。"问："路逢达道人，不将语默对。未审将什么对？"师曰："眼里瞳人吹叫子。"问："和尚年多少？"师曰："始见去年九月九，如今又见秋叶黄。"僧曰："恁么即无数也。"师曰："问取黄叶。"曰："毕竟事如何？"师曰："六只骰子满盆红。"问："亡僧迁化，向什么处去？"师曰："长江无间断，聚沫任风飘。"曰："还受祭祀也无？"师曰："祭祀不无。"② 僧曰："如何祭祀？"师曰："渔歌举棹，谷里闻声。"至忠献王赐以紫方袍，师不受，王改以衲衣，仍号"纯一禅师"。师曰："吾非饰让也，虑后人仿吾而逞欲耳。"汉开运四年丁未秋七月示疾③，安然坐逝，有大风震摧林木。寿

---

① "摄受"，丛刊本作"摄"。
② "不无"，大正本作"即不无"。
③ "汉"，大正本无。

六十六，腊四十五。

郢州芭蕉山慧清禅师，新罗人。问："如何是芭蕉水？"师曰："冬温夏凉。"问："如何是吹毛剑？"师曰："进前三步。"僧曰："用者如何？"师曰："退后三步。"问："如何是和尚为人一句？"师曰："只恐阇梨不问。"师上堂谓众曰："会么？相悉者少，珍重。"问："不语有问时如何？"师曰："未出三门千里程。"问："如何是自己？"师曰："望南看北斗。"问："光境俱亡，复是何物？"师曰："知。"曰："知个什么？"师曰："建州九郎。"问："如何是提婆宗？"师曰："赤幡在左。"师问僧："近离什么处？"曰："请师试道看。"师曰："将谓是舶上商人，元来是当州小客。"问："不问二头三首，请师直指本来面目。"师默然正坐。问："贼来须打，客来须看，忽遇客贼俱来时如何？"师曰："屋里有一纳破草鞋。"曰："只如破草鞋，还堪受用也无？"师曰："汝若将去，前凶后不吉。"问："北斗里藏身，意旨如何？"师曰："九九八十一。"师又曰："会么？"曰："不会。"师曰："一二三四五。"问："古佛未出兴时如何？"师曰："千年茄子根。"曰："出兴后如何？"师曰："金刚努出眼。"师上堂，良久曰："也大相辱，珍重。"

韶州昌乐县黄连山义初，号**"明微大师"**。问："三乘十二分教即不问，请师开口不答话。"师曰："宝华台上定古今。"曰："如何是宝华台上定古今？"师曰："一点墨子，轮流不移。"曰："学人全体不会，请师指示。"师曰："灵觉虽转，空华不坠。"

问："古路无踪，如何进步？"师曰："金乌绕须弥，元与劫同时。"曰："恁么即得达于彼岸也。"师曰："黄河三千年一度清。"广南刘氏向师道化，请入府内说法。僧问："人王与法王相见时如何？"师曰："两镜相照，万象历然。"曰："法王心要，达磨西来，五祖付与曹溪，自此不传衣钵，未审碧玉阶前，将何付嘱？"师曰："石羊水上行，木马夜翻驹。"僧曰："恁么即我王有感，万国归朝。"师曰："时人尽唱太平歌。"问："如何是佛？"师曰："胸题万字①，背负圆光。"僧问："如何是道？"师展两手示之。僧曰："佛之与道，相去几何？"师曰："如水如波。"

韶州慧林鸿究，号"**妙济大师**"。有僧问："千圣常行此路，如何是此路？"师曰："果然不见。"问："鲁祖面壁意如何？"师曰："有什么雪处？"问："如何是急切事？"师曰："钝汉。"问："如何是和尚家风？"师曰："诸方例大。"②问："定慧等学，明见理性如何？"师曰："新修梵宇。"

前仰山西塔光穆禅师法嗣

吉州资福如宝禅师，僧问："如何是应机之句？"师默然。问："如何是玄旨？"师曰："汝与我掩却门。"问："鲁祖面壁意作么生？"师曰："勿交涉。"问："如何是从上真正眼？"师搥胸曰："苍天，苍天。"僧曰："借问又何妨？"师曰："困。"问："遮个还受学也无？"师曰："未曾镢地栽虚空。"问："如何是衲

---

① "万"，大正本作"卍"。
② "例大"，丛刊本作"大例"。

僧急切处？"师曰："不过此问。"僧曰："学人未问已前请师道。"师曰："噫！"问："诸方尽皆妙用，未审和尚此间如何？"师曰："噫！"问："古人拈搥竖拂，此理如何？"师曰："痓。"问："如何是一路涅槃门？"师弹指一声，又展开两手。僧曰："如何领会？"师曰："不是秋月明，子自横行八九。"问："如何是和尚家风？"师曰："饭后三碗茶。"师一日拈起蒲团，示众云："诸佛菩萨及入理圣人，皆从遮里出。"便掷下，擘胸开曰："作么生？"众无对。问："学人创入丛林，一夏将末，未蒙和尚指教，愿垂提拯。"师托开其僧，乃曰："老僧自住持来，未曾瞎却一僧眼。"师有时坐良久，周视左右曰："会么？"众曰："不会。"师曰："不会即谩汝去也。"师一日将蒲团于头上曰："汝诸人恁么时难共语。"众无对。师将坐却曰："犹较些子。"

前灌溪志闲禅师法嗣

池州鲁祖山教和尚，僧问："如何是目前事？"师曰："丝竹未将为乐器，架上葫芦犹未收。"问："如何是双林树？"师曰："有相身中无相身。"曰："如何是有相身中无相身？"师曰："金香山下铁昆仑。"① 问："如何是高峰孤宿底人？"师曰："半夜日头明，日午打三更。"问："如何是格外事？"师曰："化道缘终后②，虚空更那边。"问："进向无门时如何？"师曰："太钝生。"僧曰："不是钝根，直下进向无门时如何？"师曰："灵机未曾论边际，执法无边在暗中。"问："如何是学人著力处？"师曰："春

---

① "山"，南藏本、径山本作"炉"。
② "道"，大正本作"导"。

来草自青,月上已天明。"曰:"如何是不著力处?"师曰:"崩山石头落,平川烧火行。"

魏府兴教存奖禅师法嗣①

汝州宝应和尚,亦曰南院,第一世住②。上堂示众曰:"赤肉团上,壁立千仞。"时有僧问:"赤肉团上,壁立千仞。岂不是和尚道?"师曰:"是。"其僧乃掀禅床,师曰:"遮瞎驴。"便棒。师问僧:"近离什么处?"曰:"长水。"师曰:"东流,西流?"曰:"总不怎么。"师曰:"作么生?"僧珍重,师打之,趁下法堂。僧到参,师举拂子。僧曰:"今日败阙。"师放下拂子。僧曰:"犹有遮个在。"师乃棒之。师问僧:"近离什么处?"曰:"近离襄州。"师曰:"来作什么?"曰:"特来礼拜和尚。"师曰:"恰遇宝应老不在。"僧便喝。师曰:"向汝道不在,又喝作什么?"僧又喝,师乃棒之,其僧礼拜。师曰:"遮棒本分汝打我,我且打汝三五棒,要此话大行。"

思明和尚未住西院时到参,礼拜后白曰:"别无好物人事,从许州买得一口江西剃刀来献和尚。"师云:"汝从许州来,什么处得江西剃刀?"明把师手掐一下,师云:"侍者收取。"明拂袖而去。师云:"阿剌剌。"师上堂曰:"诸方只具啐啄同时眼,不具啐啄同时用。"时有僧便问:"如何是啐啄同时用?"师曰:"作家相见不啐啄,啐啄同时失。"僧曰:"此犹未是某甲问处?"师曰:"汝问处又作么生?"僧曰:"失。"师乃打之,其僧不肯。后

---

① "兴教",大正本作"兴化"。
② "住"下,大正本有"颙禅师"。

于云门会下，闻别僧举此语，方悟旨，却回参省，师已圆寂，遂礼风穴和尚。风穴问曰："汝当时问先师啐啄话，后来还有省处也无？"僧曰："已见个道理也。"曰："作么生？"僧曰："某甲当时在灯影里行，照顾不著。"风穴云："汝会也。"①

前宝寿沼和尚法嗣

汝州西院思明禅师，有人问："如何是伽蓝？"师曰："荆棘丛林。"曰："如何是伽蓝中人？"师曰："獯儿、狢子。"问："如何是临济一喝？"师曰："千钧之弩，不为鼷鼠而发机。"曰："和尚慈悲何在？"师打之。僧从漪到法席，旬日乃曰："莫道会佛法人，觅个举话底人也无。"师闻而默之。漪异日上法堂次，师召："从漪。"漪举首，师曰："错。"漪进三两步，师又曰："错，从漪。"②漪复近前。师曰："适来两错，是上坐错，是思明老错？"③ 曰："是从漪错。"师曰："错。"又曰："上坐且遮里过夏，共汝商量遮两错。"④ 漪不肯，便去。后住相州天平山，每举前话曰⑤："我行脚时被恶风吹到汝州，有西院长老勘我，连下三个错⑥，便待留我过夏商量⑦。我不说怎么时错，我当时发足

---

① 自"师乃打之"至此，大正本作："师乃打之，其僧不肯。后于云门会下，闻二僧举前因缘，一僧云：'当时南院棒折那？'僧闻此语，忽然大悟，方见南院答话处。其僧却来汝州省觐，值师已迁化，乃访风穴。风穴认得，便问：'上座是当时问南院啐啄话'话底么？'僧云：'是。'穴云：'会也未？'僧云：'会也。'穴云：'尔当时怎么生会？'僧云：'某甲当时如在灯影里行相似。'穴云：'汝会也。'"
② "从漪"，东寺本、碛砂本、径山本无。
③ "思明老"，东寺本、碛砂本、径山本作"西院"。
④ "共"，东寺本、碛砂本、径山本作"待共"。
⑤ "每"，东寺本、碛砂本作"尝"，径山本作"当"。
⑥ "连下三个错"，东寺本、碛砂本、径山本作"连道三错"。
⑦ "便"，东寺本、碛砂本、大正本作"更"。

拟向南去，便知道错了也。"首山省念和尚云："据天平作怎么会解，未梦见西院在，何故？话在。"

宝寿和尚，第二世住。有僧问："如何是祖？"师曰："面黑眼睛白。"问："踏倒化城时如何？"师曰："死汉不斩。"僧曰："斩。"师乃打①。

前三圣慧然禅师法嗣

镇州大悲和尚，有僧问："除上去下，请师便道。"师曰："我开口即错。"僧曰："真是学人师。"师曰："今日向弟子手里死。"

淄州水陆和尚，有僧问："如何是学人用心处？"师曰："用心即错。"僧曰："不起一念时如何？"师曰："勿用处汉。"问："此事如何保任？"师曰："切忌。"问："如何是最初一句？"师便喝。问："狭路相逢时如何？"师便拦胸托一托。

前魏府大觉和尚法嗣

庐州大觉和尚，问："牛头未见四祖时，为什么鸟兽衔华？"师曰："有恁么畜生。"曰："见后为什么不来衔华？"师曰："无恁么畜生。"

庐州澄心院旻德和尚，在兴化时，遇兴化和尚示众云："若

---

① "打"，东寺本、碛砂本、径山本作"打之"。

是作家战将，便请单刀直入，更莫如何若何。"师便出①，礼三拜起而喝②，兴化亦喝，师再喝③，化亦喝，师乃作礼归众。化云："旻德今夜较却兴化二十棒。然虽如是，是他旻德会，旻德且不是喝。"④

汝州南院和尚，问："匹马单枪来时如何？"师曰："待我斫棒。"问："上上根器人还接否？"师曰："接。"僧曰："便请师接。"师曰："且得平交。"师问新到僧："近离什么处？"曰："汉上。"师曰："汝也罪过，我也罪过。"僧无语。师见新到僧，乃挡住曰："作么生，作么生？"僧无对。师曰："三十年马伎⑤，今日却被驴扑。"有僧新到，师曰："败也。"乃抛下柱杖。僧曰："恁么语话。"师便打。

---

① "便"，东寺本、碛砂本、大正无。
② "礼三拜起而喝"，东寺本、碛砂本、径山本作"礼拜起便喝"。
③ "再"，东寺本、碛砂本、径山本作"又"。
④ "是他旻德会，旻德且不是喝"，东寺本、碛砂本、径山本作"赖遇他旻德长老一喝不作一喝用"。
⑤ "马伎"，东寺本、径山本作"弄马伎"，碛砂本作"弄马骑"，大正本作"马骑"，并注："一作'学马伎'，又作'弄马骑'。"

景德传灯录卷第十三

怀让禅师及曹溪别出共七十七人①

怀让第七世

郢州芭蕉山慧清禅师法嗣四人二人见录

　　郢州兴阳清让禅师

　　洪州幽谷山法满禅师

　　　　郢州兴阳义深禅师、芭蕉山第二世住遇禅师　已上二人无机缘语句，不录

吉州资福如宝禅师法嗣四人三人见录

　　吉州资福贞邃禅师

　　吉州福寿和尚

　　潭州鹿苑和尚

　　　　潭州报慈德韶大师　一人无机缘语句，不录

汝州南院和尚法嗣②一人见录

　　汝州风穴延昭禅师③

---

① 此下，大正本注："怀让禅师第七世至第九世曹溪别出第二世至第六世。"
② "南院"，大正本作"宝应"；下注："即南院颙也。"
③ "延昭"，径山本、大正本作"延昭"，下同。

汝州西院思明禅师法嗣一人见录

　　郢州兴阳归静禅师

韶州慧林鸿究禅师法嗣一人见录

　　韶州灵瑞和尚

怀让第八世

汝州风穴延昭禅师法嗣四人二人见录

　　汝州广慧真禅师

　　汝州首山省念禅师

　　　　凤翔长兴和尚、潭州灵泉和尚　已上二人无机缘语句，不录

潭州报慈归真大师德韶法嗣二人见录

　　蕲州三角山志谦禅师

　　郢州兴阳词铎禅师

怀让第九世

汝州首山省念禅师法嗣一人见录

　　汾州善昭禅师①

曹溪别出第二世

罗浮山定真和尚法嗣

　　　　罗浮山灵运禅师　一人无机缘语句，不录

制空山道进和尚法嗣

　　　　荆州玄觉禅师　一人无机缘语句，不录

韶州下回田善快和尚法嗣

　　　　善悟禅师　一人无机缘语句，不录

司空山本净和尚法嗣

---

① 此下，大正本注："一人见录，赞颂附卷末。"

中使杨光庭　一人无机缘语句，不录

缘素和尚法嗣

韶州小道进禅师、韶州游寂禅师　已上二人无机缘语句，不录

祇陀和尚法嗣

衡州道情禅师　一人无机缘语句，不录

南阳慧忠国师法嗣五人一人见录

吉州耽源山真应禅师

唐肃宗皇帝、代宗皇帝①、开府孙知古②、邓州香严惟戒禅师

已上四人无机缘语句，不录

洛阳荷泽神会大师法嗣一十八人二人见录

黄州大石山福琳禅师

沂水蒙山光宝禅师

磁州法如禅师、怀安郡西隐山进平禅师、澧阳慧演禅师、河阳怀空禅师、南阳圆震禅师、宜春广敷禅师、江陵行觉禅师、五台山神英禅师、五台山无名禅师、南岳皓玉禅师、宜州志满禅师、涪州朗禅师、广陵灵坦禅师、宁州通隐禅师、益州南印禅师、河南尹李常　已上一十六人无机缘语句，不录

曹溪别出第三世

下回田善悟禅师法嗣

潭州无学禅师　一人无机缘语句，不录

衡州道倩和尚法嗣

湖南如宝禅师　一人无机缘语句，不录

耽源山真应和尚法嗣

---

① "代宗"前，大正本有"唐"。
② "开府"，东寺本、碛砂本、径山本作"开封"。

　　　　吉州贞遂禅师　一人无机缘语句，不录

磁州法如和尚法嗣

　　　　荆南惟忠禅师　一人无机缘语句，不录

河阳怀空和尚法嗣

　　　　蔡州道明禅师　一人无机缘语句，不录

乌牙山圆震禅师法嗣

　　　　吴头陀、四面山法智禅师　已上二人无机缘语句，不录

五台山无名禅师法嗣

　　　　五台华严澄观大师　一人无机缘语句，不录

益州南印和尚法嗣

　　　　义俯禅师　一人无机缘语句，不录

曹溪别出第四世

荆南惟忠禅师法嗣

　　　　道圆禅师、益州如一禅师、奉国神照禅师、庐山东林雅禅师　已上四人无机缘语句，不录。忠师亦名南印

吴头陀法嗣

　　　　玄固禅师　一人无机缘语句，不录

曹溪别出第五世

遂州道圆禅师法嗣一人见录

　　　终南山圭峰宗密禅师

奉国神照禅师法嗣

　　　　镇州常一禅师、滑州智远禅师、鹿台玄邃禅师　已上三人无机缘语句，不录

曹溪别出第六世

圭峰宗密禅师法嗣

圭峰温禅师、慈恩寺太恭禅师、兴善寺太锡禅师、万乘寺宗禅师、瑞圣寺觉禅师、化度寺仁瑜禅师　已上六人无机缘语句，不录

鹿台玄邃禅师法嗣

龙兴念禅师　一人无机缘语句，不录

滑州智远禅师法嗣

彭门审用禅师、圆绍禅师①、上方真禅师、东京法志禅师　已上四人无机缘语句，不录

怀让禅师第七世

前郢州芭蕉山慧清禅师法嗣

郢州兴阳山清让禅师，僧问："'大通智胜佛，十劫坐道场。佛法不现前，不得成佛道'时如何？"师曰："其问甚谛当。"僧曰："既是坐道场，为什么不得成佛道？"师曰："为伊不成佛。"

洪州幽谷山法满禅师，僧问："如何是道？"师良久曰："会么？"僧曰："学人不会。"师曰："话道语下无声，举扬奥旨丁宁。禅要如今会取，不须别后消停。"

前吉州资福如宝禅帅法嗣

吉州资福贞邃禅师，第二世住。僧问："和尚见古人得何意旨便歇去？"师作圆相示之。问："如何是古人歌？"师作圆相示之。问："如何是最初一句？"师曰："未具世界时，阇梨亦在此。"

---

① "绍"，东寺本、碛砂本、径山本作"照"。

问："百丈卷席意如何？"师良久。问："古人道'前三三，后三三'意如何？"师曰："汝名什么？"曰："某甲。"师曰："吃茶去。"师谓众曰："隔江见资福刹竿便回去，脚跟也好与三十棒，况过江来？"① 时有僧才出，师曰："不堪共语。"问："如何是古佛心？"师曰："山河大地。"

吉州福寿和尚，僧问："祖意教意同别？"师乃展手。问："文殊骑师子，普贤骑象，未审释迦骑什么？"师举手云："邪，邪。"

潭州鹿苑和尚，僧问："余国作佛，还有异名也无？"师作圆相示之。问："如何是鹿苑一路？"师曰："吉了舌头问将来。"② 问："如何是闭门造车？"师曰："南岳石桥。"僧曰："如何是出门合辙？"师曰："拄杖头鞋。"③ 师上堂展手云："天下老和尚、诸上坐命根总在遮里。"有一僧出曰："还收得也无？"师曰："天台石桥侧。"僧曰："某甲不恁么。"师曰："伏惟尚飨。"④ 问："如何是世尊不说说？"师曰："须弥山倒。"曰："如何是迦叶不闻闻？"师曰："大海枯竭。"

前汝州南院和尚法嗣⑤

汝州风穴延昭禅师，余杭人也。初发迹于越州镜清顺德大

---

① "况"，东寺本、碛砂本、大正本作"岂况"。
② "吉了"，南藏本、大正本作"吉嘹"。
③ "拄杖头鞋"，东寺本、碛砂本、径山本作"拄杖头上挂草鞋"。
④ "飨"，原作"向"，据东寺本、碛砂本、径山本、大正本改。
⑤ "南院"，大正本作"宝应"，并注："亦曰南院。"

师，未臻堂奥。寻诣襄州华严院，遇守廓上坐，即汝州南院侍者也，乃密探南院宗旨①。初见不礼拜，便问曰："入门须辨主②，端的请师分。"南院以左手拊膝，师喝。南院以右手拊膝，师又喝。南院举左手曰："遮个即从阇梨。"又举右手曰："遮个又作么生？"师曰："瞎。"南院拟拈拄杖次，师曰："作什么？夺拄杖打著老和尚。莫言不道。"南院曰："三十年住持，今日被黄面淅子上门罗织。"师曰："和尚大似持钵不得，诈道不饥。"南院曰："阇梨几时曾到南院来？"师曰："是何言欤？"曰："老僧端的问汝。"师曰："也不得放过。"南院曰："且坐吃茶。"师方叙师资之礼。自后应沩仰之悬记，出世聚徒，南院法道由是大振诸方矣。

师上堂曰："祖师心印，此日全提。去即印住，住即印破。只如不去不住，印即是，不印即是？众中还有道得者么？"③ 上堂谓众曰："夫参学眼目，临机直须大用见前，莫自拘于小节④。设使言前荐得，犹是滞巧迷封。纵然句下精通，未免触突狂见。观汝诸人从前依他学解，迷昧两蹊，而今与汝一齐扫却，个个作大师子儿，吒呀地哮吼一声，壁立千仞，谁敢正眼觑著？若觑著即

---

① 此下，大正本有"后至南院"。
② "辨"，原作"辩"，据大正本改。
③ "师上堂"至此，大正本无。东寺本、碛砂本作："师上堂曰：'祖师心印，此日全提。去即印住，住即印破。只如不去不住，印即是，不印即是？众中还有道得者么？'时有卢陂长老问曰：'学人有铁牛之机，请师不搭印。'师曰：'惯钓鲸鲵澄巨浸，却嗟蜗步骤泥沙。'卢陂拟进语，师以拂子蓦口打，乃曰：'记得前语么？'卢陂曰：'记得。'师曰：'试举看。'卢陂欲开口，师又打一拂。"
④ "莫"，大正本作"勿"。

瞽却一目也。"①

时有卢陂长老问曰②："学人有铁牛之机，请师不印。"③ 师云："惯钓鲸鲵澄巨浸，却嗟蜗步骤泥沙。"④ 卢陂拟进语，师以拂子蓦口打，乃曰："记得前语么？"卢陂曰："记得。"师曰："试举看。"卢陂欲开口，师又打一拂。⑤ 问："师唱谁家曲，宗风嗣阿谁？"师曰："超然迥出威音外，翘足徒劳赞底沙。"⑥ 问："古曲无音韵，如何和得齐？"师曰："木鸡啼子夜，刍狗吠天明。"问："如何是一称南无佛？"师曰："灯连凤翅当堂照，月影娥眉顿普米切⑦面看。"问："如何是佛？"师曰："如何不是佛？"问："未晓玄言，请师直指。"师曰："家住海门洲，扶桑最

---

① 自"观汝诸人"至此，大正本作："观汝诸人，应是向来依他作解，明昧两岐，与尔一时扫却，直教个个如师子儿，咤呀地哮吼一声，壁立千仞。谁敢正眼觑着，觑着即瞎却渠眼。"东寺本末句作"觑着即瞎却渠眼"。
② 此句前，大正本有："师又赴郢州衙内，升座示众云：'祖师心印，状似铁牛之机。去即印住，住即印破。只如不去不住，印即是，不印即是？还有人道得么？'"
③ "印"，丛刊本同，碛砂本、大正本作"搭印"。
④ "蜗"，丛刊本同，大正本作"蛙"，并注："卿公《事苑》云：'蛙'当作'洼'，谓马出于渥洼水也。风穴所谓'骤'者，以良马出清水，而反骤卧于泥沙之中。是其意也。今录谓蛙者，虾蟆也，岂能为马步而骤卧邪？骤，张扇切。"
⑤ "卢陂拟进语"至此，大正本作"陂伫思，师喝云：'长老何不进语？'陂拟议，师打一拂云：'还记得话头么？试举看。'陂拟开口，师又打一拂子。牧主云：'信知佛法与王法一般。'师云：'见什么道理？'牧主云：'当断不断，返招其乱。'师便下座。上堂，僧"。
⑥ 此下，大正本注："《本生经》云：'过去久远有佛，名曰底沙。'时有二菩萨，一名释迦，二名弥勒。是佛观见释迦心未成熟，而诸弟子心皆纯熟，如是思惟：一人之心，易可速化，众人之心，难可疾治。即上雪山，入宝窟中，入大禅定。时释迦菩萨作外道仙人，上山采药，见底沙佛。见已欢喜，心生敬信，翘一脚足，叉手向佛，一心而观，目未曾瞬，七日七夜。以一偈赞佛曰：'天上天下无如佛，十方世界亦无比。世界所有我尽见，一切无有如佛者。'于是超越九劫，于九十一劫得阿耨菩提。"从刊本、东寺本同原本。
⑦ "普米切"，大正本作"匹迷切，倾头也"。

先照。"问:"明月当空时如何?"① 师曰:"不曾天上辊②,任向地中埋。"问:"如何是佛?"师曰:"嘶风木马缘无绊,背角泥牛痛下鞭。"问:"如何是广慧剑?"师曰:"不斩死汉。"

问:"古镜未磨时如何?"师曰:"天魔胆裂。"僧曰:"磨后如何?"师曰:"轩辕无道。"僧曰:"如何?"③ 师曰:"不在团天④,且居羑里。"问:"矛盾本成双翳病,帝网明珠事若何?"师曰:"为山登九仞,捻土定千钧。"僧曰:"如何?"师曰:"如何。"问:"干木奉文侯,知心有几人?"师曰:"少年曾决龙蛇阵,老倒还听稚子歌。"⑤ 问:"如何是清凉山中主?"师曰:"一句不遑无著问,迄今犹作野盘僧。"问:"句不当机,如何显道?"师曰:"大昴纵同天,日轮不当午。"问:"如何是和尚家风?"师曰:"鹤有九皋难翥翼,马无千里漫追风。"问:"如何是佛?"师曰:"勿使异闻。"⑥ 问:"未有之言,请师试道。"师曰:"入市能长啸,归家著短衣。"问:"夏终今日,师意如何?"师曰:"不怜鹅护雪,且喜蜡人冰。"问:"归乡无路时如何?"师曰:"平窥红烂处,畅杀子平生。"

师赴州衙,请上堂。有僧问曰:"人王与法王相见时如何?"师曰:"大舞绕林泉,世间无有喜。"⑦ 僧曰:"共谭何事?"师

---

① "明",东寺本、碛砂本、大正本作"朗"。
② "曾",东寺本、碛砂本、大正本作"从"。
③ "僧曰如何",东寺本、碛砂本、大正本作"僧问:'朗月当空时如何?'"
④ 此下,大正本注:"一作'圆天'。"
⑤ "老倒",大正本作"潦倒"。
⑥ "异",东寺本、碛砂本、大正本作"异人"。
⑦ "有喜",东寺本、碛砂本、南藏本、径山本、大正本作"忧喜",大正本并注:"或作'有喜'。"

曰："虎豹岩前曾宴坐，隼鹩光里播真宗。"问："摘叶寻枝即不问，如何是直截根源？"师曰："赴供凌晨入，开堂带雨归。"①问："门门尽怪，请师直指根源。"② 师曰："罕逢穿耳客，多遇刻舟人。"问："正当恁么时如何？"师曰："盲龟值木虽优稳，枯木生华物外春。"问："如何是密室中事？"师曰："出袖谭今古③，回颜独皱眉。"问："骊龙颔下珠，如何取得？"师曰："曾向海边干竹刺，直至如今治素琴。"问："大舸摇空，如何举棹？"师曰："自在不点胸，浑家不喜见。"问："追风难把捉④，前程事若何？"师曰："波斯衣裳丘畏。解。"问："诞生王子还假及第否？"师曰："一句拟光禅子问⑤，三缄恐负古人机。"问："随缘不变者，急遇知音人时如何？"师曰："披莎侧笠千峰里，引水浇蔬五老前。"

问："刻舟求不得，当体事如何？"师曰："大勋不立赏，柴扉草自深。"问："从上古人，印印相契。如何是印底眼？"师曰："轻嚣道者知机变，拈与沾魂拭泪巾。"问："九夏赏劳，请师言荐。"师曰："出岫拂开龙洞雨，泛波僧涌钵囊华。"问："最初自恣，合对何人？"师曰："一把香匆拈未下，六环金锡响摇空。"问："西祖传来，请师端的。"师曰："一犬吠虚，千猱唯实。"⑥问："王道与佛道，相去几何？"师曰："刍狗吠时天地合，木鸡

---

① "堂"下，大正本注："或作'塘'。"
② "门门尽怪，请师直指根源"，东寺本、碛砂本、大正本作"凡有所问，尽是捏怪，请师直指（大正本作"截"）根源"。
③ "袖"下，大正本注："当作"就"。
④ "捉"，大正本作"促"。
⑤ "问"下，大正本注："或作"讶"。
⑥ 此下，大正本注："'猱'当作'狖'，奴刀切，恶犬长毛也。猱，猴也，非义。'唯'音崖，犬斗也。"

啼后祖灯辉。"问:"祖师心印,请师拂拭。"师曰:"祖月凌空圆圣智,何山松桧不青青?"问:"大众云集,请师说法。"师曰:"赤脚人趁兔,著靴人吃肉。"问:"不曾博览空王教,略借玄机试道看。"师曰:"白玉无瑕,卞和刖足。"问:"如何是无为之句?"师曰:"宝烛当轩显,红光烁太虚。"问:"如何是临机一句?"师曰:"因风吹火,用力不多。"问:"素面相呈时如何?"师曰:"拈却盖面帛。"问:"如何是衲僧气息?"师曰:"膝行肘步,大众见之。"

问:"紫菊半开秋已至,月圆当户意如何?"师曰:"月生蓬岛人皆望,昨夜遭霜子不知。"问:"如何是直截一路?"师曰:"直截迂曲。"问:"如何是师子吼?"师曰:"阿谁要汝野干鸣?"问:"如何是谛实之言?"师曰:"心悬壁上。"问:"心不能缘,口不能言时如何?"师曰:"逢人但恁么举看。"问:"龙透清潭时如何?"师曰:"印骏捺尾。"① 问:"任性浮沈时如何?"师曰:"牵牛不入栏。"问:"有无俱无去处时如何?"师曰:"三月懒游华下路,一家愁闭雨中门。"问:"语默涉离微,肇法师《宝藏论·离微体净品》云:'其入离,其出微。知入离,外尘无所依;知出微,内心无所为。内心无所为,诸见不能移;外尘无所依,万有不能机。万有不能机,想虑不乘驰;诸见不能移,寂灭不思议。可谓本净体离微也。据入故名离,约用故名微,混而为一,无离无微。体净不可染,无染故无净。体微不可有,无有故无无。'如何通不犯?"师曰:"常忆江南三月里,鹧鸪啼处野花香。"

问:"百了千当时如何?"师曰:"不许夜行,投明须到。"问:"无地容身时如何?"师曰:"熊耳塔开无叩客。"僧曰:"如

---

① "骏",大正本作"鬃"。

何即是？"师曰："恰须断却。"① 问："尽大地人来一时致问，如何祇对？"师曰："子期琴韵勿知音。"② 问："央堀逼佛时如何？"师曰："大家保护万回憨。"问："心印未明如何得入？"师曰："虽闻酋帅投归款，未见牵羊纳璧来。"问："如何是临济下事？"师曰："桀犬吠尧。"问："如何是啮镞事？"③ 师曰："孟浪借辞论马角。"问："不修定慧，为什么成佛无疑？"师曰："金鸡专报晓，漆桶黑光生。"问："一念万年时如何？"师曰："拂石仙衣破。"问："洪钟未击时如何？"师曰："充塞大千无不韵，妙含幽致岂能分？"僧曰："击后如何？"师曰："石壁山河无障碍，翳消开后好沾闻。"问："如何是西来意？"师曰："寻山水尽山无尽。"

问："大人相为什么不具足？"师曰："鸱枭夜半欺鹰隼。"问："古今才分④，请师密要。"师曰："截却重舌。"问："如何是大人相？"师曰："赫赤穷。"僧曰："未审和尚二时如何？"师曰："携箩挈杖。"问："如何是宾中主？"师曰："入市双瞳瞽。"曰："如何是主中宾？"师曰："回銮两曜新。"曰："如何是宾中宾？"师曰："攒眉坐白云。"曰："如何是主中主？"师曰："磨砻三尺刃，待斩不平人。"问："如何是镬头边意？"⑤ 师曰："山

---

① "恰"，东寺本、碛砂本、大正本作"快"。
② "子期琴韵勿"，大正本作"伯牙琴韵少"，"伯牙"下注："或作'子期'。"
③ 此下，大正本注："《太平广记》：隋末，有督君谟者，善闭目而射。志其目则中目，志其口则中口。有王灵智者，学射于谟，以为曲尽其妙，欲射杀谟，独擅其美。谟执一短刀，箭来辄截之。惟有一矢，谟张口承之，遂啮其镞。笑曰：'汝学三年，吾未教汝啮镞之法。'"
④ "古今"，东寺本、碛砂本、径山本作"今古"。
⑤ "意"，大正本作"事"。

前一片青。"问："如何是佛师？"①师曰："杖林山下竹筋鞭。"②

前汝州西院思明禅师法嗣

郢州兴阳归静禅师，初参西院，乃问曰："拟问不问时如何？"西院便打，师良久。西院云："若唤作棒，眉须堕落。"师言下大悟③。僧问："师唱谁家曲，宗风嗣阿谁？"师曰："少室山前无异路。"④

前韶州慧林鸿究禅师法嗣

韶州灵瑞和尚，有人问："如何是佛？"师喝云："汝是村里人。"问："如何是西来意？"师曰："十万八千里。"问："如何是本来心？"师曰："坐却毗卢顶，出没太虚中。"

前风穴延昭禅师法嗣

汝州广慧真禅师，僧问："如何是广慧境？"师曰："小寺前头资庆后。"问："如何是和尚家风？"师曰："枕爬镢子。"

汝州首山省念禅师，莱州人也，姓狄氏。受业于本部南禅院，得法于风穴，初住首山，为第一世。开堂日，有僧问曰：

---

① "佛师"，大正本作"佛"。
② 此下，大正本有注："《西域记》云：昔摩竭陀国有婆罗门，闻释迦佛身长丈六，常怀疑惑，未之信也。乃以丈六竹杖，欲量佛身，恒于杖端，出过丈六。如是增高，莫能穷实。遂投杖而去，因植根焉。今竹林修茂，被山满谷。"另有："师于大宋开宝六年癸酉八月旦日，升座说偈，至十五日，跏趺而化。前一日，手书别檀越。寿八十七，腊五十九。"
③ "师"下，东寺本、碛砂本、径山本有"于"。
④ "山"，东寺本、碛砂本、径山本作"峰"。

"师唱谁家曲,宗风嗣阿谁?"师曰:"少室岩前亲掌视。"僧曰:"更请洪音和一声。"师曰:"如今也要大家知。"师谓众曰:"佛法付与国王、大臣、有力檀越,令灯灯相然,相续不断,至于今日。"大众且道:"相续个什么?"师良久,又曰:"今日须是迦叶师兄始得。"僧问:"如何是和尚家风?"师曰:"一言截断千江口,万仞峰前始得玄。"问:"如何是首山境?"师曰:"一任众人看。"僧曰:"如何是境中人?"师曰:"吃棒得也未?"僧礼拜,师曰:"且待别时。"问:"如何是祖师西来意?"师曰:"风吹日炙。"问:"从上诸圣,向什么处行履?"师曰:"牵犁拽杷。"问:"古人拈槌竖拂,意旨如何?"师曰:"孤峰无宿客。"僧曰:"未审意旨如何?"师曰:"不是守株人。"

问:"如何是菩提路?"师曰:"此去襄县五里。"僧曰:"向上事如何?"师曰:"往来不易。"问:"诸圣说不尽处,请师举唱。"师曰:"万里神光都一照,谁人敢并日轮齐?"问:"一树还开华也无?"师曰:"开来久矣。"僧曰:"未审还结子也无?"师曰:"昨夜遭霜了。"问:"临济喝、德山棒,未审明得什么边事?"师曰:"汝试道看。"僧喝,师曰:"瞎。"僧再喝,师曰:"遮瞎汉,只么乱喝作么?"僧礼拜,师便打。问:"四众围绕,师说何法?"师曰:"打草蛇惊。"僧曰:"未审怎生下手?"[①]师曰:"适来几合丧身失命?"问:"二龙争珠,谁是得者?"师曰:"得者失。"僧曰:"不得者又如何?"师曰:"珠在什么处?"问:"维摩默然,文殊赞善,未审此意如何?"师曰:"当时听众

[①] "怎么生",丛刊本作"作么生"。

必不如是。"僧曰:"未审维摩默然,意旨如何?"师曰:"知恩者少,负恩者多。"

问:"一切诸佛皆从此经出,如何是此经?"师曰:"低声,低声。"僧曰:"如何受持?"师曰:"切不得污染。"问:"世尊灭后,法付何人?"师曰:"好个问头,无人答得。"问:"见色便见心,诸法无形,将何所见?"师曰:"一家有事百家忙。"僧曰:"学人不会,乞师再指。"师曰:"三日看取。"① 问:"'如人入京朝圣主,只到潼关便却回'时如何?"师曰:"犹是钝汉。"问:"路逢达道人,不将语默对。未审将什么对?"师曰:"瞥尔三千界。"问:"一句了然超百亿,如何是一句?"师曰:"到处举似人。"僧曰:"毕竟事如何?"师曰:"但知恁么道。"问:"如何是古佛心?"师曰:"镇州萝卜重三斤。"问:"虚心以何为体?"② 师曰:"老僧在汝脚底。"僧曰:"和尚为什么在学人脚底?"师曰:"知汝是个瞎汉。"

问:"如何是玄中的?"师曰:"有言须道却。"僧曰:"此意如何?"师曰:"无言鬼也嗔。"问:"如何是衲僧眼?"师曰:"此问犹不当。"僧曰:"当后如何?"师曰:"堪作么?"③ 问:"如何得离众缘去?"师曰:"千年一遇。"僧曰:"不离时如何?"师曰:"立在众人前。"问:"如何是大安乐人?"④ 师曰:"不见有一法。"僧曰:"将何为人?"师曰:"谢阇梨领话。"问:"如何是常在底人?"师曰:"乱走作么?"问:"一毫未发时如何?"

---

① "三日看取",东寺本、碛砂本、径山本作"三日后看取"。
② "心",大正本作"空"。
③ "作么",东寺本、碛砂本、径山本作"作什么"。
④ "大安乐人",东寺本、碛砂本、径山本作"大安乐底人"。

师曰:"路逢穿耳客。"僧曰:"发后如何?"师曰:"不用更迟疑。"问:"无弦琴请师音韵。"师良久曰:"还闻么?"僧曰:"不闻。"师曰:"何不高声问著。"问:"学人久处沈迷,请师一接。"师曰:"老僧无恁么闲功夫。"僧曰:"和尚为什么如此?"师曰:"要行即行,要坐即坐。"

问:"如何是离凡圣底句?"师曰:"嵩山安和尚。"僧曰:"莫便是和尚极则处否?"师曰:"南岳让禅师。"问:"学人乍入丛林,乞师指示。"师曰:"阇梨到此多少时也?"僧曰:"已经冬夏。"师曰:"莫错举似人。"问:"有一人荡尽来时,师还接否?"师曰:"荡尽即不无,那个是谁?"僧曰:"今日风高月冷。"师曰:"僧堂内几人坐卧?"僧无对。师曰:"赚杀老僧。"问:"如何是梵音相?"师曰:"驴鸣狗吠。"问:"如何是径截一路?"师曰:"或在山间,或在树下。"问:"曹溪一句天下人闻,未审和尚一句什么人得闻?"师曰:"不出三门外。"僧曰:"为什么不出三门外?"师曰:"举似天下人。"僧问:"如何是和尚不欺人眼?"师曰:"看看冬到来。"僧曰:"究竟如何?"师曰:"即便春风至。"问:"远闻和尚无丝可挂①,及至到来,为什么有山可守?"师曰:"道什么?"僧喝,师亦喝。僧礼拜,师曰:"放汝二十棒。"

师次住宝安山广教院,亦第一世。后徇众请,入城下宝应院,即南院第三世。三处法席,海众常臻。淳化三年十二月四日午时,上堂说偈示众曰:"今年六十七,老病随缘且遣日。今年记

---

① "无丝可挂",原作"无丝不挂",据东寺本、碛砂本改。大正本作"寸丝不挂"。

却来年事①，来年记著今朝日。"至四年，月日与时无爽前记，上堂辞众，仍说偈曰："白银世界金色身，情与非情共一真。明暗尽时俱不照，日轮午后是全身。"② 言讫安坐，日将昳而逝，寿六十有八。荼毗，收舍利。

前潭州报慈归真大师德韶法嗣

蕲州三角山志谦禅师，僧问："如何是佛？"师曰："速礼三拜。"

郢州兴阳词铎禅师，第三世住。僧问："佛界与众生界相去多少？"师曰："道不得。"僧曰："真个那？"师曰："有些子。"问："伞盖忽临于宝坐，师今何异鹊巢时？"师曰："道不得。"僧曰："即今底？"师曰："输汝一佛法。"

前汝州首山省念禅师法嗣

汾州善昭禅师，上堂谓众曰："凡一句语须具三玄门，每一玄门须具三要，有照有用。或先照后用，或先用后照，或照用同时，或照用不同时③。先照后用，且要共你商量；先用后照，你也须是个人始得；照用同时，你作么生当抵？照用不同时，你又作么生凑泊？"僧问："如何是大道之源？"师曰："掘地觅青天。"曰："何得如此？"师曰："识取幽玄。"问："如何是宾中

---

① "却"，径山本作"取"。
② "是"，大正本作"见"。
③ "照用不同时"，原本脱，据东寺本、碛砂本、大正本补。

宾?"师曰:"合掌庵前问世尊。"曰:"如何是宾中主?"师曰:"对面无俦侣。"曰:"如何是主中宾?"师曰:"阵云横海上,拔剑搅龙门。"曰:"如何是主中主?"师曰:"三头六臂擎天地①,忿怒那吒扑帝钟。"

曹溪别出第二世
前南阳慧忠国师法嗣

吉州耽源山真应禅师,为国师侍者时,一日,国师在法堂中。师入来,国师乃放下一足,师见便出。良久却回,国师曰:"适来意怎么生?"师云:"向阿谁说即得?"国师曰:"我问你。"师云:"什么处见某甲?"师又问:"百年后有人问极则事如何?"国师曰:"幸自可怜生,须要觅个护身符子作么?"异日,师携篮子归方丈,国师问:"篮里什么物?"师曰:"青梅。"国师:"将来何用?"师曰:"供养。"国师曰:"青在争堪供养?"师曰:"以此表献。"国师曰:"佛不受供养。"师曰:"某甲只恁么,和尚如何?"国师曰:"我不供养。"师曰:"为什么不供养?"国师曰:"我无果子。"百丈海和尚在泐潭山牵车次,师曰:"车在遮里,牛在什么处?"海斫额,师乃拭目。麻谷问:"十一面观音②,岂不是圣?"师曰:"是。"麻谷与师一摑,师曰:"想汝未到此境。"国师讳日设斋,有僧问曰:"国师还来否?"师曰:"未具他心。"曰:"又用设斋作么?"师曰:"不断世谛。"

---

① "擎",南藏本、大正本作"惊"。
② "一",大正本、径山本作"二"。

洛阳荷泽神会大师法嗣

黄州大石山福琳禅师,荆州人也,姓元氏。本儒家子,幼归释氏,就玄静寺谦著禅师剃度。登戒游方,遇荷泽师示"无念灵知,不从缘有",即焕然见谛。后抵黄州大石山结庵而居,四方禅侣,依之甚众。唐兴元二年入灭,寿八十有二。

沂水蒙山光宝禅师,并州人也,姓周氏。初谒荷泽和尚,服勤左右。荷泽一日谓之曰:"汝名光宝,名以定体。宝即已有,光非外来①。纵汝意用而无少乏,长夜蒙照而无间歇,汝还信否?"师曰:"信则信矣,未审光之与宝同邪,异邪?"荷泽曰:"光即宝,宝即光②,何有同异之名乎?"师曰:"眼耳缘声色时,为复抗行,为有回互?"荷泽曰:"抗、互且置,汝指何法为声色之体乎?"师曰:"如师所说,即无有声色可得。"荷泽曰:"汝若了声色体空,亦信眼耳诸根及与凡圣平等如幻,抗行回互,其理昭然。"师由是领悟,礼辞而去。初隐沂水蒙山,唐元和二年圆寂,寿年九十。

曹溪别出第五世
前遂州道圆禅师法嗣

终南山圭峰宗密禅师,果州西充人也,姓何氏,家本豪盛。髫龀通儒书,冠岁探释典。唐元和二年,将赴贡举,偶造圆和尚

---

① "来",大正本作"求"。
② "即",东寺本作"则"。

法席，欣然契会，遂求披削。当年进具。一日，随众僧斋于府吏任灌家，居下位，以次受经，得《圆觉》十二章，览未终轴，感悟流涕。归以所悟之旨告于圆，圆抚之曰："汝当大弘圆顿之教，此诸佛授汝耳，行矣，无自滞于一隅也。"师涕泣奉命，礼辞而去。因谒荆南张禅师，南印。张曰："传教人也，当宣导于帝都。"复见洛阳照禅师，奉国神照。照曰："菩萨人也，谁能识之？"寻抵襄汉，因病僧付《华严疏》，即上都澄观大师之所撰也。师未尝听习，一览而讲，自欣所遇曰："向者诸师述作，罕穷厥旨，未若此疏辞源流畅，幽赜焕然。吾禅遇南宗，教逢《圆觉》，一言之下心地开通，一轴之中义天朗耀。今复偶兹绝笔，罄竭于怀。"暨讲终，思见疏主。时属门人太恭断臂酬恩，师先赍书上疏主，遥叙师资，往复庆慰。寻太恭痊损，方随侍至上都，执弟子之礼。观曰："毗卢华藏，能随我游者其汝乎！"师预观之室，虽日新其德，而认筌执象之患永亡矣。

北游清凉山，回住鄠县草堂寺。未几，复入寺南圭峰兰若。大和中，征入内，赐紫衣。帝累问法要，朝士归慕。惟相国裴公休，深入堂奥，受教为外护。师以禅教学者互相非毁，遂著《禅源诸诠》，写录诸家所述，诠表禅门根源道理，文字句偈，集为一藏，或云：一百卷。以贻后代。

其《都序》略曰："禅是天竺之语，具云禅那，翻云思惟修，亦云静虑，皆是定慧之通称也。"源者，是一切众生本觉真性，亦名佛性，亦名心地。悟之名慧，修之名定，定慧通名为禅。此性是禅之本源，故云禅源，亦名禅那。理行者，此之本源是禅理，忘情契之是禅行，故云理行。然今所集诸家述作，多谭禅理，少说禅行，故且以禅源题之。今时有但目真性为禅者，是不达理行之旨，又不辨华竺之音也。然非离真性，别有禅体。但众生迷真合尘，即名散乱；背尘合真，名为禅定。若直论本性，即非真非妄，无背无合，无定无乱，谁言禅乎？况此真性，非唯是禅门之源，亦是万法之源，故名法性。亦是众生迷悟之源，故名如来藏藏识。出《楞伽经》。亦是诸佛万德之源，故名佛性。《涅槃》等经。亦是菩萨万行之源，故名心地。《梵网经·心地法门品》云："是诸佛之本源，行菩萨道之根本，是大众诸佛子之根本也。"万行不出六波罗蜜，禅门但是六中之一，当其第五，岂可都目真性为一禅行哉？

然禅定一行，最为神妙，能发起性上无漏智慧。一切妙用，万行万德，乃至神通光明，皆从定发。故三乘学人，欲求圣道，必须修禅。离此无门，离此无路。至于念佛求生净土，亦修十六观禅，及念佛三昧、般舟三昧。又真性即不垢不净，凡圣无差；禅则有浅有深，阶级殊等。谓带异计，欣上厌下而修者，是外道禅；正信因果，亦以欣厌而修者，是凡夫禅；悟我空偏真之理而修者，是小乘禅；悟我法二空所显真理而修者，是大乘禅。上四类皆有四色四空之异也。若顿悟自心本来清净，元无烦恼，无漏智性，本自具足，此心即佛，毕竟无异，依此而修者，是最上乘禅，亦名如来清净禅，亦名一行三昧，亦名真如三昧。此是一切三昧根本，若能念念修习，自然渐得百千三昧。达磨门下展转相传者，是此禅也。

达磨未到，古来诸家所解，皆是前四禅八定。诸高僧修之，皆得功用。南岳、天台令依三谛之理，修三止三观，教义虽最圆妙，然其趣入门户次第，亦只是前之诸禅行相。唯达磨所传者，顿同佛体，迥异诸门，故宗习者难得其旨。得即成圣，疾证菩提；失则成邪，速入涂炭。先祖革昧防失，故且人传一人；后代已有所凭，故任千灯千照。洎乎法久成弊，错谬者多，故经论学人，疑谤亦众。

原夫佛说顿教、渐教，禅开顿门、渐门。二教二门，各相符契。今讲者偏彰渐义，禅者偏播顿宗，禅讲相逢，胡越之隔。宗密不知宿生何作，熏得此心，自未解脱，欲解他缚，为法亡于躯命，愍人切于神情。亦如《净名》云："若自有缚，能解他缚，无有是处。然欲罢不能，验是宿习难改故。"每叹人与法差，法为人病，故别撰经律论疏，大开戒定慧门，显顿悟资于渐修，证师说符于佛意。意既本末而委示，文乃浩博而难寻。泛学虽多，秉志者少，况迹涉名相，谁辨金鍮？徒自疲劳，未见机感。虽佛说悲增是行，而自虑爱见难防，遂舍众入山，习定均慧，前后息虑，相继十年，云前后者，中间被敕追入内，住城二年，方却表请归山也。微细习情，起灭彰于静慧；差别法义，罗列现于空心。虚隙日光，纤埃扰扰；清潭水底，影像昭昭。岂比夫空守默之痴禅，但寻文之狂慧者也？

然本因了自心而辨诸教，故恳情于心宗；又因辨诸教而解修心，故虔诚于教义。教也者，诸佛菩萨所留经论也；禅也者，诸善知识所述句偈也。但佛经开张，罗大千八部之众；禅偈撮略，就此方一类之机。罗众则莽荡难依，就机则指的易用，今之纂集，意在斯焉。

裴休为之序曰："诸宗门下，皆有达人，然各安所习，通少局多。数十年中，师法益坏。以承禀为户牖，各自开张；以经论为干戈，互相攻击。情随函音含。矢而迁变，《周礼》曰："函人为甲。"孟子曰:"矢人岂不仁于函人哉?函人唯恐伤人,矢人唯恐不伤人,盖所习之术使然也。"今学者但随宗徒,彼此相非耳。法逐人我以高低,是非纷拏,莫能辨析。则向者世尊、菩萨诸方教宗,适足以起诤,后人增烦恼病,何利益之有哉?"圭山大师久而叹曰:"吾丁此时,不可以默矣。"于是以如来三种教义,印禅宗三种法门,融瓶盘钗钏为一金,搅酥酪醍醐为一味。振纲领而举者皆顺。荀子云:"如振裘领,屈五指而顿之,顺者不可胜数。"据会要而来者同趣。《周易略例》云:"处会要以观方来,则六合辐辏,未足多也。"《都序》据圆教以印诸宗,虽百家亦无所不统。尚恐学者之难明也,又复直示宗源之本末,真妄之和合,空性之隐显,法义之差殊,顿渐之异同,遮表之回互,权实之深浅,通局之是非。若吾师者,捧佛日而委曲回照,疑噎尽除;顺佛心而横亘大悲,穷劫蒙益。则世尊为阐教之主,吾师为会教之人,本末相符,远近相照,可谓毕一代时教之能事矣。自世尊演教至今日,会而通之,能事方毕。

或曰:"自如来未尝大都而通之,今一旦违宗趣而不守,废关防而不据,无乃乖秘藏密契之道乎?"答曰:"如来初虽别说三乘,后乃通为一道。"三十年前或说小乘,或说空教,或说相教,或说性教。闻者各随机证悟,不相通知也。四十年后,坐灵鹫而会三乘,诣拘尸而显一性,前后之轨则也。故《涅槃经》:"迦叶菩萨曰:'诸佛有密语,无密藏。'世尊赞之曰:'如来之言,开发显露,清净无翳。愚人不解,谓之秘藏;智者了达①,则不名藏。'此其证也。故王道兴,则外户不闭,而守在戎夷;佛道备,则诸法总持,而防在魔外。"《涅槃》圆教,和会诸法,唯简别魔说及外道邪宗耳。不当复执情攘臂于其

---

① "了达",东寺本、碛砂本、大正本作"达了"。

间也。师又著《圆觉》大小二疏钞、《法界观门》、《原人》等论，皆裴休为之序引，盛行于世。

师会昌元年正月六日，于兴福塔院坐灭。二十二日，道俗等奉全身于圭峰。二月十三日，荼毗得舍利，明白润大。后门人泣而求之，皆得于煨烬，乃藏之石室。寿六十有二，腊三十四。遗诫令舁尸施鸟兽，焚其骨而散之，勿得悲慕以乱禅观。每清明上山，必讲道七日，其余住持仪则，当合律科，违者非吾弟子。持服四众数千百人，哀泣喧野。暨宣宗再辟真教，追谥定慧禅师，塔曰青莲。

萧俛相公呈己见解，请禅师注释曰："荷泽云：'见清净体于诸三昧，八万四千诸波罗蜜门，皆于见上一时起用，名为慧眼。'右当真如相应之时①。善恶不思，空有不念。"万化寂灭，万法俱从思想缘念而生，皆是虚空，故云化也。既一念不生，则万法不起，故不待泯之，自然寂灭也。此时更无所见见②。照体独立，梦智亡阶。三昧、诸波罗蜜门，亦一时空寂，更无所得。散乱与三昧，此岸与彼岸，是相待对治之说。若知心无念，见性无生，则定乱真妄，一时空寂。故无所得也。不审此是见上一时起用否。然见性圆明，理绝相累，即绝相为妙用，住相为执情。于八万法门，一一皆尔。一法有为一尘，一法空为一用。故云：见清净体，则一时起用矣。望于此后示及，俛状。

答史山人十问。问答各是一本，今参而写之。一问："云何是道？何以修之？为复必须修成，为复不假功用？"答："无碍是道，觉妄是修。道虽本圆，妄起为累，妄念都尽，即是修成。"二问：

---

① "右"，丛刊本作"又"，南藏本、径山本作"若"。
② "见见"，东寺本、大正本作"见"。

"道若因修而成,即是造作,便同世间法,虚伪不实,成而复坏,何名出世?"答:"造作是结业,名虚伪世间;无作是修行,即真实出世。"三问:"其所修者,为顿为渐?渐则忘前失后,何以集合而成?顿则万行多方,岂得一时圆满?"答:"真理即悟而顿圆,妄情息之而渐尽。顿圆如初生孩子,一日而肢体已全;渐修如长养成人,多年而志气方立。"四问:"凡修心地之法,为当悟心即了,为当别有行门?若别有行门,何名南宗顿旨?若悟即同诸佛,何不发神通光明?"答:"识冰池而全水,籍阳气而镕消;悟凡夫而即真,资法力而修习。冰消则水流润,方呈溉涤之功;妄尽则心灵通,始发通光之应。修心之外,无别行门。"五问:"若但修心而得佛者,何故诸经复说:必须庄严佛土,教化众生,方名成道?"答:"镜明而影像千差,心净而神通万应。影像类庄严佛国,神通则教化众生。庄严而即非庄严,影像而亦色非色。"六问:"诸经皆说度脱众生,且众生即非众生①,何故更劳度脱?"答:"众生若是实,度之则为劳。既自云'即非众生',何不例度而无度?"七问:"诸经说佛常住,或即说佛灭度。常即不灭,灭即非常,岂不相违?"答:"离一切相,即名诸佛,何有出世入灭之实乎?见出没者,在乎机缘。机缘应,则菩提树下而出现;机缘尽,则娑罗林间而涅槃。其犹净水无心,无像不现。像非我有,盖外质之去来;相非佛身,岂如来之出没?"八问:"云何佛化所生?吾如彼生佛既无生,生是何义?若言心生法生,心灭法灭,何以得无生法忍邪?"答:"既云如化,化即是空。空即无

---

① "且众生即非众生",东寺本、碛砂本作"众生且即非众生"。

生，何诘生义？生灭灭已，寂灭为真。忍可此法无生，名曰无生法忍。"九问："诸佛成道说法，只为度脱众生。众生既有六道，佛何但住在人中现化？又佛灭后付法于迦叶，以心传心，乃至此方七祖，每代只传一人。既云于一切众生皆得一子之地，何以传授不普？"答："日月丽天，六合俱照，而盲者不见，盆下不知。非日月不普，是障隔之咎也。度与不度，义类如斯。非局人天，拣于鬼畜，但人道能结集传授不绝，故只知佛现人中也。灭度后委付迦叶，展转相承一人者，此亦盖论当代为宗教主，如土无二王，非得度者唯尔数也。"十问："和尚因何发心？慕何法而出家？今如何修行？得何法味？所行得至何处地位？今住心邪，修心邪？若住心妨修心，若修心则动念不安，云何名为学道？若安心一定，则何异定性之徒？伏愿大德运大慈悲，如理如如，次第为说。"答："觉四大如坏幻，达六尘如空华，悟自心为佛心，见本性为法性，是发心也。知心无住，即是修行。无住而知，即为法味。住著于法，斯为动念，故如人入暗，则无所见；今无所住，不染不著，故如人有目，及日光明，见种种法。岂为定性之徒？既无所住著，何论处所？"

又山南温造尚书问："悟理息妄之人不结业，一期寿终之后，灵性何依者？"答："一切众生，无不具有觉性，灵明空寂，与佛无殊。但以无始劫来，未曾了悟，妄执身为我相，故生爱恶等情。随情造业，随业受报，生老病死，长劫轮回。然身中觉性未曾生死，如梦被驱役，而身本安闲；如水作冰，而湿性不易。若能悟此性即是法身，本自无生，何有依托？灵灵不昧，了了常知。无所从来，亦无所去。然多生妄执，习以性成①，喜怒哀乐，微细流注。真理虽然顿达，此情难以卒除。须长觉察，损之又损，如风顿止，波浪渐停，岂可一生所修，便同诸佛力用？但可以空寂为自体，勿认色身；以灵知为自心，勿认妄念。妄念若起，都不随之，即临命终时，自然业不能系。虽有中阴，所向自由，天上人间，随意寄托。若爱恶之念已泯，即不受分段之身，自能易短为长，易粗为妙。若微细流注，一切寂灭，唯圆觉大智，朗然独存。即随机应现千百亿身，度有缘众生，名之为佛。谨对。"

释曰："马鸣菩萨撮略百本大乘经宗旨，以造《大乘起信论》。"论中立宗，说一切众生心有觉义、不觉义。觉中复有本觉义、始觉义。上所述者，虽但约照理观心处言之②，而法义亦同。彼《论》谓从初至"与佛无殊"，是本觉也；从"但以无始"下③，是不觉也；从"若能悟此"下，是始觉也。始觉中复有顿悟渐修，从此次至"亦无所去"，是顿悟也；从"然多生妄执"下，是渐修也。渐修中，从初发心乃至成佛，有三位自在。从此至"随意寄托"者，是受生自在也；从"若爱恶之念"下，是变易自在；从"若微细流注"下至末，是究竟自在也。又从"但可以空寂为自体"至"自然业不能系"，正是悟理之人朝暮行心、修习止观之要节也。

宗密先有八句之偈，显示此意，曾于尚书处诵之，奉命解

---

① "习以性成"，东寺本、碛砂本、径山本作"习性以成"。
② "虽但约"，东寺本、碛砂本、径山本作"虽约但"。
③ "下"，大正本误作"事"。

释,今谨注释如后。偈曰:"作有义事,是惺悟心。"义谓义理,非谓仁义、恩义意。明凡所作为,先详利害,须有所以当于道理,然后行之,方免同惛醉颠狂之人也。就佛法中有三种义即可为之:一资益色身之事,谓衣食、医药、房舍等世间义也。二资益法身,谓戒、定、慧、六波罗蜜等第一义也。三弘正法,利济群生也,乃至为法诸余缘事,通世、出世也。作无义事,是狂乱心。谓凡所作为,若不缘上三般事,即名无义也,是狂乱者。且如世间醉人、狂人,所往不拣处所,所作不量是非。今既不择有何义利,但纵信妄念①,要为即为,故如狂也。上四句述业因也,下四句述受果报云。狂乱随情念,临终被业牵。既随妄念,欲作即作,不以悟理之智,拣择是非,犹如狂人。故临终时,于业道被业所引,受当来报。故《涅槃经》云:"无明郎主,贪爱魔王,役使身心,策如僮仆。"惺悟不由情,临终能转业。情中欲作,而察理不应,即须便止;情中不欲作,而照理相应,即须便作。但由是非之理,不由爱恶之情,即临命终时,业不能系,随意自在,天上人间也。通而言之。但朝暮之间所作,被情尘所牵,即临终被业所牵而受生;若所作所为由于觉智,不由情尘,即临终由我,自在而受生,不由业也。当知欲验临终受生自在不自在,但验寻常行心于尘境自由不自由。

---

① "纵信",东寺本、碛砂本作"纵性",大正本作"纵情"。

景德传灯录卷第十四

吉州清原山行思禅师法嗣
第一世一人见录
南岳石头希迁大师
第二世二十一人
南岳石头希迁大师法嗣二十一人—十三人见录
  荆州天皇寺道悟禅师
  京兆尸利禅师
  邓州丹霞天然禅师
  潭州招提慧朗禅师
  长沙兴国寺振朗禅师
  澧州药山惟俨禅师
  潭州大川和尚
  汾州石楼和尚
  凤翔法门寺佛陀和尚
  潭州华林和尚
  潮州大颠和尚
  潭州长髭旷禅师

水空和尚

> 宝通禅师、海陵大辩禅师、渚泾和尚、衡州道诜和尚①、汉州常清禅师、福州碎石和尚、商州商岭和尚、常州义兴和尚　已上八人无机缘语句，不录

第三世二十三人

荆州天皇道悟禅师法嗣一人见录

　　澧州龙潭崇信禅师

邓州丹霞山天然禅师法嗣七人五人见录

　　京兆翠微无学禅师

　　丹霞山义安禅师

　　吉州性空禅师

　　本童和尚

　　米仓和尚

> 扬州六合大隐禅师、丹霞山慧勤禅师　已上二人无机缘语句，不录

药山惟俨和尚法嗣十人六人见录

　　潭州道吾山圆智禅师

　　潭州云岩昙晟禅师

　　华亭船子德诚禅师

　　宣州椑树慧省禅师

　　药山高沙弥

　　鄂州百颜明哲禅师

---

① "和尚"，丛刊本、大正本作"禅师"。

鄂州泾源山光虑禅师①、药山夔禅师、宣州落霞和尚、朗州刺史李翱　已上四人无机缘语句，不录

潭州长髭旷禅师法嗣一人见录

　　潭州石室善道和尚

潮州大颠和尚法嗣二人一人见录

　　漳州三平义忠禅师

　　　　吉州薯山和尚　一人无机缘语句，不录

潭州大川和尚法嗣二人见录

　　仙天和尚

　　福州普光和尚

行思禅师第一世

石头希迁大师，端州高要人也，姓陈氏。母初怀妊，不喜荤茹。师虽在孩提，不烦保母。既冠，然诺自许。乡洞獠民畏鬼神，多淫祀，杀牛醢酒，习以为常。师辄往，毁丛祠，夺牛而归，岁盈数十，乡老不能禁。后直造曹溪，六祖大师度为弟子。未具戒，属祖师圆寂，禀遗命谒于庐陵清原山思禅师，乃摄衣从之。缘会语句，如"思禅师章"叙之。一日，思问师曰："有人道岭南有消息。"师曰："有人不云云。"曰："若恁么，大藏、小藏从何而来？"师曰："尽从这里去，终不少他事。"思甚然之。

师于唐天宝初，荐之衡山南寺。寺之东有石状如台，乃结庵

---

① "源"，碛砂本、径山本作"原"。

其上，时号"石头和尚"。师一日上堂曰："吾之法门，先佛传受①，不论禅定精进，唯达佛之知见。即心即佛，心佛众生，菩提烦恼，名异体一。汝等当知：自己心灵，体离断常，性非垢净，湛然圆满，凡圣齐同。应用无方，离心意识。三界六道，唯自心现；水月镜像，岂有生灭？汝能知之，无所不备。"时门人道悟问："曹溪意旨谁人得？"师曰："会佛法人得。"曰："师还得否？"师曰："我不会佛法。"僧问："如何是解脱。"师曰："谁缚汝？"又问："如何是净土？"师曰："谁垢汝？"问："如何是涅槃？"师曰："谁将生死与汝？"

师问新到僧："从什么处来？"僧曰："江西来。"师曰："见马大师否？"僧曰："见。"师乃指一橛柴曰："马师何似这个？"僧无对。却回举似马大师，马曰："汝见橛柴大小？"僧曰："勿量大。"马曰："汝甚有力。"僧曰："何也？"马曰："汝从南岳负一橛柴来，岂不是有力？"②问："如何是西来意？"师曰："问取露柱。"曰："学人不会。"师曰："我更不会。"大颠问师："古人云：'道有道无是二谤。'请师除。"师曰："一物亦无，除个什么？"师却问："并却咽喉唇吻道将来。"颠曰："无这个。"师曰："若恁么，即汝得入门。"道悟问："如何是佛法大意？"师曰："不得不知。"悟曰："向上更有转处也无？"师曰："长空不碍白云飞。"问："如何是禅？"师曰："碌砖。"又问："如何是道？"师曰："木头。"自余门属领旨，所有问答，各于本章出焉。

师著《参同契》一篇，辞旨幽濬，颇有注解大行于世。南

---

① "受"，大正本作"授"。
② 此节注文，大正本作正文。

岳鬼神，多显迹听法，师皆与受戒①。广德二年，门人请下于梁端，广阐玄化。江西主大寂，湖南主石头，往来憧憧，并凑二大士之门矣。贞元六年庚午十二月二十五日顺世，寿九十一，腊六十三。门人建塔于东岭。长庆中谥无际大师，塔曰见相。

行思禅师第二世
前石头希迁法嗣②

荆州天皇道悟禅师，婺州东阳人也，姓张氏。神仪挺异，幼而生知，长而神俊。年十四，恳求出家，父母不听。遂誓志损减饮膳，日才一食，形体羸悴，父母不得已而许之。依明州大德披削，二十五，杭州竹林寺具戒。精修梵行，推为勇猛。或风雨昏夜，宴坐丘冢，身心安静，离诸怖畏。一日，游余杭，首谒径山国一禅师受心法，服勤五载。唐大历中，抵钟陵造马大师，重印前解，法无异说，复住二夏。乃谒石头迁大师，而致问曰："离却定慧，以何法示人？"石头曰："我这里无奴婢，离个什么？"曰："如何明得？"石头曰："汝还撮得空么？"曰："恁么即不从今日去也。"石头曰："未审汝早晚从那边来？"曰："道悟不是那边人。"石头曰："我早知汝来处。"曰："师何以赃诬于人？"石头曰："汝身见在。"曰："虽如是，毕竟如何示于后人？"石头曰："汝道阿谁是后人？"师从此顿悟，于前二哲匠言下有所得心，罄殚其迹。

---

① "受"，大正本作"授"。
② "前"，南藏本、径山本作"南岳"。

后卜于荆州当阳柴紫山①，五百罗汉翱翔之地也。学徒依附，驾肩接迹，都人士女，向风而至。时崇业寺上首以状闻于连帅，迎入城。郡之左有天皇寺②，乃名蓝也，因火而废。主寺僧灵鉴将谋修复，乃曰："苟得悟禅师为化主，必能福我。"乃中宵潜往哀请，肩舁而至③，遂居天皇。时江陵尹右仆射裴公稽首问法，致礼勤至。师素不迎送，客无贵贱，皆坐而揖之，裴公愈加归向。由是石头法道，盛于此席。僧问："如何是玄妙之说？"师曰："莫道我解佛法。"僧曰："争奈学人疑滞何？"师曰："何不问老僧？"僧曰："问了也。"师曰："去，不是汝存泊处。"

　　师元和丁亥四月示疾，命弟子先期告终。至晦日，大众问疾，师蓦召典座，典座近前，师曰："会么？"对曰："不会。"师乃拈枕子抛于地上，即便告寂。寿六十，腊三十五。以其年八月

---

① "卜"，碛砂本、径山本作"至"。
② "城。郡"，大正本作"郡。城"。
③ "舁"，大正本作"輿"。

五日塔于郡东①。

京兆尸利禅师。 初问石头："如何是学人本分事？"石头曰："汝何从吾觅？"曰："不从师觅，如何即得？"石头曰："汝还曾

---

① 此下，大正本注："寂音尊者曰：荆州天王寺道悟禅师，如《景德传灯录》所载，则曰：道悟得法于石头，所居寺曰'天皇'，婺州东阳人，姓张氏。年十四出家，依明州大德披剃。年二十五，杭州竹林寺受具。首谒径山国一禅师，服勤五年。大历中，抵钟陵谒马大师，经二夏，乃造石头。元和丁亥四月示疾，寿六十，腊三十五。及观达观颖禅师所集《五家宗派》则曰：道悟嗣马祖。引唐丘玄素所撰碑文几千言，其略曰：师号道悟，渚宫人，姓崔氏，即子玉后胤也。年十五，于长沙寺礼昙律师出家。二十三，诣嵩山律德得尸罗。谒石头，扣问二年，无所契悟。乃入长安亲忠国师。三十四，与侍者应真南还，谒马大师，大悟于言下。祝曰：他日莫离旧处，故复还渚宫。元和十三年戊戌岁四月初示疾，十三日归寂，寿八十二，腊六十三。考其传，正如两人然。玄素所载曰：有传法人一崇信，住澧州龙潭。《南岳让禅师碑》，唐闻人归登撰，列法孙数人于后，有道悟名。圭峰《答裴相国宗趣状》，列马祖之嗣六人，首曰江陵道悟。其下注曰：兼禀径山。今妄以云门、临济二宗竞者，可发一笑。出《林间录》○觉梦堂《重校五家宗派序》云：景德间，吴僧道原集《传灯录》三十卷，自曹溪下列为两派：一曰南岳让，让出马大师。一曰清原思，思出石头迁。自两派下又分五宗：马大师出八十四员善知识，内有百丈海。海出黄檗运、大沩祐二人。运下出临济玄，故号临济宗；祐下出仰山寂，故号沩仰宗。八十四人内又有天王悟，悟得龙潭信，信得德山鉴，鉴得雪峰存。存下出云门偃，号云门宗。次云沙备，备出地藏琛，琛出清凉益，号法眼宗。次石头迁出药山俨、天皇悟二人。悟下得慧真，真得幽闲，闲得文贲，三世便绝。唯药山得云严晟，晟得洞山价，价得曹山章（冯按当作寂），是为曹洞宗。今《传灯》却收云门、法眼两宗，归石头下，误矣。缘同时道悟有两人，一曰江陵城西天王寺道悟者，渚宫人也，崔子玉之后，嗣马祖。元和十三年四月十三日化。正议大夫丘玄素撰塔铭，文几千言。其略云：马祖祝曰：他日莫离旧处。故复还渚宫。一曰江陵城东天皇寺道悟者，婺州东阳人也，姓张氏，嗣石头。元和二年丁亥化。叶律郎符载撰塔铭。二碑所载生缘出处甚详，但缘道原采集《传灯》之日，非非一一亲往讨寻（冯按：疑衍一非），不过宛转托人捉拾，而得其差误，可知也。自景德至今，天下四海以《传灯》为据。虽列刹据位立宗者，不能略加改办。惟丞相不尽居士张公，及吕夏卿二君子，每会议宗门中事。尝曰：石头得药山，药山得曹洞一宗，教理行果，言说宛转。且天皇道悟下出个周金刚，呵风骂雨，虽佛祖不改婴其锋。恐自天皇处，或有差误。寂音尊者亦尝疑之云：道悟似有两人。无尽居士后于达观颖禅师处，得唐符载所撰《天皇道悟塔记》，又讨得丘玄素所作《天王道悟塔记》，赉以遍示诸方曰：吾尝疑：德山、洞山同出石头下，因甚垂手处作用，杀活不同。今以丘、符二《记》证之，朗然明白，方信吾择法验人之不谬耳。寂音曰：圭峰《答裴相国宗趣状》，列马祖之嗣六人，首曰江陵道悟。其下注曰：兼禀径山。今妄以云门、临济二宗竞者，可发一笑。略书梗概以传明达者，庶知五家之正派如是而已。"

失却么？"师乃契会厥旨。

邓州丹霞天然禅师，不知何许人也。初习儒学，将入长安应举。方宿于逆旅，忽梦白光满室，占者曰："解空之祥也。"偶一禅客，问曰："仁者何往？"曰："选官去。"禅客曰："选官何如选佛？"曰："选佛当往何所？"禅客曰："今江西马大师出世，是选佛之场，仁者可往。"遂直造江西，才见马大师，以手托幞头额。马顾视良久，曰："南岳石头是汝师也。"遽抵南岳，还以前意投之。石头曰："著槽厂去。"师礼谢，入行者房。随次执爨役，凡三年。忽一日，石头告众曰："来日划佛殿前草。"至来日，大众、诸童行各备锹钁划草。独师以盆盛水净头，于和尚前胡跪。石头见而笑之，便与剃发。又为说戒法，师乃掩耳而出。便往江西，再谒马师。未参礼，便入僧堂内，骑圣僧颈而坐。时大众惊愕，遽报马师。马躬入堂视之曰："我子天然。"师即下地礼拜曰："谢师赐法号。"因名"天然"。马师问："从什么处来？"师云："石头。"马云："石头路滑，还跶倒汝么？"师曰："若跶倒即不来。"乃杖锡观方，居天台华顶峰三年，往余杭径山礼国一禅师。

唐元和中，至洛京龙门香山，与伏牛和尚为莫逆之友。后于慧林寺，遇天大寒，师取木佛焚之。人或讥之，师曰："吾烧取舍利。"人曰："木头何有？"师曰："若尔者，何责我乎？"师一日谒忠国师，先问侍者："国师在否？"曰："在即在，不见客。"师曰："太深远生。"曰："佛眼亦觑不见。"师曰："龙生龙子，凤生凤儿。"国师睡起，侍者以告，国师乃鞭侍者二十棒遣出。

后丹霞闻之，乃云："不谬为南阳国师。"至明日，却往礼拜。见国师，便展坐具，国师云："不用，不用。"师退步。国师云："如是，如是。"师却进前。国师云："不是，不是。"师绕国师一匝便出。国师云："去圣时遥，人多懈怠，三十年后觅此汉也还难得。"师访庞居士，见女子取菜次。师云："居士在否？"女子放下篮子，敛手而立。师又云："居士在否？"女子便提篮子去。

元和三年，师于天津桥横卧，会留守郑公出，呵之不起。吏问其故，师徐而对曰①："无事僧。"留守异之，奉束素及衣两袭，日给米面，洛下翕然归信。至十五年春，告门人言："吾思林泉终老之所。"时门人令齐、静方卜南阳丹霞山，结庵以奉事。三年间，玄学者至盈三百众，构成大院。师上堂曰："阿你浑家，切须保护，一灵之物，不是你造作名邈得②，更说什么荐与不荐？吾往日见石头和尚，亦只教切须自保护。此事不是你谭话得。阿你浑家，各有一坐具地，更疑什么？禅可是你解底物？岂有佛可成？佛之一字，永不喜闻。阿你自看，善巧方便，慈悲喜舍，不从外得，不著方寸。善巧是文殊，方便是普贤，你更拟趁逐什么物？不用经求，落空去。今时学者纷纷扰扰，皆是参禅问道。吾此间无道可修，无法可证，一饮一啄，各自有分，不用疑虑。在在处处，有恁么底。若识得，释迦即老凡夫是③。阿你须自看取，莫一盲引众盲，相将入火坑。夜里暗双陆，赛彩若为生？无事，珍重。"

---

① "而对"，丛刊本、大正本无。
② "邈"，大正本作"貌"。
③ "老"，径山本作"者"，大正本作"这"。

有僧到参，于山下见师，乃问："丹霞山向什么处去？"师指山曰："青黯黯处。"① 僧曰："莫只这个便是么？"师曰："真师子儿，一拨便转。"师问僧："什么处宿？"云："山下宿。"师曰："什么处吃饭？"曰："山下吃饭。"师曰："将饭与阇梨吃底人，还具眼也无？"僧无对。长庆举问保福："将饭与人吃，感恩有分，为什么不具眼？"保福云："施者受者，二俱瞎汉。"长庆云："尽其机来又作么生？"保福云："道某甲瞎得么？"玄觉征云："且道长庆明丹霞意，为复自用家财？"师以长庆四年六月二十三日告门人曰："备汤沐，吾欲行矣。"乃戴笠策杖授履②，垂一足，未及地而化，寿八十六。门人斫石为塔。敕谥智通禅师，塔号妙觉。

潭州招提慧朗禅师，始兴曲江人也，姓欧阳氏。年十三，依邓林寺模禅师披剃。十七游南岳，二十于岳寺受具。往虔州龚公山谒大寂，大寂问曰："汝来何求？"师曰："求佛知见。"曰："佛无知见，知见乃魔界。汝从南岳来，似未见石头曹溪心要尔，汝应却归。"师承命回岳，造于石头。问："如何是佛？"石头曰："汝无佛性。"曰："蠢动含灵又作么生？"石头曰："蠢动含灵却有佛性。"曰："慧朗为什么却无？"石头曰："为汝不肯承当。"师于言下信入。后住梁端招提寺，不出户三十余年。凡参学者至，皆曰："去，去，汝无佛性。"其接机大约如此。时谓"大朗禅师"。

---

① "处"，丛刊本、大正本作"地"。
② "授"，大正本作"受"。

长沙兴国寺振朗禅师，初参石头，问："如何是祖师西来意？"石头曰："问取露柱。"曰："振朗不会。"石头曰："我更不会。"师俄然省悟。住后，有僧来参，师乃召曰："上座。"僧应诺，师曰："孤负去也。"曰："师何不鉴？"师乃拭目而视之，僧无语。时谓"小朗禅师"。

澧州药山惟俨禅师，绛州人，姓韩氏。年十七，依潮阳西山慧照禅师出家。唐大历八年，纳戒于衡岳希操律师。乃曰："大丈夫当离法自净，岂能屑屑事细行于布巾耶？"即谒石头，密领玄旨。一日师坐次，石头睹之，问曰："汝在这里作么？"曰："一切不为。"石头曰："恁么即闲坐也。"曰："若闲坐即为也。"石头曰："汝道不为，且不为个什么？"①曰："千圣亦不识。"石头以偈赞曰："从来共住不知名，任运相将只么行。自古上贤犹不识，造次凡流岂可明？"石头有时垂语曰："言语动用勿交涉。"师曰："不言语动用，亦勿交涉。"石头曰："这里针札不入。"师曰："这里如石上栽华。"石头然之。

师后居澧州药山，海众云会。广语见别卷。一日，师看经次，柏岩曰："和尚休猱人得也。"师卷却经曰："日头早晚？"曰："正当午。"师曰："犹有这个文彩在。"曰："某甲无亦无。"师曰："汝大杀聪明。"曰："某甲只恁么，和尚尊意如何？"师曰："我跛跛挈挈，百丑千拙，且恁么过。"师与道吾说："茗溪上世为节察来。"吾曰："和尚上世曾为什么？"师曰："我痿痿羸羸，

---

① "汝道不为，且不为个什么"，丛刊本作"汝道不为个什么"。

且恁么过时。"吾曰:"凭何如此?"师曰:"我不曾展他书卷。"石霜别云:"书卷不曾展。"院主报:"打钟也,请和尚上堂。"师曰:"汝与我擎钵盂去。"曰:"和尚无手来多少时?"师曰:"汝只是枉披袈裟。"曰:"某甲只恁么,和尚如何?"师曰:"我无这个眷属。"

师见园头栽菜次,师曰:"栽即不障汝栽,莫教根生。"曰:"既不教根生,大众吃什么?"师曰:"汝还有口么?"僧无对。僧问:"如何不被诸境惑?"师曰:"听他何碍汝?"曰:"不会。"师曰:"何境惑汝?"僧问:"如何是道中至宝?"师曰:"莫谄曲。"曰:"不谄曲时如何?"师曰:"倾国不换。"有僧再来依附,师问:"阿谁?"曰:"常坦。"师呵曰:"前也是常坦,后也是常坦。"一日,院主请师上堂。大众才集,师良久,便归方丈,闭却门①。院主逐后曰:"和尚许某甲上堂,为什么却归方丈?"师曰:"院主,经有经师,论有论师,律有律师。又争怪得老僧?"师问云岩:"作什么?"岩曰:"担屎。"师曰:"那个底?"②岩曰:"在。"师曰:"汝来去为谁?"曰:"替他东西。"师曰:"何不教并行?"曰:"和尚莫谤他。"师曰:"不合恁么道。"曰:"如何道?"师曰:"还曾担么?"

师坐次,有僧问:"兀兀地思量什么?"师曰:"思量个不思量底。"曰:"不思量底如何思量?"师曰:"非思量。"僧问:"学人拟归乡时如何?"师曰:"汝父母遍身红烂,卧在荆棘林中,汝归何所?"僧曰:"恁么即不归去也。"师曰:"汝却须归去。汝

---

① "却",丛刊本、大正本无。
② "底",大正本作"聻"。

若归乡，我示汝个休粮方。"僧曰："便请。"师曰："二时上堂，不得咬破一粒米。"僧问："如何是涅槃？"师曰："汝未开口时唤作什么？"师见遵布衲洗佛，乃问："这个从汝洗，还洗得那个么？"遵曰："把将那个来。"师乃休。长庆云："邪法难扶。"玄觉云："且道长庆怎么道，在宾在主？众中唤作洗佛语，亦云兼带语。且道尽善不尽善？"僧问曰："学人有疑请师决。"师曰："待上堂时来，与阇梨决疑。"至晚间上堂，大众集定。师曰："今日请决疑上座在什么处？"其僧出众而立，师下禅床把却曰："大众，这僧有疑。"便托开归方丈。玄觉云："且道与伊决疑否？若决疑，什么处是决疑？若不与决疑，又道待上堂时与汝决疑。"

师问饭头："汝在此多少时也？"曰："三年。"师曰："我总不识汝。"饭头罔测，发愤而去。僧问："身命急处如何？"师曰："莫种杂种。"曰："将何供养？"师曰："无物者。"师令供养主钞化，甘行者问："什么处来？"僧曰："药山来。"甘曰："来怎么？"僧云："教化。"甘云："还将得药来么？"① 僧曰："行者有什么病？"甘便舍银两铤曰："若有人即却送来②，无人即休。"师怪僧归太急，僧曰："问佛法相当，得两铤银。"师令举其语，举已，师令僧速还行者家③。行者见僧回，云："犹来。"遂添银施之。同安代云："早知行者怎么问，终不道药山来。"师问僧："见说汝解算虚实？"曰："不敢。"师曰："汝试算老僧看。"僧无对。云岩后来举问洞山："汝作么生？"洞山云："请和尚生日。"师书佛字问道吾："是什么字？"吾云："佛字。"师云："多口阿师。"僧问："己事

---

① "还"，丛刊本、大正本无。
② "若有人即却送来"，丛刊本作"有人即却送来"，大正本作"有人即送来"。
③ "还"，丛刊本、大正本作"送还"。

未明，乞和尚指示。"师良久曰："吾今为汝道一句亦不难，只宜汝于言下便见去，犹较些子。若更入思量，却成吾罪过。不如且各合口，免相累及。"

大众夜参，不点灯，师垂语曰："我有一句子，待特牛生儿，即向汝道。"时有僧曰："特牛生儿也，何以不道？"师云："侍者，把灯来。"① 其僧抽身入众②。云岩后举似洞山，洞山云："其僧却会③，只是不肯礼拜。"僧问："达磨未来时，此土还有祖师意也无？"④ 师曰："有。"僧曰："既有祖师意，又来作什么？"师曰："只为有，所以来。"师看经，有僧问："和尚寻常不许人看经，为什么却自看？"师曰："我只图遮眼。"曰："某甲学和尚，还得也无？"师曰："若是汝，牛皮也须看透。"长庆云："眼有何过？"玄觉云："且道长庆会药山意，不会药山意？"

朗州刺史李翱，向师玄化，屡请不起，乃躬入山谒之。师执经卷不顾，侍者白曰："太守在此。"翱性褊急，乃言曰："见面不如闻名。"师呼太守，翱应诺。师曰："何得贵耳贱目。"翱拱手谢之。问曰："如何是道？"师以手指上下曰："会么？"翱曰："不会。"师曰："云在天，水在瓶。"翱乃欣惬作礼，而述一偈曰："练得身形似鹤形，千株松下两函经。我来问道无余说，云在青天水在瓶。"玄觉云："且道李太守是赞他语，明他语？须是行脚眼始得⑤。"翱又问："如何是戒定慧？"师曰："贫道这里无此闲家

---

① "侍者，把灯来"，丛刊本作"把灯来把灯来"，大正本作"把灯来"。
② "抽身"，丛刊本作"退"，大正本作"抽退"。
③ "其"，丛刊本、碛砂本、大正本作"遮"。
④ 此句，丛刊本、大正本作"祖师未到此土，此土还有祖师意否"。
⑤ "是"，大正本作"具"。

具。"翱莫测玄旨。师曰:"太守欲得保任此事,直须向高高山顶坐,深深海底行。闺阁中物舍不得,便为渗漏。"师一夜登山经行,忽云开见月,大笑一声,应澧阳东九十许里,居民尽谓东家。明晨,迭相推问,直至药山。徒众云:"昨夜和尚山顶大笑。"李翱再赠诗曰:"选得幽居惬野情,终年无送亦无迎。有时直上孤峰顶,月下披云笑一声。"

师大和八年二月临顺世,叫云:"法堂倒,法堂倒。"众皆持柱撑之,师举手云:"子不会我意。"乃告寂。寿八十有四,腊六十。入室弟子冲虚建塔于院东隅,敕谥弘道大师,塔曰化城。

潭州大川和尚,亦名大湖。有江陵僧新到,礼拜了,在一边立。师曰:"几时发江陵?"僧拈起坐具。师曰:"谢子远来,下去。"僧便出。师曰:"若不恁么,争知眼自端的?"僧拊掌曰①:"苦杀人,几错判诸方老宿。"师肯之。僧举似丹霞,霞曰:"于大川法道即得,于我这里即不然。"僧曰:"未审此间怎么生?"霞曰:"犹较大川三步。"其僧礼拜,霞曰:"错判诸方底甚多,甚多。"② 洞山闻之曰:"不是丹霞,难分玉石。"

汾州石楼和尚,师上堂,有僧出问曰:"未识本生师③,乞师方便指。"曰:"石楼无耳朵。"僧曰:"某甲自知非。"师曰:"老僧还有过么?"④ 僧曰:"和尚过在什么处?"曰:"过在汝非

---

① "拊",径山本作"抚"。
② "甚多",丛刊本、大正本无。
③ "师",原脱,据丛刊本补。大正本作"未识本来生"。
④ "么",丛刊本、大正本无。

处。"僧礼拜,师乃打之。师问僧:"近离什么处?"① 曰:"汉国。"师曰:"汉国主人还重佛法么?"② 曰:"赖遇问著某甲③,若问著别人即祸生。"④ 师云:"作么生?"⑤ 僧云:"人尚不见⑥,有何佛法可重?"师曰:"汝受戒得多少夏?"⑦ 僧曰:"三十夏。"师曰:"大好不见有人。"便打之。

凤翔府法门寺佛陀和尚,师常持一串数珠,念三种名号曰:"一释迦,二元和,三佛陀。自余是什么碗跶丘。"一个过,终而复始,事迹异常,时人不可测。

潭州华林和尚,僧到参,方展坐具。师曰:"缓,缓。"僧曰:"和尚见什么?"师曰:"可惜许磕破钟楼。"其僧大悟。

潮州大颠和尚,初参石头。石头问师曰:"那个是汝心?"师曰:"言语者是。"便被石头喝出⑧。经旬日,师却问曰:"前者既不是,除此外何者是心?"石头曰:"除却扬眉动目将心来。"师曰:"无心可将来。"石头曰:"元来有心,何言无心?无心尽同谤。"师言下大悟。异日侍立次,石头问曰:"汝是参禅僧,是

---

① "近离什么处",大正本作"发足何处"。
② "主人",大正本作"天子"。
③ "赖"前,南藏本、大正本有"苦哉苦哉"。
④ "若",大正本无。"即",大正本作"则"。
⑤ "作么生",大正本作"作什么哝"。
⑥ "师云作么生僧云人尚不见",丛刊本作"尚不见人更"。
⑦ "汝",大正本作"阇梨"。"得",大正本作"来"。
⑧ "石头",丛刊本、大正本无。

州县白踏僧?"师曰:"是参禅僧。"石头曰:"何者是禅?"师曰:"扬眉动目。"石头曰:"除却扬眉动目外,将你本来面目呈看。"师曰:"请和尚除扬眉动目外鉴某甲。"石头曰:"我除竟。"师曰:"将呈和尚了也。"石头曰:"汝既将呈,我心如何?"师曰:"不异和尚。"石头曰:"不关汝事。"师曰:"本无物。"石头曰:"汝亦无物。"师曰:"既无物,即真物。"石头曰:"真物不可得。汝心见量意旨如此,也大须护持。"

师后辞,往潮州灵山隐居,学者四集。师上堂示众曰:"夫学道人须识自家本心,将心相示,方可见道。多见时辈只认扬眉动目,一语一默,蓦头印可,以为心要。此实未了。吾今为汝诸人分明说出,各须听受。但除却一切妄运、想念、见量,即汝真心。此心与尘境及守认静默时,全无交涉。即心是佛,不待修治。何以故?应机随照,泠泠自用,穷其用处,了不可得,唤作妙用,乃是本心。大须护持,不可容易。"僧问:"其中人相见时如何?"师曰:"早不其中也。"僧曰:"其中者如何?"师曰:"不作个问。"问:"苦海波深,以何为船筏?"师曰:"以木为船筏。"曰:"恁么即得渡也。"① 师曰:"盲者依前盲,哑者依前哑。"

潭州攸县长髭旷禅师,初往曹溪礼祖塔,回参石头。石头问:"什么处来?"曰:"岭南来。"石头曰:"岭头一尊,功德成就也未?"师曰:"成就久矣,只欠点眼在。"石头曰:"莫要点眼

---

① "渡",丛刊本、大正本作"度"。

么?"师曰:"便请。"石头乃翘一足,师礼拜。石头曰:"汝见什么道理便礼拜?"师曰:"据某甲所见,如洪炉上一点雪。"玄觉云:"且道长髭具眼祇对,不具眼祇对?若具眼,为什么请他点眼?若不具眼,又道成就久矣。且作么生商量?"法灯代云:"和尚可谓眼昏。"

水空和尚,师一日廊下逢见一僧,乃问:"时中事作么生?"僧良久,师曰:"只恁便得么?"僧曰:"头上更安头。"师便打之曰:"去,去,已后惑乱人家男女在。"

行思禅师第三世
荆州天皇道悟禅师法嗣

澧州龙潭崇信禅师,本渚宫卖饼家子也,未详姓氏,少而英异。初悟和尚为灵鉴潜请,居天皇寺,人莫测①。师家居于寺巷,常日以十饼馈之。悟受之,每食毕,常留一饼曰:"吾惠汝,以荫子孙。"师一日自念曰:"饼是我持去,何以返遗我耶?其别有旨乎?"遂造而问焉,悟曰:"是汝持来,复汝何咎?"师闻之,顿晓玄旨②,因投出家③。悟曰:"汝昔崇善④,今信吾言,可名崇信。"由是服勤左右。一日问:"某自到来,不蒙指示心要。"悟曰:"自汝到来,吾未尝不指示汝心要。"⑤师曰:"何处指示?"悟曰:"汝擎茶来,吾为汝接;汝行食来,吾为汝受;汝和

---

① "测"上,丛刊本、大正本有"之"。
② "顿",丛刊本、南藏本、大正本作"颇"。
③ "投",丛刊本、大正本作"请"。
④ "善"上,丛刊本、大正本有"福善"。
⑤ "示",丛刊本、大正本无。

南时，吾便低首。何处不指示心要？"师低头良久，悟曰："见则直下便见，拟思即差。"师当下开解。乃复问："如何保任？"悟曰："任性逍遥，随缘放旷，但尽凡心，无别胜解。"

师后诣澧阳龙潭栖止。僧问："髻中珠谁人得？"师曰："不赏玩者得。"僧曰："安著何处？"师曰："有处即道来。"① 尼众问："如何得为僧去？"师曰："作尼来多少时也？"尼曰："还有为僧时也无？"师曰："汝即今是什么？"尼曰："现是尼身，何得不识？"师曰："谁识汝？"李翱问："如何是真如般若？"师曰："我无真如般若。"翱曰："幸遇和尚。"师曰："此犹是分外之言。"德山问："久向龙潭，到来潭又不见，龙亦不现。"师曰："子亲到龙潭。"德山即休。玄觉云："且道德山肯龙潭，不肯龙潭？若肯龙潭，德山眼在什么处？若不肯，为什么承嗣他？"

邓州丹霞山天然禅师法嗣

京兆终南山翠微无学禅师，初问丹霞："如何是诸佛师？"丹霞咄曰："幸自可怜生，须要执巾帚作么？"师退三步。丹霞曰："错。"师却进前②。丹霞曰："错，错。"师翘一足，旋身一转而出。丹霞曰："得即得，辜他诸佛。"③ 师由是领旨。住翠微。

投子问："未审二祖初见达磨，当何所得？"师曰："汝今见吾，复何所得？"一日，师在法堂内行，投子进前接礼而问曰："西来密旨，和尚如何示人？"师驻步，少时又曰："乞师垂示。"

---

① 此句前，原本衍"师曰有处"四字，据丛刊本删。
② "却"，丛刊本、大正本作"即"。
③ "辜"，南藏本、径山本作"孤负"，丛刊本、大正本作"孤"。

师曰:"更要第二杓恶水作么?"投子礼谢而退。师曰:"莫埭却。"投子曰:"时至根苗自生。"师因供养罗汉,有僧问曰:"丹霞烧木佛,和尚为什么供养罗汉?"师曰:"烧也不烧著,供养亦一任供养。"又问:"供养罗汉,罗汉还来也无?"师曰:"汝每日还吃么?"僧无语。师曰:"少有灵利底。"

丹霞山义安禅师,第二世住。僧问:"如何是佛?"师曰:"如何是上座?"曰:"恁么即无异去也。"师曰:"向汝道。"

吉州性空禅师,有一僧来参,师乃展手示之。僧近前却退,师曰:"父母俱丧,略不惨颜。"僧呵呵大笑。师曰:"少间与阇梨举哀。"其僧打筋斗而出,师曰:"苍天,苍天。"

本童和尚,因门僧写师真呈师,师曰:"此若是我,更呈阿谁?"僧曰:"岂可分外?"师曰:"若不分外,汝却收取这个。"僧便拟收,师打云:"正是分外强为。"僧曰:"若怎么,即须呈于师。"师曰:"收取,收取。"

米仓和尚,有僧新到参,绕师三匝,敲禅床曰:"不见主人翁,终不下参众。"师曰:"什么处情识去来?"僧曰:"果然不在。"师打一拄杖。僧曰:"几落情识,呵呵!"师曰:"村草步头逢著一个,有什么话处?"僧曰:"且参众去。"

前药山惟俨禅师法嗣

潭州道吾山圆智禅师,豫章海昏人也,姓张氏。幼依槃和尚受教,登戒,预药山法会,密契心印。一日药山问:"子去何处来?"曰:"游山来。"药山曰:"不离此室,速道将来。"曰:"山上乌儿白似雪,涧底游鱼忙不彻。"师与云岩侍立次,药山曰:"智不到处,切忌道著,道著即头角生。智头陀怎么生?"师便出去。云岩问药山曰:"智师兄为什么不祇对和尚?"药山曰:"我今日背痛。是他却会,汝去问取。"云岩即来问师曰:"师兄适来为什么不祇对和尚?"师曰:"汝却去问取和尚。"僧问云居:"切忌道著意怎么生?"云居云:"此语最毒。"僧云:"如何是最毒底语?"云居云:"一棒打杀龙蛇。"云岩临迁化时,遣人送辞书到。师展书览之曰:"云岩不知有,悔当时不向伊道。然虽如是,要且不违药山之子。"玄觉云:"古人怎么道,还有也未?"又云:"云岩当时不会,且道什么处是伊不会处?"

药山上堂云:"我有一句子,未曾说向人。"师出云:"相随来也。"僧问药山:"一句子如何说?"药山曰:"非言说。"师曰:"早言说了也。"师卧次,椑树云:"作甚么?"师云:"盖覆。"椑云:"卧是,坐是?"师云:"不在两头。"椑云:"争奈盖覆?"师云:"莫乱道。"师见椑树坐次,师云:"作甚么?"①椑云:"和南。"师云:"隔阔来多少时?"椑云:"恰是。"乃拂袖出。师提笠子出,云岩云:"作甚么?"师云:"有用处。"② 岩

---

① "甚",大正本作"什"。
② "有用处",原作"有处",据大正本改。

云："风雨来怎么生？"师云："盖覆著。"岩云："他还受盖覆么？"师云："虽然如此，且无遗漏。"

因沩山问云岩："菩提以何为坐？"云岩曰："以无为为坐。"云岩却问沩山，沩山曰："以诸法空为坐。"沩山又问师："怎么生？"师曰："坐也听伊坐，卧也听伊卧。有一人不坐不卧，速道，速道。"沩山问师："什么处去来？"师曰："看病来。"曰："有几人病？"师曰："有病底，有不病底。"曰："不病底莫是智头陀否？"师曰："病与不病，总不干他事。急道，急道。"僧问："万里无云，未是本来天，如何是本来天？"师曰："今日好晒麦。"问："无神通菩萨，为什么足迹难寻？"师曰："同道方知。"曰："和尚知否？"师曰："不知。"曰："为什么不知？"师曰："汝不识我语。"云岩问："师兄家风作么生？"师："教汝指点著，堪作什么？"曰："无这个来多少时也？"师曰："牙根犹带生涩在。"又问："如何是今时著力处？"师曰："千人唤不回头，方有少分。"曰："忽然火起时如何？"师曰："能烧大地。"师问僧："除却星及焰，阿那个是火？"僧曰："不是火。"别一僧却问师："还见火否？"师曰："见。"曰："见从何处起？"① 师曰："除却行住坐卧，更请一问。"

南泉示众云："法身具四大否？有人道得，与他一腰裈。"② 师云："性地非空，空非性地，此是地大。四大亦然。"③ 南泉不违前言，乃与师裈。师见云岩不安，乃谓曰："离此壳漏子，向

---

① "处"，丛刊本、大正本无。
② "腰"，大正本作"褕"。
③ "四"，大正本作"三"，并注："一本作'四'。"

什么处相见？"岩云："不生不灭处相见。"师曰："何不道，非不生不灭处，亦不求相见？"师见云岩补草鞋，云："作甚么？"岩云："将败坏补败坏。"师云："何不道，即败坏非败坏？"师闻僧念《维摩经》云："八千菩萨、五百声闻，皆欲随从文殊师利。"师云："甚么处去？"其僧无对，师便打。后僧问禾山，禾山代云："给侍者方谐。"师下山到五峰，五峰问："还识药山老宿否？"师曰："不识。"五峰曰："为甚么不识？"师曰："不识，不识。"问："如何是和尚家风？"师下禅床，作女人拜曰："谢子远来，都无祗待。"问："如何是祖师西来意？"师曰："东土不曾逢。"

问："设先师斋，未审先师还来也无？"师曰："汝诸人设斋作么生？"问："'头上宝盖生，不得道我是'如何？"师曰："听他。"曰："和尚如何？"师曰："我无这个。"石霜问师："百年后有人问极则事，作么生向他道？"师唤沙弥，沙弥应诺。师曰："添却净瓶水著。"师良久，却问石霜："适来问什么？"石霜再举，师便起去。石霜异日又问："和尚一片骨，敲著似铜鸣。向什么处去也？"师唤侍者，侍者应诺。师曰："驴年去。"

师唐大和九年乙卯九月示疾，有苦。僧众慰问体候，师曰："有受非偿，子知之乎？"众皆愀然。十一日将行，谓众曰："吾当西迈，理无东移。"言讫告寂，寿六十有七。阇维，得灵骨数片，建塔于石霜山之阳。敕谥修一大师，塔曰宝相。

潭州云岩昙晟禅师，钟陵建昌人也，姓王氏。少出家于石门，初参百丈海禅师，未悟玄旨，侍左右二十年。百丈归寂，师乃谒药山，言下契会。语见"药山章"。一日药山问："汝除在百丈，更到什么处来？"师曰："曾到广南来。"曰："见说广州城东门外有一团石，被州主移却，是否？"师曰："非但州主，阖国人移亦不动。"药山乃又问："闻汝解弄师子，是否？"师曰："是。"曰："弄得几出？"师曰："弄得六出。"曰："我亦弄得。"师曰："和尚弄得几出？"曰："我弄得一出。"师曰："一即六，六即一。"师后到沩山，沩山问曰："承长老在药山弄师子，是否？"师曰："是。"曰："长弄么①，还有置时？"师曰："要弄即弄，要置即置。"曰："置时师子在什么处？"师曰："置也，置也。"

问："从上诸圣什么处去？"师良久云："作么，作么？"问："暂时不在，如同死人时如何？"②师云："好埋却。"问："大保任底人与那个，是一是二？"师云："一机之绢是一段，是两段？"洞山闻云："如人接树。"师煎茶次，道吾问："煎与阿谁？"师曰："有一人要。"曰："何不教伊自煎？"师曰："幸有某甲在。"师问石霜："什么处来？"霜云："沩山来。"师云："在彼中得多少时？"霜云："粗经冬夏。"师云："恁么即成山长也。"霜云："虽在彼中却不知。"师云："他家亦非知非识。"霜无对。后道吾闻云："得恁么无佛法身心。"③

师后居潭州攸县云岩山④。一日谓众曰："有个人家儿子，问著无有道不得底。"洞山问："他屋里有多少典籍？"师曰："一字也无。"曰："争得恁么多知？"师曰："日夜不曾眠。"曰："问

---

① "么"，大正本作"耶"。
② "时"，丛刊本、大正本无。
③ "么"，丛刊本、大正本无。
④ "攸县"，丛刊本无。

一段事还得否?"师曰:"道得却不道。"师问僧:"什么处来?"僧曰:"添香来。"师曰:"见佛否?"曰:"见。"师曰:"什么处见?"曰:"下界见。"师曰:"古佛,古佛。"道吾问:"大悲千手眼,那个是正眼?"①师曰:"如无灯时,把得枕子怎么生?"道吾曰:"我会也,我会也。"师曰:"怎么生会?"道吾曰:"通身是眼。"师扫地次,沩山云:"太驱驱生。"师云:"须知有不驱驱者。"沩山云②:"恁么即有第二月也。"师竖起扫帚云:"这个是第几月?"③沩山低头而去④。玄沙闻云:"正是第二月。"

师问僧:"什么处来?"僧曰:"石上语话来。"师曰:"石还点头也无?"僧无对。师曰:"未问时却点头。"师作鞋次,洞山问:"就师乞眼睛,未审还得也无?"⑤师曰:"汝底与阿谁去也?"曰:"良价无。"师曰:"设⑥,汝向什么著?"洞山无语。师曰:"乞眼睛底是眼否?"曰:"非眼。"师咄之。师问尼众:"汝爷在否?"曰:"在。"师曰:"年多少?"曰:"年八十。"师曰:"汝有个爷不年八十,还知否?"曰:"莫是恁么来者。"师曰:"犹是儿孙在。"⑦洞山云:"直是不恁么来者,亦是儿孙。"⑧僧问:"一念瞥起便落魔界时如何?"师曰:"汝因什么从佛界而来?"僧无对。师曰:"会么?"曰:"不会。"师曰:"莫道体不得,设使体得,也只是左之右之。"师问僧:"闻汝解卜是否?"曰:

---

① "那个是正眼",丛刊本、大正本作"如何"。
② "山",丛刊本、大正本无。
③ "这个",丛刊本、大正本无。
④ "沩山",丛刊本、大正本作"师"。
⑤ "未审还得也无",丛刊本无。
⑥ "设",丛刊本、大正本无。
⑦ "儿孙在",丛刊本、大正本作"儿子"。
⑧ "孙",大正本作"子"。

"是。"师曰:"试卜老僧看。"僧无对。洞山代云:"请和尚生月。"

师唐会昌元年辛酉十月示疾,二十六日沐身竟,唤主事僧令备斋,"来日有上座发去"。至二十七日,并无人去。及夜,师归寂,寿六十。茶毗,得舍利一千余粒,瘗于石坟。敕谥无住大师,塔曰净胜。

华亭船子和尚, 名德诚,嗣药山。尝于华亭吴江泛一小舟,时谓之"船子和尚"。师尝谓同参道吾曰:"他后有灵利座主指一个来。"道吾后激勉京口和尚善会参礼师,师问曰:"座主住甚寺?"① 会曰:"寺即不住,住即不似。"② 师曰:"不似又不似个什么?"③ 会曰:"目前无相似。"④ 师曰:"何处学得来?"曰:"非耳目之所到。"师笑曰:"一句合头语,万劫系驴橛。垂丝千尺⑤,意在深潭。离钩三寸,速道速道。"会拟开口,师便以篙撞在水中,因而大悟。师当下弃舟而逝,莫知其终。

宣州椑树慧省禅师, 洞山参师,师问曰:"来作什么?"洞山曰:"来亲近和尚。"师曰:"若是亲近,用动两片皮作么?"洞山无对,曹山后闻,乃云:"一子亲得。"僧问:"如何是佛?"师曰:"猫儿上露柱。"曰:"学人不会。"师曰:"问取露柱去。"

---

① "座主住甚寺",丛刊本作"坐主甚么处住寺"。
② "住即不似",原本脱,据大正本补。
③ "又不",大正本无。
④ "目前无相似",丛刊本作"目前无一物可似"。
⑤ "尺",原本作"赤",丛刊本作"丈",据碛砂本、大正本改。此句前,丛刊本有"师又曰"。

高沙弥,药山住庵。初参药山。药山问师:"什么处来?"师曰:"南岳来。"山云:"何处去?"师曰:"江陵受戒去。"山云①:"受戒图什么?"师曰:"图免生死。"山云:"有一人不受戒,亦免生死。汝还知否?"师曰:"恁么即佛戒何用?"山云:"犹挂唇齿在。"便召维那云:"这跛脚沙弥,不任僧务,安排向后庵著。"药山又谓云岩、道吾曰:"适来一个沙弥却有来由。"道吾云:"未可全信,更勘始得。"药乃再问师曰:"见说长安甚闹。"师曰:"我国晏然。"法眼别云:"见谁说?"山云:"汝从看经得,请益得?"师曰:"不从看经得,亦不从请益得。"山云:"大有人不看经,不请益,为什么不得?"师曰:"不道他无,只是他不肯承当。"

师乃辞药山住庵,山云:"生死事大,何不受戒去?"师曰:"知是这般事,唤什么作戒?"药咄:"这饶舌沙弥②!入来,近处住庵,时复要相见。"师住庵后,雨里来相看。山云:"你来也。"师曰:"是。"山云:"可晒湿?"③师曰:"不打这个鼓笛。"云岩云:"皮也无,打什么鼓?"道吾云:"鼓也无,打什么皮?"山云:"今日大好曲调。"僧问:"一句子还有该不到处否?"师云:"不顺世。"药山斋时,自打鼓,高沙弥捧钵作舞入堂,药山便掷下鼓槌云:"是第几和?"高曰:"第二和。"曰:"如何是第一和?"高就桶内舀一杓饭,便出去。

---

① "山",丛刊本、大正本作"药",下同。
② "饶舌沙弥",丛刊本、大正本作"沙弥饶舌"。
③ "晒",大正本作"杀"。

鄂州百颜明哲禅师，洞山与密师伯到参，师问曰："阇梨近离什么处？"洞山曰："近离湖南。"师曰："观察使姓什么？"曰："不得姓。"师曰："名什么？"曰："不得名。"师曰："还治事也无？"曰："自有郎幕在。"师曰："岂不出入？"洞山便拂袖去。师明日入僧堂，曰："昨日对二阇梨一转语不稳①，今请二阇梨道。若道得，老僧便开粥饭②，相伴过夏。速道，速道。"洞山曰："太尊贵生。"师乃开粥饭③，共过一夏。

潭州长髭旷禅师法嗣

　　潭州石室善道和尚，嗣攸县长髭旷禅师。作沙弥时，长髭遣令受戒，谓之曰："汝回日，须到石头礼拜。"师受戒后，回参石头。一日，随石头游山次，石头曰："汝与我斫却面前头树子，碍我。"师曰："不将刀来。"石头乃抽刀倒与师，师云："不过那头来？"石头曰："你用那头作什么？"师即大悟，便归。长髭问："汝到石头否？"师曰："到即到，不通号。"长髭曰："从谁受戒？"师曰："不依他。"长髭曰："在彼即恁么，来我这里么生？"师曰："不违背。"长髭曰："太忉忉生。"师曰："舌头未曾点著在。"长髭咄曰："沙弥，出去。"师便出。长髭曰："争得不遇于人。"

　　师寻值沙汰，乃作行者，居于石室。每见僧，便竖起杖子云："三世诸佛尽由这个。"对者少得冥契。长沙闻之，乃云：

---

① "稳"，原作"稔"，据丛刊本改。
② "饭"，丛刊本无。
③ "饭"，丛刊本、大正本无。

"我若见,即令放下杖子,别通个消息。"三圣将此语到石室袛对,被师认破是长沙语。杏山闻三圣失机,又亲到石室。师见杏山僧众相随,潜往碓米。杏山曰:"行者不易,贫道难消。"师曰:"无心碗子盛将来,无缝合盘合取去。说什么难消?"杏山便休。

仰山问:"佛之与道,相去几何?"师曰:"道如展手,佛似握拳。"曰:"毕竟如何的当,可信可依?"师以手拨空三两下曰:"无怎么事,无怎么事。"曰:"还假看教否?"师曰:"三乘十二分教是分外之事。若与他作对,即是心境两法,能所双行,便有种种见解,亦是狂慧,未足为道。若不与他作对,一事也无。所以祖师云:'本来无一物。'汝不见小儿出胎时,可道我解看教,不解看教?当怎么时,亦不知有佛性义,无佛性义。及至长大,便学种种知解,出来便道'我能,我解',不知是客尘烦恼。十六行中,婴儿行为最,哆哆和和,时喻学道之人,离分别、取舍心,故赞叹婴儿,可况取之①。若谓婴儿是道,今时错会。"师一夕与仰山玩月,仰山问曰:"这个月尖时,圆相什么处去?圆时,尖相又什么处去?"师曰:"尖时圆相隐,圆时尖相在。"云岩云:"尖时圆相在,圆时无尖相。"道吾云:"尖时亦不尖,圆时亦不圆。"仰山辞,师送出门,乃召曰:"阇梨。"仰山应诺,师曰:"莫一向去,已后却回这边来。"②僧问:"师曾到五台山否?"师曰:"曾到。"僧曰:"还见文殊么?"师曰:"见。"僧曰:"文殊向行者道什

---

① "可况取之",丛刊本作"可况喻取之",碛砂本作"何况取之",大正本作"何况喻取之"。
② "已后",丛刊本、大正本无。

么?"师曰:"文殊道:阇梨父母生在村草里。"

潮州大颠和尚法嗣

漳州三平义忠禅师,福州人也,姓杨氏。初参石巩,石巩常张弓架箭以待学徒。师诣法席次①,石巩曰:"看箭。"师乃披襟当之,石巩曰:"三十年张弓架箭,只射得半个汉。"② 师后参大颠,往漳州住三平山。

示众曰:"今时出来,尽学驰求走作,将当自己眼目,有什么相当?阿你欲学么?不要诸余,汝等各有本分事,何不体取?恁么心愤愤③,口悱悱,有什么利益?分明说若要修行路,及诸圣建立化门,自有大藏教文在。若是宗门中事④,汝切不得错用心。"时有僧出问:"还有学路也无?"师曰:"有一路滑如苔。"僧曰:"学人蹑得否?"师曰:"不拟心,汝自看。"有人问:"黑豆未生芽时如何?"⑤ 师曰:"佛亦不知。"讲僧问:"三乘十二分教,某甲不疑,如何是祖师西来意?"师曰:"龟毛拂子,兔角拄杖,大德藏向什么处?"僧曰:"龟毛兔角,岂是有耶?"师曰:"肉重千斤,智无铢两。"师又示众曰:"诸人若未曾见知识即不可,若曾见作者来,便合体取些子意度,向岩谷间木食草衣。恁么去,方有少分相应。若驰求知解义句,即万里望乡关去也。"

---

① "次",大正本无。
② 自"师乃披襟"至此,大正本作:"师乃拨开胸云:'此是杀人箭,活人箭又作么生?'巩乃扣弓弦三下,师便作礼。巩云:'三十年一张弓、两只箭,只谢得半个圣人。'遂拗折弓箭。师后举似大颠,颠云:'既是活人箭,为什么向弓弦上辨?'师无对。颠云:'三十年后,要人举此话也难。'"
③ "恁",丛刊本、大正本作"作"。
④ "事"下,丛刊本作"事宜"。
⑤ "芽",丛刊本、大正本作"牙"。

珍重。"

潭州大川和尚法嗣

仙天和尚，新罗僧到参，方展坐具拟礼拜，师捉住云："未发本国时，道取一句。"其僧无语。师便推出云："问伊一句，便道两句。"又有一僧至，拟礼拜，师云："野狐鬼，见什么了便礼拜？"僧云："老秃奴，见什么了即便恁问？"① 师云："苦哉，苦哉！仙天今日忘前失后。"僧云："要且得时，终不补失。"师云："争不如此？"僧云："谁？"师乃呵呵云②："远即远矣。"

福州普光和尚，有僧立次，师以手开胸云："还委老僧事么？"僧云："犹有这个在。"师却掩胸云："不妨太显。"僧云："有什么避处？"师云："的是无避处。"僧云："即今作么生？"师便打。

---

① "即"，大正本无。
② "乃呵呵云"，丛刊本、大正本作"云呵呵"。

景德传灯录卷第十五

吉州清原山行思禅师法嗣

第四世一十七人

澧州龙潭崇信禅师法嗣二人见录

  朗州德山宣鉴禅师

  洪山泐潭宝峰和尚

吉州性空禅师法嗣二人见录

  歙州茂源和尚

  枣山光仁禅师

京兆翠微无学禅师法嗣四人见录

  鄂州清平山令遵禅师

  舒州投子山大同禅师

  湖州道场山如讷禅师

  建州白云约禅师

    伏牛山元通禅师　一人无机缘语句，不录

潭州道吾山圆智禅师法嗣三人见录

  潭州石霜山庆诸禅师

  潭州渐源仲兴禅师

禄清和尚

潭州云岩昙晟禅师法嗣四人见录

筠州洞山良价禅师

涿州杏山鉴洪禅师

潭州神山僧密禅师

幽溪和尚

华亭船子德诚禅师法嗣一人见录

澧州夹山善会禅师

第五世①一十四人

舒州投子山大同禅师法嗣一十三人一十二人见录②

投子温禅师

福州牛头微禅师

西川香山澄照大师

陕府天福和尚

濠州思明和尚

凤翔府招福和尚

兴元中梁山遵古禅师

襄州谷隐和尚

安州九嵕山和尚

幽州盘山第二世和尚

九嵕山敬慧禅师

东京观音院岩俊禅师

---

① "世"下，丛刊本、大正本有"上"。
② "二"，原作"一"，据东寺本改。

　　　　桂阳龙福真禅师　一人无机缘语句，不录
　　鄂州清平山令遵禅师法嗣一人见录
　　　蕲州三角山令珪禅师

行思禅师第四世
前澧州龙潭崇信禅师法嗣

　　朗州德山宣鉴禅师，剑南人也，姓周氏。丱岁出家，依年受具，精究律藏。于性相诸经，贯通旨趣。常讲《金刚般若》，时谓之"周金刚"。厥后访寻禅宗，因谓同学曰："一毛吞海，海性无亏，纤芥投锋，锋利不动。学与无学，唯我知焉。"因造龙潭信禅师，问答皆一语而已。前章出之。师即时辞去①，龙潭留之，一夕，于室外默坐。龙问："何不归来？"师对曰："黑。"龙乃点烛与师，师拟接，龙便吹灭，师乃礼拜。龙曰："见什么？"曰："从今向去，不疑天下老和尚舌头也。"至明日便发，龙潭谓诸徒曰："可中有一个汉，眼如剑②，口似血盆，一棒打不回头，他时向孤峰顶上立吾道在。"

　　师抵于沩山，从法堂西过东，回视方丈，沩山无语。师曰："无也，无也。"便出至僧堂前，乃曰："然虽如此，不得草草。"遂具威仪上参③，才跨门，提起坐具唤曰："和尚。"沩山拟取拂子，师喝之，扬袂而出。沩山晚间问大众："今日新到僧何在？"对曰："那僧见和尚了，更不顾僧堂，便去也。"沩山问众："还

---

① "即"，大正本作"实"。
② "眼如剑"，东寺本、碛砂本作"眼如利剑"，南藏本、径山本、大正本作"牙如剑树"。
③ "上参"，大正本作"上再参"，南藏本、径山本作"再参"。

识遮阿师也无？"① 众曰："不识。"沩曰："是伊将来有把茅盖头②，骂佛骂祖去在。"③

师住澧阳三十年，属唐武宗废教，避难于独浮山之石室。大中初，武陵太守薛廷望再崇德山精舍，号"古德禅院"。相国裴休题额见存。将访求哲匠住持，聆师道行，屡请不下山。廷望乃设诡计，遣吏以茶盐诬之，言犯禁法，取师入州瞻礼，坚请居之，大阐宗风。总印禅师开山创院，鉴即第二世住也。师上堂谓众曰："于己无事，则勿妄求，妄求而得④，亦非得⑤。汝但无事于心，无心于事，则虚而灵，空而妙⑥。若毛端许言之本末者，皆为自欺。毫氂系念，三涂业因，瞥尔生情，万劫羁锁。圣名凡号，尽是虚声，殊相劣形，皆为幻色。汝欲求之，得无累乎？及其厌之，又成大患，终而无益。"⑦

师上堂曰："今夜不得问话，问话者三十拄杖。"时有僧出，方礼拜，师乃打之。僧曰："某甲话也未问，和尚因什么打某甲？"师曰："汝是什么处人？"曰："新罗人。"师曰："汝上船时⑧，便好与三十拄杖。"法眼云："大小德山，语作两橛。"⑨ 玄觉云："丛林中唤作'隔下语'且从，只如德山道'问话者三十拄杖'意作么生？"有僧到参，师问维那："今日几人新到？"对曰："八人。"师曰：

---

① "阿"，丛刊本作"个"。
② "伊"，南藏本、径山本作"子"。
③ "骂佛"，南藏本、径山本作"呵佛"。
④ "妄求"，原本脱，据大正本补。
⑤ "得"下，大正本有"也"。
⑥ "空"，南藏本、径山本作"寂"。
⑦ "而"，南藏本、径山本作"为"。
⑧ "上船"，大正本作"未跨船舷"。
⑨ "语"，径山本作"话"。

"将来一时生案著。"龙牙问:"学人仗镆铘剑,拟取师头时如何?"师引颈。法眼别云:"汝向什么处下手?"龙牙曰:"头落也。"师微笑。龙牙后到洞山举前语,洞山曰:"德山道什么?"云:"德山无语。"洞山曰:"莫道无语,且将德山落底头呈似老僧。"龙牙省过忏谢。有人举似师,师曰:"洞山老人,不识好恶,遮个汉死来多少时,救得有什么用处?"

僧问:"如何是菩提?"师打曰:"出去,莫向遮里屙。"僧问:"如何是佛?"师曰:"佛即是西天老比丘。"雪峰问:"从上宗风,以何法示人?"师曰:"我宗无语句,实无一法与人。"岩头闻之曰:"德山老人一条脊梁骨,硬似铁,拗不折。然虽如此,于唱教门中犹较些子。"保福拈问招庆:"只如岩头出世,有何言教过于德山,便恁么道?"庆云:"汝不见岩头道:如人学射,久久方中。"福云:"中时如何?"庆云:"展阇黎,莫不识痛痒。"福云:"和尚今日非唯举话。"庆云:"展阇黎是什么心行?"明昭云:"大小招庆,错下名言。"师寻常遇僧到参,多以拄杖打。临济闻之,遣侍者来参,教令:德山若打汝,但接取拄杖,当胸一拄。侍者到,方礼拜,师乃打,侍者接得拄杖与一拄,师归方丈。侍者回,举似临济,济云:"从来疑遮个汉。"岩头云:"德山老人寻常只据目前一个杖子①,佛来亦打,祖来亦打,争奈较些子。"东禅齐云:"只如临济道'我从前疑遮汉'②,是肯底语,不肯语?为当别有道理,试断看。"

师上堂曰:"问即有过,不问又乖。"有僧出礼拜,师便打。僧曰:"某甲始礼拜,为什么便打?"师曰:"待汝开口,堪作什

---

① "个",径山本作"木"。
② "从前",径山本作"从来"。

么?"师令侍者唤义存即雪峰也,存上来。师曰:"我自唤义存,汝又来作什么?"存无对。师见僧来,乃闭门,其僧敲门。师曰:"阿谁?"曰:"师子儿。"师乃开门。僧礼拜,师便骑项曰:"遮畜生,什么处去来?"雪峰问:"古人斩猫儿意如何?"师乃打趁,却唤曰:"会么?"峰曰:"不会。"师曰:"我恁么老婆也不会。"僧问:"凡圣相去多少?"师便喝。师因疾,有僧问:"还有不病者无?"师曰:"有。"曰:"如何是不病者?"师曰:"阿邪,阿邪!"①师复告诸徒曰:"扪空追响,劳汝心神。梦觉觉非,竟有何事?"言讫,安坐而化,即唐咸通六年乙酉十二月三日也。寿八十六,腊六十五。敕谥见性大师。

洪州泐潭宝峰和尚,有僧新到,师谓曰:"其中事即易道,不落其中事,始终难道。"僧曰:"某甲在途时,便知有此一问。"师曰:"更与二十年行脚,也不较多。"曰:"莫不契和尚意么?"师曰:"苦瓜那堪待客?"师问僧:"古人有一路接后进初心,汝还知否?"曰:"请师指出古人一路。"师曰:"恁么即阇梨知了也?"曰:"头上更安头。"师曰:"宝峰不合问仁者?"曰:"问又何妨?"师曰:"遮里不曾有人乱说道理。出去!"

前吉州性空禅师法嗣

歙州茂源和尚,平田来参,师欲起身,平田乃把住曰:"开口即失,闭口即丧,去却恁么时请师道。"师以手掩耳而已。平

---

① "邪",南藏本、径山本作"爷"。

田放手曰："一步易，两步难。"师曰："有什么死急？"平田曰："若非此个师，不免诸方点检。"

枣山光仁禅师①，上堂次，大众集，师从方丈出，未至禅床，谓众曰："不负平生行脚眼目，致个问讯将来，还有么？"方乃升堂坐。时有僧出礼拜，师曰："不负我且从，大众何也？"便归方丈。翌日，有别僧请辨前语意旨如何，师曰："斋时有饭与汝吃，夜后有床与汝眠，一向煎迫我作什么？"僧礼拜，师曰："苦，苦。"僧曰："请师直指。"师乃垂足曰："舒缩一任老僧。"

前京兆翠微无学禅师法嗣

鄂州清平山令遵禅师，东平人也，姓王氏。少依本州北菩提寺，唐咸通六年落发。后诣滑州开元寺受具，攻律学。一旦谓同流曰："夫沙门应决彻死生，玄通佛理。若乃孜孜卷轴，役役拘文，悉数海沙，徒劳片心。"遂罢所业，远参禅会。至江陵白马寺，堂中遇一老宿，名曰慧勤。师亲近询请，勤曰："吾久侍丹霞，今既垂老，倦于提诱。汝可往谒翠微，彼即吾同参也。"师礼辞而去。造于翠微之堂，问："如何是西来的的意？"翠微曰："待无人即向汝说。"师良久曰："无人也，请师说。"翠微下禅床，引师入竹园。师又曰："无人也，请和尚说。"翠微指竹曰："遮竿得恁么长，那竿得恁么短？"师虽领其微言，犹未彻其玄旨。文德元年抵上蔡，会州将重法，创大通禅苑，请阐宗要。师

---

① "枣"，东寺本、碛砂本、南藏本、径山本作"疏"。

自举初见翠微语句，谓众曰："先师入泥入水为我，自是我不识好恶。"师自此化导将十稔，至光化中，领徒百余游鄂州。从节度使杜洪请，居清平山安乐院。

上堂曰："诸上坐，夫出家人须会佛意始得。若会佛意，不在僧俗、男女、贵贱，但随家丰俭，安乐便得。诸上坐尽是久处丛林，遍参尊宿，且作么生会佛意？试出来大家商量。莫空气高，至后一事无成，一生空度。若未会佛意，直饶头上出水，足下出火，烧身炼臂，聪慧多辩，聚徒一千二千，说法如云如雨，讲得天华乱坠，只成个邪说，争竞是非，去佛法大远在。诸人幸值色身安健，不值诸难，何妨近前著些功夫，体取佛意好。"

时有僧问："如何是大乘？"师曰："麻索。"曰："如何是小乘？"师曰："钱贯。"问："如何是清平家风？"师曰："一斗面作三个蒸饼。"问："如何是禅？"师曰："胡孙上树尾连颠。"问："如何是有漏？"师曰："笊篱。"曰："如何是无漏？"师曰："木杓。"问："觌面相呈时如何？"师曰："分付与典坐。"自余逗机方便，靡徇时情，逆顺卷舒，语超格量。天祐十六年正月二十五日午时归寂，寿七十有五。周显德六年，敕谥法喜禅师，塔曰善应。

舒州投子山大同禅师，本州怀宁人也，姓刘氏。幼岁依洛下保唐满禅师出家，初习安般观，次阅华严教，发明性海。复谒翠微山法席，顿悟宗旨。语见"翠微章"。由是放任周游，归旋故土，隐投子山，结茅而居。一日赵州谂和尚至桐城县，师亦出山，途中相遇未相识。赵州潜问俗士，知是投子，乃逆而问曰："莫是投子山主么?"师曰:"茶盐钱乞一个。"赵州即先到庵中坐,师后携一瓶油归庵。赵州曰:"久向投子,到来只见个卖油翁。"师曰:"汝只见卖油翁,且不识投子。"曰:"如何是投子?"师曰:"油,油。"赵州问:"死中得活时如何?"师曰:"不许夜行,投明须到。"赵州曰:"我早侯白,伊更侯黑。"同、谂二师互相问酬,广如本集。其辞句简捷①,意趣玄险,诸方谓赵州、投子得逸群之用。自尔师道闻于天下②,云水之侣竞奔凑焉。

师谓众曰:"汝诸人来遮里,拟觅新鲜语句,攒华四六,口里贵有可道。我老人气力稍劣,唇舌迟钝。汝若问我,我便随汝答对,也无玄妙可及于汝,亦不教汝垛根,终不说向上向下、有佛有法、有凡有圣,亦不存坐系缚汝诸人。变现千般,总是汝生解自担带将来,自作自受。遮里无可与汝,不敢诳吓汝。无表无里,可得说似。汝诸人还知么?"时有僧问:"表里不收时如何?"师曰:"汝拟向遮里垛根。"僧问:"大藏教中,还有奇特事也无?"师曰:"演出大藏教。"问:"如何是眼未开时事?"师曰:"目净修广如青莲。"问:"一切诸佛及诸佛法,皆从此经出,如何是此经?"师曰:"以是名字,汝当奉持。"

问:"枯木中还有龙吟也无?"师曰:"我道髑髅里有师子吼。"问:"一法普润一切群生,如何是一法?"师曰:"雨下也。"问:"一尘含法界时如何?"师曰:"早是数尘也。"问:"金锁未开时如何?"师曰:"开也。"问:"学人欲修行时如何?"

---

① "捷",大正本作"健"。
② "于",大正本无。

师曰:"虚空不曾烂坏。"雪峰侍立,师指庵前一块石曰①:"三世诸佛,总在里许。"雪峰曰:"须知有不在里许者。"师乃归庵中坐。一日雪峰随师访龙眠庵主,雪峰问:"龙眠路向什么处去?"师以拄杖指前面。雪峰曰:"东边去,西边去?"师曰:"漆桶。"雪峰异日又问:"一槌便成时如何?"师曰:"不是性敏汉。"② 雪峰曰:"不假一槌时如何?"师曰:"漆桶。"师一日庵中坐,雪峰问:"和尚此间还有人参否?"师于床下拈钁头,抛向面前。雪峰曰:"恁么即当处掘去也。"师曰:"漆桶不快。"雪峰辞去,师出门送,蓦召曰:"道者。"雪峰回首应诺,师曰:"途中善为。"

僧问:"故岁已去,新岁到来,还有不涉此二途者无?"③ 师曰:"有。"僧曰:"如何是不涉者?"④ 师曰:"元正启祚,万物惟新。"问:"依俙似半月,罔象若三星⑤。乾坤收不得,师向何处明?"师曰:"道什么?"僧曰:"想师只有湛水之波,且无滔天之浪。"师曰:"闲言语。"问:"类中来时如何?"师曰:"人类中来,马类中来?"问:"佛佛授手,祖祖相传,传个什么法?"⑥师曰:"老僧不解谩语。"问:"如何是出门不见佛?"师曰:"无所睹。"曰:"如何是入室别爷娘?"师曰:"无所生。"问:"如何是火焰里藏身?"师曰:"有什么掩处?"曰:"如何是炭堆里藏

---

① "庵",碛砂本作"庭"。
② "敏",大正本作"愍",并注音"苏到切"。东寺本、碛砂本作"懆"。
③ "此二途者无",东寺本、碛砂本作"二途者也无"。
④ "不涉者",东寺本、碛砂本作"不涉二途者"。
⑤ "罔象",大正本作"仿象"。
⑥ "传"上,东寺本、碛砂本有"未审"。

身？"师曰："我道汝黑似漆。"问："的的不明时如何？"师曰："明也。"问："如何是末后一句？"师曰："最初明不得。"

问："从苗辨地，因语识人，未审将何辨识？"师曰："引不著。"问："院里三百人，还有不在数者无？"师曰："一百年前、五十年后看取。"师问僧："久向疏山姜头，莫便是否？"无对。法眼代云："向重和尚日久。"僧问："抱璞投师，请师雕琢。"师曰："不为栋梁材。"曰："恁么即下和无出身处也。"师曰："担带即伶俜辛苦。"曰："不担带时如何？"师曰："不教汝抱璞投师，更请雕琢。"问："那吒太子析骨还父，析肉还母，如何是那吒本来身？"师放下手中杖子。问："佛、法二字，如何辨得清浊？"师曰："佛法清浊。"曰："学人不会。"师曰："汝适来问什么？"问："一等是水，为什么海咸河淡？"师曰："天上星，地下木。"法眼别云："大似相违。"问："如何是祖师意？"师曰："弥勒觅个受记处不得。"问："和尚住此来，有何境界？"师曰："丱角女子白头丝。"

问："如何是无情说法？"师曰："恶。"问："如何是毗卢？"师曰："已有名字。"曰："如何是毗卢师？"师曰："未有毗卢时会取。"问："历落一句请师道。"师曰："好。"问："四山相逼时如何？"师曰："五蕴皆空。"问："一念未生时如何？"师曰："真个谩语。"问："凡圣相去几何？"师下禅床立。问："学人一问即和尚答，忽若千问万问时如何？"师曰："如鸡抱卵。"问："天上天下，唯我独尊。如何是我？"师曰："推倒遮老胡，有什么过？"问："如何是和尚师？"师曰："迎之不见其首，随之不见其形。"问："塑像未成，未审身在什么处？"师曰："莫乱造作。"僧曰:"争奈现不现何?"师曰:"隐在什么处?"问:"无目底人如何进步?"师曰:"遍十方。"僧曰:"无目为什么遍十方?"师曰:"著得目也无?"问:"如何是西来意?"师曰:"不讳。"问:"月未圆时如何?"师曰:"吞却两三个。"僧曰:"圆后如何?"师曰:"吐却七八个。"问:"日月未明,佛与众生在什么处?"师曰:"见老僧嗔便道嗔,见老僧喜便道喜。"

师问僧:"什么处来?"曰:"东西山礼祖师来。"师曰:"祖师不在东西山。"僧无语。法眼代云:"和尚识祖师。"问:"如何是玄中的?"师曰:"不到汝口里道。"问:"牛头未见四祖时如何?"师曰:"与人为师。"又问:"见后如何?"师曰:"不与人为师。"问:"诸佛出世,惟以一大事因缘。如何是一大事因缘?"师曰:"尹司空为老僧开堂。"① 问:"如何是佛?"师曰:"幻不可求。"问:"千里寻师,乞师一接。"师曰:"今日老僧腰痛。"菜头入方丈请益,师曰:"且去,待无人时来为阇梨说。"菜头明日伺得无人,又来请和尚说。师曰:"近前来。"菜头近前,师曰:"辄不得举似于人。"问:"并却咽喉唇吻请师道。"师曰:"汝只要我道不得。"问:"达磨未来时如何?"师曰:"遍天遍地。"曰:"来后如何?"师曰:"盖覆不得。"

问:"和尚未见先师时如何?"师曰:"通身不奈何。"曰:"见先师后如何?"师曰:"通身扑不碎。"曰:"还从师得也无?"师曰:"终不相孤负。"曰:"恁么即从师得也。"师曰:"自著眼趁取。"曰:"恁么即孤负先师也。"师曰:"非但孤负先师,亦乃

---

① "为",东寺本、碛砂本、径山本作"请"。

孤负老僧。"问："七佛是文殊弟子，文殊还有师也无？"师曰："适来恁么道，也大似屈己推人。"问："金鸡未鸣时如何？"师曰："无遮个音响。"曰："鸣后如何？"师曰："各自知时。"问："师子是兽中之王，为什么被六尘吞？"师曰："不作大，无人我。"

师居投子山三十余载，往来激发请益者常盈于室。师纵之以无畏辩，随问遽答，啐啄同时，微言颇多。今略录少分而已。唐中和年，巢寇暴起，天下丧乱。有狂徒持刃上山，问师："住此何为？"① 师乃随宜说法，魁渠闻而拜伏，脱身服施之而去。师乾化四年甲戌四月六日示有微疾，大众请医，师谓众曰："四大动作，聚散常程，汝等勿虑，吾自保矣。"言讫，跏趺坐亡，寿九十有六。诏谥慈济大师，塔曰真寂。

湖州道场山如讷禅师，僧问："如何是教意？"师曰："汝自看。"僧礼拜。师曰："明月铺霄汉，山川势自分。"问："如何得闻性不随缘去？"师曰："汝听看。"僧礼拜。师曰："聋人也唱胡笳调，好恶高低自不闻。"僧曰："恁么即闻性宛然也。"师曰："石从空里立，火向水中焚。"问："虚空还有边际否？"师曰："汝也太多知。"僧礼拜。师曰："三尺杖头挑日月，一尘飞起任遮天。"问："如何是道人？"师曰："行运无踪迹，起坐绝人知。"僧曰："如何即是？"师曰："三炉力尽无烟焰，万顷平田水不流。"问："一念不生时如何？"师曰："堪作什么？"僧无语。

---

① "问师住此"，大正本作"问曰此"。

师又曰："透出龙门云雨合，山川大地入无踪。"师目有重瞳，垂手过膝。自翠微受诀，乃止于道场山，薙草卓庵，学徒四至，遂成禅苑，广阐法化。所遗坏衲三事，及开山挂杖、木屐，今在影堂中①。

建州白云约禅师，曾住江州东禅院。僧问："不坐遍空堂②，不居无学位。此人合向什么处安置？"师曰："青天无电影。"天台韶和尚参，师问："什么处来？"韶曰："江北来。"师曰："船来，陆来？"曰："船来。"师曰："还逢见鱼鳖么？"曰："往往遇之。"师曰："遇时作么生？"韶曰："咄！缩头去。"师大笑。

潭州前道吾山圆智禅师法嗣

潭州石霜山庆诸禅师，庐陵新淦人也，姓陈氏。年十三，依洪井西山绍銮禅师落发。二十三，嵩岳受具，就洛下学毗尼之教。虽知听制，终为渐宗。回抵大沩山法会为米头。一日，师在米寮内筛米，沩山云："施主物莫抛撒。"师曰："不抛撒。"沩山于地上拾得一粒云："汝道不抛撒，遮个什么处得来？"师无对。沩山又云："莫欺遮一粒子，百千粒从遮一粒生。"师曰："百千粒从遮一粒生，未审遮一粒从什么处生？"沩山呵呵笑，归方丈。晚后上堂云："大众，米里有虫。"

师后参道吾，问："如何是触目菩提？"道吾唤沙弥，沙弥应

---

① 此下，大正本注："按《塔铭》云，师姓许氏，吴兴人。七岁去氏于乌墩光福寺，八年如京师受具戒，抵豫章，得心印于翠微。后结庐于道场山，猛挚之兽，驯戢如奉教。"
② 遍，径山本、大正本作"偏"。

诺。吾曰："添净瓶水著。"吾却问师："汝适来问什么？"师乃举前问，道吾便起去，师从此省觉①。道吾曰："我疾作，将欲去世，心中有物，久而为患。谁可除之？"师曰："心物俱非，除之益患。"道吾曰："贤哉，贤哉！"于时始为二夏之僧。因避世混俗于长沙浏阳陶家坊，朝游夕处，人莫能识。后因洞山价和尚遣僧访寻，囊锥始露。乃举之住石霜山。他日道吾将舍众顺世，以师为嫡嗣，躬至石霜而就之。师曰勤执侍，全于师礼。暨道吾归寂，学侣云集，盈五百众。广语出别卷。

一日谓众曰："一代时教，整理时人脚手，凡有其由，皆落在今时，直至法身非身，此是教家极则，我辈沙门全无肯路。若分即差，不分即坐著泥水，但由心意，妄说见闻。"僧问："如何是西来意？"师曰："空中一片石。"僧礼拜，师曰："会么？"曰："不会。"师曰："赖汝不会，若会即打破你头。"问："如何是和尚本分事？"师曰："石头还汗出么？"问："到遮里为什么却道不得？"师曰："脚底著口。"问："真身还出世也无？"师曰："不出世。"曰："争奈真身何？"师曰："琉璃瓶子口。"师居方丈，有僧在明窗外问："咫尺之间，为什么不睹师颜？"师曰："我道遍界不曾藏。"僧举问雪峰："遍界不曾藏，意旨如何？"雪峰曰："什么处不是石霜？"僧回，举雪峰之语呈师，师曰："老大汉，有什么死急？"东禅齐云："只如雪峰是会石霜意，不会石霜意？若会也，他为什么道'死急'？若不会，作么生②？雪峰岂可不会？然法且无异，奈以师承不同，解之差别。他云'遍界不曾藏'也须曾学来始得会，乱说即不可。"

---

① "省"，大正本作"惺"。
② "作"，原作"什"，据东寺本、碛砂本、大正本改。

云盖问："万户俱闭即不问，万户俱开时如何？"师曰："堂中事作么生？"曰："无人接得渠。"师曰："道也大杀道，也只道得八九成。"曰："未审和尚作么生道？"师曰："无人接得渠。"① 东禅齐云："只如石霜意作么生？若道一般，前来为什么不许伊？若道别有道理，又只重说一遍？且道古人意作么生？"问："佛性如虚空如何？"师曰："卧时即有，坐时即无。"问："忘收一足时如何？"师曰："不共汝同盘。"问："风生浪起时如何？"师曰："湖南城里大杀闹，有人不肯过江西。"因僧举："洞山参次，示众曰：'兄弟，秋初夏末，或东去西去，直须向万里无寸草处去始得。'又曰：'只如万里无寸草处，且作么生去？'"师闻之，乃曰："出门便是草。"僧举似洞山，洞山曰："大唐国内，能有几人？"东禅齐拈云："且道石霜会洞山意否？若道会去，只如诸上座每日折旋俯仰，迎来送去，为当是落路下草②，为复一一合辙③？若言不会洞山意，又争解恁么下语？还有会处么？上坐拟什么处去？于此若明得，可谓还乡曲也。不见也曾著个语云④：'恁么即不去也。'"

师止石霜山二十年间，学众有长坐不卧，屹若株杌，天下谓之"枯木众"也。唐僖宗闻师道誉，遣使赍赐紫衣，师牢让不受。光启四年戊申二月二十日己亥示疾告寂，寿八十有二，腊五十九。三月十五日葬于院之西北隅。敕谥普会大师，塔曰见相。

潭州渐源仲兴禅师，在道吾处为典坐。一日随道吾往檀越家

---

① "接"，大正本作"识"。
② "是"，大正本无。
③ "复"，大正本作"当"。
④ "曾"，大正本无。

吊丧，师以手拊棺曰："生邪，死邪？"道吾曰："生也不道，死也不道。"师曰："为什么不道？"道吾曰："不道，不道。"吊毕，同回途次，师曰："和尚今日须与仲兴道，傥更不道，即打去也。"道吾曰："打即任打，生也不道，死也不道。"师遂打道吾数拳。道吾归院，令师："且去，少间主事知了，打汝。"师乃礼辞。往石霜，举前语及打道吾之事，"今请和尚道"。石霜曰："汝不见道吾：'生也不道，死也不道。'"师于此大悟，乃设斋忏悔。师一日将锹子于法堂上①，石霜曰："作么？"师曰："觅先师灵骨来。"② 石霜曰："洪波浩渺，白浪滔天，觅什么灵骨？"师曰："正好著力。"石霜曰："遮里针劄不入，著什么力？"太原孚上坐代云："先师灵骨犹在。"③

禄清和尚， 僧问："不落道吾机，请师道。"师云："庭前红苋树，生叶不生华。"良久云："会么？"僧云："不会。"师云："正是道吾机，因什么不会？"僧礼拜，师便打云："须是老僧打你始得。"

潭州前云岩昙晟禅师法嗣

筠州洞山良价禅师， 会稽人也，姓俞氏。幼岁从师，因念《般若心经》，以无根尘义问其师。其师骇异曰："吾非汝师。"即指往五洩山礼默禅师披剃。年二十一，嵩山具戒。游方，首谒南

---

① "堂上"下，东寺本、碛砂本有"从东过西从西过东"。
② "来"，东寺本、碛砂本无。
③ "在"，大正本作"存"。

泉。值马祖讳辰修斋次,南泉垂问众僧曰:"来日设马师斋,未审马师还来否?"众皆无对。师乃出,对曰:"待有伴即来。"南泉闻已,赞曰:"此子虽后生,甚堪雕琢。"师曰:"和尚莫压良为贱。"

次参沩山,问曰:"顷闻忠国师有'无情说法',良价未究其微。"沩山曰:"我遮里亦有,只是难得其人。"曰:"便请师道。"沩山曰:"父母所生口,终不敢道。"曰:"还有与师同时慕道者否?"沩山曰:"此去石室相连,有云岩道人,若能拨草瞻风,必为子之所重。"

既到云岩,问:"无情说法,什么人得闻?"云岩曰:"无情说法,无情得闻。"师曰:"和尚闻否?"云岩曰:"我若闻,汝即不得闻吾说法也。"曰:"若恁么即良价不闻和尚说法也。"云岩曰:"我说汝尚不闻①,何况无情说法也?"师乃述偈呈云岩曰:"也大奇,也大奇,无情解说不思议②。若将耳听声不现③,眼处闻声方得知④。"遂辞云岩,云岩曰:"什么处去?"师:"虽离和尚,未卜所止。"曰:"莫湖南去?"师曰:"无。"曰:"莫归乡去?"师曰:"无。"曰:"早晚却来?"师曰:"待和尚有住处即来。"曰:"自此一去,难得相见。"师曰:"难得不相见。"又问云岩:"和尚百年后,忽有人问:'还邈得师真?'⑤ 如何祗对?"云岩曰:"但向伊道:'即遮个是。'⑥"师良久,云岩曰:

---

① "我说",大正本作"我说法"。
② "解说",径山本作"说法"。
③ "声不现",径山本作"终难会"。
④ "得",径山本、大正本作"可"。
⑤ "真"下,径山本、大正本有"不"。
⑥ "即",径山本作"只"。

"承当遮个事,大须审细。"师犹涉疑。后因过水睹影,大悟前旨,因有一偈曰:"切忌从他觅,迢迢与我疏。我今独自往,处处得逢渠。渠今正是我,我今不是渠。应须恁么会,方得契如如。"

他日因供养云岩真,有僧问曰:"先师道'只遮是',莫便是否?"师曰:"是。"僧曰:"意旨如何?"师曰:"当时几错会先师语。"曰:"未审先师还知有也无?"师曰:"若不知有,争解恁么道?若知有,争肯恁么道?"长庆稜云:"既知有,为什么恁么道?"又云:"养子方知父慈。"师在泐潭见初上坐示众云:"也大奇,也大奇,佛界道界不思议。"师曰:"佛界道界即不问,且如说佛界道界是什么人?只请一言。"初良久无对。师曰:"何不急道?"初曰:"争即不得。"师曰:"道也未曾道,说什么争即不得?"初无对。师曰:"佛之与道只是名字,何不引教?"初曰:"教道什么?"师曰:"得意忘言。"初曰:"犹将教意向心头作病在?"师曰:"说佛界道界病大小?"初因此迁化。

师至唐大中末,于新丰山接诱学徒,厥后盛化豫章高安之洞山。今筠州也。因为云岩讳日营斋,有僧问:"和尚于先师处得何指示?"师曰:"虽在彼中,不蒙他指示。"僧曰:"既不蒙指示,又用设斋作什么?"师曰:"然虽如此①,焉敢违背于他?"僧问:"和尚初见南泉发迹,为什么与云岩设斋?"师曰:"我不重先师道德,亦不为佛法,只重不为我说破。"又因设忌斋,僧问:"和尚为先师设斋,还肯先师也无?"师曰:"半肯半不肯。"曰:"为

---

① "然虽",碛砂本作"虽然"。

什么不全肯?"师曰:"若全肯,即孤负先师也。"僧问:"欲见和尚本来师,如何得见?"曰:"年涯相似即无阻矣。"僧再举所疑,师曰:"不蹑前踪,更请一问。"僧无对。云居代云:"恁么即某甲不见和尚本来师也。"后皎上坐拈问长庆:"如何是年涯相似者?"长庆云:"古人恁么道,皎阇梨又向这里觅个什么?"师又曰:"还有不报四恩三有者无?若不体此意,何超始终之患?直须心心不触物,步步无处所,常不间断,稍得相应。"

师问僧:"什么处来?"曰:"游山来。"师曰:"还到顶否?"曰:"到。"师曰:"顶上还有人否?"曰:"无人。"师曰:"恁么即阇梨不到顶也。"曰:"若不到顶,争知无人?"师曰:"阇梨何不且住?"曰:"某甲不辞住①,西天有人不肯。"师问太长老曰:"有一物上拄天,下拄地,常在动用中,黑如漆②,过在什么处?"太曰:"过在动用。"同安显别云:"不知。"师乃咄云:"出去。"问:"如何是西来意?"师曰:"大似骇鸡犀。"师问雪峰:"从什么处来?"雪峰曰:"天台来。"师曰:"见智者否?"曰:"义存吃铁棒有分。"僧问:"蛇吞虾蟆,救即是,不救即是?"师曰:"救即双目不睹,不救即形影不彰。"因夜间不点灯,有僧出问话,退后。师令侍者点灯,乃召适来问话僧出来,其僧近前,师曰:"将取三两粉来,与遮个上坐。"其僧拂袖而退,自此省发玄旨③,遂罄舍衣资设斋。得三年后,辞师,师曰:"善为。"时雪峰侍立次,问曰:"只如遮僧辞去,几时却来?"师曰:"他只知一去,

---

① "住",丛刊本作"往"。
② "常在动用中""黑如漆",大正本倒乙。
③ "省",大正本作"惺"。

不解再来。"其僧归堂，就衣钵下坐化。雪峰上报师，师曰："虽然如此，犹较老僧三生在。"

雪峰上问讯，师曰："入门来须得语，不得道'早个入了也'。"雪峰曰："义存无口。"师曰："无口且从，还我眼来。"雪峰无语。云居膺别前语云："待某甲有口即道。"长庆稜别云："怎么即某甲谨退。"师问僧："什么处来？"曰："三祖塔头来。"师曰："既从祖师处来，又要见老僧作什么？"曰："祖师即别，学人与和尚不别。"师曰："老僧欲见阇梨本来师，还得否？"曰："亦须待和尚自出头来始得。"师曰："老僧适来，暂时不在。"云居问："如何是祖师西来意？"师曰："阇梨向后有把茅盖头，或有人问阇梨，且作么生向伊道？"官人问："有人修行否？"师曰："待公作男子即修行。"

僧问："承古有言'相逢不擎出，举意便知有'时如何？"师乃合掌顶戴。师问德山侍者："从何方来？"曰："德山来。"师曰："来作什么？"曰："孝顺和尚来。"师曰："世间什么物最孝顺？"侍者无对。师有时云："体得佛向上事，方有些子语话分。"僧便问："如何是语话？"师曰："语话时阇梨不闻。"曰："和尚还闻否？"师曰："待我不语话时即闻。"僧问："如何是正问正答？"师曰："不从口里道。"曰："若有人问，师还答否？"师曰："也未曾问。"① 问："如何是从门入者非宝？"师曰："便休，便休。"师问讲《维摩经》僧曰："不可以智知，不可以识识，唤作什么语？"对曰："赞法身语。"师曰："法身是赞，何用

---

① "曾"，碛砂本、大正本无。

更赞？"

师有时垂语曰："直道本来无一物，犹未消得他钵袋子。"僧便问："什么人合得？"师曰："不入门者。"僧曰："只如不入门者还得也无？"师曰："虽然如此，不得不与他。"师又曰："直道本来无一物，犹未消得他衣钵。遮里合下得一转语，且道下得什么语？"有一上坐，下语九十六转，不惬师意。末后一转，始可师意，师曰："阇梨何不早恁么道？"有一僧闻，请举，如是三年执侍巾瓶，终不为举。上坐因有疾，其僧曰："某甲三年请举前话，不蒙慈悲。善取不得，恶取。"遂持刀向之曰："若不为某甲举，即便杀上坐也。"上坐悚然曰："阇梨且待我为汝举。"乃曰："直饶将来，亦无处著。"其僧礼谢。

僧问："师寻常教学人行鸟道，未审如何是鸟道？"师曰："不逢一人。"曰："如何行？"师曰："直须足下无丝去。"曰："只如行鸟道，莫便是本来面目否？"师曰："阇梨因什么颠倒？"曰："什么处是学人颠倒？"师曰："若不颠倒，因什么认奴作郎？"曰："如何是本来面目？"师曰："不行鸟道。"师谓众曰："知有佛向上人，方有语话分。"时有僧问："如何是佛向上人？"师曰："非常。"保福别云："佛非。"法眼别云："方便呼为佛。"师问僧："去什么处来？"僧曰："制鞋来。"师曰："自解，依他？"僧曰："依他。"师曰："他还指教阇梨也无？"僧曰："允即不违。"僧来，举："问茱萸：'如何是沙门行？'茱萸曰：'行即不无，人觉即乖。'"师令彼僧去进语曰："未审是什么行？"茱萸曰："佛行，佛行。"僧回举似师，师曰："幽州犹似可，最苦是新罗。"东禅齐拈云："此语还有疑讹也无？若有，且道什么处不得？若无，他又道'最苦是新罗？'还点检得出么①？他道'行即不无，人觉即乖'，师令再问：'是什么行？'又道'佛行'，那僧是会了问，不会而问。请断看。"僧却问师："如何是沙门行？"师曰："头长三尺，颈长二寸。"有僧举问归宗权和尚："只如洞山意作么生？"权云："封皮厚二寸。"

师见幽上坐来，遽起向禅床后立。幽曰："和尚为什么回避学人？"师曰："将谓阇梨觅老僧。"问："如何是玄中又玄？"师曰："如死人舌。"师洗钵次，见两乌争虾蟆，有僧便问曰："遮个因什么到恁么地？"师曰："只为阇梨。"僧问："如何是毗卢师、法身主？"师曰："禾茎粟干。"问："三身之中，阿那身未堕众数？"②师曰："吾常于此切。"僧问曹山："先师道'吾常于此切'意作么生？"曹山云："要头即斫将去。"又问雪峰，雪峰以拄杖拟之云："我亦曾到洞山来。"师因看稻田次，朗上坐牵牛曰③："遮个牛须好看，恐吃稻去。"师曰④："若是好牛，应不吃稻。"师问僧："世间何物最苦？"僧曰："地狱最苦。"师曰："不然。"曰："师意如何？"师曰："在此衣线下不明大事，是名最苦。"师问僧："名什么？"僧曰："某甲。"师曰："阿那个是阇梨主人公？"僧曰："见祇对次。"师曰："苦哉，苦哉。今时人例皆如此，只是认得驴前马后将为自己，佛法平沈，此之是也。客中辨主尚未分，如何辨得主中主？"僧便问："如何是主中主？"师曰："阇梨自道取。"僧曰："某甲道得即是客中主，如何是主中主？"师曰："恁么道即易，相续也大难。"云居别云："某甲道得，不是客中主。"

---

① "点检"，碛砂本作"检点"。
② "未"，碛砂本、大正本作"不"。
③ "曰"，碛砂本、大正本作"师曰"。
④ "师"，碛砂本、大正本作"朗"。

师示疾，令沙弥去云居传语，又曰："他忽问汝：'和尚有何言句？'但道：'云岩路欲绝也。'汝下此语须远立，恐他打汝去。"沙弥领旨去，语未终，早被云居打一棒，沙弥无语。同安显代云："怎么即云岩一枝不坠也。"后云居锡云："上坐，且道云岩路绝不绝？"崇寿稠云："古人打此一棒意作么生？"师将圆寂，谓众曰："吾有闲名在世，谁为吾除得？"① 众皆无对。时沙弥出曰："请和尚法号。"师曰："吾闲名已谢。"② 石霜云："无人得他肯。"云居云："若有闲名，非吾先师。"曹山云："从古至今，无人辨得。"疏山云："龙有出水之机，无人辨得。"问："和尚违和③，还有不病者也无？"师曰："有。"僧曰："不病者还看和尚否？"师曰："老僧看他有分。"曰："和尚争得看他？"师曰："老僧看时即不见有病。"师又曰："离此壳漏子，向什么处与吾相见？"众无对。

唐咸通十年三月，命剃发披衣，令击钟，俨然坐化。时大众号恸移晷，师忽开目而起曰："夫出家之人，心不附物，是真修行。劳生息死，于悲何有？"乃召主事僧，令办愚痴斋一中，盖责其恋情也。众犹恋慕不已，延至七日，食具方备。师亦随斋毕，曰："僧家勿事，大率临行之际喧动如斯。"至八日，浴讫，端坐长往。寿六十有三，腊四十二。敕谥悟本大师，塔曰慧觉。师昔在㴨潭寻绎大藏④，纂出《大乘经要》一卷，并激励道俗、偈、颂诫等流布诸方。

---

① "得"，碛砂本、径山本无。
② "闲"，碛砂本、径山本无。
③ "和尚违和"，大正本作"和尚遗和"，径山本作"和尚病"。
④ "绎"，原作"译"，据《筠州洞山悟本禅师语录》改。

涿州杏山鉴洪禅师，临济问："如何是露地白牛？"师曰："吽。"济曰："哑却杏山口。"师曰："老兄作么生？"济曰："遮畜生。"师乃休。与石室问答，如彼章出之。师有《五咏》《十秀》，皆畅玄风。灭后荼毗，收五色舍利。

潭州神山僧密禅师，师在南泉打罗次，南泉问："作什么？"师曰："打罗。"曰："汝以手打脚打？"师曰："却请和尚道。"南泉曰："分明记取，向后遇明眼作家，但恁么举似。"云岩代云："无手脚者，始解打。"师与洞山渡水，洞山曰："莫错下脚。"师曰："错即过不得也。"洞山曰："不错底事作么生？"师曰："共长老过水。"一日与洞山锄茶园，洞山掷下钁头曰："我今日困，一点气力也无。"师曰："若无气力，争解恁么道得？"洞山曰："汝将谓有气力底是也？"

裴大夫问僧："供养佛，还吃否？"僧曰："如大夫祭家神。"大夫举似云岩，云岩代曰："有几般饭食，但一时下来。"云岩却问师："一时下来后作么生？"师曰："合取钵盂。"岩肯之。僧问："如何是无所闻者，乃曰听经？"师曰："要会么？"僧曰："要会。"师曰："未解听经在。"问："一地不见，二地如何？"师曰："汝莫错否？汝是何地？"有行者问："生死事乞师一言。"师曰："汝何时生死去来？"曰："某甲不会，请师说。"师曰："不会，须死一场去。"

幽溪和尚，僧问："大用现前，不存轨则时如何？"师起绕禅床一匝而坐。僧欲进语，师与一踏，僧归位而立。师曰："汝恁么，我不怎么；汝不怎么，我却怎么。"僧再拟进语，师又与一踏，曰："三十年后，吾道大行。"

前华亭船子德诚禅师法嗣

澧州夹山善会禅师，广州岘亭人也，姓廖氏。九岁于潭州龙牙山出家，依年受戒。往江陵听习经论，该练三学。遂参禅会，励力参承。初住澧州①，一夕道吾策杖而至。遇师上堂，僧问："如何是法身？"师曰："法身无相。"曰："如何是法眼？"师曰："法眼无瑕。"师又曰："目前无法，意在目前，不是目前法，非耳目所到。"道吾乃笑。师乃生疑，问吾何笑，吾曰："和尚一等出世，未有师，可往浙中华亭县参船子和尚去。"师曰："访得获否？"道吾曰："彼师上无片瓦遮头，下无卓锥之地。"师遂易服，直诣华亭。会船子鼓棹而至，师资道契，微眹不留。语见船子章。

师比遁世忘机，寻以学者交凑，庐室星布，晓夕参依。唐咸通十一年庚寅，海众卜于夹山，遽成院宇。师上堂示众曰："夫有祖以来，时人错会。相承至今，以佛祖句为人师范，如此却成狂人②、无智人去。他只指示汝：'无法本是道，道无一法。无佛可成，无道可得，无法可舍。'故云'目前无法，意在目前'。他不是目前法，若向佛祖边学，此人未有眼目，皆属所依之法，不得自在。本只为生死茫茫，识性无自由分，千里万里求善知识，须有正眼，永脱虚谬之见，定取目前生死，为复实有？为复实无？若有人定得，许汝出头。上根之人言下明道，中下根器波波

---

① "澧州"，大正本作"京口"。
② "狂"，丛刊本作"诳"。

浪走,何不向生死中定当取?何处更疑佛疑祖,替汝生死?有智人笑汝。"偈曰:"劳持生死法,唯向佛边求。目前迷正理,拨火觅浮沤。"

僧问:"从上立祖意、教意,和尚此间为什么言无?"师曰:"三年不食饭,目前无饥人。"曰:"既无饥人,某甲为什么不悟?"师曰:"只为悟迷却阇梨。"师说颂曰:"明明无悟法,悟法却迷人。长舒两脚睡,无伪亦无真。"僧问:"如何是道?"师曰:"太阳溢目,万里不挂片云。"曰:"如何得会?"师曰:"清净之水,游鱼自迷。"问:"如何是本?"师曰:"饮水不迷源。"问:"古人布发掩泥,当为何事?"师曰:"九乌射尽,一翳犹存。一箭堕地,天下不黑。"问:"祖意与教意同别?"师曰:"风吹荷叶满池青,十里行人较一程。"

师有小师随侍日久,师住后,遣令行脚。游历禅肆,无所用心。闻师聚众,道播他室,回归省觐,而问曰:"和尚有如是奇特事,何不早向某甲说?"师曰:"汝蒸饭,吾著火,汝行益,吾展钵,什么处是孤负汝处?"小师从此悟入。师一日吃茶了,自烹一碗过与侍者,侍者拟接,师乃缩手曰:"是什么?"侍者无对。有一大德来,问师:"若是教意,某甲即不疑,只如禅门中事如何?"师曰:"老僧也只解变生为熟。"问:"如何是实际之理?"师曰:"石上无根树,山含不动云。"问:"如何是出窟师子?"师曰:"虚空无影象①,足下野云生。"西川首坐游方至白马,举华严教语问曰:"一尘含法界无边时如何?"白马曰:"如

---

① "象",径山本作"像"。

鸟二翼，如车二轮。"首坐曰："将谓禅门别有奇特事，元来不出教乘。"乃回本地。寻向夹山盛化，遣小师持前语而问师，师曰："雕沙无镂玉之谭，结草乖道人之思。"小师回，举似首坐，首坐乃赞："将谓禅门与教意不殊，元来有奇特之事。"问："如何是夹山境？"师曰："猿抱子归青嶂里，鸟衔华落碧岩前。"师再辟玄枢，逮于一纪。

唐中和元年辛丑十一月七日召主事曰："吾与众僧话道累岁①，佛法深旨，各应自知。吾今幻质，时尽即去，汝等善保护，如吾在日。勿得雷同世人，辄生惆怅。"言讫，至子夜②，奄然而逝。其月二十九日塔于本山，寿七十七，腊五十七，敕谥传明大师，塔曰永济。

行思禅师第五世
前舒州投子山大同禅师法嗣

投子感温禅师，第二世住。僧问："师登宝座，接示何人？"师曰："如月覆千溪。"僧曰："恁么即满地不亏也。"师曰："莫恁么道。"僧问："父不投，为什么却投子？"师曰："岂是别人屋里事？"僧曰："父与子，还属功也无？"师曰："不属。"曰："不属功底如何？"师曰："父子各自脱。"曰："为什么如此？"师曰："汝与我会。"师游山，见蝉蜕壳，侍者问曰："壳在遮里，蝉子向什么处去也？"师拈壳就耳畔摇三五下，作蝉响声，其僧于是开悟。

---

① "话"，径山本作"语"。
② "子"，大正本作"于"。

福州牛头微禅师，师上堂示众曰："三世诸佛，用一点伎俩不得，天下老师口似匾担，诸人作么生？大不容易，除非知有，莫能知之。"僧问："如何是和尚家风？"师曰："山畲粟米饭，野菜淡黄齑。"僧曰："忽遇上客来，又作么生？"师曰："吃即从君吃，不吃任东西。"问："不问骊龙颔下珠，如何识得家中宝？"师曰："忙中争得作闲人？"

西川青城香山澄照大师，僧问："诸佛有难，向火焰里藏身，未审衲僧有难，向什么处藏身？"师曰："水精瓮里著波斯。"问："如何是初生月？"师曰："太半人不见。"

陕府天福和尚，僧问："如何是佛法大意？"师曰："黄河无滴水，华岳总平沈。"①

濠州思明和尚，在投子众时，有僧问："如何是上坐沙弥、童行？"师曰："诺。"僧问："如何是清净法身？"师曰："屎里蛆儿，头出头没。"

凤翔府招福和尚，僧问："东牙、乌牙皆出队，和尚为什么不出队？"师曰："住持各不同，阇梨争得怪？"

---

① "沈"，原作"治"，据碛砂本、径山本改。

兴元府中梁山遵古禅师，问："空劫无人能问法，即今有问法何安？"师曰："大悲菩萨瓮里坐。"问："如何是祖师西来意？"师曰："道士担漏卮。"

襄州谷隐和尚，僧问："如何是不触白云机？"师曰："鹤带鸦颜，浮生不弃。"

安州九嶷山和尚，僧问："如何是佛？"师曰："即汝是。"问："远闻九嶷，及至到来只见一嶷。"师曰："阇梨只见一嶷，不见九嶷。"曰："如何是九嶷？"师曰："水急浪华粗。"

盘山和尚，幽州，第二世住。僧问："如何出得三界？"师曰："在里头来多少时邪？"曰："如何出得？"师曰："青山不碍白云飞。"问："承教有言'如化人烦恼，如石女儿'，此理如何？"师曰："阇梨直如石女儿去。"①

安州九嶷敬慧禅师，第二世住。僧问："解脱深坑，如何过得？"师曰："不求过。"僧曰："如何过得？"师曰："求过亦非。"

东京观音院岩俊禅师，邢台人也，姓廉氏。初参祖席，遍历衡庐岷蜀。尝经凤林深谷，欻睹珍宝发现，同侣相顾，意将取

---

① "如"，碛砂本、径山本作"须"。

之。师曰："古人锄园，触黄金若瓦砾。待吾营覆顶①，须此供四方僧。"言讫舍去。造谒投子，投子问曰："子昨宿何处？"师曰："在不动道场。"曰："既言不动，曷由至此？"师曰："至此岂是动邪？"曰："元来宿不著处。"然投子默认许之。寻抵东京，会有梁少保李资②，即河阳节度使罕之兄也。雅信内典，尤重于师。因舍宅建院，曰"观音明圣"，请师居之。周高祖、世宗二帝潜隐时，每登方丈，必施跪礼。及即位，特赐紫，号"净戒大师"。众常数百。乾德丙寅三月示疾，垂诫门人讫，怡颜合掌而灭。寿八十五，腊六十五。其年四月八日，塔于东郊丰台村。

前鄂州清平山令遵禅师法嗣③

蕲州三角山令珪禅师，初参清平，清平问曰："来作么？"师曰："来礼拜。"曰："礼拜阿谁？"师曰："特来礼拜和尚。"清平咄曰："遮钝根阿师。"师乃礼拜，清平于师颈上以手斫一下，师从此抠衣，密领宗旨。住后僧问："如何是佛？"师曰："明日来向汝道，如今道不得。"

---

① "营"，碛砂本、大正本作"营茅"。
② "资"，丛刊本、大正本作"鄯"。冯按：《册府元龟》卷九百二十七载："梁李鄯为太子太傅。"末帝诏曰："李鄯多因释教，诳惑群情，此后不得出入无常。"
③ "清"，原本脱，据碛砂本、大正本补。

景德传灯录卷第十六

吉州清原山行思禅师第五世七十二人①

朗州德山宣鉴禅师法嗣九人六人见录

  鄂州岩头全豁禅师

  福州雪峰义存禅师

  天台瑞龙院慧恭禅师

  泉州瓦棺和尚

  襄州高亭简禅师

  洪州感潭资国和尚

    德山鹅湖绍奭大师、凤翔府无垢和尚②、益州双流尉迟和尚　已上三人无机缘语句，不录

潭州石霜庆诸禅师法嗣四十一人二十一人见录

  河中南际山僧一禅师

  潭州大光山居诲禅师

  庐山怀祐禅师

  筠州九峰道虔禅师

---

① "世"下，丛刊本、大正本有"中"。
② "无"，东寺本、碛砂本无。

台州涌泉景欣禅师

潭州云盖山志元禅师

潭州谷山藏禅师

福州覆船山洪荐禅师

朗州德山存德慧空禅师

吉州崇恩和尚

石霜第三世辉禅师

鄂州芭蕉和尚

潭州肥田伏和尚

潭州鹿苑晖禅师

潭州宝盖约禅师

越州云门海晏禅师

湖南文殊和尚

凤翔府石柱和尚

潭州中云盖和尚

河中栖岩存寿禅师

南岳玄泰上坐

  杭州龙泉敬禅师、潞府盘亭宗敏禅师、新罗钦忠禅师、新罗行寂禅师、洪州鹿源和尚、鄂州大阳山和尚、滑州观音和尚、郓州正觉和尚、商州高明和尚、许州庆寿和尚、镇州万岁和尚第二世、镇州灵寿和尚、镇州洪济禅师、吉州简之禅师、大梁洪方禅师、邛州守闲禅师、新罗朗禅师、新罗清虚禅师、汾州爽禅师、余杭通禅师　已上二十人无机缘语句，不录

澧州夹山善会禅师法嗣二十二人—十一人见录

  澧州乐普山元安禅师

洪州上蓝令超禅师

郓州四禅和尚

江西逍遥山怀忠禅师

袁州盘龙山可文禅师

抚州黄山月轮禅师

洛京韶山寰普禅师

太原海湖和尚

嘉州白水寺和尚

凤翔府天盖山幽禅师

洪州同安和尚

韶州昙普禅师、吉州仙居山和尚、太原资福端禅师、洪州卢仙山延庆和尚、越州越峰和尚、朗州祇阇山和尚、益州栖穆和尚、嵩山全禅师、益州夹山院和尚、西京云岩和尚、安福延休和尚　已上一十一人无机缘语句，不录

前朗州德山宣鉴禅师法嗣①

鄂州岩头全豁禅师，泉州人也，姓柯氏。少礼清原谊公落发，往长安宝寿寺禀戒，习经律诸部。优游禅苑，与雪峰义存、钦山文邃为友。自余杭大慈山，迤逦造于临济。属临济归寂，乃谒仰山。才入门，提起坐具曰："和尚。"仰山取拂子拟举之，师曰："不妨好手。"后参德山和尚，执坐具上法堂瞻视，德山曰："作么？"师咄之，德山曰："老僧过在什么处？"师曰："两重公案。"乃下参堂。德山曰："遮个阿师，稍似个行脚人。"至来日

---

① 此前，大正本有"行思禅师第五世中"。

上问讯,德山曰:"阇梨是昨日新到否?"曰:"是。"德山曰:"什么处学得遮个虚头来?"师曰:"全豁终不自谩。"德山曰:"他后不得孤负老僧。"

他日参,师入方丈门,侧身问:"是凡是圣?"德山喝,师礼拜。有人举似洞山,洞山曰:"若不是豁上座,大难承当。"师闻之乃曰:"洞山老人不识好恶,错下名言。我当时一手抬,一手搦。"雪峰在德山作饭头,一日饭迟,德山擎钵下法堂,雪峰晒饭巾次,见德山乃曰:"钟未鸣,鼓未打,老和尚向什么处去?"德山却归方丈。师在堂中闻之,拊掌曰:"大小德山,犹未会句在。"时大众骇之,白德山曰:"豁上坐不肯和尚,请勘过。"德山令侍者唤入方丈,问曰:"上坐今日道老人未会句在,且作么生?"师密而启述,德山明日说法竟,大众下堂,师于僧堂前拊掌曰:"惭愧大众,喜德山老人会句也,他后天下人近不得。然虽如此,也只得三年。"① 德山果三年后示灭。

一日与雪峰义存②、钦山文邃三人聚话。存蓦然指一碗水,邃曰:"水清月现。"存曰:"水清月不现。"师踢却水碗而去。自

---

① 自"德山擎钵"至此,东寺本作:"德山擎钵下法堂,雪峰晒饭巾次,见德山乃曰:'钟未鸣,鼓未打,老和尚向什么处去?'德山却归方丈。师在堂中闻之,拊掌曰:'大小德山,犹未会末后句。'德山闻举,令侍者唤岩头去问:'你不肯老僧那?'岩头密启其意。师来日上堂说话,异于寻常。岩头到僧堂,抚掌大笑云:'且喜得堂头老汉会末后句,他后天下人不奈何。虽然如此,也只得三年。'三年后果然迁化矣。"大正本作:"德山掌钵至法堂上。峰晒饭巾次,见德山便云:'这老汉,钟未鸣,鼓未响,托钵向什么处去?'德山便归方丈。峰举似师,师云:'大小德山,不会末后句。'山闻,令侍者唤师至方丈,问:'尔不肯老僧那?'师密启其意。德山至来日上堂,与寻常不同。师到僧堂前,抚掌大笑云:'且喜得老汉会末后句,他后天下人不奈何。虽然如此,也只得三年。'"

② "一日"前,大正本有"师"。

此邃师于洞山①,存、豁二士同嗣德山。师与存同辞德山,德山问:"什么处去?"师曰:"暂辞和尚下山去。"德山曰:"子他后作么生?"师曰:"不忘。"曰:"子凭何有此说?"师曰:"岂不闻:智慧过师,方堪传教。其或智慧齐等,他后恐减师半德。"②曰:"如是,如是。当善护持。"二士礼拜而退。存返闽川,居象骨山之雪峰。师庵于洞庭卧龙山,徒侣臻萃。

僧问:"无师还有出身处也无?"师曰:"声前古毳烂。"问:"堂堂来时如何?"师曰:"刺破眼。"问:"如何是祖师意?"师曰:"移取庐山来,向汝道。"师一日上堂,谓诸徒曰:"吾尝究《涅槃经》七八年,睹三两段文,似衲僧说话。"又曰:"休,休。"时有一僧出礼拜,请师举。师曰:"吾教意如伊字三点:第一向东方下一点,点开诸菩萨眼。第二向西方下一点,点诸菩萨命根。第三向上方下一点,点诸菩萨顶。此是第一段义。"又曰:"吾教意如摩醯首罗劈开面门,竖亚一只眼。此是第二段义。"又曰:"吾教意犹如毒涂鼓③,击一声远近闻者皆丧,亦云俱死。此是第三段义。"时小严上坐问:"如何是毒涂鼓?"师以两手按膝,亚身曰:"韩信临朝底。"严无语。

夹山会下一僧到石霜,入门便道"不审",石霜曰:"不必,阇梨。"僧曰:"恁么即珍重。"又到岩头,如前道"不审"。师曰:"嘘。"僧曰:"恁么即珍重。"方回步,师曰:"虽是后生,亦能管带。"其僧归,举似夹山。夹山曰:"大众,还会么?"众

---

① "于",东寺本、碛砂本无。
② 自"智慧过师"至此,大正本作:"智过于师,方堪传授;智与师齐,减师半德。"
③ "毒涂",大正本作"涂毒"。

无对。夹山曰:"若无人道,老僧不惜两茎眉毛道去也。"乃曰:"石霜虽有杀人刀,且无活人剑。"师与罗山卜塔基,罗山中路忽曰:"和尚。"师回顾曰:"作么?"罗山举手曰:"遮里好片地。"师咄曰:"瓜州卖瓜汉。"又行数里,徘徊间,罗山礼拜问曰:"和尚岂不是三十年在洞山,而不肯洞山?"师曰:"是。"又曰:"和尚岂不是法嗣德山,又不肯德山?"师曰:"是。"曰:"不肯德山即不问,只如洞山有何所阙?"师良久曰:"洞山好个佛,只是无光。"

僧问:"利剑斩天下,谁是当头者?"师曰:"暗拟。"再问,师咄曰:"遮钝汉,出去。"问:"不历古今时如何?"师曰:"卓朔地。"曰:"古今事如何?"师曰:"任烂。"师问僧:"什么处来?"曰:"西京来。"师曰:"黄巢过后,还收得剑么?"曰:"收得。"师作引颈受刃声①,僧曰:"师头落也。"师大笑,其僧后到雪峰,举前语,被拄杖打趁下山。问:"二龙争珠,谁是得者?"师曰:"俱错。"僧问雪峰:"声闻人见性如夜见月,菩萨人见性如昼见日。未审和尚见性如何?"峰以拄杖打三下。其僧后举前语问师,师与三掴。问:"如何是三界主?"师曰:"汝还解吃铁棒么?"瑞岩问:"如何是毗卢师?"师曰:"道什么?"瑞岩再问之,师曰:"汝年十七八未?"②

问:"尘中如何辨主?"师曰:"铜钞锣里盛油。"③ 问:"弓折箭尽时如何?"师曰:"去。"问:"如何是岩中的的意?"师

---

① "作引颈受刃声",大正本作"引颈作受刃势"。
② "十七八",丛刊本作"二七八",东寺本、碛砂本作"七七八"。
③ "盛油",大正本作"满盛油"。

曰:"谢指示。"僧曰:"请和尚答话。"师曰:"珍重。"问:"如何是道?"师曰:"破草鞋与抛向湖里著。"问:"万丈井中,如何得到底?"师曰:"吽。"僧再问,师曰:"脚下过也。"问:"古帆不挂时如何?"师曰:"后园驴吃草。"尔后人或问佛、问法、问道、问禅者,师皆作嘘声。而常谓众曰:"老汉去时,大吼一声了去。"唐光启之后,中原盗起,众皆避地,师端居晏如也。一日,贼大至,责以无供馈,遂俥刃焉。师神色自若,大叫一声而终,声闻数十里,即光启三年丁未四月八日也。门人后焚之,获舍利四十九粒,众为起塔。寿六十。僖宗谥清严大师,塔曰出尘。

福州雪峰义存禅师,泉州南安人也,姓曾氏。家世奉佛,师生,恶荤茹。于襁褓中,闻钟梵之声,或见幡华像设,必为之动容。年十二,从其父游莆田玉涧寺①,见庆玄律师,遽拜曰:"我师也。"遂留侍焉。十七落发,谒芙蓉山常照大师,照抚而器之。后往幽州宝刹寺受具足戒,久历禅会,缘契德山。唐咸通中回闽中,登象骨山雪峰创院,徒侣翕然。懿宗赐号真觉大师,仍赐紫袈裟。

僧问:"祖意与教意,是同是别?"师曰:"雷声震地,室内不闻。"又曰:"阇梨行脚为什么事?"问:"我眼本正,因师故邪时如何?"师曰:"迷逢达磨。"曰:"我眼何在?"师曰:"得不从师。"问:"剃发染衣,受佛依荫。为什么不许认佛?"师曰:

---

① "涧",原作"润",据丛刊本、东寺本、碛砂本及《福州雪峰山故真觉大师碑铭》改。

"好事不如无。"师问坐主："'如是'两字，尽是科文，作么生是本文？"坐主无对。五云和尚代云："更分三段著。"问："有人问：'三身中那个身不堕诸数？'古人云'吾常于此切'，意旨如何？"师曰："老汉九转上洞山。"僧拟再问，师曰："拽出此僧著。"问："如何是觌面事？"师曰："千里未是远。"问："如何是大人相？"师曰："瞻仰即有分。"问："文殊与维摩对谭何事？"师曰："义堕也。"

僧问："寂然无依时如何？"师曰："犹是病。"曰："转后如何？"师曰："船子下扬州。"问："承古有言……"师便作卧势，良久起曰："问什么？"僧再举，师曰："虚生浪死汉。"问："箭露投锋时如何？"师曰："好手不中的。"僧："尽眼勿摽的时如何？"师曰："不妨随分好手。"问："古人道：'路逢达道人，不将语默对。'未审将什么对？"师曰："吃茶去。"师问僧："什么处来？"对曰："神光来。"师曰："昼唤作日光，夜唤作火光，作么生是神光？"僧无对。师自代曰："日光，火光。"栖典坐问："古人有言：'知有佛向上事，方有语话分。'如何是语话？"师把住曰："道，道。"栖无对，师踏倒，栖起来汗流。师问僧："什么处来？"僧曰："近离浙中。"师曰："船来，陆来？"曰："二途俱不涉。"师曰："争得到遮里？"曰："有什么隔碍？"师便打。

问："古人道觌面相呈？"① 师曰："是。"曰："如何是觌面相呈？"师曰："苍天，苍天。"师问僧："此水牯牛年多少？"僧

---

① "相呈"，东寺本、碛砂本作"相呈时如何"。

无对,师自代曰:"七十七也。"僧曰:"和尚为什么作水牯牛?"师曰:"有什么罪过?"僧辞,师问:"什么处去?"曰:"礼拜径山和尚去。"师曰:"径山若问汝此间佛法如何,作么生道?"曰:"待问即道。"师以拄杖打。寻举问道怤怤即镜清顺德大师。:"遮僧过在什么处,便吃棒?"怤曰:"问得径山彻困也。"① 师曰:"径山在浙中,因什么问得彻困?"怤曰:"不见道:远问近对。"师乃休。东禅齐云:"那僧若会雪峰意,为什么被打?若不会,又打伊作什么?且道过在什么处?镜清虽即子父与他分析,也大似成就其丑拙。还会么?且如雪峰便休,是肯伊不肯伊?"

师一日谓慧稜曰:稜即长庆。"吾见沩山问仰山:'诸圣什么处去②?'他道:'或在天上③,或在人间。'汝道仰山意作么生?"稜曰:"若问诸圣出没处,恁么道即不可。"师曰:"汝浑不肯?忽有人问,汝作么生道?"稜曰:"但道错。"师曰:"是汝不错。"稜曰:"何异于错?"师问僧:"什么处来?"对曰:"离江西。"师曰:"江西与此间相去多少?"曰:"不遥。"师竖起拂子曰:"还隔遮个么?"曰:"若隔遮个,即遥去也。"师便打。问:"学人乍入丛林,乞师指示个入路。"师曰:"宁自碎身如微尘,终不敢瞎却一僧眼。"问:"四十九年后事即不问,四十九年前事如何?"师以拂子蓦口打。

有僧辞去,参灵云问:"佛未出世时如何?"灵云举拂子。又问:"出世后如何?"灵云亦举拂子。其僧却回,师问:"阇梨近去,返太速生!"僧曰:"某甲到彼,问佛法不相当,乃回。"师

---

① "问得径山",东寺本、碛砂本作"问径山得"。
② "诸圣",东寺本、碛砂本作"从上诸圣"。
③ "天上",原作"上",据东寺本、碛砂本改。

曰："汝问什么事？"僧举前话，师曰："汝问，我为汝道。"僧便问："佛未出世时如何？"师举拂子。又问："出世后如何？"师放下拂子。僧礼拜，师便打。后僧举似玄沙，玄沙云："汝欲得会么？我与汝说个喻：如人卖一片园，东西南北一时结契总了也①，中心有个树子，犹属我在。"崇寿稠云："为当打伊解处，别有道理？"因举："六祖云：'不是风动，不是幡动，仁者心动。'"师曰："大小祖师，龙头蛇尾②，好与二十拄杖。"时太原孚上坐侍立，闻之咬齿。师又曰："我适来恁么道，也好与二十拄杖。"云居锡云："什么处是祖师龙头蛇尾，便好吃棒？只如雪峰自道'我也好吃拄杖'③，且道佛法意旨作么生？久在众上坐，无有不知，初机兄弟，且作么生会？"东禅齐云："雪峰怎么道？为当点检④，别有落处？众中唤作自抽过，抽过且置，祖师道'不是风动，不是幡动'，作么生？"

师问慧全："汝得入处作么生？"全曰："共和尚商量了。"师曰："什么处商量？"曰："什么处去来？"师曰："汝得入处又作么生？"全无对，师打之。全坦问："平洋浅草，麈鹿成群，如何射得麈中主？"师唤："全坦。"坦应诺，师曰："吃茶去。"师问僧："近离什么处？"僧曰："离沩山。曾问：'如何是祖师西来意？'沩山据坐。"师曰："汝肯他否？"僧曰："某甲不肯他。"师曰："沩山古佛子，速去礼拜忏悔。"玄沙曰："山头老汉蹉过沩山也。"⑤ 东禅齐云："什么处是蹉过⑥？的当蹉过，莫便恁么会也无？若恁么会，即未会沩山意在。只如雪峰云'沩山古佛子'，教去忏悔，⑦ 是证明沩山，

---

① "结契总"，东寺本、碛砂本作"总结契"。
② "尾"，大正本作"足"。
③ "也"，东寺本、碛砂本无。
④ "点检"，东寺本、碛砂本作"检点"。
⑤ "沩山"，东寺本、碛砂本作"沩山事"。
⑥ "是"，东寺本、碛砂本无。
⑦ "教"，大正本作"速"。

是赞叹沩山？古事也难①，子细好，见去也不难。"问："学人道不得处，请师道。"师曰："我为法惜人。"师举拂子示一僧，其僧便出去②。长庆棱举似泉州王延彬，乃曰："此僧合唤转，与一顿棒。"彬曰："和尚是什么心行？"棱曰："几放过。"

师问慧棱："古人道'前三三，后三三'意作么生？"棱便出去。鹅湖别云："诺。"师问僧："什么处来？"对曰："蓝田来。"师曰："何不入草？"长庆棱云："险。"问："大事作么生？"师执僧手曰："上坐将此问谁？"有僧礼拜，师打五棒。僧曰："过在什么处？"师又打五棒，喝出。师问僧："什么处来？"僧曰："岭外来。"师曰："还逢达磨也无？"僧曰："青天白日。"师曰："自己作么生？"僧曰："更作么生？"师便打。师送僧出，行三五步，召曰："上坐。"僧回首，师曰："途中善为。"僧问："拈搥竖拂，不当宗乘，和尚如何？"师竖起拂子，其僧自把头出③，师乃不顾。法眼代云："大众，看此一员战将。"僧问："三乘十二分教，为凡夫开演，不为凡夫开演？"师曰："不消一曲杨柳枝。"师谓镜清曰："古来有老宿引官人巡堂云：'此一众尽是学佛法僧。'官人云：'金屑虽贵，又作么生？'老宿无对。"镜清代曰："比来抛砖引玉。"法眼别云："官人何得贵耳而贱目？"

师上堂，举拂子曰："遮个为中下。"④僧问："上上人来如何？"师举拂子。僧曰："遮个为中下。"师打之。问，"国师三唤

---

① "古"，丛刊本、南藏本、径山本作"去"，大正本作"此"。
② "出去"，东寺本、碛砂本作"去"。
③ "把头"，碛砂本作"低头"。
④ "中下"，东寺本、碛砂本作"中下人"。

侍者意如何？"① 师乃起②，入方丈。师问僧："今夏在什么处？"曰："涌泉。"师曰："长时涌，暂时涌？"曰："和尚问不著。"师曰："我问不著？"曰："是。"师乃打③。普请往寺庄④，路逢猕猴，师曰："遮畜生，一人背一面古镜⑤，摘山僧稻禾。"僧曰："旷劫无名，为什么章为古镜？"⑥ 师曰："瑕生也。"僧曰："有什么死急，话端也不识。"⑦ 师曰："老僧罪过。"闽帅施银交床，僧问："和尚受大王如此供养，将何报答？"师以手托地曰："少打我。"僧问疏山曰："雪峰道'少打我'意作么生？"疏山云："头上插瓜齑，垂尾脚跟齐。"问："吞尽毗卢时如何？"师曰："福堂归德平善否？"⑧ 师谓众曰："我若东道西道，汝则寻言逐句；我若羚羊挂角，汝向什么处扪摹？"⑨ 僧问保福："只如雪峰有什么言教，便似羚羊挂角？"时保福云："莫是与雪峰作小师不得么？"

师住闽川四十余年，学者冬夏不减千五百人。梁开平二年戊辰春三月示疾，闽帅命医诊视，师曰："吾非疾也。"竟不服其药。遗偈付法，夏五月二日朝游蓝田，暮归澡身，中夜入灭。寿八十七，腊五十九。

天台瑞龙院慧恭禅师，福州人也，姓罗氏。家世为儒，年十

---

① "意"，东寺本、碛砂本作"意旨"。
② "乃"，东寺本、碛砂本作"乃便"。
③ "打"，东寺本、碛砂本作"打之"。
④ "普请往寺庄"，东寺本、碛砂本作"因普请往庄中"。
⑤ "一人"，东寺本、碛砂本作"一个"。
⑥ "章"，大正本作"彰"。
⑦ "话端"，碛砂本作"话头"。
⑧ "福堂归德"，东寺本、碛砂本、大正本作"福唐归得"。
⑨ "摹"，大正本作"摸"。

七,举进士,随计京师。因游终南山奉日寺,睹祖师遗像,遂求出家,二十二受戒。游方,谒德山鉴禅师,鉴问曰:"会么?"恭曰:"作么?"鉴曰:"请相见。"恭曰:"识么?"鉴大笑,遂入室焉。暨鉴顺世,与门人之天台瑞龙院,大开法席。唐天复三年癸亥十二月二日午时,命众声钟,顾左右曰:"去。"言讫,跏趺而化,寿八十四,腊六十二。门人建塔。

泉州瓦棺和尚,德山问曰:"汝还会么?"师曰:"不会。"德山曰:"汝成持取个不会好。"① 师曰:"不会,成持个什么?"② 德山曰:"汝似一团铁。"③ 师遂抠衣德山。

襄州高亭简禅师,初隔江见德山,遥合掌呼云④:"不审。"德山以手中扇子再招之⑤,师忽开悟。乃横趋而去,更不回顾。后于襄州开法,嗣德山。

洪州大宁感潭资国和尚,白兆问:"家内停丧,请师慰问。"师曰:"苦痛,苍天!"兆曰:"死却爷,死却娘?"师打而趁之。师凡遇僧来,亦多以挂杖打趁。

前潭州石霜山庆诸禅师法嗣

河中南际山僧一禅师,僧问:"幸获亲近,乞师指示。"师

---

① "成持",大正本作"成襹",下同。
② "成持",东寺本作"又成持"。
③ "似一团铁",东寺本、碛砂本作"大似个铁橛"。
④ "呼",东寺本、碛砂本无。
⑤ "再",东寺本、碛砂本无。

曰："我若指示，即屈著汝。"僧曰："教学人作么生即是？"师曰："切忌是非。"问："如何是衲僧气息？"师曰："还曾熏著汝也无？"问："类即不问，如何是异？"师曰："要头即一任斫将去。"问："如何是法身主？"师曰："不过来。"又问："如何是毗卢师？"师曰："不超越。"师初居末山，后闽帅请开法于长庆禅苑。卒，谥本净大师，塔曰无尘。

潭州大光山居诲禅师，京兆人也，姓王氏。初造于石霜之室，函丈请益，经二载。又令主北塔，麻衣草屦，殆忘身意。一日，石霜将试其所得，垂问曰："国家每年放举人及第，朝门还得拜也无？"师曰："有人不求进。"曰："凭何？"师曰："且不为名。"石霜又因疾问曰："除却今日，别更有时也无？"师曰："渠亦不道今日是。"石霜甚然之。如是征诘数四，酬对无爽。盘桓二十余祀。

浏阳信士胡公请居大光山，提唱宗致①。有僧问："只如达磨是祖否？"师曰："不是祖。"僧曰："既不是祖，又来作什么？"师曰："为汝不荐祖。"僧曰："荐后如何？"师曰："方知不是祖。"问："混沌未分时如何？"师曰："时教阿谁叙②？"师又曰："一代时教，只是收拾一代时人。直饶剥彻底，也只是成得个了③，汝不可便将当却衲衣下事。所以道：四十九年明不尽，四十九年标不起。"凡示学徒，大要如此。唐天复三年癸亥九月三

---

① "宗致"，丛刊本、东寺本、碛砂本作"宗教"。
② "时教"，东寺本、碛砂本作"一代时教"。
③ "成得个了"，东寺本、碛砂本、南藏本作"成得个边事"，径山本、大正本作"成得个了事人"。

日归寂,寿六十有七。

庐山栖贤怀祐禅师,泉州仙游人也。受业于九坐山陈禅师,寻参学,预石霜之室。既承奥旨,居于谢山,其道未震。复迁止栖贤,徒侣臻萃。僧问:"如何是五老峰前句?"师曰:"万古千秋。"僧曰:"怎么莫成嗣绝也无?"师曰:"踌躇欲与谁?"僧问:"自远而来,请师激发。"师曰:"他不凭时。"① 曰:"请师凭时。"师曰:"我亦不换。"问:"如何是法法无差?"师曰:"雪上更加霜。"师后终于庐山,谥玄悟大师,塔曰传灯。

筠州九峰道虔禅师,福州侯官人也,姓刘氏。遍历法会,后受石霜印记,化徒于九峰焉。师上堂,有僧问:"无间中人,行什么行?"师曰:"畜生行。"曰:"畜生复行什么行?"师曰:"无间行。"曰:"此犹是长生路上人。"师曰:"汝须知有不共命者。"曰:"不共什么命?"师曰:"长生气不常。"师又曰:"诸兄弟,还识得命么?欲知命,流泉是命,湛寂是身。千波竞涌,是文殊境界,一亘晴空,是普贤床榻。其次借一句子是指月,于中事是话月。从上宗门中事,如节度使信旗。且如诸方先德,未建许多名目指陈已前,诸兄弟约什么体格商量?到遮里不假三寸,试话会看;不假耳根,试采听看;不假眼,试辨白看。所以道:声前抛不出,句后不藏形。尽乾坤都来是汝当人个体,向什么处安眼耳鼻舌?莫但向意根下图度作解,尽未来际亦未有休歇

---

① "他",丛刊本、大正本作"也"。

分。所以古人道'拟将心意学玄宗,状似西行却向东'。"

时有僧问:"九重无信,恩赦何来?"师曰:"流光虽遍,阃内不周。"曰:"流光与阃内,相去多少?"师曰:"渌水腾波,青山秀色。"问:"人人尽言请益,未审师将何拯济?"师曰:"汝道巨岳还曾乏寸土也无?"曰:"恁么即四海参寻,当为何事?"师曰:"演若迷头心自狂。"曰:"还有不狂者也无?"师曰:"有。"曰:"如何是不狂者?"师曰:"突晓途中眼不开。"问:"如何是学人自己?"师曰:"更问阿谁?"曰:"便恁么承当时如何?"① 师曰:"须弥还更戴须弥么?"② 问:"祖祖相传,复传何法?"师曰:"释迦悭,迦叶富。"曰:"毕竟传底事作么生?"师曰:"同岁老人分夜灯。"③ 问:"诸佛非我道,如何是我道?"师曰:"我道非诸佛。"曰:"既非诸佛,为什么却立我道?"师曰:"适来暂唤来,如今却遣出。"曰:"为什么却遣出?"师曰:"若不遣出,眼里尘生。"

问:"一切处觅不得,岂不是圣?"师曰:"是什么圣?"曰:"牛头未见四祖时,岂不是圣?"师曰:"是圣境未忘。"曰:"二圣相去几何?"师曰:"尘中虽有隐形术,争奈全身入帝乡。"问:"承古有言,真心妄心?"④ 师曰:"是立真显妄。"曰:"如何是真心?"师曰:"不杂食。"曰:"如何是妄心?"师曰:"攀缘起倒是。"曰:"离此二途,如何是学人本体?"师曰:"本体不离。"曰:"为什么不离?"师曰:"不敬功德天,谁嫌黑暗女?"

―――――――――――――――――
① "便恁么",东寺本、碛砂本作"恁么便"。
② 前一"须弥",丛刊本无。
③ "同岁",径山本作"百岁"。
④ "心"下,东寺本、碛砂本、大正本有"是如何"。

问:"承古有言'尽乾坤都来是个眼',如何是乾坤眼?"师曰:"乾坤在里许。"曰:"乾坤眼何在?"师曰:"正是乾坤眼。"曰:"还照瞩也无?"师曰:"不借三光势。"曰:"既不借三光势,凭何唤作乾坤眼?"师曰:"若不如是,髑髅前见鬼人无数。"问:"一笔丹青,为什么邈不得?"师曰:"僧繇却许志公。"曰:"未审僧繇得什么人证旨,却许志公?"师曰:"乌龟稽首须弥柱。"问:"动容沈古路,身没乃方知,此意如何?"师曰:"偷佛钱,买佛香。"曰:"学人不会。"师曰:"不会即烧香供养本邪娘。"师后住泐潭而终,谥大觉禅师,塔曰圆寂。

台州涌泉景欣禅师,泉州仙游人也。本白云山受业,得石霜开示,而止丹丘涌泉之兰若。一日,师不披袈裟吃饭,有僧问:"莫成俗否?"师曰:"即今岂是僧邪?"有强、德二禅客到,于路次见师骑牛,不识师,乃曰:"蹄角甚分明,争奈骑者不识?"师骤牛而去。二禅客憩于树下煎茶,师回,下牛近前不审,与坐吃茶。师问曰:"二禅客近离什么处?"曰:"离那边。"师曰:"那边事作么生?"彼提起茶盏。师曰:"此犹是遮边,那边事作么生?"二人无对,师曰:"莫道骑者不识好。"

潭州云盖山志元,号**"圆净大师"**。游方时,问云居曰:"志元不奈何时如何?"云居曰:"只为阇梨功力不到处。"[①] 师不礼拜而退。遂参石霜,亦如前问,石霜曰:"非但阇梨,老僧亦不

---

① "只为阇梨",东寺本、碛砂本作"阇黎只为"。

奈何。"师曰："和尚为什么不奈何？"石霜曰："老僧若奈何，拈过汝不奈何。"别有问答，"石霜章"出之。有僧问："如何是佛？"师曰："黄面底是。"曰："如何是法？"师曰："藏里是。"问："然灯未出时如何？"师曰："昧不得。"问："蛇子为什么吞师？"① 师曰："通身色不同。"问："如何是衲僧？"师曰："参寻访道。"

潭州谷山藏禅师，僧问："祖意教意，是一是二？"师曰："青天白日，夜半浓霜。"②

福州覆船山洪荐禅师，僧问："如何是本来面目？"师闭目吐舌，又开目吐舌。僧曰："本来有如许多面目？"师曰："适来见什么？"问："路逢达道人，不将语默对。未审将什么对？"师曰："老僧也恁么。"师将示灭，三日前令侍者唤第一坐来。师卧，出气一声，第一坐唤侍者曰："和尚渴，要汤水吃。"师乃面壁而卧。临终令集众，乃展两手，出舌示之。时第三坐曰："诸人，和尚舌根硬也。"师曰："苦哉，苦哉！诚如第三坐所言，舌根硬去也。"再言之而告寂。谥绍隆大师，塔曰广济。

朗州德山存德，号**"慧空大师"**。第六世住。僧问③："如何是一句？"师曰："更请问。"问："如何是和尚先陀婆？"④ 师曰："昨夜三更见月明。"

---

① "师"，东寺本、碛砂本作"蛇师"。
② "霜"，碛砂本作"云"。
③ "僧"，原作"师"，据丛刊本、东寺本改。
④ "先"，东寺本、碛砂本、大正本作"仙"。

吉州崇恩和尚，僧问："祖意教意，是一是二？"师曰："少林虽有月，葱岭不穿云。"

石霜辉禅师，第三世住。僧问："佛出世，先度五俱轮，和尚出世，先度何人？"师曰："总不度。"曰："为什么不度？"师曰："为伊不是五俱轮。"问："如何是和尚家风？"师曰："竹箸瓦碗。"

郢州芭蕉和尚，僧问："从上宗乘，如何举唱？"师曰："已被冷眼人觑破了。"问："不落诸缘，请师直指。"师曰："有问有答。"问："如何是和尚为人一句？"师曰："只恐阇梨不问。"

潭州肥田伏和尚，号"慧觉大师"。僧问："此地名什么？"师曰："肥田。"曰："宜什么？"师以拄杖打而趁之。

潭州鹿苑晖禅师，① 僧问："不假诸缘，请师道。"师敲火炉。僧曰："亲切处更请一言。"师曰："莫睡语。"问："牛头未见四祖时如何？"师曰："如月在水。"曰："见后如何？"师曰："如水在月。"问："祖祖相传，未审传个什么？"师曰："汝问我，我问汝？"僧曰："恁么即缁素不分也。"师曰："什么处去来？"

---

① "晖"，丛刊本作"辉"。

潭州宝盖约禅师，僧问："宝盖高高挂，其中事若何？请师言下旨，一句不消多。"师曰："宝盖挂空中，有路不曾通。傥求言下旨，便是有西东。"

越州云门山拯迷寺海晏禅师，僧问："如何是衲衣下事？"师曰："如人咬硬石头。"问："如何是古寺一炉香？"师曰："广大勿人嗅。"曰："嗅者如何？"师曰："六根俱不到。"问："久向拯迷，到来为什么不见拯迷？"师曰："阇梨不识拯迷。"

湖南文殊和尚，僧问："僧繇为什么邈志公不得？"师曰："非但僧繇，志公也邈不成。"曰："志公为什么邈不成？"师曰："彩缋不将来。"曰："和尚还邈得也无？"师曰："我亦邈不得。"曰："和尚为什么邈不得？"师曰："渠不以苟我颜色①，教我作么生邈？"问："如何是密室？"师曰："紧不就。"曰："如何是密室中人？"师曰："不坐上牛。"

凤翔府石柱和尚，游方时，遇洞山和尚。第二世。② 垂语曰："有四种人：一人说过佛祖，一步行不得；一人行过祖佛，一句说不得；一人说得行得；一人说不得行不得。阿那个是其人？"师出众而对曰："一人说过祖佛，行不得者，只是无舌不许行。一人行过祖佛，一句说不得者，只是无足不许说。一人说得行得

---

① "以"，丛刊本作"似"。
② "二"，丛刊本、东寺本、碛砂本、大正本作"三"。

者,即是函盖相称。一人说不得行不得,若有断命而求活①,此是石女披枷带锁。"洞山曰:"阇梨自己作么生?"师曰:"该通会上,卓卓宁彰。"洞山曰:"只如'海上明公秀'又作么生?"师曰:"幻人相逢,拊掌呵呵。"

潭州中云盖和尚,僧问:"和尚开堂,当为何事?"师曰:"为汝驴汉。"曰:"诸佛出世,当为何事?"师曰:"为汝驴汉。"问:"祖佛未出世时如何?"师曰:"像不得。"曰:"出世后如何?"师曰:"阇梨也须侧身始得。"问:"如何是向上一句?"师曰:"文殊失却口。"曰:"如何是门头一句?"师曰:"头上插花子。"问:"如何是超百亿?"师曰:"超人不得肯。"

河中府栖岩山大通院存寿禅师,不知何许人也,姓梅氏。初讲经论,后入石霜之室。随缘诱化,抵于蒲坂,缁素归心。僧问:"莲华未出水时如何?"师曰:"汝莫问出水后莲华事么?"僧无语。师平居罕言,叩之则应。度弟子四百人,尼众百数。终寿九十有三,谥真寂大师。

南岳玄泰上坐,不知何许人也。沉静寡言,未尝衣帛,众谓之"泰布衲"。始见德山鉴禅师,升于堂矣。后谒石霜普会禅师,遂入室焉。所居兰若,在衡山之东,号七宝台。誓不立门徒,四方后进依附,皆用交友之礼。尝以衡山多被山民斩木烧畲②,为

---

① "有",东寺本、碛砂本、大正本无。
② "以",东寺本、碛砂本作"谓"。

害滋甚,乃作《畬山谣》,远迩传播,达于九重,有诏禁止。故岳中兰若无复延燎①,师之力也②。将示灭,并无僧至,乃自出门,召一僧入。付嘱令备薪蒸,又留偈曰:"今年六十五,四大将离主。其道自玄玄,个中无佛祖。不用剃头,不须澡浴,一堆猛火,千足万足。"偈终,端坐垂一足而逝。阇维,收舍利。于坚固禅师塔左,营小浮图置之。寿六十有五。

前澧州夹山善会禅师法嗣

澧州乐普山元安禅师,凤翔麟游人也,姓淡氏。卯年出家,依本郡怀恩寺祐律师披削,具戒,通经论。首问道于翠微、临济。临济常对众美之曰:"临济门下一只箭,谁敢当锋?"师蒙许可,自谓已足③。寻之夹山卓庵,后得夹山书,发而览之,不觉竦然。乃弃庵,至夹山礼拜,端身而立。夹山曰:"鸡栖凤巢,非其同类。出去。"师问曰:"自远趋风,请师一接。"夹山曰:"目前无阇梨,夹山无老僧。"④ 师曰:"错也。"夹山曰:"住,住,阇梨且莫草草匆速⑤,云月是同,溪山各异⑥。阇梨掐却天下

---

① "延",东寺本、碛砂本作"然"。
② 此下,大正本注:"《畬山谣》:畬山儿,无所知,年年斫断青山嵋。就中最好衡岳色,杉松利斧摧贞枝。灵禽野鹤无因依,白云回避青烟飞。猿猱路绝岩崖出,芝朮失根茅草肥。年年斫罢仍栽锄,千秋终是难□初。又道今年种不多,来年更斫当阳坡。国家寿岳尚如此,不知此理如之何?"
③ "自谓",东寺本、碛砂本作"谓自"。
④ "夹山",东寺本、碛砂本作"此间"。
⑤ "匆速",东寺本、碛砂本、径山本、大正本作"匆匆"。
⑥ "云月是同,溪山各异",东寺本、碛砂本作"溪山各异,云月是同"。

人舌头即得①，如何却教无舌人解语？"② 师茫然无对，夹山遂打③。师因兹服膺数载。兴化代云："但知作佛，莫愁众生。"

师一日问夹山："佛魔不到处，如何体会？"夹山曰："烛明千里像，暗室老僧迷。"又问："朝阳已升，夜月不现时如何？"夹山曰："龙衔海珠，游鱼不顾。"夹山将示灭，垂语于众曰："石头一枝，看看即灭矣。"师对曰："不然。"夹山曰："何也？"曰："自有青山在。"夹山曰："苟如是，即吾道不坠矣。"暨夹山顺世，师抵于涔阳。遇故人，因话武陵事，故人问曰："倏忽数年，何处逃难？"师曰："只在阛阓中。"曰："何不无人处去？"师曰："无人处有何难？"曰："阛阓中如何逃避？"师曰："虽在阛阓中，人且不识。"故人罔测。又问曰："承西天有二十八祖，至于此土，人传一人。且如彼此不垂曲者如何？"师曰："野老门前，不话朝堂之事。"曰："合谭何事？"师曰："未逢别者，终不开拳。"曰："有人不从朝堂来④，相逢还话否？"师曰："量外之机，徒劳目击。"无对⑤。

师寻之澧阳乐普山，卜于宴处。后迁止朗州苏溪，四方玄侣，憧憧奔凑。师示众曰："末后一句，始到牢关，锁断要津，不通凡圣。欲知上流之士，不将祖佛见解贴在额头，如灵龟负图，自取丧身之本。"又曰："指南一路，智者知疏。"问："瞥然

---

① "掐"，东寺本、碛砂本、大正本作"坐"。"即得"，东寺本、碛砂本、大正本作"即不无"。
② "如何却教"，东寺本、碛砂本、大正本作"争教"。
③ "遂"，东寺本、碛砂本作"便"。
④ "人"，东寺本、碛砂本、大正本无。
⑤ "无对"，东寺本、碛砂本、大正本作"僧无对"。

便见时如何？"师曰："晓星分曙色，争似太阳辉。"问："怎么来不立，怎么去不泯时如何？"师曰："鬻薪樵子贵，衣锦道人轻。"问："经云：饭百千诸佛，不如饭一无修无证者。未审百千诸佛有何过？无修无证者有何德？"师曰："一片白云横谷口，几多归鸟夜迷巢。"问："日未出时如何？"师曰："水竭沧溟龙自隐，云腾碧汉凤犹飞。"

问："如何是本来事？"师曰："一粒在荒田，不耘苗自秀。"曰："若一向不耘，莫草里埋没却也无？"师曰："肌骨异刍荛，稊稗终难映。"问："不伤物命者如何？"师曰："眼花山影转，迷者漫彷徨。"问："不谭今古时如何？"师曰："灵龟无卦兆，空壳不劳钻。"问："不挂明暗时如何？"师曰："玄中易举，意外难提。"问："不生如来家，不坐华王坐时如何？"师曰："汝道火炉重多少？"问："祖意与教意，是一是二？"师曰："师子窟中无异兽，象王行处绝狐踪。"问："行到不思议处如何？"师曰："青山常举足，白日不移轮。"问："枯尽荒田独立事如何？"师曰："鹭倚雪巢犹可辨，乌投漆笠事难分。"① 问："如何是宾主双举？"师曰："枯树无横枝，鸟来难措足。"问："终日朦胧时如何？"师曰："掷宝混沙中②，识者天然异。"曰："怎么即展手不逢师也。"师曰："莫将鹤唳误作莺啼。"

问："圆伊三点人皆重，乐普家风事若何？"师曰："雷霆一震，布鼓声销。"问："停午时如何？"师曰："停午犹亏半，乌沈始得圆。"问："如何是西来意？"师曰："飒飒当轩竹，经霜不自

---

① "笠"，原作"立"，据丛刊本改。
② "掷"，丛刊本作"将"。

寒。"僧拟再问,师曰:"只闻风击响,不知几千竿。"师上堂谓众曰:"孙宾收铺去也,有卜者出来。"时有僧出曰:"请和尚一卦。"师曰:"汝家邪死。"僧无语。法眼代拊掌三下。问:"如何是西来意?"师敲禅床曰:"会么?"曰:"不会。"师曰:"天上忽雷惊宇宙,井底虾蟆不举头。"问:"佛魔不到处,如何辨得?"师曰:"演若头非失,镜中认取乖。"问:"如何是救离生死?"师曰:"执水苟延生①,不闻天乐妙。"问:"四大从何而有?"② 师曰:"湛水无波,沤因风击。"曰:"沤灭归水时如何?"师曰:"不浑不浊,鱼龙任跃。"

问:"生死事如何?"师曰:"一念忘机,太虚无点。"问:"如何是道?"师曰:"存机犹滞迹,去瓦却通途。"③ 问:"如何是一藏收不得者?"师曰:"雨滋三草秀,片玉本来辉。"问:"一毫吞尽巨海,于中更复何言?"师曰:"家有白泽之图,必无如是妖怪。"保福别云:"家无白泽之图,亦无如是之怪。"问:"凝然时如何?"师曰:"时雷应节,震岳惊蛰。"曰:"千般运动,不异个凝然时如何?"师曰:"灵鹤翥空外,钝鸟不离巢。"曰:"如何?"师曰:"白首拜少年,举世人难信。"问:"诸圣恁么来,将何供养?"师曰:"土宿虽持锡,不是婆罗门。"问:"祖意与教意同别?"④ 师曰:"日月并轮空,谁家别有路?"曰:"恁么即显晦殊途,事非一概也。"师曰:"但自不亡羊,何须泣岐路?"

问:"学人拟归乡时如何?"师曰:"家破人亡,子归何处?"

---

① "水",径山本作"承"。
② "从何",碛砂本、大正本作"如何"。
③ "瓦",大正本作"兀",南藏本、径山本作"杌"。
④ "同别",东寺本、碛砂本、大正本作"是同是别"。

曰:"恁么即不归去也。"师曰:"庭前残雪日轮消,室中游尘遣谁扫?"① 问:"动是法王苗,寂是法王根。根苗即不问,如何是法王?"师举拂子。僧曰:"此犹是法王苗。"师曰:"龙不出洞,谁人奈何?"

师二山开法,语播诸方。唐光化元年戊午秋八月,诫主事曰:"出家之法,长物不留,播种之时,切宜减省,缔构之务,悉从废停。流光迅速,大道深玄,苟或因循,曷由体悟?"虽激励恳切,众以为常,略不相傚。至冬,师示有微疾,亦不倦参请。十二月一日,告众曰:"吾非明即后也。今有一事问汝等:若道遮个是,即头上安头;若道遮个不是,即斩头求活。"时第一坐对曰:"青山不举足,日下不挑灯。"师曰:"遮里是什么时节,作遮个语话?"时有彦从上坐别对曰:"离此二途,请和尚不问。"师曰:"未在,更道。"曰:"彦从道不尽。"师曰:"我不管汝尽不尽。"曰:"彦从无侍者祇对和尚。"师乃下堂。

至夜,令侍者唤彦从入方丈,曰:"阇梨今日祇对老僧,甚有道理,据汝合体先师意旨。先师道'目前无法,意在目前,不是目前法,非耳目之所到',且道那句是主句?若择得出,分付钵袋子。"曰:"彦从不会。"师曰:"汝合会,但道。"曰:"彦从实不知。"师喝出,乃曰:"苦,苦!"玄觉云:"且道从上坐实不会,是怕见钵袋子粘著伊?"二日午时,别僧举前语问师,师自代曰:"慈舟不棹清波上,剑峡徒劳效木鹅。"② 便告寂,寿六十有五,腊四十六。塔于寺西北隅。

---

① "中",东寺本、碛砂本作"内"。
② "效",南藏本、径山本、大正本作"放"。

洪州上蓝令超禅师，初住筠州上蓝山，说夹山之禅，学侣俱会。后于洪井创禅苑居之，还以"上蓝"为名，化道益盛①。僧问："如何是上蓝本分事？"师曰："不从千圣借，岂向万机求？"曰："只如不借不求时如何？"师曰："不可拈放汝手里得么？"问："锋前如何辨事？"师曰："锋前不露影，莫向舌头寻。"问："二龙争珠，谁是得者？"师曰："其珠遍地，目睹如泥。"问："善财见文殊，却往南方意如何？"师曰："学凭入室，知乃通方。"曰："为什么弥勒遣见文殊？"师曰："道广无涯，逢人不尽。"至唐大顺庚戌岁正月初，召众僧而告曰："吾本约住此十年，今化事既毕，当欲行矣。"十五日斋毕，声钟，端坐长往。谥元真大师，塔曰本空。

郢州四禅和尚，僧问："古人有请不背，今请和尚入井，还去也无？"师曰："深深无别源，饮者消诸患。"问："如何是和尚家风？"师曰："会得底人意，须知月色寒。"

江西逍遥山怀忠禅师，僧问："不似之句，还有人道得否？"师曰："或即五日斋前，或即五日斋后。"问："剑镜明利，毫毛何惑？"师曰："不空睯索。"问："洪炉猛焰，烹锻何物？"师曰："烹佛烹祖。"曰："佛祖作么生烹？"师曰："业在其中。"曰："唤作什么业？"师曰："佛力不如。"问："四十九年不说一句，

---

① "化道"，大正本作"化导"。

如何是不说底一句？"师曰："只履西行，道人不顾。"曰："莫便是和尚消停处也无？"师曰："马是官马不用印。"问："如何是一老一不老？"师曰："三从六义。"曰："如何是奇特一句？"师曰："坐佛床，斫佛朴。"问："祖与佛，阿那个最亲？"师曰："真金不肯博，谁肯换泥丸？"曰："恁么即有不肯也。"师曰："汝贵我贱。"问："如何是悬剑万年松？"师曰："非言不可及。"曰："当为何事？"师曰："只汝道话。"曰："言外之事，如何明得？"师曰："日久年多筋骨成。"问："不敌魔军，如何证道？"师曰："海水不劳杓子舀。"问："不住有云山，常居无底船时如何？"师曰："果熟自然。"曰："更请师道。"师曰："门前真佛子。"曰："学人为什么不见？"师曰："处处王老师。"

袁州盘龙山可文禅师，僧问："亡僧迁化，向什么处去也？"师曰："石牛沿江路，日里夜明灯。"问："如何是佛？"师曰："痴儿舍父逃。"师后居上蓝院。

抚州黄山月轮禅师，福州福唐人也，姓许氏。志学之岁，诣本郡黄檗山寺投观禅师禀教。及圆戒品，遂游方，抵涂水，谒三峰和尚，虽问答有序，而机缘靡契。寻闻夹山盛化，乃往叩之。夹山问师："名什么？"师曰："名月轮。"夹山作一圆相曰："何似遮个？"师曰："和尚恁么语话，诸方大有人不肯在。"曰："贫道即恁么，阇梨作么生？"师曰："还见月轮么？"曰："阇梨恁么道，此间大有人不肯诸方。"师乃服膺参讯。一日，夹山抗声问曰："子是什么处人？"师曰："闽中人。"曰："还识老僧否？"

师曰:"和尚还识学人否?"曰:"不然,子且还老僧草鞋价,然后老僧还子江陵米价。"师曰:"怎么即不识和尚,未委江陵米作么价?"夹山曰:"子善能哮吼。"乃入室受印,依附七年。方辞往抚州,卜龙济山隐居,玄侣云集。师遂演夹山奥旨,名闻诸方。后归临川,乐栖黄山,谓诸徒曰:"吾居此山,颇谐素志矣。"

师上堂谓众曰:"祖师西来,特唱此事,自是诸人不荐,向外驰求。投赤水以寻珠,就荆山而觅玉。所以道:从门入者,不是家珍;认影为头,岂非大错?"时有僧问:"如何是祖师意?"师曰:"梁殿不施功,魏邦绝心迹。"问:"如何是道?"师曰:"石牛频吐三春雾,木马嘶声满道途。"问:"如何得见本来面目?"师曰:"不劳悬石镜,天晓自鸡鸣。"问:"宗乘一句,请师商量。"师曰:"黄峰独脱物外秀,年来月往冷飕飕。"问:"不辨中言,如何指拨?"师曰:"剑去远矣,尔方刻舟。"问:"如何是衲衣下事?"师曰:"石牛水上卧,东西得自由。"问:"如何是目前意?"师曰:"秋风有韵,片月无方。"问:"如何是学人用心处?"师曰:"觉户不掩①,对月莫迷。"问:"如何是青霄路?"师曰:"鹤栖云外树,不倦苦风霜。"问:"过去事如何?"师曰:"龙叫清潭,波澜自肃。"

师住黄山仅十三载,学者来无虚往。以后唐同光三年十二月二十一日示有微恙②,至二十六日午时,奄然坐化。寿七十二,腊五十三。明年正月二十日,塔于院西北隅。

---

① "掩",丛刊本作"桧"。
② "三年",碛砂本作"二年"。

洛京韶山寰普禅师。有僧到参，礼拜起立。师曰："大才藏拙户。"僧过一边立，师曰："丧却栋梁材。"① 遵布衲山下见师，乃问："韶山在什么处？"师曰："青青翠竹处。"② 遵曰："莫只遮便是否？"师曰："是即是，阇梨有什么事？"曰："拟申一问③，未审师还答否？"师云："看君不是金牙作，争解弯弓射尉迟。"遵曰："凤皇直入烟霄路④，谁怕林中野鹊儿？"⑤ 师曰："当轩画鼓从君击，试展家风似老僧。"遵曰："一句迥超今古格，松萝不与月轮齐。"师曰："饶君直得威音外⑥，犹较韶山半月程。"遵曰："过在什么处？"师曰："倜傥之辞，时人知有。"遵曰："恁么即真玉泥中异⑦，不拨万机尘。"师曰："鲁般门下，徒施巧妙。"遵云："学人即恁么⑧，师意如何？"⑨ 师曰："玉女夜抛梭，寄锦于西舍。"⑩ 遵曰："莫便是和尚家风也无？"师曰："耕夫置玉楼⑪，不是行家作。"遵曰："此是文言，和尚家风如

---

① 此下，东寺本、碛砂本有："师问僧：'莫是多口白头遵么？'遵云：'不敢。'云：'多少口？'遵云：'通身是。'师云：'寻常向什么处屙？'遵云：'向韶山口里屙。'师云：'有韶山口，向韶山口里；无韶山口，向什么处屙？'遵无对，师便打。"
② "翠竹"，东寺本、碛砂本作"郁郁"。"处"下，东寺本、碛砂本、大正本有"是"。
③ "申"，东寺本作"伸"。
④ "路"，东寺本、碛砂本、大正本作"去"。
⑤ "中"，东寺本、碛砂本、大正本作"间"。
⑥ "得"，东寺本、碛砂本、大正本作"出"。
⑦ "恁么"，东寺本、碛砂本、大正本作"与么"。
⑧ "恁么"，东寺本、碛砂本作"与么"。
⑨ "如何"，东寺本、碛砂本作"又如何"。
⑩ "寄"，径山本作"织"。
⑪ "玉楼"，东寺本、碛砂本、大正本作"玉漏"。此下，大正本注："卿公《事苑》云：当作'玉耧'，谓耧犁也，耕人用耧所以布子种。禅录所谓'看缕打耧'，正谓是也。《魏略》曰：皇甫隆为炖煌太守，民不晓耕种，因教民作耧犁，省力过半。然耧乃陆种之具，南人多不识之，故详出焉。音楼。"

何?"师曰:"横身当宇宙,谁是出头人?"① 终谥无畏禅师②。

太原海湖和尚,因有人请灌顶三藏供养,敷坐讫,师乃就彼位坐。时有云涉坐主问曰:"和尚什么年行道?"师曰:"坐主近前来。"涉近前,师曰:"只如憍陈如是什么年行道?"涉茫然。师咄曰:"遮尿床鬼。"僧问:"和尚院内人何太少,定水院人何太多?"师曰:"草深多野鹿,岩高獬豸稀。"③

嘉州白水寺和尚,僧问:"如何是西来意?"师曰:"四溟无窟宅,一滴润乾坤。"问:"曹溪一路,合谭何事?"师曰:"涧松千载鹤来聚,月中香桂凤皇归。"

凤翔天盖山幽禅师,僧问:"如何是天盖水?"师曰:"四海滂沲,不犯涓滴。"问:"学人拟看经时如何?"师曰:"既是大商,何求小利?"

洪州建昌凤栖山同安和尚,第一世住。僧问:"如何是和尚家风?"师曰:"金鸡抱子归霄汉,玉兔怀胎入紫微。"僧曰:"忽遇客来,将何祗待?"师曰:"金果早朝猿摘去,玉华晚后凤衔来。"

---

① 此下,东寺本有:"道不礼拜。一日,又问:'阇黎有冲天之计,老僧有入地之谋。阇黎横吞巨海,老僧背负须弥。阇黎横剑上来,老僧亚枪相待。向上一路,速道,速道!'道云:'明镜当台请一鉴。'师云:'不鉴。'道云:'为什么不鉴?'师云:'浅水无鱼,徒劳下钓。'道无语,师便打,道方礼拜师。"
② "终谥无畏禅师",东寺本作"后谥无畏大师"。
③ "稀",原作"希",据东寺本、碛砂本、南藏本、径山本、大正本改。

问:"终日在潭,为什么钓不得?"师曰:"玄源不隐无生宝,莫谩垂钩向碧潭。"问:"澄机一句,晓露不逢时如何?"师曰:"太阳门下无星月,天子殿前无贫儿。"问:"如何是同安转身处?"师曰:"旷劫不曾沈玉露,目前岂滞太阳机?"问:"险恶道中,如何进步?"师曰:"玄身透过千差路,碧海无波往即难。"问:"如何是衲衣下事?"师曰:"一片玉轮今古在,岂同渔父夜沈钩?"问:"如何是大勿惭愧底人?"师曰:"空王不坐无生殿,迦叶堂前不点灯。"

景德传灯录卷第十七

吉州清原山行思禅师法嗣①
第五世②二十六人
袁州洞山良价禅师法嗣二十六人—十八人见录
　　洪州云居山道膺禅师
　　抚州曹山本寂禅师
　　洞山第二世道全禅师
　　湖南龙牙山居遁禅师
　　京兆华严寺休静禅师
　　京兆蚬子和尚
　　筠州九峰普满大师
　　台州幽栖道幽禅师
　　洞山第三世师虔禅师
　　洛京白马遁儒禅师③
　　越州乾峰和尚

---

① "法嗣"，径山本无。
② "世"下，大正本有"下"。
③ "京"，东寺本、碛砂本作"州"。

吉州禾山和尚

明州天童山咸启禅师①

潭州宝盖山和尚

益州北院通禅师

高安白水本仁禅师

抚州疏山光仁禅师

澧州钦山文邃禅师

> 明州天童山义禅师、太原资圣方禅师、新罗国金藏和尚、益州白禅师、潭州文殊和尚、舒州白水山和尚、邵州西湖和尚、青阳通玄和尚　已上八人无机缘语句，不录

第六世四十三人②

鄂州岩头全豁禅师法嗣九人 六人见录

　　台州瑞岩师彦禅师

　　怀州玄泉彦禅师

　　吉州灵岩慧宗禅师

　　福州罗山道闲禅师

　　福州香溪从范禅师

　　福州罗源圣寿严禅师

> 洪州大宁海一禅师、信州鹅湖山韶和尚、洪州大宁讷和尚　已上三人无机缘语句，不录

洪州感潭资国和尚法嗣一人见录

　　安州白兆山志圆禅师

---

① 此下，大正本注："十一卷有目无传。"
② "世"下，大正本有"之一"。

濠州思明和尚法嗣一人见录

　　襄州鹫岭善本禅师

潭州大光山居诲禅师法嗣一十三人七人见录

　　潭州谷山有缘禅师

　　潭州龙兴和尚

　　潭州伏龙山第一世和尚

　　京兆白云善藏禅师

　　潭州伏龙山第二世和尚

　　陕府龙峻山和尚

　　潭州伏龙山第三世和尚

　　　　大光山玄禅师、漳州藤霞和尚、宋州净觉和尚、华州崇胜证和尚、鄂州永寿和尚、鄂州灵竹和尚　已上六人无机缘语句，不录

筠州九峰道虔禅师法嗣一十人见录

　　新罗清院和尚

　　洪州泐潭神党禅师

　　吉州南源山行修禅师

　　洪州泐潭明禅师

　　吉州秋山和尚

　　洪州泐潭延茂禅师

　　洪州同安常察禅师

　　洪州泐潭悟禅师

　　吉州禾山无殷禅师

　　洪州泐潭牟和尚

台州涌泉景欣禅师法嗣一人见录

台州六通院绍禅师

潭州云盖山志元禅师法嗣三人见录

云盖山志罕禅师

新罗卧龙和尚

彭州天台和尚

潭州谷山藏禅师法嗣三人见录

新罗瑞岩和尚

新罗泊严和尚

新罗大岭和尚

潭州中云盖山和尚法嗣一人见录

云盖山景和尚

河中府栖岩存寿禅师法嗣

一人道德禅师　无机缘语句，不录

吉州清原行思禅师第五世

袁州洞山良价禅师法嗣

洪州云居道膺禅师，幽州玉田人也，姓王氏。童丱依师禀教，二十五，受具于范阳延寿寺。本师令习声闻篇聚，乃叹曰："大丈夫岂可桎梏于律仪邪？"乃去诣翠微山问道。经三载，有云游僧自豫章来，盛称洞山价禅师法席，师遂造焉。洞山问曰："阇梨名什么？"曰："道膺。"洞山云："向上更道。"师云："向上道，即不名道膺。"洞山曰："与吾在云岩时祇对无异也。"后师问："如何是祖师意？"洞山曰："阇梨他后有一把茅盖头，忽有人问，阇梨如何祇对？"曰："道膺罪过。"洞山有时谓师曰：

"吾闻思大和尚生倭国作王,虚实?"曰:"若是思大,佛亦不作,况乎国王?"洞山然之。一日,洞山问:"什么处去来?"师曰:"踏山来。"洞山曰:"阿那个山堪住?"曰:"阿那个山不堪住?"洞山曰:"恁么即国内总被阇梨占却也。"曰:"不然。"洞山曰:"恁么即子得个入路?"曰:"无路。"洞山曰:"若无路,争得与老僧相见?"曰:"若有路,即与和尚隔生去也。"洞山曰:"此子已后,千人万人把不住。"

师随洞山渡水,洞山问:"水深浅?"曰:"不湿。"洞山曰:"粗人。"曰:"请师道。"洞山曰:"不干。"洞山谓师曰:"昔南泉问讲《弥勒下生经》。僧曰:'弥勒什么时下生?'曰:'见在天宫,当来下生。'南泉曰:'天上无弥勒,地下无弥勒。'"师随举而问曰:"只如天上无弥勒,地下无弥勒,未审谁与安字?"洞山直得禅床震动,乃曰:"膺阇梨。"师合酱次,洞山问:"作什么?"师曰:"合酱。"洞山曰:"用多少盐?"曰:"旋入。"洞山曰:"作何滋味?"师曰:"得。"洞山问:"大阐提人杀父害母,出佛身血,破和合僧,如是种种,孝养何在?"师曰:"始得孝养。"自尔洞山许之,为室中领袖。

初止三峰,其化未广,后开云居山,四众臻萃。一日上堂,因举:"古人云:'地狱未是苦,向此衣服下不明大事①,失却最苦。'"师乃谓众曰:"汝等既在遮个行流,十分去九不较多也,更著些力,便是上坐不屈平生行脚,不孤负丛林。古人道:欲得保任此事,须向高高山顶立,深深水底行,方有些子气力。汝若

---

① "衣服",东寺本、碛砂本作"袈裟"。

大事未办，且须履践玄途。"问："如何是沙门所重？"师曰："心识不到处。"问："佛与祖有何阶级？"师曰："俱是阶级。"问："如何是西来意？"师曰："古路不逢人。"可观上坐问："的罢标指，请师速接。"师曰："即今作么生？"观曰："道即不无，莫领话好。"师曰："何必，阇梨。"问："如何是口诀？"师曰："近前来，向汝道。"僧近前曰："请师道。"师曰："也知，也知。"

师掷痒和问众："还会么？"众曰："不会。"师曰："趁雀儿也不会。"问："如何得不恼乱和尚？"师曰："与我唤处德来。"僧遂去唤来，师曰："与我闭却门。"问："马祖出八十八人善知识[①]，未审和尚出多少人？"师展手示之。问："如何是向上人行履处？"师曰："天下太平。"问："游子归家时如何？"师曰："且喜归来。"曰："将何奉献？"师曰："朝打三千，暮打八百。"师谓众曰："如好猎狗，只解寻得有纵迹底，忽遇羚羊挂角，莫道迹，气亦不识。"僧问："羚羊挂角时如何？"师曰："六六三十六。"又曰："会么？"僧曰："不会。"师曰："不见道无踪迹。"有僧举似赵州，赵州云："云居师兄犹在。"僧乃问："羚羊挂角时如何？"赵州云："六六三十六。"众僧夜参，侍者持灯来，见影在壁上，有僧便问："两个相似时如何？"师曰："一个是影。"问："学人拟欲归乡时如何？"师曰："只遮是。"

新罗僧问："佛陀波利见文殊，为什么却回去？"师曰："只为不将来，所以却回去。"师谓众曰："学佛法底人，如斩钉截铁始得。"时一僧出曰："便请和尚钉铁。"师曰："口里底是什么？"僧问："承教有言：是人先世罪业，应堕恶道，以今世人轻

[①] "八十八"，径山本作"八十四"。

贱，此意如何？"师曰："动即应堕恶道，静即为人轻贱。"崇寿稠答云："心外有法，应堕恶道；守住自己，为人轻贱。"僧问："香积之饭，什么人得吃？"师曰："须知得吃底人，入口也须挑出。"① 有一僧在房内念经，师隔窗问："阇梨念者是什么经？"对曰："《维摩经》。"师曰："不问《维摩经》，念者是什么经？"其僧从此得入。

问："孤迥且巍巍时如何？"② 师曰："孤迥且巍巍。"僧曰："不会。"师曰："面前桉山子也不会。"③ 新罗僧问："是什么得怎么难道？"师曰："有什么难道？"曰："便请和尚道。"师曰："新罗，新罗。"问："明眼人为什么黑如漆？"师曰："何怪？"荆南节度使成汭遣大将入山送供，问曰："世尊有密语，迦叶不覆藏。如何是世尊密语？"师召曰："尚书。"其人应诺，师曰："会么？"曰："不会。"师曰："汝若不会，世尊有密语④；汝若会，迦叶不覆藏。"僧问："才生为什么不知有？"师曰："不同生。"曰："未生时如何？"师曰："不曾灭。"曰："未生时在什么处？"师曰："有处不收。"曰："什么人受灭？"师曰："是灭不得者。"

师谓众曰："汝等师僧家发言吐气，须有来由。凡问事须识好恶、尊卑、良贱，信口无益，傍家到处觅相似语。所以寻常向兄弟道：莫怪不相似，恐同学太多去。第一莫将来，将来不相似⑤。八十老人出场屋，不是小儿戏。一言参差，千里万里，难为收摄。直至敲骨打髓，须有来由。言语如钳夹钩锁，相续不

---

① "挑出"，碛砂本、大正本作"抉出"。
② "且"，大正本作"峭"，下同。
③ "桉"，大正本作"案"。
④ "世尊有密语"，原作"世尊密语"，据东寺本、碛砂本改。
⑤ "将来不相似"，原作"不相似"，据碛砂本、大正本改。

断，始得头头上具，物物上新，可不是精得妙底事？道汝知有底人，终不取次。十度拟发言，九度却休去，为什么如此？恐怕无利益。体得底人，心如腊月扇，口边直得醭出，不是汝强为，任运如此。欲得恁么事，须是恁么人，既是恁么人，何愁恁么事？学佛边事，是错用心，假饶解千经万论，讲得天花落，石点头，亦不干自己事，况乎其余，有何用处？若将有限心识，作无限中用，如将方木逗圆孔，多少差讹。设使攒花簇锦，事事及得，及尽一切事，亦只唤作了事人，无过人，终不唤作尊贵。将知尊贵边著得什么物？不见：从门入者非宝，棒上不成龙，知么？"

师如是三十年开发玄键①，徒众常及千五百之数。南昌钟氏，尤所钦风。唐天复元年秋示微疾，十二月二十八日为大众开最后方便，叙出世始卒之意，众皆怆然。越明年正月三日，跏趺长往。今本山影堂存焉。敕谥弘觉大师，塔曰圆寂。

抚州曹山本寂禅师，泉州莆田人也，姓黄氏。少慕儒学，年十九出家，入福州福唐县灵石山，二十五登戒。唐咸通初，禅宗兴盛，会洞山价禅师坐道场，往来请益。洞山问："阇梨名什么？"对曰："本寂。"曰："向上更道。"师曰："不道。"曰："为什么不道？"师曰："不名本寂。"洞山深器之。师自此入室，密印所解。盘桓数载，乃辞洞山。洞山问："什么处去？"曰："不变异处去。"洞山云："不变异，岂有去邪？"师曰："去亦不变异。"遂辞去，随缘放旷。初受请，止于抚州曹山，后居荷玉

---

① "键"，大正本作"楗"，径山本作"键"。

山。二处法席，学者云集。

问："不与万法为侣者是什么人？"师曰："汝道洪州里许多人，什么处去也？"问："眉与目还相识也无？"师曰："不相识。"曰："为什么不相识？"师曰："为同在一处。"曰："恁么即不分也。"师曰："眉且不是目。"曰："如何是目？"师曰："端的去。"曰："如何是眉？"师曰："曹山却疑。"曰："和尚为什么却疑？"师曰："若不疑，即端的去也。"问："于相何真？"师曰："即相即真。"曰："当何显示？"师提起托子。问："幻本何真？"师曰："幻本元真。"法眼别云："幻本不真。"曰："当幻何显？"师曰："即幻即显。"法眼别云："幻即无当。"曰："恁么即始终不离于幻也。"师曰："觅幻相不可得。"

问："如何是常在底人？"师曰："恰遇曹山暂出。"曰："如何是常不在底人？"师曰："难得。"僧清锐问："某甲孤贫，乞师拯济。"师曰："锐阇梨，近前来。"锐近前，师曰："泉州白家酒三盏，犹道未沾唇。"玄觉云："什么处是与他酒吃？"问："拟岂不是类？"师曰："直是不拟，亦是类。"曰："如何是异？"师曰："莫不识痛痒。"镜清问："清虚之理，毕竟无身时如何？"师曰："理即如此，事作么生？"曰："如理如事。"师曰："谩曹山一人即得，争奈诸圣眼何？"曰："若无诸圣眼，争鉴得个不恁么？"师曰："官不容针，私通车马。"云门问："不改易底人来，师还接否？"师曰："曹山无恁么闲功夫。"人问："古人云：人人尽有。弟子在尘蒙，还有也无？"师曰："过手来。"乃点指曰："一二三四五，足。"

问："鲁祖面壁，用表何事？"师以手掩耳。问："承古有言：

未有一人倒地，不因地而起。如何是倒？"师曰："肯即是。"曰："如何是起？"师曰："起也。"问："承教有言：大海不宿死尸。如何是海？"师曰："包含万有。"曰："为什么不宿死尸？"师曰："绝气者不著。"曰："既是包含万有，为什么绝气者不著？"师曰："万有非其功，绝气有其德。"曰："向上还有事也无？"师曰："道有道无即得，争奈龙王按剑何？"问："具何知解，善能对众问难？"师曰："不呈句。"曰："问难个什么？"师曰："刀斧斫不入。"曰："能恁么问难，还更有不肯者也无？"师曰："有。"曰："是什么人？"师曰："曹山。"问："无言如何显？"师曰："莫向遮里显。"曰："向什么处显？"师曰："昨夜三更床头，失却三文钱。"

问："日未出时如何？"师曰："曹山也曾恁么来。"曰："日出后如何？"师曰："犹较曹山半月粮①。"师问僧："作什么？"曰："扫地。"师曰："佛前扫，佛后扫？"曰："前后一时扫。"师曰："与曹山过靸鞋来。"师问强德上座曰："菩萨在定，闻香象渡河，出什么经？"曰："出《涅槃经》。"师曰："定前闻，定后闻？"曰："和尚流也。"师曰："道也大杀道，始道得一半。"曰："和尚如何？"师曰："滩下接取。"问："学人十二时中，如何保任？"师曰："如经蛊毒之乡，水不得沾著一滴。"问："如何是法身主？"师曰："谓秦无人。"曰："遮个莫便是否？"师曰："斩。"问："亲近什么道伴，即得常闻于未闻？"师曰："同共一被盖。"曰："此犹是和尚得闻，如何是常闻于未闻？"师曰："不同于木石。"曰：

---

① "粮"，碛砂本、大正本作"程"。

"何者在先,何者在后?"师曰:"不见道:常闻于未闻。"

问:"国内按剑者是谁?"师曰:"曹山。"法灯别云:"汝不是恁么人?"曰:"拟杀何人?"师曰:"但有一切总杀。"曰:"忽逢本父母作么生?"① 师曰:"拣什么?"曰:"争奈自己何?"师曰:"谁奈我何?"曰:"为什么不杀?"师曰:"勿下手处。"问:"一牛饮水,五马不嘶时如何?"师曰:"曹山解忌口。"又别云:"曹山老满。"② 问:"常在生死海中沉没者,是什么人?"师曰:"第二月。"曰:"还求出离也无?"师曰:"也求出离,只是无路。"曰:"出离什么人接得伊?"师曰:"担铁枷者。"僧举:"药山问僧:'年多少?'僧曰:'七十二。'药山曰:'是年七十二么?'曰:'是。'药山便打。此意如何?"师曰:"前箭犹似可,后箭射人深。"僧曰:"如何免得棒?"师曰:"正敕既行,诸侯避道。"东禅齐云:"曹山是明药山意,自出手,为复别有道理?还断得么?只如遮僧举问曹山,伊还有会处么?忽尔问:'上坐年多少?'别作么生祗对?"

问:"如何是佛法大意?"曰:"填沟塞壑。"问:"如何是师子?"师曰:"众兽近不得。"曰:"如何是师子儿?"师曰:"能吞父母。"曰:"既是众兽近不得,为什么被儿吞?"师曰:"子若哮吼,祖父母俱尽。"曰:"只如祖父母还尽也无?"师曰:"亦尽。"曰:"尽后如何?"师曰:"全身归父。"曰:"前来为什么道祖父亦尽。"师曰:"不见道:王子能成一国事,枯木上更采些子华。"问:"才有是非,纷然失心如何?"③ 师曰:"斩,斩。"僧举:"有人问香严:'如何是道?'答曰:'枯木里龙吟。'学

---

① "逢",东寺本、碛砂本作"遇"。
② "老满",东寺本、碛砂本作"老汉",大正本作"孝满"。
③ "失心如何",东寺本、碛砂本作"失心时如何"。

云：'不会。'曰：'髑髅里眼睛。'后问石霜：'如何是枯木里龙吟？'石霜云：'犹带喜在。'又问：'如何是髑髅里眼睛？'石霜云：'犹带识在。'"师因而颂曰："枯木龙吟真见道，髑髅无识眼初明。喜识尽时消不尽①，当人那辨浊中清？"其僧却问师②："如何是枯木里龙吟？"师曰："血脉不断。"曰："如何是髑髅里眼睛？"师曰："干不尽。"曰："未审还有得闻者无？"师曰："尽大地未有一个不闻。"曰："未审龙吟是何章句？"师曰："也不知是何章句，闻者皆丧。"

师如是启发上机，曾无轨辙可寻，及受洞山五位铨量，特为丛林标准。时洪州钟氏屡请不起，但写大梅和尚《山居颂》一首答之。天复辛酉季夏夜，师问知事僧："今是何日月？"对曰："六月十五日。"师曰："曹山一生行脚到处，只管九十日为一夏。"至明日辰时告寂，寿六十有二，腊三十有七。门人奉真骨树塔，敕谥元证大师，塔曰福圆。

洞山道全禅师，第二世住，亦云中洞山。初问洞山价和尚："如何是出离之要？"洞山曰："阇梨足下烟生。"师当下契悟，更不他游。云居膺进语云："终不敢孤负和尚足下烟生。"洞山云："步步玄者，即是功到。"暨价和尚圆寂，众请踵迹住持，海众悦服，玄风不坠。僧问："佛入王宫，岂不是大圣再来？"师曰："护明不下生。"僧曰："既是大圣再来，何更六年苦行？"师曰："幻人呈幻事。"曰："非幻者如何？"师曰："王宫觅不得。"问："清净行者，不

---

① "消不尽"，碛砂本作"消息尽"。
② "却"，碛砂本作"复"。

入涅槃；破戒比丘，不入地狱如何？"师曰："度尽无遗影，还他越涅槃。"问："极目千里，是什么风范？"师曰："是阇梨风范。"曰："未审和尚风范如何？"师曰："不布婆娑眼。"

湖南龙牙山居遁禅师，抚州南城人也，姓郭氏。年十四，于吉州满田寺出家，后往嵩岳受戒。乃杖锡游诸禅会，因参翠微和尚。问曰："学人自到和尚法席一个余月，每日和尚上堂，不蒙一法示诲，意在于何？"翠微曰："嫌什么？"有僧举前语问洞山，洞山云："阇梨争怪得老僧？"法眼别云："祖师来也。"东禅齐云："此三人尊宿语，还有亲疏也无？若有，阿那个亲？若无，亲疏眼在什么处？"又谒德山，问曰："远闻德山一句佛法，及乎到来，未曾见和尚说一句佛法。"德山曰："嫌什么？"师不肯，乃造洞山，如前问之。洞山曰："争怪得老僧？"师复举德山"头落"语，因自省过①，遂止于洞山，随众参请。一日问："如何是祖师意？"洞山曰："待洞水泝流②，即向汝道。"师从此始悟厥旨，复抠衣八稔。受湖南马氏请，住龙牙山妙济禅苑，号证空大师。有徒五百余众，法无虚席。

上堂示众曰："夫参学人须透过祖佛始得。新丰和尚云：祖教佛教，似生怨家，始有学分。若透祖佛不得，即被祖佛谩去。"时有僧问："祖佛还有谩人之心也无？"师曰："汝道江湖还有碍人之心也无？"又曰："江湖虽无碍人之心，为时人过不得，江湖成碍人去，不得道江湖不碍人。祖佛虽无谩人之心，为时人透不得，祖佛成谩人去，不得道祖佛不谩人。若透得祖佛过，此人过

---

① "因自"，丛刊本作"因而"。
② "泝"，东寺本、碛砂本注曰："音素，逆水也。"大正本作"逆"。

却祖佛也，始是体得祖佛意，方与向上古人同。如未透得，但学佛学祖，则万劫无有得期。"又问："如何得不被祖佛谩去？"师曰："则须自悟去。"

师在翠微时，问："如何是祖师意？"翠微曰："与我将禅板来。"师遂过禅板，翠微接得便打。师曰："打即任和尚打①，且无祖师意。"② 又问临济："如何是祖师意？"临济曰："与我将蒲团来。"师乃过蒲团，临济接得便打。师曰："打即任和尚打③，且无祖师意。"④ 后有僧问："和尚行脚时，问二尊宿祖师意，未审二尊宿道眼明也未？"师曰："明即明也，要且无祖师意。"东禅齐云："众中道佛法即有，只是无祖师意，若恁么会，有何交涉？别作么生会'无祖师意'底道理？"

问："如何是道？"师曰："无异人心是。"又曰："若人体得道无异人心，始是道人，若是言说，则勿交涉。道者，汝知打底道人否？十二时中，除却著衣吃饭，无丝发异于人心，无诳人心，此个始是道人。若道我得、我会，则勿交涉。大不容易。"问："如何是祖师西来意？"师曰："待石乌龟解语，即向汝道。"曰："石乌龟语也。"师曰："向汝道什么？"问："古人得个什么便休去？"师曰："如贼入空室。"问："无边身菩萨，为什么不见如来顶相？"师曰："汝道如来还有顶相么？"问："大庾岭头提不起时如何？"师曰："六祖为什么将得去？"问："二鼠侵藤时如何？"师曰："须有隐身处始得。"曰："如何是隐身处？"师曰：

---

① "和尚"，大正本无。
② "且"，大正本作"要且"。
③ "和尚"，大正本无。
④ "且"，大正本作"要且"。

"还见侬家么?"

问:"维摩掌擎世界,未审维摩向什么处立?"师曰:"道者,汝道维摩掌擎世界?"问:"知有底人,还有生死也无?"师曰:"恰似道者未悟时。"问:"如何是西来意?"师曰:"此一问最苦。"报慈云:"此一问最好。"① 问:"祖意与教意同别?"师曰:"祖师在后来。"问:"祖师是无事沙门?"师曰:"若是沙门,不得无事。"曰:"为什么不得无事?"师曰:"觅一个难得。"问:"蟾蜍无返照之光,玉兔无伴月之意时如何?"师曰:"尧舜之君,犹有化在。"东禅齐云:"是什么问讯与上坐,十二时中是什么时节?"问:"如何得此身安去?"师曰:"不被别身谩始得。"法眼别云:"谁恼乱汝?"师梁龙德三年癸未八月②,示有微疾。九月十三日夜半,大星陨于方丈前,诘旦,端坐而逝,寿八十有九。

京兆华严寺休静禅师,师曾在乐普作维那,白槌普请曰:"上间般柴,下间锄地。"时第一坐问:"圣僧作么生?"师曰:"当堂不正坐,不赴两头机。"师在洞山时,问曰:"学人未见理路,未免情识。"洞山曰:"汝还见理路也无?"曰:"见无理路。"洞山曰:"什么处得情识来?"曰:"学人实问。"洞山曰:"恁么须向万里无寸草处立。"曰:"无寸草处,还许立也无?"洞山曰:"直须恁么去。"般柴次,洞山把住柴问:"狭路相逢时作么生?"曰:"反仄何幸。"洞山曰:"汝记吾言:汝向南住有一千人,若向北住,即三二百而已。"

---

① "一问",大正本作"问"。
② "梁",丛刊本、东寺本作"唐"。"龙德",后梁年号。

师初住福州东山之华严，未几，属后唐庄宗皇帝征入辇下，大阐玄风，其徒果三百矣。问："祖意与教意同别？"师曰："探尽龙宫藏，众义不能诠。"问："大悟底人为什么却迷？"师曰："破镜不重照，落花难上枝。"问："大军设天王斋求胜，贼军亦设天王斋求胜，未审天王赴阿谁愿？"师曰："天垂雨露，不拣荣枯。"一日，车驾入寺烧香，帝问曰："遮个是什么神？"师对曰："护法善神。"帝曰："沙汰时什么处去来？"师曰："天垂玉露①，不为荣枯。"师后游河朔，于平阳示灭。茶毗，获舍利，建四浮图：一晋州，二房州，三终南山逍遥园，四终南山华严寺。敕谥宝智大师，无为之塔。

京兆蚬子和尚，不知何许人也，事迹颇异，居无定所。自印心于洞山，混俗于闽川。不畜道具，不循律仪，常日沿江岸采掇虾蚬以充腹，暮即卧东山白马庙纸钱中，居民目为"蚬子和尚"。华严静师闻之，欲决真假，先潜入纸钱中。深夜师归，静把住问曰："如何是祖师西来意？"师遽答曰："神前酒台盘。"静奇之，忏谢而退。后静师化行京都，师亦至焉。竟不聚徒演法，惟佯狂而已。

筠州九峰普满大师，问僧："离什么处？"曰："闽中。"师曰："远涉不易。"曰："不难，动步便到。"师曰："有不动步者么？"僧曰："有。"师曰："争得到此间？"僧无对。师曰："赚杀人。"问："如何是和尚家风？"师曰："即今是什么？"曰：

---

① "玉露"，东寺本、碛砂本作"雨露"。

"学人不会。"师曰:"十字路上马蔺华。"

台州幽栖道幽禅师,镜清问:"如何是少父?"师曰:"无标的。"曰:"无标的以为少父邪?"师曰:"有什么过?"曰:"只如少父作么生?"师曰:"道者是什么心行?"问:"如何是佛?"师曰:"汝不信是众生?"曰:"学人大信。"师曰:"若作胜解,即受群邪。"师将示灭,有僧问曰:"和尚百年后,向什么处去?"师曰:"调然,调然。"言讫坐亡。

后洞山师虔禅师,第三世住也,亦号"青林和尚"。初自夹山来参,先洞山价和尚问曰:"近离什么处?"师曰:"武陵。"曰:"武陵法道,何似此间?"师曰:"胡地冬抽笋。"价曰:"别甑炊香饭,供养于此人。"师乃出去。洞山曰:"此子向后,走杀天下人在。"师在洞山栽松,有刘翁者从师求偈。师作偈曰:"长长三尺余,郁郁覆荒草。不知何代人,得见此松老?"刘翁得偈,呈于洞山。洞山曰:"贺翁翁喜,只此人是第三世也。"

师先住随州土门小青林兰若,后果回洞山接踵。凡有新到僧,先令般柴三转,然后参堂。有一僧不肯,问曰:"三转内即不问,三转外如何?"师曰:"铁轮天子寰中旨。"僧无对,师便打令去。僧问:"昔年疾苦又中毒,请师医。"师曰:"金鎞拨破脑,顶上灌醍醐。"曰:"恁么即谢师医。"师便打。问:"久负不逢时如何?"师曰:"古皇尺一寸。"问:"请师答话。"师曰:"修罗掌于日月。"师上堂谓众曰:"祖师宗旨,今日施行,法令已彰,复有何事?"时有僧问:"正法眼藏,祖祖同印。未审和尚传付何人？"师曰："灵苗生有地，大悟不存师。"问："如何是道？"师曰："回牛寻远涧。"曰："如何是道中人？"师曰："拥雪首扬眉。"问："千差路别，如何顿晓？"师曰："足下背骊珠，空怨长天月。"

洛京白马遁儒禅师，问："如何是衲僧本分事？"师曰："十道不通风，哑子传远信。"曰："传什么信？"师乃合掌顶戴。问："如何是密室中人？"师曰："才生不可得，不贵未生时。"曰："是个什么不贵未生时？"师曰："是汝阿邪。"问："三千里外向白马，及乎到来，为什么不见？"师曰："是汝不见，干老僧什么事？"曰："请和尚指示。"师曰："指即勿交涉。"问："如何是学人本分事？"师曰："昨夜三更日正午。"问："如何是法身向上事？"师曰："井底蛤蟆吞却月。"僧问黄龙："如何是井底蛤蟆吞却月？"黄龙云："不奈何。"僧云："恁即吞却去也？"① 黄龙云："一任吞。"僧云："吞后如何？"黄龙云："好蛤蟆。"问："如何是学人急切处？"师曰："俊鸟犹嫌钝，瞥然早已迟。"问："如何是西来意？"师曰："点额猢狲探月波。"

越州乾峰和尚，或云瑞峰。问僧："什么处来？"曰："天台。"师曰："见说石桥作两段，是否？"曰："和尚什么处来得遮消息来？"② 师曰："将谓华顶峰前客，元是平田庄里人。"③ 问："如

---

① "恁"，东寺本、碛砂本作"恁么"。
② 前"来"，东寺本、碛砂本、大正本无。
③ "元是"，东寺本、碛砂本作"无来"。

何得出三界？"师曰："唤院主来趁出遮僧著。"师问众僧："轮回六趣，具什么眼？"众无对。问："如何是超佛越祖之谈？"师曰："老僧问汝。"曰："和尚且置。"师曰："老僧一问尚自不会，问什么超佛越祖之谈？"

吉州禾山和尚，僧问："学人欲申一问，师还容许否？"① 师曰："禾山答汝了也。"问："如何是西来意？"师曰："禾山大顶。"问："如何是和尚家风？"师曰："满目青山起白云。"

明州天童山咸启禅师，先住苏州宝花山。僧问："如何是本无物？"师曰："石润无含玉，矿异自生金。"伏龙山和尚来，师问："什么处来？"曰："伏龙来。"师曰："还伏得龙么？"曰："不曾伏遮畜生。"师曰："吃茶去。"简大德问："学人卓卓上来，请师的的。"师曰："我遮里一屙便了，有什么卓卓的？"曰："和尚怎么对话，更买草鞋行脚好。"师曰："近前来。"简近前，师曰："只如老僧怎么对，过在什么处？"简无对，师便打②。

潭州宝盖山和尚，僧问："一间无漏舍，合是何人居？"师曰："无名不挂体。"曰："还有位也无？"师曰："不处。"问："如何是宝盖？"师曰："不从人天得。"曰："如何是宝盖中人？"师曰："不与时人知。"僧："佛来时如何？"师曰："觅他路不得。"问："切切时为什么不立人？"师曰："归亦踏不著。"曰：

---

① "容许"，东寺本、碛砂本作"答"。
② 此下，大正本注："十一卷又收在径山鉴宗下，何也？"。

"恁么时如何成立?"师曰:"不与时人知。"问:"世界坏时,此个何处去?"师曰:"千圣寻不得。"曰:"时人如何归向?"师曰:"直须似去。"曰:"还有的也无?"师曰:"不立标则。"

益州北院通禅师,在夹山时,一日夹山上堂曰:"坐断主人公,不落第二见。"师出曰:"须知有一人不合伴。"夹山曰:"犹是第二见。"师乃掀倒禅床,夹山曰:"老兄作么生?"师曰:"待某甲舌头烂,即向和尚道。"异日,师又问夹山曰:"'目前无法,意在目前,不是目前法,非耳目之所到',岂不是和尚语?"夹山曰:"是。"师乃掀倒禅床,叉手立地。夹山起来,打一拄杖,师便下去。法眼云:"是他掀倒禅床,何不便去?须待夹山打一棒了去,意在什么处?"师在洞山,随众参请,未契旨。遂辞洞山,拟入岭去,洞山曰:"善为。飞猿岭峻好看。"师沈吟良久,洞山曰:"通阇梨。"师应诺,洞山曰:"何不入岭去?"师因此不入岭①,师事于洞山。时号"镢头通"。

住后,上堂示众曰:"诸上坐,有什么事出来论量取。若上上根机②,不假如斯;若是中下之流,直须团削门户,索索地莫教入泥水。第一速疾省事,应须无心。若不无心,举得千般万般,只成知解,与此衲僧门下③,有什么交涉?"僧问:"如何是无心?"师曰:"不管系。"问:"二龙争珠,谁是得者?"师曰:"得即失。"曰:"不失如何?"师曰:"还我珠来。"问:"如何是

---

① "因此"下,东寺本、碛砂本、大正本有"惺悟更"。
② "若",东寺本、碛砂本作"若是"。
③ "此",东寺本、碛砂本无。

清净法身?"师曰:"无点污。"问:"转不得时如何?"师曰:"功不到。"问:"如何是大富贵底人?"师曰:"如轮王宝藏。"曰:"如何是赤穷底人?"师曰:"如酒店腰带。"问:"水洒不著时如何?"师曰:"干剥剥地。"问:"一槌便成时如何?"师曰:"不是偶然。"示灭后,敕谥证真大师。

高安白水本仁禅师,自洞山受记,唐天复中,迁止洪井高安白水院,众盈三百,玄言流播。因设洞山忌斋,有僧问:"供养先师,先师还来也无?"师曰:"更下一分供养著。"洪州西山众行者来礼拜,问:"今日不为别事,乞师指示。"师曰:"汝诸人求指示邪?"对曰:"是。"师曰:"教我委付阿谁?"镜清行脚到,师谓之曰:"时寒,道者。"清曰:"不敢。"师曰:"还有卧单得盖否?"曰:"设有,亦无展底功夫。"师曰:"直饶道者滴水滴冻,亦不干他事。"曰:"滴水冰生,事不相涉?"师曰:"是。"曰:"此人意作么生?"师曰:"此人不落意。"曰:"不落意,此人那?"师曰:"高山顶上,无可与道者唊啄。"

问:"如何是西来意?"师曰:"还见庭前杉樕树否?"① 曰:"恁么即和尚今日,因学人致得是非。"师曰:"多口。"坐主皎然去后,师知是雪峰禅客,乃曰:"盗法之人,终不成器。"皎然后住长生山,有僧问:"从上宗乘,如何举唱?"然曰:"不可为阇梨一人,荒却长生山也。"玄沙闻之曰:"然师兄佛法即大行,受记之缘亦就矣。"厥后众缘不备,果如仁和尚所记②。僧问:"如何是不迁义?"师曰:"落花随流水,

---

① "树",大正本无。
② "记",碛砂本作"说"。

明月上孤岑。"师将顺世，四众俱集，营斋声钟，焚香白众曰："香烟绝处，是吾涅槃时也。"言讫，跏趺而坐，息随烟灭。

抚州疏山光仁禅师，身相短陋，精辩冠众。洞山门下，时有啮镞之机，激扬玄奥，咸以仁为能诠量者①，诸方三昧，可以询乎"矬师叔"。僧问："如何是诸佛师？"师曰："何不问疏山老汉？"僧无对。师手握木蛇，有僧问："手中是什么？"师提起曰："曹家女。"问："如何是和尚家风？"师曰："尺五头巾。"曰："如何是尺五头巾？"师曰："圆中取不得。"师举香严语问镜清："肯重不得全，恁道者作么生会？"恁曰："全归肯重。"师曰："不得全肯者，作么生？"恁曰："个中无肯路。"师曰："始惬病僧意。"

因鼓山举"威音王佛师"，师乃问："作么生是威音王佛师？"鼓山曰："莫无惭愧好。"师曰："阇梨怎么道即得，若约病僧即不然。"曰："作么生是威音王佛师？"师曰："不坐无贵位。"洞山第四世。问："如何是一句？"师曰："不道。"曰："为什么不道？"师曰："少时辈。"问："恁么时如何？"师曰："将军不上便桥，金牙徒劳拈筈。"问："如何是直指？"师曰："珠中有水君不信②，拟向天边问太阳。"冬至夜，有僧上堂问③："如何是冬来意？"师曰："京中出大黄。"问："和尚百年后，向什么处去？"师曰："背底芒丛，四脚指天。"师迁化时，有偈曰："我路碧空外，白云无处闲。世有无根树，黄叶风送还。"偈终而逝。

---

① "诠"，大正本作"铨"。
② "君"，大正本作"若"。
③ "有僧上堂"，东寺本、碛砂本作"上堂有僧"。

又著《四大》等颂，略《华严长者论》，流传于世。

澧州钦山文邃禅师，福州人也。少依杭州大慈山寰中禅师受业。时岩头、雪峰在众，睹师吐论，知是法器，相率游方。二士缘契德山，各承印记。师虽屡激扬，而终然凝滞。一日，问德山曰："天皇也恁么道，龙潭也恁么道，未审德山作么生道？"德山曰："汝试举天皇、龙潭道底来？"师方欲进语，德山以拄杖打，异入涅槃堂。师曰："是即是，打我太杀。"法眼别云："是即是，错打我。"更有语句，如德山、岩头章出焉。师后于洞山言下发解，乃为洞山之嗣。

年二十七，止于钦山，对大众前自省过。举：初参洞山时，洞山问："什么处来？"师曰："大慈来。"曰："还见大慈么？"师曰："见。"曰："色前见，色后见？"师曰："非前后见。"洞山默置。师乃曰："离师太早，不尽师意。"问："如何是祖师西来意？"师曰："梁公曲尺，志公剪刀。"问："一切诸佛法，皆从此经出，如何是此经？"师曰："常转。"曰："未审经中说什么？"师曰："有疑请问。"问："如何是和尚家风？"师曰："锦帐银香囊，风吹满路香。"有僧写师真呈，师问："还似我也无？"僧无对。师自代曰："众僧看取。"一日，师入浴院，见僧踏水轮。僧见师，乃下不审，师曰："幸自碌碌地转，何须却恁么？"僧云："不恁么又争得？"师曰："若恁么，钦山眼堪作什么也？"僧云："作么生是师眼？"师乃以手作拨眉势。僧云："和尚又得恁么？"师曰："是，是。为我恁么，便不得恁么。"僧无对。师曰："索战无功，一场气闷。"良久乃问僧云："会么？"僧云："不会。"师云："钦山为汝担一半。"

师与雪峰、岩头因过江西，到一茶店内吃茶次。师曰："不会转身通气者，今日不得茶吃。"岩头云："若恁么，我定不得茶吃也。"雪峰云："某甲亦然。"师曰："两人老汉俱不识语在。"① 岩头云："什么处去也？"师曰："布袋里老鸦，虽活如死。"岩头云："退后著，退后著。"师曰："豁兄且置，存公作么生？"雪峰以手画个圆相。师曰："不得不问。"岩头呵呵云："太远生。"师曰："有口不吃茶人多。"② 岩头、雪峰俱无语。

　　有良禅客参次，才礼拜后，便问云："一箭射三关时如何？"师曰："放出关中主看。"良云："恁么即知过必改去也？"师云："更待何时？"良云："好只箭，放不著所在。"便出去。师曰："拟射三关且从，试为钦山发箭。"良近前，良久而退，师乃打良七拄杖，良乃出去。师曰："且听个乱统汉心内疑三十年。"有人举似同安和尚，安云："良公虽发箭，要且未中的。"其僧便问同安云："未审如何得中的去？"安云："关中主是什么人？"其僧却回举向师，师曰："良公若解恁么，也免得钦山口也。然虽如此，同安不是好心，亦须看始得。"

　　僧参，师竖起拳头云："若开成掌，即五指参差；如今为拳，必无高下。汝道钦山通商量，不通商量？"其僧近前，却竖拳而已。师曰："便恁么，只是个无开合汉。"③ 僧云："未审和尚如何接人？"师曰："我若接人，共汝一般去也。"僧云："特参于师，也须吐露宗风。"师曰："汝若特来，我须吐露。"僧云："便

---

① "两人"，东寺本、碛砂本作"两个"。
② "不"，东寺本、碛砂本作"不得"。
③ "只"，大正本作"合"。"开合"，碛砂本作"开口"。

请。"师乃打之,其僧无语。师曰:"守株待兔,枉用心神。"

行思禅师第六世

前岩头全豁禅师法嗣

台州瑞岩师彦禅师,闽越人也,姓许氏。自幼披缁,秉戒无缺。初礼岩头,致问曰:"如何是本常理?"岩头曰:"动也。"曰:"动时如何?"岩头曰:"不是本常理。"师沈思良久,岩头曰:"肯即未脱根尘,不肯即永沈生死。"师遂领悟,身心皎如①。岩头频召与语,征酬无忒。师复谒夹山会和尚,会问:"什么处来?"曰:"卧龙来。"会曰:"来时龙还起未?"师乃顾视之。会曰:"炙疮上更著艾燋。"曰:"和尚又苦如此作什么?"会便休。师寻抵丹丘,终日如愚。四众钦慕,请住瑞岩。统众严整,江表称之。

僧问:"头上宝盖现,足下云生时如何?"师曰:"披枷带锁汉。"曰:"头上无宝盖,足下无云生时如何?"师曰:"犹有杻在。"曰:"毕竟如何?"师曰:"斋后困。"镜清问:"天不能覆,地不能载,岂不是?"师曰:"若是,即被覆载。"清曰:"若不是瑞岩,几遭也。"师自称曰:"师彦。"问:"如何是佛?"师曰:"石牛。"曰:"如何是法?"师曰:"石牛儿。"曰:"怎么即不同也?"师曰:"合不得。"曰:"为什么合不得?"师曰:"无同可同,合什么?"问:"作么生商量,即得不落阶级?"师曰:"排不出。"曰:"为什么排不出?"师曰:"他从前无阶级。"曰:"未审居何位次?"师曰:"不坐普光殿。"曰:"还理化也无?"师

---

① "皎如",径山本作"皎然"。

曰："名闻三界重，何处不归朝？"一日，有村媪来作礼，师曰："汝疾归去，救取数千物命。"媪忽忙至舍，乃见儿妇提竹器拾田螺归。媪接取，放诸水滨。师之异迹颇多，存诸别录。

怀州玄泉彦禅师，僧问："如何是道中人？"师曰："日落投孤店。"问："如何是佛？"师曰："张家三个儿。"曰："学人不会。"师曰："孟、仲、季，便不会。"问："如何是声前一句？"师曰："吽。"曰："转后如何？"师曰："是什么？"

吉州灵岩慧宗禅师，福州长溪人也，姓陈氏。受业于龟山。僧问："如何是灵岩境？"师曰："松桧森森密密遮。"曰："如何是境中人？"师曰："夜夜有猿啼。"问："如何是学人自己本分事？"师曰："抛却真金，拾瓦砾作么？"师后住禾山而终。

福州罗山道闲禅师，郡之长溪人也，姓陈氏。出家于龟山，年满受具，遍历诸方。尝谒石霜，问："去住不宁时如何？"石霜曰："直须尽却。"师不惬意，乃参岩头，问同前语。岩头曰："从他去住，管他作么？"师于是服膺。寻游清凉山。闽帅饮其法味，请居罗山，号"法宝大师"。

初上堂日，方升座敛衣，乃曰："珍重。"少顷又曰："未识底近前来。"时有僧出礼拜，师抗声曰："也大苦。"僧起拟伸问，师乃喝出。问："如何是奇特一句？"师曰："道什么？"问："佛放眉间白毫光，照万八千世界。如何是光？"师曰："高声道。"僧曰："照何世界？"师乃喝出。问："急急相投，请师一接。"师曰："会么？"曰："不会。"师曰："箭过也。"问："九女不携，谁是哀提者？"师曰："高声问。"僧拟再问，师曰："什么处去也？"问："如何是宗门流布？"师展足示之。问："当锋事如何辨明？"师举如意。僧曰："乞和尚垂慈。"师曰："太远也。"问："如何是最妙一句？"师曰："披露识么？"僧拟进语，师曰："话堕也。"

定慧上坐参，师问："什么处来？"曰："远离西蜀，近发开元。"又进前问："即今作么生？"师曰："吃茶去。"慧犹未退，师曰："秋气稍暖去。"慧出法堂外叹曰："今日拟打罗山寨，弓折箭尽也。休，休。"乃下参众。明日，师上堂，慧出问："豁开户牖，当轩者谁？"师乃喝，慧无语。师又曰："毛羽未备，且去。"僧举寒山诗问师曰："'百鸟衔苦华'时如何？"师曰："贞女室中吟。"曰："'千里作一息'时如何？"师曰："送客游庭外。"曰："'欲往蓬莱山'时如何？"师曰："攲枕觑猕猴。"曰："'将此充粮食'时如何？"师曰："古剑髑髅前。"问："如何是百草头上，尽是祖师意？"师曰："刺破汝眼。"问："'声前古毳烂'意作么生？"师曰："倚著壁。"问："前是万丈洪崖，后是虎狼师子，正当恁么时如何？"师曰："自在。"问："三界谁为主？"师曰："还解吃饭么？"师临迁化，上堂集众，良久展左手。主事罔测，乃令东边师僧退后。又展右手，又令西边师僧退后。师谓众曰："欲报佛恩，无过流通大教。归去也，归去也，珍重。"言讫，莞尔而寂。

福州香溪从范禅师，僧到参，师曰："汝岂不是鼓山僧？"对曰："是。"师曰："额上珠为何不见？"无对。僧辞，师门送，召曰："上坐。"僧回首。师曰："满肚是禅。"曰："和尚是什么心行？"师大笑而已。师因僧披衲衣，示偈曰："迦叶上名衣，披来须捷机。才分招的箭，密露不藏龟。"

福州罗源圣寿严和尚，有僧自泉州回，来参。师补衲次，提起示之曰："山僧一衲衣，展似众人见。云水请两条，莫教露针线。快道！"僧无对。师曰："如许多时在彼作什么？"

前洪州感潭资国和尚法嗣

安州白兆山竺乾院志圆，号"显教大师"。僧问："诸佛心印，什么人传得？"师曰："达磨大师。"曰："达磨争能传得？"师曰："汝道什么人传得？"问："如何是直截一路？"师曰："截。"问："如何是佛法大意？"师曰："苦。"问："如何是道？"师曰："普。"问："如何是学人自己？"师曰："失。"问："如何是得无山河大地去？"① 师曰："不起见。"玄则问："如何是佛？"师曰："丙丁童子来求火。"则师后参法眼，方明厥旨，住金陵报恩院。问："如何是毕钵罗窟、迦叶道场中人？"师曰："释迦牟尼佛。"问："如何是朱顶王菩萨？"师曰："问那个赤头汉作么？"

前濠州思明和尚法嗣

襄州鹫岭善本禅师，因入浴室。有僧问："和尚是离垢底人，为什么却浴？"师曰："定水湛然满，浴此无垢人。"问："祖意教

---

① "是"，大正本无，并注："一有'是'字。"

意，是同是别？"师曰："鹫岭峰上青草森天，鹿野苑中狐兔交横。"

前潭州大光山居诲禅师法嗣

潭州谷山有缘禅师，僧问："伶俜之子，如何归向？"师曰："会人路不通。"曰："怎么即无奉重处也？"师曰："我道你钵盂落地拈不起。"问："一拨便转时如何？"师曰："野马走时鞭辔断，石人抚掌笑呵呵。"

潭州龙兴和尚，僧问："一拨便转时如何？"师曰："根不利。"问："得坐披衣时如何？"师曰："不端严。"曰："为什么不端严？"师曰："不从证得。"问："如何是道中人？"师曰："终日寂攒眉。"

潭州伏龙山和尚，第一世住。僧问："搅长河为酥酪，变大地为黄金时如何？"师曰："臂长衫袖短。"问："随缘认果，如何是果？"师曰："雪内牡丹花。"问："如何是祖师西来意？"师曰："你得怎么不识痛痒。"

京兆白云善藏禅师，僧问："如何是深深处？"师曰："矮子渡深溪。"问："赤脚时如何？"师曰："何不脱却。"问："如何是法法不生？"师曰："万水千山。"

潭州伏龙山和尚，第二世住。僧问："随缘认得时如何？"师曰："汝道兴国门楼高多少？"问："子不谭父德时如何？"师曰："低声，低声。"

陕府龙峻山和尚，僧问："如何是龙峻山？"师曰："佛眼看不见。"曰："如何是山中人？"师曰："作么？"问："如何是不知善恶底人？"师曰："千圣近不得。"曰："此人还知有向上事也无？"师曰："不知。"曰："为什么不知？"师曰："不识善恶，说什么向上事？"曰："如何？"师曰："不见道犴狳上俄寒切，下音欲。"问："如何是佛向上人？"师曰："不戴容。"问："凡有展拓，尽落今时，不展拓时如何？"师曰："不展，不展。"曰："毕竟如何？"师曰："不拓，不拓。"

潭州伏龙山和尚，第三世住。问："行尽千山路，玄机事若何？"师曰："鸟道不曾栖。"

前筠州九峰道虔禅师法嗣

新罗清院和尚，问："奔马争球，谁是得者？"师曰："谁是不得者？"曰："恁么即不争是也？"师曰："直得不争，亦有过在。"曰："如何免得此过？"师曰："要且不曾失。"曰："不失处如何锻炼？"师曰："两手捧不起。"

洪州泐潭宝峰神党禅师，僧问："四威仪中如何辨主？"师曰："正遇宝峰不脱鞋。"问："如何是佛法大意？"师曰："虚空驾铁船，岳顶浪滔天。"

吉州南源山行修，号"慧观禅师"，亦云"光睦和尚"。僧问："如何是南源境致？"师曰："几处峰峦猿鸟啸，一带平川游子迷。"问："如何是南源深深处？"师曰："众人皆见。"曰："恁么即浅去也？"师曰："也是两头遥。"

洪州泐潭明禅师，一日下到客位，众请师归方丈。师曰："道得即去。"时牟和尚对曰："大众请师。"乃上法堂。问："非思量处，识情难测时如何？"师曰："我不欲违古人。"曰："不违古人意作么生？"师曰："也合消得礼三拜。"僧问："碓捣磨磨，不得忘却，此意如何？"师曰："虎口里活雀儿。"问："如何是道者？"师曰："毛氄氄。"曰："如何是道者家风？"师曰："佛殿前逢尊者。"问："如何是和尚终日事？"师曰："钵盂里无折箸。"曰："如何是沙门终日事？"师曰："轰轰不借万人。"①

吉州秋山和尚，僧问："如何是祖师西来意？"师曰："杉树子。"

洪州泐潭延茂禅师，僧问："如何是古佛心？"师曰："终不道土木瓦砾是。"问："日落西山去，林中事若何？"师曰："庭前红华秀，室内不知春。"

---

① "万人"，碛砂本、径山本作"万人机"。

洪州凤栖山同安院常察禅师，僧问："如何是凤栖家风？"师曰："凤栖无家风。"曰："既是凤栖，为什么却无家风？"师曰："不迎宾，不待客。"曰："恁么即四海参寻，当为何事？"师曰："盘饤自有旁人施。"问："如何是凤栖境？"师曰："千峰连岳秀，万嶂不知春。"曰："如何是境中人？"师曰："孤岩倚石坐，不下白云心。"

洪州泐潭匡悟禅师①，第四世住。僧问："如何是直截一路？"师曰："恰好消息。"曰："还通向上事也无？"师曰："鱼从下过。"问："如何是闭门造车？"师曰："活计一物无。"曰："如何是出门合辙？"师曰："坐地进长安。"问："香烟馥郁，大张法筵，从上宗乘，如何举唱？"师曰："莫错举似人。"曰："恁么即总应如是？"师曰："还是没交涉。"问："六叶芬芳，师传何叶？"师曰："六叶不相续，华开果不成。"曰："岂无今日事？"师曰："若是今日即有。"曰："今日事如何？"师曰："叶叶连枝秀，花开处处芳。"

吉州禾山无殷禅师者，福州人也，姓吴氏。七岁依雪峰真觉大师出家，年满受戒。游方抵筠阳，谒九峰，峰许入室。一日谓之曰："汝远远而来，晖晖音衮。随众②，见何境界，而可修行？由何径路，而能出离？"师对曰："重昏廓辟，盲者自盲。"峰初未许，师于是发明厥旨，顿忘知见。先受请止吉州禾山大智院，

---

① "匡"，原作"住"，据东寺本、碛砂本、大正本、《祖堂集》卷十二改。
② "音衮"，大正本作"音混"。

学徒济济。尝述《垂诫》十篇,诸方叹伏,咸谓:"禾山可以为丛林表则。"时江南李氏召而问曰:"和尚何处来?"师曰:"禾山来。"曰:"山在什么处?"师曰:"人来朝凤阙,山岳不曾移。"国主重之,命居扬州祥光院。复乞入山,以翠岩院乃江西之胜概,遂栖心焉①。时上蓝院复虚其室,命师来往阐化,号"澄源禅师"。

僧问:"学人乍入丛林,乞师指示。"师曰:"于汝不惜。"问:"仰山插锹意作么生?"师曰:"汝问我。"曰:"玄沙踏倒锹意作么生?"师曰:"我问汝。"问:"未辨真宗,如何体悉?"师曰:"头大尾尖。"问:"咫尺之间,为什么不睹师颜?"师曰:"且与阇梨道一半。"曰:"为什么不全道?"师曰:"尽法无民。"曰:"不怕无民,请师尽法。"师曰:"为知己丧身。"曰:"为什么却丧身?"师曰:"好心无好报。"问:"尊者拨眉击目视育王时如何?"师曰:"即今也怎么。"曰:"学人如何领会?"师曰:"莫非摩利支山。"

问:"摩尼宝殿有四角,一角常露。如何是露底角?"师举手曰:"汝打我。"却问:"汝还会么?"曰:"不会。"师曰:"汝争解打得我?"问:"如何是西来意?"师曰:"扑破著。"问:"已在红焰,请师烹炼。"师曰:"槌下成器。"曰:"恁么即烹炼去也。"师曰:"池州和尚。"问:"四壁打禾,中行刬草,和尚赴阿那头?"师曰:"什么处不赴?"曰:"恁么即同于众去也?"师曰:"小师弟子。"师建隆元年庚申二月示有微疾,三月二日,令

---

① "栖心",碛砂本、大正本作"栖止"。

侍者启方丈，集大众。告辞曰："后来学者，未识禾山，即今识取。珍重。"先是大众为立生藏，本国谥法性禅师，塔曰妙相。

洪州泐潭牟和尚，问："如何是学人著力处？"师曰："正是著力。"问："古人卷席意如何？"师曰："珍重。"便下堂。

前台州涌泉景欣禅师法嗣

台州六通院绍禅师，初参涌泉和尚，入室领旨。一日烧畲归院，泉问："去什么处来？"① 师曰："烧畲来。"泉曰："火后事作么生？"绍曰："铁蛇钻不入。"泉许之。后居六通院，玄侣依附。僧问："不出咽喉唇吻事如何？"师曰："待汝一锹劚断巾子山，我亦不向汝道。"问："南山有一毒龙，如何近得？"师曰："非但阇梨，千圣亦近不得。"人问："承闻南方有一剑话，如何是一剑？"师曰："不当锋。"曰："头落又作么生？"师曰："我道不当锋，有什么头？"其人礼谢而去。师休夏入天台山华顶峰晦迹，莫知所终。

前潭州云盖山志元禅师法嗣

潭州云盖山志罕禅师，僧问："如何是岳顶浪滔天？"师曰："文殊正作闹。"曰："正作闹时如何？"曰："不向机前展大悲。"

新罗卧龙和尚，问："如何是大人相？"师曰："紫罗帐里不

---

① "什么"，东寺本、碛砂本作"甚"。

垂手。"曰："为什么不垂手?"师曰："不尊贵。"问："十二时中如何用心?"师曰："猢狲吃毛虫。"

彭州天台和尚，先住天台。问："古佛向什么处去?"师曰："中央甲第高，岁岁出灵苗。"问："古镜未磨时如何?"师曰："不施功。"曰："磨后如何?"师曰："不照烛。"

前潭州谷山藏禅师法嗣

新罗瑞岩和尚，问："黑白两亡开佛眼时如何?"师曰："恐你守内。"问："如何是诞生王子?"师曰："深宫引不出。"

新罗泊严和尚，问："如何是禅?"师曰："古冢不为家。"问："如何是道?"师曰："徒劳车马迹。"问："如何是教?"师曰："贝叶收不尽。"

新罗大岭和尚，僧问："只到潼关便却休时如何?"师曰："只是途中活计。"曰："其中活计如何?"师曰："体即得，当即不得。"曰："体得为什么当不得?"师曰："体是什么人分上事?"曰："其中事如何?"师曰："不作尊贵。"

前潭州中云盖和尚法嗣

潭州云盖山景和尚，号**"证觉禅师"**。僧问："国土晏清，功归何处?"师曰："银台门下不贺。"曰："转为无功时如何?"师曰："王家事可然。"